杜維善　口述
董存發　撰稿

我的父親杜月笙暨杜府舊事

——杜維善口述歷史——

中華書局

目錄

圖輯一

中篇

我的母親 一代名伶姚玉蘭、孟小冬

我的母親姚玉蘭

我的庶母孟小冬

下篇

古錢幣鄉梓情　思古樓主杜維善

如是我聞（自序）

「無法可說」：杜家百年風雲，斷壁殘垣；而傳奇舊事，流傳不衰，詮釋了「是為說法」！大亨與流氓、黑幫與英雄、義節與心病、名伶與冬皇——對我父親和杜家，如煙雲，「到頭一夢，萬境皆空！」唯有杜氏陵園的松柏和藏書樓的殘垣，呼應着坊間熱度不減的故事演義。

杜維善

上篇

我的父親

海上聞人杜月笙

一 先聲：杜氏祠堂已不見，舊事百年傳

一九三一年，杜氏祠堂落成，這是杜家一件光宗耀祖的大事，也是在當時我的浦東老家和上海灘，發生的一件大事。我那時還沒有出生，但我常常聽我的長輩和朋友們談起這件事。我父親出身貧苦，是個孤兒，基本上沒有受過什麼正規的教育，他自己去上海灘十六鋪碼頭打雜的時候，也沒有想到將來會發達，成為上海灘的名人。他是個老派的人，就和過去的人們一樣，在自己發達以後，希望能夠衣錦還鄉、光宗耀祖、恩澤鄰里。所以，他就花了很多錢，修建了杜氏祠堂，也為老家修了路、建了橋，祠堂裏面還有一個收存十萬冊書的圖書館，供鄉裏人使用，不過，杜氏祠堂的建立，是影響最大的一件事。

杜氏祠堂落成的時候，很多名人政要送了匾額。蔣介石送的是「孝思不匱」，于右任送了「源遠流長」的牌匾，有一塊匾是日本海軍部次長永野修身送的。為什麼要特別提到永野修身這個事情呢？是因為那個時候，日本人想討好我父親、拉攏我父親，那塊匾我後來看見過。當時送的那些匾，現在都沒有了。祠堂落成的時候，請了南方北方京劇

界的所有名角兒來唱義務戲，就是現在說的義演，唱戲的收入用於賑災。當時，除了余叔岩生病以外，所有的南北名角兒都來了。印了很多紀念冊和戲單，來的人人手一份，還有紀念品。軍政要員送的匾額、頌詞和戲單都寫在了當時的紀念冊子裏了，如果能夠找到當時的冊子，就可以找到匾的文字和送匾的人。現在很難找到了，或許一些老人手裏有可能還有這些東西。那次的活動是在特殊時代、特殊社會背景下形成的，以後也不會再有了。

另外一件最重要的事情是，章太炎為祠堂寫的杜氏祠堂記。我父親親自請國學大師章太炎，專門為祠堂寫了《高橋杜氏祠堂記》，收在了他的文集《章氏叢書三編·太炎文錄續編，卷六下》，中國近代史專家陳鐵健撰文，考證了這篇祠堂記的真實性。我父親與章太炎很早就認識，請國學大師寫這篇祠堂記，顯然是想借國學大師的筆墨，揚杜氏宗族的名聲，其中肯定是溢美之詞。不過，章太炎運用淵博的國學功底，考證了「杜」姓的起源，談到了中華文化祖制的宗廟祠堂，在維繫宗族延續中的作用：「夫祠堂者，上以具歲時之享，下使子孫瞻焉，以捆致其室家者也。」浦東高橋的杜氏祠堂，不僅僅是我們「杜」一支家族，也包括了其他「杜」姓宗族，「始就高橋祠堂祀其父祖以上，同堂異室之制，近世雖至尊猶然。故諸子庶不立別廟，獨為一堂，以昭穆敘群主，蓋通制然也。凡祠堂為址八畝，其壖地以詩設塾及圖書館，所以流世澤帥後昆也。」

章太炎借「杜」姓，強調了古人崇尚的立「德言行」三不朽思想。他說，在漢唐時期杜姓出了很多名人，比方說東漢的杜林、西晉的杜預和唐代的杜佑，他們為杜氏宗族的彰顯了榮耀，創造了德言行的不朽。「古之訓言，保姓受氏，以守宗祊，世不絕祀，不可謂不朽。稱不朽者，惟立德立功立言，宜追視杜氏之先，立德莫如大司空林，立功莫如當陽侯預，立言莫如岐公佑，其取法非遠也。」

按照章太炎的說法，立祠堂、修宗廟是中華文明自古以來維繫家族、宗室的傳統，借追溯先祖恩德、以遺澤後世子孫，追求立德、立言、踐行是古人推崇的三不朽。「有是三者，而濟以和宗族，勤地材，則於守其宗祊也何有。」

我父親大興土木修祠堂，請國學大師章太炎來寫杜氏祠堂記，出發點就是想光宗耀祖、留芳後世，成為不朽。我父親是一個孤兒、打雜零工，後來成為海上聞人大亨、青紅幫幫主、黑社會老大，最多時的頭銜有兩三百個，可以說是風光得很啊！這些都是那個時代的特殊產物，過去沒有，以後也不會有了。就像香港《星島日報》在我父親去世時候說的那樣：杜氏一生的事蹟是「半個世紀來的上海，反映了新舊轉型，封建社會到資本主義社會，革命力量的滋長與蛻化……這一個萬花筒，只有在歷史學家的顯微鏡下，才能夠看清。杜氏本人始終是站在政治圈子的邊緣，他的操守是舊道德的準繩，而他的一生卻是大時代大烘爐中的火煉。他的死，也正是這半個世紀結束的鐘聲」。

我們不去評說我父親的德言行，這自有歷史學家和社會的公斷。那些溢美的「孝思不匱」、「武庫世家」，甚至是「義節聿昭」牌匾，以及我父親、杜家的很多事情，早已經成為過眼煙雲，人們都淡忘了，章太炎所說的不朽的杜氏祠堂也不在了，但是杜月笙這三個字，始終活躍在說書評彈電影電視裏，成為傳說故事，甚至是八卦和演義，就像于右任的「源遠流長」一樣，流傳下來，從當時到現在，人們津津樂道。

杜氏祠堂和我父親、母親們早已不在，而那些故事和傳奇，卻百年流傳！

二 杜家的房屋和財產

有了錢，就買房置地

我父親那個時候的觀念和其他人一樣，有錢以後，就是買房子買地。這是個老觀念，就像現在的國內和海外，很多華人都還有這個觀念。我父親在上海置辦的房產地產很多，包括中匯大樓，後來成為上海博物館的舊址。具體有多少，我們也說不清楚，因為很多都是我父親買的，寫他的名字，我們都不知道。我父親去了香港以後，杜家在上海的房產地產和其他財產，有些被政府沒收了，有些在解放初公私合營時，合併進了政府，或者其他原因，總之統統沒有了。因為，差不多所有的房子，都是寫我父親的名字，或者是以我父親名義開辦的，解放後，我父親被定性為反革命的舊上海黑社會頭子、大流氓。

唯有一個例外，不是寫我父親的名字。我父親曾經給我的庶母孟小冬，在北京購買了一套四合院，是抗戰勝利後的一九四六年，那套四合院是在貢院西街，她也沒怎麼住。孟小冬房產沒有寫她的名字，寫的是我的名字杜顥，這是我的另一個名字，這是因為孟小冬很迷信，不能用自己的名字買房產，我會在後面講到。

我是孟小冬的義子，所以這所四合院幾經波折，僥幸留了下來了。中華人民共和國成立以後，政府沒收了這個院子，八十年代，落實政策政府把房子退還給我們，但是我們只是拿到了一房本而已，房本裏注明有二十五間房子，建築面積四百六十七平方米。那些房子，現在還是別人佔着、住着。說起來，這套房子還是名人舊居。據說我父親在購買之前，曾經是著名法學家梅汝璈在北京的舊居，一九四六年，梅汝璈代表中國出任遠東國際軍事法庭法官，赴東京審判日本戰犯，對日本甲級戰犯定罪量刑做出了突出的貢獻。

再說這個院子是中西合璧，院子內的主要建築是一個兩層洋樓，門前有高高的台階，旁邊有附屬一些房子。在沒收這個院子以後，陸續搬進了十幾家居民，院子裏蓋了很多違章建築，作為廚房等使用，完全破壞了原來的設計和結構，成了一個大雜院。我們多次通過法律程序，申訴和要求實現我們的權利，雖然法律明確了我們擁有院子的所有權，但是，這樣那樣的歷史遺留問題，非常難於解決，我們還是沒有辦法實際收回屬於自己的房子。古人講落葉歸根，我們期待着早日實現回到故鄉居住的夙願！

華格臬路的杜公館沒有廁所

我父親一直住在華格臬路（今寧海西路）的杜公館，這在當時的上海灘是很有名的公館。當時是建了兩個一模一樣的公館，一個是我父親住，另外一個就是張嘯林一家子住。為什麼建兩個一模一樣的房子呢？也不完全因為父親和張嘯林是拜把兄弟，當時，就是講，我要起房子了，你順便也一道起一個吧！就這樣，造了兩個一模一樣的房子。

有的書上講，華格臬路的杜公館是黃金榮出錢出地給蓋的，這是不對的。黃金榮因為露蘭春與盧筱嘉的事，得罪了浙江軍閥盧永祥，後來是我父親救出黃老闆，所以，黃老闆表示感謝，將這片地給了我父親，造了杜公館。其實，杜公館的房子跟黃金榮沒關係，就是我父親自己買的地蓋的房子。我父親跟黃金榮，沒有跟他的太太林桂生來得近，黃金榮小氣得很，沒有那麼大方的，杜公館比祠堂建的還早。

當時華格臬路的老公館，包括一模一樣的張嘯林的房子，是老式的格局，跟上海、北京過去傳統的老房子差不多，就是按照一進、兩進、三進的方式建造的，那個時候沒有說住洋房的。房子裏都沒有廁所，都是用馬桶。那時的上海，家家戶戶都用馬桶，每天早上，糞車來收馬桶。不要小看這個行業，每天去拉糞，這是大事，過去，這個行當不叫掏糞的，叫「米田共」，是專門有人來經營，別的人還插不進手來，不是誰想幹就可以幹的，跟黑社會有關係，每個幫派佔領一條街，如果吃不開的，這條街你就進不來。

做拉糞生意的人多數是幫派裏的人，即使不是，也要找個幫派來保護他們，要收保護費的，沒有付錢，休想來這條路收糞。收糞的車每天必須得來，否則馬桶要滿的，沒地方倒，也沒地方放，那還不臭氣熏天啊！他們拉了大糞，還摻水，拉到鄉下去賣錢。所以，掏大糞是可以發財的。不過，那個時候，對這一行看得比較低一些。我七十年代末八十年代初回上海的時候，很多家裏還是用馬桶的。

抗戰期間，我父親去了重慶，基本上不住在老公館。我母親和二樓太太去了重慶，三樓太太在英國陪着三哥、四哥，偶爾也回國到重慶。所以，老公館就是賬房黃國棟和下人住。

解放以後，老公館被政府沒收。至於老公館幹什麼用了？是誰在裏面住？我們完全不曉得。我一九七九年第一次回上海，提出要看看老公館，統戰部的人不讓看，至於為什麼不讓看，他們也沒說原因，就是講不方便。政府把隔壁張嘯林的房子也沒收了。

前些年，我看到的一張報紙，講到了老公館，好像是在城市建設改造時被拆掉了。有個有心人出錢，把所有的磚瓦木材都標好了號碼買走了，放在青浦，據說要在蘇州的同里，或者在上海的其他地方，完全按照老公館樣子，重新蓋起來。事情也是真巧，也就在去年，二〇一八年，那個杜家的老公館，還真的在上海重建起來，作為歷史文物，旅遊景點，對外開放。我早就說過，把杜公館恢復，作為旅遊參觀，肯定賺錢的！

杜美路的杜公館，從來沒住過

我父親在杜美路七十號（今東湖路七十號）還造了一個新公館，後來，那個房子轉給了戴笠，作為軍統的上海站。抗戰勝利以後，好像是賣給了美國領事館。現在是上海東湖賓館，有的電影拍杜公館，選的是杜美路的杜公館，而不是華格臬路的杜公館。那個房子完全是洋房式的，設計就是前樓、二樓、三樓在一起，每一個太太有一塊地方分開住，不像老公館的一進、二進、三進的中國式的房子。當時在旁邊還造了其他的房子，就是金廷蓀和顧嘉棠的房子。後來，政府把這個房子改成了賓館，整體建築基本沒變，只是稍微有點改動，把兩個地方連接了起來，就是現在的東湖賓館。

現在，有的書裏說杜美路的杜公館，是金廷蓀造的送給我父親的。抗戰的時候，金廷蓀得到了我父親的關照，銷售政府的航空債券，賺了一大筆錢，他為了報答我父親，就造了這棟房子，送給我父親。這是不可能的事！那個房子就是我父親拿錢出來造的，我父親怎麼會讓金廷蓀送呢？金家和杜家是親家，金家公子金元吉娶了我二姐杜美霞，他們是長輩們指婚，從小定的娃娃親。杜家與金家很可能會有生意上關照，但是由金家出錢造房子是不可能的。我父親那個時候不缺錢，生意做得很大，他更講義氣，在乎自己的面子，不會讓自己的親家給錢造房子的。

杜美路的這個新公館，我父親根本就沒有住過。即使是抗戰勝利了，我父親從浙江回到上海，臨時沒有住處，也只是住到了鄰居顧嘉棠的家裏，也沒有住新公館。這個事情，我們印象很深，因為我們每天都要去看望我父親的。顧嘉棠的房子，就在新公館旁邊，顧家的房子是很大的、非常大。顧嘉棠是小八股的核心，勢力很大。

這就很奇怪了，他住在隔壁顧嘉棠那裏，也不住在自己家，這裏面一定有他的道理，這個理由，恐怕只有我父親自己知道了。據說當時有個風水先生對我父親講那裏的風水不好，我父親比較迷信，就一直沒住。所以，一般說杜公館，指的都是華格臬路的老公館，杜美路的這個新杜公館，跟我父親的關係不大，所以很少提到。

我母親住十八層樓公寓洋房

我母親從第一天進入杜家，就沒有住在老公館。開始是住在辣斐德路辣斐坊（今復興中路復興坊），後來搬到了錦江飯店的十八層樓的公寓房，一直住到一九四九年去香港之前，孟小冬有時從北京來上海，也是與我母親住在這裏。當時的錦江飯店有兩部分，南樓是十三層，北樓是十八層。我母親住的是北樓的七〇六號房間，這十八層樓是個洋房、公寓房，我印象很深，現在都畫得出圖來。房子大門口的入口走廊很深，一進去就是一間睡房，再裏面是飯廳、客廳，最裏面有兩間睡房，實際上是三間睡房。在主臥房外面有個陽台，陽台通着客廳，是典型的新式風格公寓洋房，不像老公館使用馬桶，這個公寓房裏面已經有抽水馬桶了。我父親很多時間是來十八層樓住，抗戰勝利後，我父親就是在這裏接到戴笠專門打給我父親的電話，我父親暗示他，天氣不好，不要再飛了。結果他不聽，當天戴笠的飛機就撞山死了，我後面會單獨講這個謎案。

但是，我們只有在抗戰期間和勝利後住在十八層樓，之前，我和我弟弟維嵩都是住在奚家，一直住了很長的一段時間。奚家的房子就在老公館對面，也空着，孟小冬的養女杜美娟，有的時候從北京來上海，十八層樓沒地方住，也是住到奚家來。

我住在奚家，寫進《思古樓記》裏

奚家，就是我的私塾陳微明老師在《思古樓記》裏提到的那個地方。奚家就在老公館斜對面，院子很大，種着兩棵古樹，「庭院甚廣大，有辛夷二株，高出樓屋，花時可想見其盛也」。最有意思的是，奚家還養着仙鶴，有很多房子，他們自己住一套，旁邊還有一套，再有一套房子就是給我們住的，都在一個大院子裏。奚家夫婦是大姐的乾媽乾爹，在上海是有名望的大家，那個時候大家都熟得很，就說「我的房子空着，你來住嘛！」就這樣，我們就搬進入住了，也不算是租的。我們住的是整個一個樓，那是個老式的建築，樓上、樓下都給我們用，下面是客廳飯廳，還有廂房，樓上才是睡房臥室。

奚家的房子和老公館一樣，也沒有厠所，要用木製的馬桶。那個時候，我和我弟弟維嵩，還有阿姨，就是《思古樓記》裏面提到了的阿姨，這個阿姨，跟大陸叫阿姨的性質不一樣，她是我母親的表姐，是真正的姨姨、親戚。陳老先生描寫了書架上擺滿了經史子集的書，「樓中庋經史子集四部，書無慮數千卷，皆今人所棄者」，就是我父親送給我的《四部叢刊》，那個時候蔡子玉天天來，教我寫字。我以前和現在的書房，就是根據陳老師的《思古樓記》，「孟堅之賦有發思古之幽情語，即以思古名其樓，為書一橫額張之壁間」，所以，就命名為思古樓，這個《思古樓記》的更多的趣事和細節，我會在後面單獨講到，這裏就不細說了。

莫干山和杭州別墅，重慶汪山的房子

我所知道的，我父親有兩幢別墅，分別在杭州西湖邊上和莫干山裏。西湖邊的別墅，位置非常好，緊挨西湖，房子也漂亮。章士釗，字行嚴，我們都稱呼他章行老或者是行老，章行老專門為這個別墅題字「橋西草堂」，我想行老是借用成都「杜府草堂」的含義吧！另一幢別墅，就是莫干山別墅了，我清楚記得莫干山別墅。我頭頂上有個疤，就是小時候在莫干山，我坐搖椅不小心從椅子上摔了下來，頭磕在了一個釘子上，留下來個疤痕，現在還有。在陳定山寫的回憶我父親文章裏，講到在莫干山有兩幢別墅，一幢是張嘯林，一幢是我父親的。我父親每年夏天進山避暑，就把陳定山和其他文人請來，在一起聊天喝酒。陳定山在我父親靈櫬移葬台灣時，寫了「迎月笙先生靈櫬歸葬國土」回憶文章，裏面講到：「當抗戰前，君（指杜月笙，編者注）每夏，必至莫干山避暑……所攜，則皆詩文士風雅友也。余（指陳定山）數與君共晨夕，文酒無虛日。」

莫干山的別墅，現在是莫干山賓館了。大姐有一次去那裏，看到在大廳正面寫着一個巨大的「杜」字，大姐還在前面照了像留作紀念。

抗戰時期，我父親大部分時間是住在重慶的汪山，那個房子是租康心如的，就是那個跟我父親賭錢輸了銀行的康心如。章行老一直和我們一起住，我父親不僅付自己的房錢，行老的房錢也是我父親付的，那個時候，我聽見母親講到付租金的事情。

汪山的房子是這樣佈局的，一層一進去是個很大的客廳，左邊就是章行老的房間，右面是我父親的臥室，旁邊是樓梯，上面是個尖的房頂，一上去，第一間是行老的兒子章可的房間，第二間就是我們睡房，第三間是另外一個人，姓潘的，潘什麼，我都忘了。我跟我弟弟維嵩，還有阿姨住在樓上面。樓下還有兩個房間，飯廳、廚房都在樓下。行老房間的對面，有一個小房間是我大哥住的，大哥沒待多長時間，我的五哥有的時候回來了住，因為五哥是在成都軍校學習，成都軍校就是黃埔軍校，抗戰時遷移到了成都，就叫成都軍校了。

前面說到這些杜家的房產，只是我知道的一些，不知道的房產，肯定還有。不過，這些房產的價值雖然很高，但都不如我父親創辦第一間銀行大廈——上海中匯銀行大廈價值高。

上海僅此一例的中匯大廈與上海博物館舊址

上海中匯銀行大樓，是我父親他們為創辦的中匯銀行建造的辦公大樓，後來成為上海博物館舊址。這幢樓房，在當時影響很大，現在也是重要的歷史建築遺跡。前幾年，我看到一篇轉載在《文匯學人》（陳凌，學林二〇一七年六月三十日，〈從銀行大樓到博物館——中匯大樓的前世今生〉）上的文章，詳細介紹了這幢中匯銀行的辦公大廈，後來成為上海博物館的歷史，作者是上海博物館的研究人員。文章裏面講到中匯大廈，位於現在的延安東路和河南南路十字路口，大樓門口掛着優秀歷史建築的銘牌，寫着：「上海市人民政府一九九四年二月十五日公佈。河南南路十六號。原為中匯銀行，解放後曾作上海博物館。賚安洋行【法】設計，鋼筋混凝土結構，一九三四年竣工。典型的裝飾藝術風格。紅磚外牆上設白色水平線條和階梯形線條，上海僅有此例。主樓為漸次收進的階梯狀高聳塔樓。一九九三年改建，原貌有改變。」

中匯銀行是我父親和張嘯林一九二九年創辦的，這是他們設立的第一家正規的金融企業，有一種說法就是，從此以後，我父親就從鴉片、賭場等領域，轉到「上流社會」行業。上面提到的那篇文章，引用了《申報》關於中匯銀行開業的報道，那是一九二九年二月十九日，「法租界愛多亞路九十七號中匯銀行，去年由張君嘯林、杜君月笙等發起籌備以來，現已諸事就緒，定於三月七日（陰曆正月二十六日）正式開幕營業。昨在該行開創立會，選定張嘯林、杜月笙、朱如山、魏晉三、周文瑞、姚蔭鵬、金廷蓀、李應生、蘇嘉善為董事，張效良、劉遠伯、朱南山為候補董事，周之貞、曾孟鳴為監察，王仲奇為候補監察。」

中匯大廈位於愛多亞路，這條路是公共租界和法租界的交界處，以北屬於公共租界，以南是法租界。之所以選在這裏，是因為我父親有很多生意在法租界，他也擔任過法租界公董局華人董事。也正是因為這個特別的地理位置，從抗戰初期，直到一九四一年十二月八日日本偷襲珍珠港、引發太平洋戰爭之前，當時的租界成為日本人不敢輕易涉足的「孤島」。人們都知道一九三八年的淞滬抗戰，謝晉元團長帶領的中國軍隊，在四行倉庫上高高懸掛中國國旗，誓死抵抗日軍，成為激勵上海和全國抗日的動力。同樣，在日本人佔領上海部分地區的「孤島」時期，位於法租界部分的上海中匯大廈高聳的塔尖，一直懸掛着中國國旗，成為中國人民抗日救國的信心和決心象徵。

中匯大廈是由法國賚安洋行設計的，賚安洋行在上海有很大影響力，上海很多著名建築都出自他們的設計。那篇文章裏，引用了一些記錄和數據，一九三四年九月二十八日，中匯大廈落成，「該行於上午八時正式行啟門禮，由董事長杜月笙氏用金鑰啟鎖，大門忽然展開，乃引導全體董監事暨經理及各職員等魚貫而入，及行開始辦公，一時前往存款及開立往來戶名者紛至沓來，總計全日營業共達四百餘萬元。」大廈採用鋼筋混凝土結構，紅磚清水外牆，十分潔淨穩實，是典型的裝飾藝術風格建築。除了中匯銀行辦公使用之外，還有可以出租的寫字間和公寓，多種功能和用途。北面中間是採用逐漸收進的階梯狀的高聳塔樓，塔樓之上還有兩層水塔，總共有三層，水塔之上還有旗台，從旗杆頂部到地面一共為二百六十英尺，約為八十米，大樓旗杆上懸掛國旗。雖然整體建築層數不多，但因為有高高的塔樓，體型高聳而美觀，紅磚外牆上設白色水平線條和階梯形線條，上海僅有此例。大樓建成後，我父親就一直擔任董事長兼總經理，直到抗戰勝利以後。坊間流傳的我父親坐在辦公桌前的照片，就是在大廈他的辦公室裏拍照的，那個辦公室，我也去那裏玩過。

解放以後，經過公私合營，中匯大廈收歸政府所有。一九五八年撥給上海博物館使用，我在上世紀九十年代初，籌劃我的絲綢之路古國錢幣捐贈的事情，來到上海博物館的老館，就是原中匯大廈。我拜訪了馬承源館長和汪慶正副館長，和他們開玩笑地說：「我要向兩位館長收房租了」，兩位館長則說：「我們知道，杜先生此次來是要有所貢獻的。」我陸續向上海博物館捐贈了四千餘枚絲路古國錢幣，有不少是罕有的珍品，這在本書下篇會介紹。

我這裏想說的是，我父親創辦的中匯銀行和建造的中匯大廈，後來成為上海博物館，我的第一批重要錢幣的捐獻對象，就選擇了上海博物館；我的另一部分捐獻，就是我父親的印章、證件、衣服和照片等，也捐獻給了上海市歷史博物館。上海，跟杜家有緣，上海的博物館，跟杜家更有緣！

不要買房子啦！一樣也帶不走！

上海淪陷以後，我父親和家人離開上海到香港、重慶。父親絕大部分的產業包括銀行、工廠和公司都在上海，特別是在上海置辦的很多房產。買房子買地，這是他一生中最大的財富成就。但是，抗日戰爭爆發，他離開上海以後，一間房子、一寸土地也沒有辦法帶走。我們全家四處逃難，這些房產是不可能帶走的。

關於這一點，我有不同於我父親的看法，我認為我父親有個很錯誤的觀念，就是有了錢就要買房子置地產；但是，他沒有想到，地產是動不了的、帶不走的。如果我有機會和我父親面對面的談話，我第一個是要跟他討論愚忠的問題，第二個我要跟他討論的就是不要買房子買地，置辦一些可以隨身攜帶走的財產更方便。

經過戰爭和四處流離，後來我父親也認識到了這一點，我父親就說了這樣一句話：「再有錢，不要買房子啦！逃難的時候一樣也帶不走！」一九四九年，我父親到了香港，也只是租的房子住。

三 天下頭號戲迷

恒社是合法組織，票友聚會賑災義演

我父親一生都喜愛京戲，萬伯翱在《孟小冬：氍毹上的塵夢》一書中，描寫我父親是「天下頭號戲迷」。書裏講我父親喜歡京戲，也尊重藝人，他在伶界以樂於捧角而出名，因此伶界人士都對他很尊敬，在伶界人士心目中是尊而可親的長者，無論認識與不認識，對他都有一份特別親切的感情。也有人說，我父親一生裏有三個愛好：仗義、京戲和聽書。

我父親的確喜歡京劇，這是事實，我還有兩位京劇名家的母親，我們家裏人也受到影響。我一輩子也喜歡京戲，年輕的時候，大部分的業餘時間都用在聽戲上。喜愛京戲，成了進入杜家圈子的一個敲門磚。

因為喜愛京戲，我父親向政府的民政部門申請登記，成立了一個組織——恒社，這是我父親的一個重要平台。恒社在抗戰前後最風光的活動，就是積極組織平劇義演、募捐賑災抗日。

在恒社之前，就有個恒社京劇票房。根據萬伯翱的書中記載，早在一九二三年，我父親與徐品丹，在上海的老西門創辦了恒社票房，成員最多時三十多人，其中一部分就是當時的京劇名流，例如名伶馬連良、高慶奎、譚富英、葉盛蘭，名票趙培鑫、趙榮琛、楊畹農等人，他們常常自娛自樂、以戲會友。一九三一年六月，杜氏祠堂落成，幾乎所有的南北名伶名角，都來祝賀、登台演唱。

第二年，就是一九三二年五月，我父親提議，由陸京士等人組織籌建，得到了國民黨社會部的批准，在上海法租界註冊了「恒社」。現在存留下來的《恒社月刊》和朱學範題詞的《舊上海的幫會》裏面，都有比較詳細的記錄。恒社章程第一條就是「本社以聯絡感情互相扶助為宗旨」，倡導「進德修業，崇道尚義，互信互助，服務社會，效忠國家」。恒社下設總務、組織、財務、京劇、交際、職業介紹等組，社名由陳群起的，陳群是我父親的把兄弟，當時擔任由我父親創辦的正始中學校長，他根據《周易》「天行健，君子以自強不息；地勢坤，君子以厚德載物」，節選了前一句「天行健，君子以自強不息」，後面加了恒社的內容「如月之恒，如日之升」作為宗旨，以「恒」字命名，社徽是圓形，中間是一個大的「笙」，旁邊有一個斜着的月亮圖形，四周圍繞十九顆星，繞着花邊，寓意「月笙」，十九顆星代表着恒社早期的十九位理事，眾星拱月，圍繞在我父親周圍。陳群為此寫了一篇文章，刊登在《恒社月刊》創刊號上。

恒社理事長當然是我父親了，但只是名頭而已，實際上由陸京士和萬墨林管理，陸京士負責恒社的組織工作，萬墨林負責事務工作。第一屆的十九位理事，包括陸京士、朱學範、唐世昌、徐懋堂、江肇銘等。社員大致分為三大類，第一類是初期的徒弟，第二類是當地的富家子弟，第三類是在社會上有名望有地位，但是有時辦事會遇到困難的人，他們希望找個可以在上海灘「叫得響、吃得開、擺得平」的靠山。

社員都要投帖子拜我父親為老頭子，入門當學生弟子。開始的時候，有一百三十多人，一九三四年時，按照《舊上海的幫會》記載登記在冊的有三百二十四人。我認為朱品三、孫蘭亭也是會員，總共三百二十六人，一九三七年是五百二十人。到抗戰前，恒社子弟大約有八百多人，士農工商，各界人士都有。其實，我父親對這些學生弟子也不全認識，他說：「學生弟子實在太多了，我也認不清楚，反正只要京士和墨林認得便是。」

恒社初建的目的是聯絡學生弟子的感情，類似一個高級會員俱樂部。有春秋兩季的社員大會，每年的七月十五日，也就是我父親的生日時，為我父親祝壽送禮。後來，最重要的活動是票友活動。每天晚上，恒社都開一桌席，會員隨便吃，人多時再添，飯後大家各找各的樂子，打牌、唱戲、設賭局等。一九三六年開始，我父親就明令，取消在社吃飯、叫局和賭博，只保留京戲票房活動和圖書設備，只能飲茶、吃點心。當時的戲劇演員和其他藝術家們的社會地位很低，在外演出經常受到各種流氓地痞的騷擾，他們也都希望找一個名頭響噹噹的招牌，來鎮得住場子，很多名角名伶都願意加入恒社，甚至拜我父親為乾爹的人數也不少。

抗戰前後，恒社裏的平劇組，也就是京劇組最活躍，那時的京劇叫平劇。活動的主要內容，就是平常時拉場面調嗓子，以及大規模的義演籌款賑災抗日，這也是我父親的最大愛好和最值得肯定的事。比方講，一九三一年「九一八」事變之後，「上海各界抗日救國委員會」成立，我父親擔任首位常務委員，積極募捐籌款抗日，我父親就是把恒社當做主要組織機構，舉辦「平劇義演」作為最主要的募捐形式，在上海新世界劇場舉行「東北難民救濟遊藝會」，邀請戲曲界名伶名票、各種遊藝雜耍演員義務演出，為東北抗日、東三省的難民和長江水災籌集善款。

我母親姚玉蘭嫁給我父親之後，就不在外面商業演出了。平時和恒社票友吊吊嗓子，過過戲癮。遇到我父親組織義演賑災募捐，我母親總是積極參加組織，並親自登台演唱。在上面提到的「平劇義演」中，我母親親自登台演出了《刀劈三關》和《轅門斬子》。隨後，我父親和我的乾爹張嘯林，邀請上海名伶名票名流，以梅蘭芳的戲班子為主，趙培鑫、孫蘭亭、邵景甫、沈田莘助陣，社會名流實業家虞洽卿、王曉籟等二百餘人，在杭州搭台義演十天。最後三天的壓軸戲《霸王別姬》，梅蘭芳、金少山連袂出演，票價提高一倍，場場爆滿。最後一天，我父親披掛上場，飾演黃天霸，張嘯林扮演竇爾敦，我父親唱了前半場，實在是唱不下去了，梅蘭芳上來救場接着唱，好不熱鬧啊！演出特別成功，募集的款項超過了預期數目，賑濟難民，支持抗日前線。

恒社起源於京劇戲迷票友，後來具有了新幫會的內容，是當時舊上海十里洋場爭鬥的結果。二十年代到四十年代的上海灘，各種勢力爭權奪利，比方講，西方各列強在上海租界的爭鬥，軍閥與地頭勢力的爭鬥，青洪等幫會之間的爭鬥，勞資雙方的爭鬥，工商金融界的爭鬥，以及各政治黨派的爭鬥。上海就像一個沒有遊戲規則的各派勢力的爭鬥場，需要一個有威望、有能力、有手段、有實力，能夠壓得住的人，才能擺平各種矛盾爭鬥，和平共處，維持繁榮，憑藉我父親當時的名望，他承擔了這個角色，恒社實際上就是上海灘幫會的新形式，但又不同於舊式幫會組織。

抗戰的時候，有人說我父親的勢力發展到十幾萬人，甚至幾十萬人，連蔣介石心有顧忌。那可能是誤會，抗戰時全國各地的幫會很多，什麼青幫洪幫，還有四川袍哥會，很多的幫會成員，他們都比較尊敬我父親，有些人自稱是幫裏人，是我父親的學生，七七八八的加起來，可能有不少人，但多數不是恒社的會員。真正的恒社會員，到抗戰前，大概有八百多人吧。

喜愛京戲，癡迷到登台過癮

我父親不單單是喜歡戲，還請專門的人來教戲。比方講天津德勝魁科班出身的苗勝春，苗勝春有梨園「戲包袱」的美譽，會很多戲，伶票都尊稱他苗二爺，我和苗二爺很熟。我父親虛心向苗二爺學戲，苗二爺還為我父親設計行頭，化妝紮扮。戲學會後，就到票房走票，彩排演出，登台過戲癮。上面提到的《拜山》就是我父親與張嘯林最喜歡的一齣戲，我父親扮演黃天霸，張嘯林扮演竇爾敦，這齣戲就是向苗二爺學習的。《拜山》從化妝穿戲服到正式上台唱，專門請了苗二爺做檢場。因為記不住台詞，就把台詞寫在扇子上，想不起詞時，就打開扇子，假裝搖扇子，看一眼台詞。過去唱戲時，還有專門人在唱戲中送水給演員潤喉，後來取消了。如果忘了台詞，苗二爺趕快上前送水，提示台詞。我父親自知唱工做工不夠，便想在行頭上突出，那齣戲一共有四場，我父親特製了四件講究的蘇繡褶子，出場一次換一件。他戴的頭盔，因為水鑽綴的太多，分量特別重，壓得他頭昏腦脹，不時地忘詞兒，苗二爺就不停地送水提示，台下人也一起幫忙提示，好不熱鬧。我父親過足了戲癮，下台後長長地鬆了口氣說：「阿拉唱一場戲賽過生一場病，實在吃不消，吾是苦中作樂啊！」

在三四十年代的上海，杜家有兩件特別風光的事情，也可以說是梨園盛會，就是杜氏祠堂落成和我父親六十大壽時，南北名伶齊聚上海祝賀。第一次是一九三一年六月九日至十一日，杜氏祠堂落成，當時的四大名旦梅蘭芳、尚小雲、程硯秋、荀慧生，四大老生馬連良、言菊朋、高慶奎、譚富英，武生楊小樓、李吉瑞，老旦龔雲甫，小生姜妙香，小丑馬富祿，花旦雪艷琴以及南方的麒麟童周信芳等，幾乎所有的南北名伶名角，都來登台演唱。第二次是一九四七年九月，我父親六十大壽的三天堂會、七天賑災義演。雖然程硯秋、尚小雲、荀慧生有事不能前來，但是其餘的北方的名角大牌齊聚上海，包括筱翠花、馬富祿、張君秋、芙蓉草、劉斌昆、譚富英、李多奎、閻世善、李少春等，還有已經在上海的梅蘭芳、馬連良、麒麟童、章遏雲、裘盛戎、葉盛蘭、葉盛長、姜妙香、楊寶森、林樹森、袁世海、魏連芳等，還有我的庶母孟小冬，當時她已經拜師余叔岩先生，是余先生的嫡傳弟子，學有所成，在伶界有「冬皇」的美稱。孟小冬在《搜孤救孤》中扮演程嬰，連續演出兩天，很多戲迷從全國各地趕來，包括台灣，專程來聽她的戲。《搜孤救孤》成為她真正拜師學成後的第一次公眾亮相，也是她戲劇藝術生涯裏的最後一次公開演出，張大千稱為廣陵絕響。還有特別值得一提的，是梅蘭芳在十天之內，連唱三齣堂會大軸、五齣義演大軸，只是迴避了與孟小冬同台的兩場賑災義演，這也是破天荒的！在這場空前的京劇盛會中，我是大飽了眼福、耳福，天天在包廂裏欣賞這些南北名角的演出。有些很有趣的事情，我會在孟小冬那部分詳細說明。

黃老闆捧梅蘭芳，我父親挺程硯秋，喜歡主流京戲

黃金榮也歡喜聽戲，是有名的戲迷。有一次，梅蘭芳與程硯秋同時在上海唱擂台戲，我父親與黃金榮各自支持一方，黃金榮捧梅蘭芳，我父親捧程硯秋。那個時候，名

角兒都有自己的氣量；梅蘭芳有他的量，程硯秋也有自己的量，比方說，我今天捧梅蘭芳，明天去看程硯秋的戲，根本沒問題的。其實，梅蘭芳與我父親的關係很好，每次大的活動必來，而且是唱大軸的，大家都是好朋友。我父親捧程硯秋，也捧梅蘭芳，凡是唱戲的名角，都捧！那次梅蘭芳與程硯秋的擂台戲都很成功，兩個人都是場場爆滿，根本沒有傷害任何一方，更沒有兩敗俱傷。

我猜測，我父親當時可能是跟黃老闆賭氣呢。因為黃老闆喜歡露蘭春，為了露蘭春的事情，要與他的太太林桂生、桂生姐分開，我父親當然站在桂生姐這一邊了，堅決反對，但是黃老闆一意孤行，黃老闆後來與我父親也有了一點兒不愉快，就是因為桂生姐在我父親早年的時候，幫了我父親一把，把我父親捧起來了。黃老闆心裏有點不服氣，畢竟，我父親是比他小、也比他出道晚。所以，我父親能夠出人頭地，他心理上有點不平衡，這也是可以理解的。

現在的電視電影，一講到上世紀三四十年代的上海，都是唱的「夜上海」啊！「夜來香」呀！跳的是交際舞和百老匯舞蹈什麼的。其實，他們搞錯了！當時的上海灘並不完全是這樣的。那個時候分崇洋派和傳統派，我父親是傳統派，當時的上流社會很多人都是聽戲，表明自己有文化、有品位，是比較傳統的，所以當時上海的京戲很普遍、很繁榮的。

我小時候在上海經常看戲，像天蟾舞台、大舞台我都去過。他們唱的戲很有意思，比方講：梁山好漢、西天取經等，他們把這些傳統經典故事排練成京戲，比方講《西遊記》裏的「美猴王大鬧天宮」猴王戲。那個時候我經常去看這一類的戲，這不是什麼大擋的戲，不是名角兒的戲，有些時候用不着角兒，像《水滸》、《西遊記》，第一本、第二本、第三本的，這種戲的欣賞性、娛樂性和知識性都很強，場場爆滿，是大眾娛樂，雅俗共賞，真是好看！這些戲碼和做法，很值得現代京劇借鑑，讓年長的人和青年人都喜歡。

當時的上海灘，並不是都是唱歌呀、跳百老匯的踢腿舞，那是崇洋派歡喜的事情。那個時候，用十里洋場描述舊上海是正確的，跳舞、喝咖啡、穿西裝，那個時候是很時髦的事情。因為在租界，很多人學西方的那一套，傳統中國的那一套東西很少了。跳舞啊、吃西餐、喝咖啡啊，都是那個時候形成的，現在很普遍了。但那個時候，上海普通家庭裏根本沒有這一些東西的，還是傳統的家庭。

但是，社會上很多人還是傳統派，像我父親、黃金榮，根本就不會跳舞。雖然，當時我父親參與的上海百樂門，客人很多、名聲很大，這只是生意。黃金榮也一樣，他歡喜京戲、捧角兒，他開了大世界。大世界我也去過，裏面什麼都有，京戲、評彈，還有地方戲，什麼都有，還有最低級的妓院，在門口拉客的。百樂門就是大舞廳，就是跳舞唱歌，當時風靡上海、家喻戶曉的「夜來香」是日本的李香蘭最早唱紅的。我那時候還小，還不夠資格去跳舞。當時上海灘的王丹鳳，她是新派的，唱歌拍電影。王丹鳳跟我太太很要好，我也認識她，我想沒有一個人比她更清楚了，而且她還是演藝界的人。像我太太的父親——譚敬、譚老即喜好聽戲，有傳統的部分，也喜好穿西裝、吃洋餐，那些洋派的東西他也同樣喜歡。每個人的背景、愛好和欣賞角度不同，但是在當時的上海都能夠找到自己合適的部分。只是可惜啊，王丹鳳和我岳父，都已經不在了，知曉老上海的人愈來愈少了。

另外，就是上世紀八十年代，流行的顧嘉煇作曲的《上海灘》電視連續劇，內容就是以我父親為藍本的。那個曲子很有名，黃霑作詞。黃霑跟小唐要好，小唐的名字叫唐翥，是香港著名風水師，人家都稱他為教主。小唐跟我很熟，常常來我們家，看風水、算命。上海的圈子很微妙，轉來轉去，還是轉了回來，多多少少都會與杜家有關係，我們有很多共同的熟人朋友。

我看到有一種說法有些道理，說杜家的人，我父親、我的兩位母親和她們的家族，還有與杜家來往的人，加在一起，可以寫一本民國時的京劇歷史了。那個時候的演員，老的藝術家演員，比方講童月娟、李麗華、嚴俊、洪波，他們都會唱京戲，而且唱得很好，嚴俊、洪波唱的《法門寺》很好。那時候新派崇洋的人，比方講胡蝶、白光，都是很有名的演員，但他們只是唱歌、不唱戲。唱歌演電影和唱京戲，那是兩個完全不同的領域，是分得很清楚的。但是，李麗華不同，她與盧燕是一道的，會唱歌又會唱戲。從前，李麗華是我太太的長輩，我們結婚後，我太太跟李麗華講，我們現在是平輩了，我看見她就開始叫華姐。

【四 重忠義氣節】

不在意錢財，雅士乞丐都是朋友

現在，報紙、電視或者網絡上常常可以看到，人們引用我父親曾經講過的一些話，稱之為所謂的「杜月笙語錄」，我這裏就有一份，其實我父親沒有受過什麼正規的教育，只是根據他白手打天下的經驗說了一些話，這些話可能對其他人、對後人有一些幫助，但也說不上是語錄什麼的。

比方講，我父親說：「錢財用的完，交情吃不光；所以別人存錢，我存交情；存錢再多不過金山銀海，交情用起來好比天地難量！」對錢財，他倒不太在乎，他肯花錢結交各種朋友。軍閥混戰的時候，常常有軍閥官僚到上海租界，或者是暫時避難，或者是看病遊玩。他們到上海，我父親從來都是以禮相待，需要錢就給錢，需要幫忙就幫忙，而且還讓對方接受得很體面，廣交朋友，他覺得多一個朋友，就多一條路。東北軍的軍官到上海，我父親就通過吳家元打牌，在牌桌上輸錢，變相送錢，也讓對方感覺有體面。還有，張作霖和孫傳芳打仗後，派兵來到上海，好像孫傳芳也在，我父親自己，還有吳家元陪他們打牌，專門輸錢，他們拿到錢也不覺得沒面子，好幾次打牌送錢。

有句老話講「財散人聚」，我父親能夠在上海灘結交那麼多的人，從達官貴人、學者紳士，到里弄的小混混兒們，最要緊的一點，就是我父親肯花錢、講義氣。當然，在國家民族的大事上，我父親更重視民族氣節。另外，我父親常常組織慈善募捐賑災，救濟鬧水荒旱災的災民。比方講，唱戲、請角兒義演，賣門票的錢全部捐獻賑災，像陝西賑災，還有辦六十大壽搭台唱戲收到的錢，全部拿去了賑災。

前不久，我看到新聞裏講大陸有個土豪，有的是錢，也肯撒錢。在香港撒錢，被人罵，還在在紐約撒錢。你跑到美國去撒錢幹什麼？人家搞不清楚你是怎麼回事，這樣做是表示你有錢，還是怎麼樣？莫名其妙，簡直就是胡鬧，美國人當你是「凱子」，就是上海話的十三點。這種人撒錢是為了自己撒，表示自己有錢，這種土豪沒有辦法，就永遠是個小癟三。

我父親不喜歡與政府的官員接觸得太多，但他跟戴笠最要好。但是，我父親結交了很多文人墨客和唱戲的人，比如章士釗、楊度、章太炎，包括梅蘭芳等當時的四大名旦、名角兒，他們與軍閥政客完全不是一路人，但是這些人跟我父親的關係都很好，而且這些人非常敬重我父親，關鍵的時候，能夠幫助我父親，這是因為，我父親不僅肯花錢，他還很仗義，尊重他們。比方講，我父親接濟章太炎，就是不動聲色地把錢或票據夾在書桌上的書裏。不要張揚，要照顧人家的面子，我父親一輩子最講面子啦！總是把面子給足對方。

我父親禮遇那些文人雅士，對市面上的乞丐混混兒，也從不低眼相看，因為他自己也曾經是他們中的一員。逢年過節的發紅包，我父親給家裏人發紅包，也一定想着那些在十六鋪碼頭、弄堂裏的小混混兒們，還有那些討飯的，也就是乞丐們發紅包，有的時候還分米，他們都來領紅包，每年都來，上海討飯的乞丐有多少啊，這是不得了的錢啊！我父親很重視這件事情，要家裏面都提早準備好。因為，我父親初到上海闖蕩的時候，也是在十六鋪碼頭，天天和這些人混在一起。後來，我父親發達了，也沒有忘記那些里弄的小混混兒們。里弄裏的各種各樣的人，像乞丐、流浪漢，對於他們來說，這是個大事，我父親在春節之前的年三十就先發紅包，這一天，杜先生要發紅包了，都一起去老公館領錢，他們排着很長的隊，通常由黃國棟安排，我父親不在場，賬房先生代表我父親給他們發紅包，有不少人來領兩次、或者更多，反正也不管了，大家圖個開心過年！我們說來領兩次紅包的就是小癟三！地道的上海外灘的小癟三，就是乞丐、小混混兒，各式各樣的，小癟三是個代名詞，不是講指定的哪一種人，也不完全是罵人的話，就是小痞子、無賴一類的，還算不上小流氓的層次。比方講，他們這種人在十六鋪，跑到飯店裏吃霸王餐，不付錢，這種事情專門是小混混們做的、小癟三做的，偷人家錢了、扒手了，這都是小癟三們幹的事情。好像北京有個詞叫胡同兒串子、胡同王，就是在胡同裏他是老大，跟小孩兒打架了、砸人家的玻璃呀、摘樹上的棗子啊什麼的，都是這些人幹的。外灘小癟三，就是在我父親的那個時代有的，那是個特殊的群體，特殊的歷史現象，現在就沒有外灘小癟三了，社會在不斷的變化進步！但是，有些人的做法行為和小癟三差不多，比方講前面提到的那個土豪。

張學良說杜月笙是個人物，我非常佩服

在唐德剛撰寫的《張學良口述歷史》中，講到了張學良和我父親的一段故事。「九一八」事變以後，張學良丟了東北，遭到了國人的唾罵，甚至有些人要殺他的頭。張學良來到上海，我父親就跟他說，你在這裏誰也別怕，有我杜月笙在呢！我父親給了他三個電話，說有什麼麻煩事情的，可以隨時打電話給我。我父親特別提醒他要注意王亞樵，因為我父親得知，有人出錢給王亞樵，要取張學良的性命，王亞樵當時是有名的僱傭殺手。唐德剛記述了張學良與我父親交談的一段對話。

張學良問我父親說：你是不是給了王亞樵十萬塊錢？

我父親回道：是啊！我給了他十萬塊錢。

那你為什麼要給他十萬塊錢？張學良問。

我父親說：這不是我杜月笙低頭、怕他，這十萬塊錢算什麼，給他就拉倒了，何必跟他找什麼彆扭。何況呢，我給了他以後，王亞樵就會聽我的話了。

張學良從這一件事情上看出來，他說我父親是個人物，輕鬆地就用十萬塊錢，把一個職業殺手搞定，而且從此聽了我父親的話。這十萬塊錢對我父親來說，不是什麼大事兒，可是搞定王亞樵這個殺手，是件不得了的大事。從此，我父親與張學良關係就近了很多，少帥成了杜家的世交、終身好朋友。當然，那個時候十萬塊錢，對我父親來說，不算什麼，可是，當我父親臨終前，也只有十萬多塊美金作為最大的一筆遺產了，那是後話。

還有一件事情，張學良在上海戒煙、戒鴉片。他把自己關到了一個房間，不給鴉片，只給飯菜和送水，過了幾天，少帥好像沒事兒，感覺也不錯。我父親進到他的房間，看了看張少帥，發現他的氣色也不錯，好像沒有什麼煙癮的樣子，我父親覺得不對勁兒，就跟旁邊的下人說，給少帥換一張新的床吧。原來少帥在床底下藏了很多鴉片，他還在屋裏繼續抽，根本就沒有戒。當然，後來少帥真的戒了鴉片，那是通過西醫和其他的方式來戒的。

由此可見，我父親和少帥的關係不一般。這種關係，一直持續到我父親去世，我們一家搬到台灣，與少帥還有很多的來往。

忠禮涵義的生日禮物，義節聿昭說得很準

我父親六十歲生日的時候，朋友送了兩幅畫：《朱雲折檻》和《袁盎卻座》，這兩幅是仿宋人的畫，宋代無名氏畫的，臨摹得非常好，畫家一定看過故宮裏的畫，故宮裏有這張畫。這兩幅畫，後來好像是我二哥拿走了。這兩幅畫的內容都是典故，《朱雲折攔》講的是「忠」，講下對上要講忠誠，以下犯上是要殺頭的；《袁盎卻座》，講的是「禮」，不該你坐的地方，你要讓出來，不應該坐的位子，你去坐了就不對，是無禮的行為。

這個送畫的人，既然是我父親的朋友，就一定對我父親的為人做事非常了解。所以，這個生日禮物，我想是有特別含義的，那就是講「忠」和「禮」，他認為我父親很重視這兩個方面。

章詒和寫過我父親的一篇文章，以我父親的事情為例證，體現了中國傳統文化的「義」。有些以當年上海灘三大亨，特別是我父親為藍本的電視電影，比方講前面提到的電視劇《上海灘》，還有最近播出的電視劇《梟雄》，電影《羅曼蒂克消亡史》，都講到了他「義節氣」的特點，「節」，主要是在抗日的民族大義大節上體現的。

在幫會裏，比如青洪幫，非常講究「忠」，過去的人，很重視忠孝節義，氣節的「節」。這些內容，常常是在說書和戲曲裏表現出來，戲曲裏講的都是忠孝仁義、禮義廉恥等內容，京戲裏的劇目大都也是如此，像《徐策跑城》、《搜孤救孤》等傳統戲碼，講得也都是這些內容。在評書裏，《三國演義》、《水滸傳》和《隋唐演義》，也是以生動的故事形式，講述這些內容。我父親本來就喜歡看戲、聽書，特別是三國，這些忠義氣節的內容，慢慢地就影響了他。

說起忠義，我想起了閻錫山與忠烈祠。他也在幫，後來到了台灣，台灣的派系爭鬥得很厲害。閻錫山是山西王，是地方派，與蔣介石不是一派的，閻錫山在台灣是很不得志的。台灣有個忠烈祠，全稱是「國民革命忠烈祠」，是由蔣介石親自題寫的名字，用以祭祀國民革命死亡的人。能夠進入裏面被祭祀的人都寫得很清楚：姓什麼，叫什麼，哪年出生，什麼地方的人，在哪裏打仗死的等等都寫下來。進了忠烈祠的人，後代與普通人不一樣，政府有很多的優待。像黃伯韜的兒子殺了人，判了死刑，蔣介石親自改判為無期徒刑，免掉死刑，因為是忠烈後代，而且是獨生子。

閻錫山的部隊死了很多人，開始時沒有把一些閻錫山的人放進去，閻錫山很不高興，每年的秋祭，閻錫山都要大哭一場。有一次，蔣介石上前親自去攙扶他，說不要哭了。閻錫山大哭着說，死去的那些人，放不進忠烈祠裏，都沒有人曉得他們的名字啊！後來終於放進去了，要不然，閻錫山還要大哭的，他是個很講義氣的人，時時不忘死難的他的山西老鄉。

潘翎寫的我父親的一本書，說「義、戲、書」是我父親的終生愛好。她講的有一定的道理，在我父親的一生中，他的身上最突出的兩個特點是「義」與「節」，主要的表現是在抗日時期保持民族的氣節。他骨子裏是不喜歡外國人，更不喜歡日本人，是愛國的，「義節」是大是大非的事情。義，還可以理解為信用，第一，錢財不放在眼裏；第二，就是施捨，包括賑災資助。我父親一生喜歡廣交朋友，上到文人雅士，下到三教九流，各種各樣的朋友，「春申門下三千客」說的就是這個特點，這些朋友常常來杜公館聚會、吃流水席。後來到了香港，那個時候我父親在香港沒有什麼生意，也就沒有什麼進項，在某種程度上說是「坐吃山空」。我父親那些原來在上海的一大批朋友還跟着他，成天吃住在一起，這算是一種義氣吧，江湖義氣。

蔣介石在我父親去世後，題寫的匾額「義節聿昭」是非常準確的，總結概括得很好、很有水平，我猜測是于右任或張群草擬的。這塊「義節聿昭」牌坊曾經樹立在我父親的墓地旁。

五 青洪幫總教主

中國幫會與西方黑幫不是一碼子事

前不久，有些朋友來採訪我，他們籠統地認為，青幫就是黑幫，就和西方電影裏邊講的黑幫是一樣的。我覺得他們這個看法是不完全的，幫會是一個很複雜的問題，有許多事情還沒有搞清楚。孫中山早年加入致公堂，致公堂就是洪門組織、洪幫。洪幫、青幫都是幫，孫中山加入致公堂，多次利用幫會組織進行革命，那怎麼說呢？西方的黑幫是電影上的戲，跟中國的幫會是兩碼子事情。

其實，幫會是中國早期的民間組織，青幫就是最早起源於大運河漕運的民間行業組織。而且有些幫會提出反清復明的主張呢！洪幫就很明確提出反清復明。

只是幫會後來給人的印象壞了，人們常常認為，幫會就是吃喝嫖賭打打殺殺的。那個時代的幫會，確定是有很多黑暗的地方，幹了很多壞事。在這方面，我父親的青幫也是一樣的，在大陸和台灣，對幫會，包括青幫，批判詆毀得很多，我認為很多是對的，的確，作為黑幫，有其黑暗殘酷，甚至血腥的地方，這毋庸置疑，社會上對這方面的揭露批判很多，我在這裏不必贅述。我想強調的是幫會的另一面，我們通常不知曉的一面。比方講，在青幫之中也有一些人是不錯的，特別是一些做生意的人，江蘇南潯的張家就是青幫，張靜江是國民黨的元老之一，蔣介石對他都非常尊重，張靜江在幫裏的資格很老、輩分很高，張家的生意做得好，口碑也很好。那個時候要做生意，就一定要與幫會有聯繫，或者加入幫會。比如說楊管北管理的大達公司，就一定要拉我父親進入，目的就是要用我父親的旗號，也就是幫會的影響力做買賣，在長江的貨物運輸中，避免別人的搶劫敲詐。還有當時起了很大作用的國統區與淪陷區的物資搶購計劃，很多是通過各地的幫會組織協助完成的，在抗日民族大義上大家是一致的，幫會為抗戰做了很多積極的貢獻。

抗戰時期，日本人一直拉攏我父親，還有個原因是他們對幫會很尊重。我父親是中國青幫的幫主，所以他們想利用我父親和青幫。日本也有很多幫會組織，山口組是日本最大的幫會，而黑龍會是間諜性的幫會，當時日本高層，特別是軍界的高級將領，很多是在幫會中，在幫就受尊重，所以他們對我父親也很敬重，這是從幫會角度出發的。抗戰時期，我父親的朋友、謀士徐采丞，他是日本通，負責執行淪陷區和國統區的物資交換，運送棉紗到內地，就是借用了日本人的這層關係。

幫規是拜先生還是稱兄弟

幫會裏有個規矩是可以「先青後洪」，不可以「先洪後青」，這是幫會的規矩。也就是講，先入了青幫，還可以加入洪幫；但是，先入洪幫，就不能再加入青幫啦！我父親是例外，青洪兩幫都在幫。廣東的向家，是洪幫的頭，祖上幾輩都是大人物，被尊為「大天」，我父親跟他們認識，都是稱兄道弟的。青洪幫有一個很大的不同，一個是拜先生，一個是稱兄弟：青幫拜先生，洪幫稱兄弟。洪幫很早就有，主張天下皆兄弟。

早期的上海灘，有「大八股」和「小八股」之分，他們都是青幫裏的人。大八股更早些，是晚清的時候，小八股是民國初年。我父親剛剛從浦東到上海十六鋪碼頭打雜時，人們叫他「水果月笙」，常常和小八股在一起，他們是同科兄弟，一起打天下，就像過去的同科中舉、同科狀元一樣，成為同科兄弟，比如說芮慶榮、馬祥生、葉焯山一些人，他們認我父親為老大。後來我父親成名以後，影響愈來愈大，很多人都拜帖子到我父親門下，成為他的學生弟子。其實我父親在青幫裏的輩份並不高，是「悟」字輩，那些拜我父親的學生們都稱我父親為「杜先生」，我父親也喜歡他們稱他為杜先生。像黃金榮，歡喜人們叫他「黃老闆」，沒有人叫我父親「杜老闆」的。我父親不歡喜別人叫老闆什麼的，黃金榮歡喜這樣，我父親一直讓人們叫他「杜先生」。只有顧嘉棠，叫他月笙哥，偶爾也叫老杜。

日本人入侵中國以後，全民守土有責，各地的一些幫會也一樣抗日。在上海灘的名流中，由於我父親始終不妥協、堅決抗日，在淪陷區和國統區，還有香港，堅持組織抗日活動，得到了各個幫會組織和人員的信任和尊重，把他當做了全國各地幫會的總首領、老大。抗戰勝利以後，有人說他在全國各地的幫會成員，有幾十萬之多，勢力之大、影響之廣，據說這也是讓國民政府擔心的一個原因。所以，後來他回到了上海，就被冷落了，甚至被打壓。

當年，蔣介石就是利用幫會，在上海清共，很多事情是幫會裏的人幹的。蔣一直把我父親看作是幫會老大而利用，我父親也感嘆過，蔣把我當夜壺一樣，用的時候就拿出來，不用的時候，就趕緊塞在床底下。

青幫的規矩與海底

青幫、洪幫裏有很多規矩，像幫裏人坐船，從長江口的上海到上游的重慶，中途到一個飯店吃飯，擺在桌子上的筷子，怎麼個擺法，就是規矩。幫裏人一看，就知道在不在幫。普通人的筷子，就是這樣子放的，幫裏的人有一種特別的擺法。這些規矩，在幫才知道，不在幫就不知道。這些都是顧嘉棠跟我講的，因為，顧嘉棠在重慶，一天到晚和劉航琛、范紹增在一道，范紹增講給他聽的。范紹增在幫，劉航琛不在幫。我跟范紹增很熟悉的，他是個蹺腳、跛子。抗戰早期，他有一次打仗受傷去上海治療，跟我父親認識的，和我父親很要好，他們都在幫，在幫不在幫有很大差別。解放後，范紹增發表過寫我父親的文章，可能是當時的環境因素吧，他寫的有些內容是不可靠的。

青幫有規矩的，幫會裏的人不能夠隨便講幫會裏的事情，當然也不能夠對外講，這是一定的。所以，寫幫會的書，包括中文的書很難寫。外國人寫中國幫會的書寫不好，只有中國人可以寫。朱學範題詞的那本關於舊上海幫會的書，就寫得很好。在幫會裏有個講究，老大一定有個海底。這個海底就是和羅馬軍隊的令牌一樣，是本書、手冊，可以折疊起來，裏面也許會有幫會人員的名單，也許沒有，因為是秘密組織，有時不會列出會員名單。按照第幾代第幾代的方式寫下來，幫會的規矩什麼的全部在裏面，所以叫海底。我在台灣看到過台灣青幫的海底，像竹聯幫、天道盟，這些幫會，他們都有海底，重大的事情，都會照老規矩做。海底在任何一個幫會或者支會裏面，只有頭領老大才有，所以我們都不曉得青幫的「海底」！幫會很複雜，政治是離不開幫會的。蔣經國要殺一個人，還是通過幫會去做的。我父親是青幫老大，有海底，但是沒人知道，海底是不能隨便給人看的。小八股談到青幫的事情，就沒有說到海底。我和顧嘉棠很熟悉，經常在一起聊天，他也沒有談起過青幫的海底。

六 賑災救濟與抗戰西北行

抗戰中期，一九四二年十月下旬，我父親專程去西北進行實地考察，開辦實業。最令我父親感動的是在西安車站，受到一些與我父親從不相識，而且是六七十歲老百姓的歡迎。

西安車站耆老百姓的熱烈歡迎

民國三十一年，一九四二年十月，我父親響應政府「開發西北」號召，對西北進行歷時近三個多月考察投資。十一月四日，到達西安火車站，最讓我父親驚訝的是，一群特殊的歡迎人群，在風雪中等候已久，他們多是六七十歲的老人，身穿棉衣棉褲，像是鄉裏人。當地軍政長官告知，他們是專程從百里外的鄉下，自發前來面見我父親，表達當年為他們賑災救命的感恩之心！其實，給陝北旱災募捐的事情，我父親早已忘記，但當地的百姓沒有忘記，他們自發推舉鄉裏德高望重的長者前來謝恩，這讓我父親非常感動，主動與老者握手合影。

一路隨行的胡敘五，最早詳述了這一場面。他在《杜月笙外傳》書中，單獨列出一章節，題目為「感恩懷德情重白頭人」寫道：「十一月四日，隴海路局副局長周嘯潮代表西安各界親率專車來迎。嘯潮曾任淞滬警備司令部參謀長，與月笙極熟。冠蓋往來，路局原有其迎送義務。由他代表，恰到好處。晚間登車，翌日上午抵達西京車站。在這次歡迎場面中難得的倒不是達官貴人，而是一班頭童齒豁，身穿棉衲，攔腰束帶，腳蹬厚底皂鞋的老百姓。他們擁簇處一隅，在滿臉皺紋中，張口軒眉，看到月笙落車入站，高舉兩手，吶吶有詞，表現出歡欣鼓舞的姿態。」

胡敘五是我父親幾十年的文字秘書，是那次西北行全程跟隨的見證人。他是個典型的讀書人，表面看起來比較木訥寡言，實際上很有才華、有自己的見解。我父親去世後，他留在香港靠寫字為生，陸續寫了一批關於我父親的文章和書籍，最重要的是出版於六十年代後期的《杜月笙外傳》，為了不引起讀者過多猜測，他化名楊威，先後在香港、台灣再版多次，我手裏就有好幾個版本，內容可靠，多是他親見親歷親聞的記述，我依據的就是他專門送給我大姐杜美如的版本，是一九六八年十月，大華出版社出版。

我查閱了我父親六十大壽時編寫的壽言集和大事記，也有簡短的記載：「卅一年十月，應西北軍政當局之邀，遄赴大樑……至是扶老攜幼，焚香道左，爭以一見顏色為榮。」這是一九四七年夏秋，我父親六十歲生日，于右任、孔祥熙、宋子文、章士釗、黃金榮、錢永銘等四十五位組成的「慶祝杜月笙先生六秩壽辰籌備委員會」，發起「杜月笙先生六秩壽辰徵文啓」，並編寫《杜月笙先生六秩壽言集和大事記》，我下面談到的很多資料是出自這本集子。

後來，台灣、香港出版的關於我父親的書籍，多數是以胡敘五的書為藍本。例如台灣作家章君穀，就在胡敘五記述的基礎上，添油加醋，但是有些時間記述與胡敘五不一致，胡敘五作為當事人，記載的時間應該是準確的。章君穀描寫當時的場景是：「站台上萬頭攢動，人潮洶湧，舉行了盛大的歡迎儀式，西北忠義救國軍，湖北、甘肅、陝西、河南四省的洪門青幫兄弟，當地士紳和各界代表，還有自發前來的長安百姓，歡呼雀躍，鞭炮轟鳴，在車站呈現出了杜月笙畢生少見的熱烈歡迎儀式，各界人士多達一萬多人，杜月笙被這個場面深深感動。杜月笙被捲在人潮中，笑容滿面連聲道謝，一批鶴發童顏，身穿棉襖棉褲的當地農民，他們看見杜月笙後，每個人都高舉雙手，口中念念有詞，臉上流露出興奮的表情。杜月笙走過去向這些老人打招呼，發現其中有七八十歲的老者，彼此交談，但是又語言不通。旁邊有人告訴杜月笙說：這些老先生都是自己聽到消息，長途跋涉而來的。」

我父親西北行首先從重慶出發，一路經過四川的成都、梓潼等，進入陝西的南鄭（漢中）、寶雞等地，每到一個城市，都受到熱烈歡迎，當地軍政官員、富商士紳，多數是我父親的老朋友，甚至還拉出軍樂隊現場演奏，也有四川袍哥幫會弟兄，按照當地規矩，擺出盛大的江湖場面，這些陣勢，我父親都見過，也不覺得很驚訝。但是，西安火車站自發趕來的當地老百姓，特別是一些六七十歲的耆老，既不認識我父親，也沒有打過交道，讓我父親的確感到非常驚訝，對周圍的人說：我杜某人有何德何能，驚動這麼許多老先生專程趕來歡迎我？事情的起因是我父親和朱子橋將軍，當年為陝西的賑災募捐說起。

陝西大旱，與朱將軍廣施賑濟

西安當地軍政長官，看到我父親的疑惑，告訴我父親，在民國十七年，一九二八年，陝西連續三年大旱，災民無數，時任國民政府賑務委員會委員長的許世英，華北慈善聯合會會長朱慶瀾，動員各地捐款賑災。我父親早在民國十二年，一九二三年，就曾在上海發起賑災，對各地災區災民的賑濟，所以，對於陝西的災害，我父親就在上海積極籌集善款，賑濟災民，我父親六十歲大事記裏記載：「民國十七年陝北旱災，先生與朱子橋將軍，廣施賑濟，全活無算，厚德在民。」胡敘五後沿用了類似說法：「原來民國十七年間，陝西大旱，災情慘重。月笙和朱子橋將軍廣施賑濟，全活無算。」十五年後，時過境遷，我父親早已忘記了當年與朱將軍賑濟陝西災民，而淳樸的西北老人不忘當年恩德，讓我父親非常感動。

這個讓百姓懷念的朱將軍，全名朱慶瀾，字子橋，是有名的民國大善人、慈善家，一生戎馬倥偬，多地任要職，遇到天災大難，始終不忘賑濟災民，後來退出軍界政壇，全力從事慈善救濟。民國十七年開始，陝西連續發生旱災，朱將軍四處籌款賑災。胡敘五說：「那次辦賑，月笙於勸募賑款方面，致力獨多，而朱子橋將軍，則於施賑上躬歷其事。筆者（胡敘五）猶憶當年胡適等所辦的《獨立評論》上，曾有朱將軍守緊糧車，自炊自爨的記錄。」朱將軍親自押運糧食，把救命糧送到災民手裏，反響很多，就連當年名噪政界學界的胡適都嘖嘖稱道。朱將軍最後積勞成疾病逝並葬在陝西，「西北人士，大多醇厚樸實，受惠不忘。據說朱將軍病故舉殯時，長安市上，大街小巷，家家門前擺設香案，跪迎着靈輀經過」，祭奠對朱將軍的大恩大德。

我父親在西安期間，專程拜謁了朱將軍的墓地，拜謁已故老友。長安是歷朝古都，帝王后妃、王侯將相、顯貴豪紳的陵寢墓地到處都是，規模氣魄，松柏奠堂，顯示出主人舊時輝煌；然而扶危助貧、兼濟天下的大慈善家朱將軍的墓地，卻被比襯得孤零落寞，令我父親感慨歎息，胡敘五寫道：「獨於朱子橋先生之墓寢，見其黃土一壞，松楸未植，徘徊太息，感不自禁。其篤念舊遊，無間生死，有如此者。」

好在三秦百姓內心中，銘記着當年的救命之恩。這一次聽說我父親來西北，各地老百姓算好了日子，推派出年老德高的代表，到車站來排隊歡迎，當面向我父親表示衷心的感激。我父親明白了其中的緣故，深深感動，趕緊上前幾步和那些老者雙手緊握，口中說辛苦辛苦不敢當，老者們更加興奮，笑逐顏開地一起合影留念。

當年的這些照片，不知現在是否還在？我覺得應該有，只是不知收藏在哪裏？因為，我在西安的時候，很多朋友告訴我，有些老年人手裏，或者當地一些拍賣行的拍賣圖錄裏，看到有不少題寫我父親上款的書畫作品。這些年來，在全國各地的一些大大小小的拍賣會上，都有一些所謂的題寫我父親上款、甚至說是我父親親筆書寫作畫的作品，真真假假，屢見不鮮。不過，我父親一直組織參與賑災慈善，當時的人，有目共睹。

賑災救濟，登高而呼

我父親很早就開始參與賑濟慈善，這或許是孤兒經歷，切身感受到流離失所和食不果腹有關吧！中國的災害比較頻繁，特別是在戰爭時期，天災加人禍，災民遍地，于右任就曾賦詩：「風虎龍雲亦偶然，青史欺人話連篇；中原代有英雄出，各苦生民數十年。」我父親最擅長的是組織平劇慈善募捐義演，他酷愛京戲，義演時還常常自扮行頭登台演出。一九三一年，楊度在《杜氏宗祠記》裏說，我父親「慈善事業倡導尤多，若學校，若醫院，若救貧苦，若賑災……每因慈善集欵（同款）輙復身登舞台」。特別提到了我父親為了賑災，親自登台演出，在杜氏祠堂落成和六十大壽平劇義演，這兩次號稱南北名伶齊聚上海的演出，募集的大量捐款，賑濟給了當時發生水旱災的災民。這兩件事，大家都知道了，我不多講。

關於我父親賑濟，文獻檔案記載非常少，一九四七年的《杜月笙先生六秩壽言集和大事記》裏講到一些，說民國十二年，一九二三年，盧齊戰爭，四鄉居民為了躲避戰火，顛沛流離，逃難到上海租界。我父親組織難民救濟會，救濟災民。民國十四年，一九二五年，我父親在上海發起聯義善會，賑濟貧苦人員；民國二十年，一九三一年，國內水災遍地，組織各省水災急賑會，江蘇水災義賑會，賑濟災民。

談到賑災賑濟，就一定要談到我父親幾十年的老朋友，曾經擔任北洋政府國務總理的許世英。許世英，生於清光緒年間，考得禮部廷試功名，官至山西提法使、布政使；民國初年擔任大理院院長，北洋政府任多個內閣司法總長，段祺瑞執政時，位居國務總理高位；一九二八年，南京國民政府成立，擔任賑務委員會委員長，負責全國的社會救濟工作，許世英在回憶文章中說到我父親，「先生（指杜月笙）繇共賑務，自民國十八年冀魯豫旱災，二十年江淮水患。余時主官賑，歷荷先生領導上海慈善人士組設義賑會以襄其事，均以余兼主任而先生為籌募組長，捐輸踴躍，因澹沉災。至二十一年一二八之戰，仍仿舊例，設上海各慈善團體戰區難民救濟委員會，先生之領籌募組亦如故。」七七事變後，許世英擔任駐日大使，次年（一九三八）從日本回國，再次擔任全國賑濟委員會委員長，我父親擔任賑務委員會常務委員，上海淪陷後，國民政府簡派我父親為中央賑濟委員會常務委員，兼第九區賑濟事務。我父親一直擔任中國紅十字會總會副會長，遇到重大措施，如賑濟公債之發行，難民救濟區，無不竭盡力量。徐鑄成統計過我父親六十歲時二百三十多個頭銜中，我父親最在意的是中國紅十字會總會副會長一職，以尊崇人道救濟生命為宗旨。

我父親的老搭檔、大達船運公司總經理，也是西北同行的楊管北回憶我父親說：凡是窮苦無以為生者，無論識與不識，莫不寄予同情，有求必應。每月拿着我父親給的摺子，到杜家支領生活費者，達二百餘戶。長江、蘇北、兩湖，歷次水災；陝西、河南、東北旱災；以及朱子橋、許靜仁二公先後主持全國賑濟會時，所有各種賑濟，必邀先生協助，無不竭誠倡導，解囊襄事。抗戰前三年，每年捐輸恒達五十萬銀元。上海的一些孤兒院、老人堂，依靠我父親出資維持，使幼有所養，老有所終。

就在六十壽辰當年，廣東發生水災，我父親親自組織賑災，上海廣東旅滬同鄉會上海廣肇公所理事長劉維熾撰文說：我父親凡遇到天災人禍，如水災、疾疫、兵戎，往往登高一呼，收效之鉅，不可思議。數十年來，所行善，指不勝屈。

扯遠了，還是回到我父親的西北行話題上吧！

西北行與「雙魚宴」

我父親的西北之行，就是響應國民政府「開發西北」的號召，對四川、陝西實地考察，投資建廠，活躍金融。西北行發生了很多有意思的事情。中國幅員遼闊，國民政府歷史上曾經有兩次開發西北，一次是上世紀三十年代初期，當時處在和平時期，另一次是抗戰中期，也就是四十年代初期。這兩次開發西北，雖然處於不同的環境，但都是為了開發利用西北豐富的資源，特別是礦產資源，發展經濟。國民政府西遷到重慶，中國經濟最發達的城市和地區被日本人佔領，開發西北，為抗戰提供經濟支持，直到勝利，有着特殊重要的地位。

民國三十一年，一九四二年十月二十四日，考察隊從重慶出發，同行有楊管北、駱清華、唐纘之、胡敘五，以及新華銀行總經理王志莘等十幾人。二十六日到成都，住了三天，四川省主席張群、鄧文輝都單獨設宴招待，其他各方友好人士以聯合公宴的形式招待，席間有川劇演出祝賀，有的老伶工年紀都有六七十歲，最感人的是其中兩位老先生，早年去上海演出闖蕩，落魄後得到我父親的盤纏接濟，一定要把這輩子的最後演唱展示給我父親。最隆重的是全川潘袍哥舵把子一千多人，林林總總，都是當地頭目，有一位老先生一百二十歲高壽，民國初年在上海當過水師統領，與我父親熟識，專程從一百二十里外趕來面會。

我父親在南鄭，就是現在的漢中，第一次看到了當地的特產。祝紹周是我父親的老朋友，他在南鄭（漢中）擔任川陝鄂邊區警備副總司令，安排我父親參觀西北特產標本，有礦石、木材、藥材和農產品，並做了詳細的介紹說明。我父親決定在褒城設立一座水力麵粉廠，這是我父親此行的第一個投資項目。晚宴席間，祝紹周提起他和他夫人的婚事，還是我父親做的紅娘。我父親也給戴笠、戴老闆牽過紅線吶！

十一月二日到達寶雞，我父親投資建立一家冶鐵廠。途中翻越海拔兩千多米的秦嶺，再加上冬季，氣候嚴寒，我父親的哮喘復發，呼吸困難，到達寶雞病倒了。身體稍微恢復後，參加歡迎宴，常香玉現場演出河南豫劇。我父親是個戲迷，第一次看河南戲，很高興！後來，我父親到了西安，主人特意把常香玉請到西安，連續三天演唱河南豫劇。這之後，當地人也看常香玉的豫劇，戲班子就常住陝西演出，愈來愈有名氣。有人說是我父親無意中捧紅了豫劇名伶常香玉。

十一月四日，我父親乘專列火車抵達西安。隴海鐵路局副局長周嘯潮是我父親的老朋友，常住西安，周副局長以西安各界代表的身份，專程從西安來到寶雞，迎接我父親。到達西安以後，醫生建議靜養，減少外出。除了陝西省主席熊斌，八戰區副司令長官胡宗南等西北政要登門拜訪之外，主要是休息靜養。我父親一行在西安停留了兩個多月，後來我母親（姚玉蘭）也從重慶專程來到西安，照顧我父親。章士釗夫婦從重慶過來，章太太是青衣名票，晚上偶爾也拉開場子、鑼鼓點敲着，吊吊嗓子，過過戲癮，我父親靜坐一邊，欣賞演唱，心情好了許多，身體恢復了不少，陸續參加一些活動，與陝西省主席熊斌、陝西建設廳廳長凌勉之商議，如何在西北地區扶持工業、建立金融服務。我父親西北行結交了兩位新朋友：西北工業鉅子石鳳祥和紡織鉅子毛虞岑，與毛虞岑合資，在蘭州開設了中華毛紡廠，我父親任董事長，毛虞岑為總經理。當時西北各省通行羊毛管制，毛紡廠的原料收購產品配銷問題很多，由於我父親的加入，很多問題都能夠順利解決。在抗戰中後期，中華毛紡廠對大後方軍民衣着的供應貢獻很大。

時至隆冬，我父親原計劃北上蘭州、南下洛陽，由於身體原因，蘭州方面，派出紹興師爺駱清華代表前往，籌備中國通商銀行蘭州分行。

一九四三年元月中旬，我父親從寶雞乘飛機回到重慶。據說我父親搭乘由寶雞軍用機場起飛的首架民航機航班，不久，重慶寶雞民航正式通航。

我父親近三個月，歷經千辛，行程近萬里，體察西北資源之豐富、感受民風之淳樸，也看到了工業金融之落後，所以先後投資紡織、工商和銀行機構。主要有褒城開設一家麵粉廠，寶雞開了一家冶鐵廠，西安開辦中華毛紡廠，西安的中國通商銀行分行開張，甘肅寧夏各設通商銀行分支機構，此外，對西北原有的一些廠家酌情投資。

西北之行，我父親親眼目睹和親耳聽到西北地區棉花年產不足，穿衣成了很大問題，特別是在西北作戰的軍隊，幾年不曾發過新軍裝。回到重慶後，我父親和上海的徐采丞等，在各地政府和軍界的積極配合下，成功地實施了一個大膽的淪陷區物資搶購計劃，協助政府解決大後方居民和前線戰士的衣着之需，支持了抗日前線軍民，這也算是西北之行的收官吧！

如何評價我父親等的西北之行？我想社會和歷史會有客觀公正的評價，我只想引用一些記述，包括當事人的回憶，來進一步了解西北之行。

胡敘五寫的最詳細：西北大後方，蘊藏甚豐，而工業落後。抗戰為艱巨而持久之大業，為謀物力之充實，民間生活之維持，則開闢後方，自為急務。先生因於卅一年冬，親歷三秦，實地考察，以求於西北社會，有所貢獻。一路所經，深受歡迎。在成都、廣元、南鄭、寶雞等地，小作勾留，藉事休息。當地軍政首長，以及地方領袖，實業鉅子，設筵歡宴，情況熱烈……西北地大，全力以赴，猶虞難盡其利。況在戰時，談何容易。先生此行，因亦先樹風聲之意。經與熊斌主席凌勉之廳長多度洽商，以寶雞一地，產鐵頗豐，因先籌設陝西冶鐵廠，而已唐纘之君主其是。褒城原有三秦麵粉廠，絀於資力，產量無多，先生為之規劃，裨獲改觀。梁節之君辦有某廠，先生參加部署，使其益臻健全。復以振興實業，必先爭取遊資，活潑金融，使貨幣得一正常出路。因又於西安蘭州籌設通商銀行分行，藉為調劑盈虛之助。此其工作之大概也。

我父親六十壽辰籌委會的徵文啓和大事記都談到了西北行：先生知非經濟建設，無以奠厥基；更非搶運物資，無以濟其急既於西南各地協助工商，自成機杼，復身越萬里，躬歷三秦，與當地士紳興闢若干工廠，以為開發西北之先聲。在大事記裏記載：既至西京，與當局力籌開發，分別投資於各種工礦事業，西北毛紡廠遂於此時成立。惟工業之開展，必先求金融之活潑，於是金融事業，如通商銀行等，遂廣及於西南、西北。

一些與我父親有關的機構和個人在《杜月笙六秩壽言集》撰文。上海地方協會錢永銘、章士釗說：籌謀建設，扶翼工商，通兩浙之資源，闢三泰（秦）之利藪；上海市水果地貨行業協會：多設一工廠，即為國家多培一分元氣；恆社全體同仁：建工業於涇源，立國基於隴上；楊管北也談到：扶助工商，配合政府經濟政策為己任。

我父親這次西北之行，還有一件事稱為「雙魚宴」，可以表現出西北淳樸而知恩圖報的民風。在西安，我父親住在西北公路局公館，早餐由公館提供，主要是上海風味的稀飯麵點。身體恢復後，陸續出席西安各界各業的宴會和公務洽談，當地人知道我父親喜歡吃魚，但是西北一帶魚很稀少，他們想到一種特別的方法，胡敘五回憶說：西安一帶，缺乏魚，據說甘省筵席中，甚至有雕刻木魚充數。在西安，設宴主人為了答謝我父親，遠道運來活魚，分別紅燒和清蒸，名之為「雙魚宴」。現在，西北的一些老人還知道此事。

我父親近三個多月的西北考察，特別是在西安的兩個多月，不僅受到當地軍政要員、工商各界人士和青紅幫會歡迎，也與當地的長者和普通老百姓有不少接觸，親身感受到很多西北特有的風土人情，特別是淳樸知恩圖報的民風，這是他在上海看不到的，所以我父親很在意。

後來，我父親的老朋友錢永銘，在我父親六十大壽的壽言集寫道：「杜月笙先生居上海，享名垂三十年，外而盟邦使節，內而朝野士夫，至里巷婦孺販夫走卒，無不籍籍稱道。然其所稱道者，曰任俠尚義；曰慷慨好施；曰勇為樂善。」

我父親與西北，特別是陝西西安有很多不解之情，也算是一種緣分吧！我回大陸，總歸要去西安，找我喜歡的收藏品，更重要的是結交了一批志趣相投的錢幣收藏研究同好，他們有機會也會來溫哥華看我，即使現在我們被大洋分開，我們總歸有辦法聯絡溝通交流，就像面對面的老朋友的交流，那種情誼，彌足珍貴，可以說是再續前緣吧！

七 創辦敵後抗日武裝

與戴笠在汪山家裏合影

我有一張我父親的老照片，那是在一九四五年夏天，也就是抗戰勝利前夕，我父親與戴笠、陸京士在重慶的合影。這張照片在書籍和文章中經常可以看到，原作是在我這裏。與通常看到的照片不同的地方，是這張照片下面有陸京士於一九六一年寫的題跋，詳細說明戴笠與我父親籌劃聯合東南沿海武裝和地方各種勢力，接應盟軍登陸，配合國家反攻的事情。當時我父親的學生陸京士作陪，十幾年後，陸京士在整理抗戰時期的資料時，發現這張照片並寫了題跋，送給我作為紀念，內容是這樣的：「心在吾兄惠存　對日抗戰時期，我政府與美國同盟並肩抗日，軍統局局長戴公雨農與美國海軍准將梅樂思准將合組中美合作所，指揮敵後地區忠義救國軍及地下工作，功績輝煌，名垂國史，於中華民國卅四年夏，戴公邀約杜公月笙於重慶郊區寓所策劃工作，然後聯袂離渝赴浙江淳安就近指揮。留影以志鴻爪……現戴公杜師已先後作古，迄今十餘載矣，撫今思昔，不勝滄桑之感。中華民國五十年冬。陸京士謹識。」

這張照片是陸京士送給我的，是一九四五年拍照的，題跋是在一九六一年寫的，時隔十幾年。但是，我認為陸京士記錯了，照片不是在戴笠的磁器口家裏，而是在我父親的汪山家裏拍的。你看照片中，我父親是坐在中間，右手是戴笠，左手是陸京士，很明顯，我父親是主位，只有在自己家裏才可以這樣吧。如果是在戴笠家裏，戴笠就應該坐在主位。我父親是老派人，他很在意這些規矩的。再有，戴笠、戴老闆是情報機構的頭兒，他的家是根本不會讓一般人隨便去的，在他的家裏談事，總歸是不方便的。

就像前面說的，我父親來重慶，住在汪山。重慶是有名的山城，汪山的房子是完全建在一個山坡上，是在山坡上開出一條路，在路的下方修建的房子，路面與房子的大門平行，大門的遠處有一個小山包，山包背面有一座孤墳，不知道是誰的墳。從大門進入，就是客廳平面，有我父親、章行老和大哥的房間，再往下走一點是廚房，從客廳和廚房的窗戶可以往下看到一個小平台，擺着籐椅和茶几，平時我父親招待客人，有的時候就在那個平台上，那張照片應該就是在那個平台上拍照的。在平台對面的山坡上是另一座房子，劉航琛有時住在那裏，周圍都是曲曲折折的山路。

我父親在重慶，特別是那次被日本飛機追蹤，飛機爬高缺氧，導致我父親嚴重哮喘，從那以後，我父親留下了哮喘的病根兒，就很少出門了，他一走路就喘得很厲害，汪山的上上下下都是坡兒，我父親是根本走不了，跑上跑下，他不大可能出去，有什麼事情，都是他們過來。

所以說，那張照片，是戴笠他們來我父親家裏談事時候拍照的。

建立江浙別動隊

我以前聽說過，大陸在六七十年代的時候，有一個現代革命京劇樣板戲《沙家浜》，裏面最著名的唱段就是「智鬥」，正面人物阿慶嫂，反面人物刁德一，搖擺於中間是木訥愚鈍的胡傳魁。在這個樣板戲中，胡傳魁就是忠義救國軍的一個司令官。但是，歷史的事實和樣板戲內容不同，忠義救國軍的前身是抗日的江浙行動委員會淞滬別動總隊，由國民政府命令戴笠和我父親，還有其他人共同組建的，在上海抗擊日軍，後來開展敵後抗日游擊。

徐鑄成在《杜月笙正傳》書裏講到，盧溝橋事變之後，戴笠就籌劃着組建一支武裝部隊，名為「軍事委員會江浙行動委員會淞滬別動總隊」。一九三七年「八一三」淞滬戰役開始後，按照蔣介石的命令，戴笠與我父親商議，一方面組織上海各界募捐籌款抗日，另一方面按照軍事委員會的命令，組織敵後抗日武裝。一九三七年九月初，接到軍事委員會委員長蔣介石電令，命令我父親、戴笠、楊虎、錢永銘（錢新之）、劉志陸、張嘯林等十四名委員，組建上海江浙行動委員會，任命戴笠、我父親和劉志陸為常務委員，戴笠為書記長；同時限令戴笠和我父親在一個月之內，組建游擊武裝——江浙行動委員會別動隊（又稱蘇浙行動委員會），配合正規軍作戰，牽制日軍，肅清奸諜。

接到命令後，我父親讓陸京士在恒社內部發佈公告，號召願意參加抗日實際行動的恒社社員積極報名；同時，朱學範、陸京士在郵政工會系統動員，號召在大上海地區的工人、學生、教員職員、有志青年參加別動隊。別動隊成立後，劉志陸擔任別動隊總指揮，劉志陸早年加入青幫，與我父親都是「悟」字輩，由我父親保舉推薦他擔任總指揮，按照萬伯翱的《孟小冬：氍毹上的塵夢》記載，我父親自己出錢購買捐贈了五千支德國快慢機手槍。別動隊有五個支隊，其中的第二支隊長陸京士，第三支隊長朱學範。第一支隊長何行建是加入青洪兩幫的軍統人員，實際上，第一、二、三支隊都是在幫會和恒社組織的幫助下成立的；第四、第五支隊由戴笠負責。根據後來的研究，淞滬戰役期間，剛剛組建不久的江浙別動隊立即投入戰鬥，接替上海的浦東、奉賢、南匯和上海縣的國軍正規軍駐防，維護京滬、滬杭鐵路交通安全，運用游擊戰術對日軍奇襲、狙擊、破壞、擾亂，協助救助難民、安頓傷員，隨着戰事的惡化，在上海南市和蘇州河兩岸配合正規軍與日軍作戰，由於臨時組建，缺乏正規訓練，作戰能力差，但大多數成員英勇頑強，傷亡嚴重。一九三七年十一月初，第一、二、三支隊投入到阻擋日軍精銳部隊的進攻，第三、第五支隊配合正規軍堅守南市三天。日軍增援的三個師團在金山衛登陸，包抄國軍，形勢變得異常嚴峻，第三支隊第九大隊在國軍撤退的情況下，在青浦阻擊日軍，但因力量太懸殊，被日軍擊潰。上海淪陷後，陸京士、朱學範指揮的第一、第二、第三支隊人員幾乎全部陣亡，這其中有很多是恒社社員或者幫會會員。別動隊化整為零，轉入地下抗日，或者潛伏下來。

改編為忠義救國軍

俞作柏率領別動隊的另一部分，撤退到安徽祁門縣，一九三八年一月，整編為兩個教導團，戴笠親任總團長，俞作柏為副總團長實際負責。戴笠按照軍事委員會的命令，收容整編流散浦東及京滬滬杭沿線的國軍殘餘，加強敵後游擊，以忠義義勇、救國救民為目標，一九三八年五月經過國民政府軍事委員會批准，將江浙別動隊改名為蘇浙行動委員會忠義救國軍，戴笠兼任總指揮，深入江南敵後開展游擊戰，打擊日偽。

一九四一年十二月八日，太平洋戰爭爆發後，中美正式形成軍事同盟。戴笠的軍統局和美國海軍梅樂斯准將，共同成立了中美特種技術合作所，美方為軍統系統提供武器裝備和經費，加強江南地區的忠義救國軍力量。一九四四年春，忠義救國軍已經擁有三個縱隊、五個行動大隊，官兵達到三萬一千人，以京滬杭為重點，在蘇南、浙江敵後開展游擊戰。這支特殊武裝的任務，不僅僅是在京滬杭廣大地區，偵查監視日軍動向，收集情報；同時策反汪偽軍，迎接盟軍沿海登陸反攻。同時，特別要嚴密注意新四軍的活動，堅決阻抗共產黨武裝進入京滬杭地區。最後一條顯然是針對共產黨的。

一九四五年四月，在戴笠的舉薦下，蔣介石召見我父親，準備與戴笠一起赴東南各省接應盟軍登陸，配合國軍反攻。戴笠和我父親，與美國的梅樂斯准將是這次重大軍事任務的核心領導，陸京士已經是國民政府軍事委員會京滬區少將工運特派員，參與計劃的全過程。開始提到的那張三人合影照片，就是執行這項軍事任務前拍攝留念的。

六月，東南行動的十八名先行人員，由陸京士帶領直飛芷江，在那裏等候與我父親、戴笠和梅樂斯匯合。我父親從重慶乘車出發，顧嘉棠、葉焯山等六人隨行保護。在貴陽與戴笠、梅樂斯匯合後，最後到達浙江淳安，這裏是忠義救國軍總部所在地。駐紮在淳安期間，日本人投降了，中國人民聯合八年抗戰終於結束。

九月二日，我父親回到了闊別七年九個月的上海。

抗日戰爭結束後，從江浙行動委員會別動隊到忠義救國軍，這支特殊的武裝游擊隊伍完成了其歷史使命，廣大官兵在抗擊日本侵略、打擊日偽政權和救助難民同胞方面，做出了貢獻與犧牲。抗戰結束後，這支武裝的精銳部分改編為交通警察，負責全國的交通治安。

這張老照片就講述了我父親和戴笠的真實故事！

八 戴笠死亡之謎

一九四六年戴笠之死，在當時和現在都是熱議的話題，這是一個未解的懸案。

戴笠死後，蔣介石悲慟不已，親輓「碧血千秋」悼念，追任晉升戴笠為陸軍中將，國民政府特別明令頒發褒揚令。蔣介石親自主持戴笠公祭典禮，親筆題寫挽聯：「雄才冠群英，山河澄清仗汝跡，奇禍從天降，風雲變幻痛子心。」章士釗題為「生為國家，死為國家，平生具俠義風，功罪蓋棺猶未定；譽滿天下，謗滿天下，亂世行春秋事，是非留待後人評」。戴笠的死，對後來的一些歷史事件都有很大影響。據說蔣介石敗退台灣後曾經說過：戴雨農同志不死，我們今天不會撤退到台灣。

戴笠飛機撞山事發的前前後後，我們都在上海。戴笠飛機起飛前，他跟我父親通了一個電話，恰好那一天，我和我父親在一起，親身經歷了這件事。我對戴笠的死因，有不同的看法。

戴笠死因之謎由來已久

戴笠有特工王的稱號，與我父親是拜把兄弟。他們在上海淪陷後，就聯手組織各種武裝，進行抗日。比方講，抗戰初期組織的江浙行動委員會別動隊，還有後來在此基礎上成立的「忠義救國軍」；抗戰期間，我父親與戴笠都是重慶國民政府任命的「統一行動委員會」的負責人，共同負責和協調上海的地下抵抗力量，鏟除偽政權漢奸，開展淪陷區抗日活動；勝利前夕，我父親和戴笠到浙江淳安一帶，組織當地的抗日力量，準備迎接盟軍登陸和收復上海。我父親為抗日做了很多事情，原以為回到上海，會受到熱烈歡迎，可是，沒想到上海的一些人提出「打倒惡勢力！打倒杜月笙！」來迎接我父親。就在這個關鍵的時候，一九四六年三月十七日，他的好朋友戴笠突然飛機撞山死掉了。戴笠的死，對我父親打擊很大，不僅僅是他們在抗日期間結下的深厚感情，還有更深遠的意義和影響。

戴笠到底是飛機失事，還是被人謀害的，從當時到現在，都有很多說法，成了一個沒有解開的謎團。比方講，鳳凰衛視主持人陳曉楠在《鳳凰大視野》說：戴笠毫無預示地戲劇般的神秘死亡，給後人留下了太多的疑點，太多的懸念：有人說是蔣介石要除掉戴笠，有人說是美國人幹掉了戴笠，還有人說呢，是共產黨手刃了這個劊子手，然而流傳最廣的則是戴笠死於軍統局北平站站長馬漢三之手的傳言，更多的人，包括國民黨當局，還是認同戴笠是因為天氣原因死於飛機失事（鳳凰衛視二〇一三年五月三十一日《鳳凰大視野》）。福建衛視在《「特工王」戴笠死因之謎》節目，總結了下面的六種原因：被蔣介石除掉；被美國特工暗殺；天氣原因造成空難，非人為原因；被部下施「美人計」奪命；和葉挺將軍爭執開槍導致飛機起火；自己打死駕駛員而墜機自殺（二〇一三年七月十六日福建衛視《海峽夜航》）。

戴笠出事之前，與我父親通過電話

我的看法是，什麼「美人計」和「馬漢三乾隆寶劍」，根本就是八卦傳言，葉挺將軍的說法，也不符合事實。這些七七八八的說法，把戴笠的死因搞成了一個謎團。

戴笠跟我父親關係非常不一般。他們很早就認識，並成為兄弟。抗戰時，在上海和香港，戴笠常常來我們家，他們互相配合進行抗日活動。到了重慶，他也常常來我父親住的汪山家裏看望我父親，我和我大姐都見過他。不過，大姐對他的印象不好，認為他很凶、殺氣很重；我倒是沒有那種感覺，就是覺得戴笠的眉毛很特別，與常人不同，透着一種威嚴。

出事那天，我父親和我都在上海。我父親當時在上海家裏生病，天氣不好，下着雨雪，他的哮喘病發得比往常厲害（那時還沒有用氧氣）。戴笠從青島出發，在起飛之前，跟我父親通了電話。我父親勸他天氣不好，不要飛了，但是戴笠沒聽，堅持繼續飛。戴笠飛機撞山後，我父親很快得到了這個壞消息，除了掉下了不捨故人的眼淚外，對事件更加懷疑了，認為這裏面一定有問題。當時家裏氣氛非常緊張，除了我父親、母親外，只有萬墨林和胡敘五在，我正好去看望我父親，趕上這件事。我記得是胡敘五進門來說戴老闆出事了。我父親聽了，當時就在床上哭了，不是一般的抹眼淚，而是哭出了聲音，我此前從沒見過我父親哭，這次是我親耳聽到。如果不是我父親病得很厲害，他一定會出去探個究竟。他們之間不僅情誼很深，也是生死攸關啊！當時，我父親認為天氣不好，不是主要原因，在這背後一定是有人操縱指使幹的，但是我父親在沒有拿到證據之前，不會把他的懷疑和判斷說出來的。可是，他把他的疑慮講給了我母親聽。

並非國民黨內部爭鬥

現在一個新的說法，就是說戴笠的死與國民黨有關係，因為當時戴笠的勢力太強了，很多人，包括陳果夫、陳立夫的 CC 系都反對他。憑着戴笠的能力和影響力，只有蔣介石有這麼大的力量可以置他於死地。

但是我認為這個說法是不對的。你要說蔣介石把他幹掉，簡直是荒天下大唐的話。蔣要靠他做敵後的工作，最重要的一點是，蔣介石非常相信戴笠的，所以給他這麼大的權利，CC系那個時候已經根本不行了。抗戰勝利後，雖然軍統的勢力影響非常大，但是還沒有達到功高蓋主的地位，蔣介石沒有必要把他幹掉，那個時候日本人剛投降，國共雙方是談判還是開戰，還沒有最後決定，天下還很不安定，是非常需要軍統戴笠的時候。

戴笠這個人很有個性，他做事情就是想到就做了，沒有什麼顧忌，因此得罪了不少國民黨的上層權貴。抗戰的時候，國統區與淪陷區的物資搶購，當時由行政院長孔祥熙和戴笠共同負責，戴笠的做事風格得罪了孔祥熙，雙方鬧得不可開交，連蔣介石都沒有辦法調和，最後，戴笠不得不辭去這件事情的管理權。當時，戴老闆槍斃宋子文的侄子，因為他在昆明一帶販賣和走私鴉片煙。這是戴笠做事的風格，也就是說做事情做得很絕。他要暗殺張嘯林，與我父親打過招呼的，我父親沒有表態，也沒有辦法表態，但是多次勸說過張嘯林，張嘯林執意要做浙江省主席。回過頭來說，戴笠的死不全是自然天氣造成的，背後有人指使，但是現在也沒有什麼確鑿的證據證明。

「乾隆寶劍」有武俠小說的味道，戴老闆命裏都是「火」

有一種很流行的說法，說飛機上有一把劍，是乾隆皇帝平定準噶爾部落時用的一把寶劍，那把劍是無價之寶，據說戴笠的秘書看到那把劍帶到了飛機上，但是飛機失事後，就找不到這把劍了，故事講得撲朔迷離的，有武俠小說的味道了！把戴笠的死與乾隆寶劍糾纏在一起，這都是無稽之談。

出事以後，我父親跟我母親講了給戴笠算命的事情。那還是他們在重慶的時候，有一次吃飯，在座的有一位會算命的人，戴老闆就讓他算命。這個算命先生一看戴笠的八字，就不講話了。當時，這個算命的人只認識我父親一個人，不知道對方是誰，更不曉得是軍統戴老闆。我父親後來問他為什麼不講，他說，這個人八字全部為「火」。八字裏面全部是「火」的人，將來會死在火裏面的，結果戴笠是被起火的飛機燒得面目全非。還有另外一件算命的事，也是戴笠和我父親一起在重慶，一種說法是找了個算命先生算命，算了我父親身邊最親信的兩個人，朱學範和陸京士；還有一種說法，說戴笠與我父親談到了我父親身邊最親近的三個人：朱學範、吳紹澍和陸京士。兩種說法意思是一樣的，就是多了一個人，吳紹澍。戴笠說：朱學範可能搖擺不定，吳紹澍有叛相，陸京士或可靠。我父親聽了這些話，沒說什麼，只是笑了笑。

我父親對八字的算命，不是簡單的信與不信，只是不太在意而已。當時，那個算命先生只告訴了我父親，戴笠命中有太多火。當我父親得知戴笠飛機撞山被燒得面目全非的時候，猛然想起當初這個算命先生的話，更加覺得奇怪，就把給戴笠算命的事兒講給我母親聽，我母親再告訴我。

與我父親通電話，「天氣不好」是個暗語

戴笠的死，可以肯定地說是一個懸案。一般人都接受天氣不好、飛機失事的說法，但不完全是天氣的問題，那個時候天氣的確不好、下着雨雪，我父親就生病，他的哮喘病跟天氣關係很大，那天就是因為天氣不好，我父親哮喘得很厲害，在家休息。

戴笠要到南京去開會，這是一定的，而且是非常緊急的軍事會議。戴笠先到了青島，至於離沒離開那架飛機，在青島停留了多長時間？就不曉得了。但是，戴笠到了青島以後，跟我父親通了電話。我父親這麼跟他講，天氣不好，要他不要再飛了，過兩天再飛！他講不行，去南京要開會，一定要去。

後來撞機事件發生後，我父親與我母親講起當初算命的事，懷疑這裏有很多事情講不清楚。比方講，飛機從青島過來，當時為什麼不從青島直飛南京？雖然一般說先飛南京，因天氣不能降落，但行程沒有證實這個說法，而是飛往上海，再去南京。所以，我認為，一開始飛機就沒有打算飛南京，如果他飛了南京，不必再飛回上海。而且，那個時候的天氣不好，並不是單單講南京不好，整個江南一片天氣都不好。戴笠因為南京下大雨飛機無法降落才飛上海，但他沒有等到天氣變好後再飛南京，這裏有很多不合邏輯的解釋。

有一種說法是說，戴笠去上海是請唐生明幫忙處理胡蝶的事情。如果是這樣，根本

用不着戴老闆親自來上海處理胡蝶的事情，只要給我父親打個電話就好了，要知道，胡蝶與戴老闆認識，是我父親做的媒，這是我母親親口告訴我的。另外，洪蘭友的女朋友，上海小姐王韻梅也是我父親介紹的。所以，我父親也與洪蘭友關係不一般，這就是後來蔣介石多次派洪蘭友來登門拜訪我父親，直到臨終之際，代表蔣介石慰問眷顧我父親，這是後話。再說，上海的事情，特別是這些黑道的事情，我父親更有辦法，用不着找唐生明辦理，我父親跟唐生明也是朋友，更不必戴老闆親自跑來上海，除非戴老闆當面去見胡蝶，那就是另一回事了。

另外，關鍵在戴老闆有沒有去上海，若在青島和我父親通電話，那沒有去上海的必要。我認為，戴老闆沒有到上海。假設到上海聽說我父親生病，順便來探望一下，並談胡蝶的事。他到上海不可能不見我父親，這飛機沒有理由停上海，因為上海天氣也不好，這值得探討。

抗戰勝利後，軍統勢力非常強大，樹大必然招風。當時的國民黨、共產黨對軍統都很不滿。所以，戴笠飛機撞山之前之後，總歸有些蛛絲馬跡露出來。像戴笠這種人，已經有人放出消息了，說天氣不好，不要飛，等一兩天後再飛，這是個暗語，就是說有人要謀殺你，就用天氣不好來暗示。這個消息，很可能就是從策劃這個事件的那邊透露出來的。那麼，這個暗示他的人是誰呢？是暗殺他的人嗎？那麼是從國民黨軍統方面、還是共產黨地下組織方面透露出來的呢？這些疑問，很難說得清楚。

上海有許多事情，第一手消息先到我們，我父親當時掌握的信息是最充分的，至少上海地區的信息，應該是非常準確的。我父親不僅非常了解上海的軍統活動，也非常了解上海的地下黨組織，那個時候，國民黨軍統方面和共產黨的地下組織都很厲害。我父親得到了這個消息後，立即轉告了戴笠；但是，戴笠過於自信，沒有聽這個暗示。飛機撞山事件發生後，我父親更懷疑飛機到底是怎麼出事的了，根據他掌握的消息，當時就認為可能是共產黨的地下組織幹的，那麼具體是什麼人幹的呢？就不曉得了。

我現在想想，為什麼我父親沒有直截了當地告訴戴笠，要他不要再飛南京？可能是我父親對這個消息也不是十分確定吧！

能把戴笠殺死的，可不是一般的人，要做得非常好。從一般的角度來分析，戴笠進進出出禁衛森嚴的，怎麼可能出事情呢？而且戴笠自己就是做間諜、特務工作的人，他周圍的人，那是千挑萬選的，但也只有身邊的人，有這個可能和機會。所以有機會殺戴笠的人一定是他身邊信任的人，而且沒有水平的人，是無法接近戴笠，更殺不掉他的。

我認為他沒有先飛南京而是從青島直飛上海，他的死因一定和飛機師有關。給戴笠開飛機的人，不是普通的飛機師，是最好的飛機師，最好的飛機師也有可能被買通。只有飛機師預備死，是查不出來的。買通飛機師，只有這個可能。這裏面的關鍵就是戴笠的飛機師，從青島飛上海有沒有換過？仔細想想看，從青島過來，中間這一段時間是關鍵。所以，戴笠飛機撞山，我懷疑是共產黨的地下組織策劃的，戴笠的飛機師很可能是被買通了，至於具體是什麼人做的？就不曉得了。戴笠撞山死了，卻留下了很多謎團。那麼，誰最希望戴笠死呢？戴笠死對後來有什麼影響呢？

首先，對我父親影響很大，我父親肯定不希望戴老闆死。一方面，我父親很早就與戴老闆結下了深厚的兄弟情義；另一方面，抗戰期間，他們之間配合得很好，做了不少有利於抗日的事情，特別是在上海淪陷區。如果戴老闆還在，吳紹澍在上海也不敢那麼囂張，我父親在上海的地位也許會更高、更牢固。當然，吳紹澍背後有更大的背景支持，不僅僅是吳紹澍個人行為，那是另一回事。

還有一點，當時的一批腳踩兩條船的高官，肯定也不希望戴老闆死。抗戰期間，特別是抗戰後期，汪精衛政府裏面的一些高官，為了以後給自己留一條後路，腳踩兩條船，也為戴笠和國民政府做事情。比方講，梁鴻志、褚民誼、陳公博和周佛海，他們為抗日和國民政府做過一些有益的事情，將來有可能將功折罪。這些事情，只有戴笠最清楚，也只有戴笠的身份地位，能夠為他們日後說情開脫，但是戴笠一死，就帶走了很多可能，死無證詞了。所以，梁鴻志、褚民誼、陳公博很快被槍斃，周佛海病死在牢裏。

國民黨和共產黨，就有不同的看法和主張。有一件很有意思的事情，就是「戴笠不死，共產黨過不了江！」的傳說。國民黨敗退台灣之後，始終沒有忘記這個特工王，在台北就有一條路命名為雨農路，在蔣介石做禮拜教堂和士林官邸附近，不遠處還有一座雨農橋，附近還有雨農閱覽室、雨農小學，附近的花店、小吃店，也有用雨農命名的。

台灣的一些老人，特別是高官，常常感歎說：「戴笠不死，共產黨過不了江！」對於戴笠，共產黨和國民黨有不同的感受。就共產黨方面來說，對戴笠領導的特務恐怖組織又怕又恨，恨的成分更多，因為戴笠掌握着龐大的特務組織，了解共產黨的一些地下組織，特別是在當年上海的淪陷區。如果戴笠不死，他的特務人員會破壞打擊共產黨的一些重要組織，或許會暫時阻攔共產黨的軍隊越過長江，國民黨的「劃江而治」美夢或許可以成真。這麼說的話，為了保護共產黨的地下組織，盡早把戴笠除掉，為以後的打過長江、解放上海、解放全中國提早做好準備，這也不是不可能的。而就國民黨而言，對戴笠的死很惋惜，且不說前文提到的傳說蔣介石的感歎：戴雨農同志不死，我們不至於退守台灣。就是「戴笠不死，共產黨過不了江！」這句話，也流傳很廣，我就聽到陸京士和吳家元分別跟我講過，吳家元是在為于右任通過香港採辦文房的筆墨紙硯時，發出的感慨，說戴老闆死得太早，要不然共產黨過不了江。

戴笠的死是個謎團，將來需要更多的資料公佈，才能慢慢解開；假如戴笠沒有死會怎麼樣呢？恐怕一些歷史事件要重新改寫啦！至少，我父親在上海的情況會不一樣的，誰知道呢！

九 國共合作滬港抗日大營救

我父親這一輩子，經歷了很多事，有些是他自己也解不開的心結，比如在「四一二」被蔣介石利用，等等，這個我會在後面單獨講到；但是，我父親能夠以民族大義為重，堅決抗日，沒有屈服於日本軍方特務的威脅利誘，堅決地站在抗日一邊，為抗戰做了很多有益的事情，這是他一生中最光采的地方。

在電台呼籲積極籌款抗日

七七事變後，我父親在上海積極動員參加抗日活動，特別是在電台呼籲人們團結起來一致抗日。由中央文史研究館和上海市文史研究館主辦的《世紀》雜誌，二〇一三年第二期的〈杜月笙的抗戰廣播演講〉一文，對這件事情做了詳細說明。「七七」事變後一個月，即一九三七年八月七日，我父親就以上海各界抗敵後援會的名義，在交通部電台作了廣播演講，動員全上海人民聯合起來抗日，籌集愛國捐款，演講的題目是「請同胞們各以實力來援助政府」。第二天，《申報》以「經濟抗戰實站在最前線的地位，毀家紓難同是個戰場上的英雄」為題目全文轉發。我父親在電台呼籲：「國家已經到了生死存亡的關頭，也就是全國同胞已到了生死存亡的關頭——我們要積極的共同起來救國家，也就是來救我們自己——諸位同胞，國家既到了生死關頭，一切都不容顧慮的了，因為是全民族的生死關頭，惟有合全民族的力量來抵抗，本來人們的力量，都應該提供給國家，有力的出力，有錢的出錢，人民的力量和政府的力量，要打成一片，這才算是健全的國家。諸位要明白，人民的生命財產，有國家才能得到保護……我們最可恥的一件事，就是常被人家批判，我們只有五分鐘的熱度，諸位，趕快起來，把這批評，用事實來消滅他。我們大家都知道，救國捐款，真正是復興民族國家的基本工作，大家要有永久堅持的精神，始終如一的做去，就是到了國難解除的時候，還是要繼續的捐輸，因為任何的事業，任何戰爭，誰能持久，誰能得到最後勝利……救國的抗戰，我們實在站在最前線的地位。」

「八一三」淞滬會戰後的八月二十七日，我父親再次在上海大中華電台，作第二次廣播演講，內容以宣傳抗日捐助為重點，號召市民有錢的出錢，有心的出心，有力的出力，共同抗日。一九四〇年十二月二十六日，我父親隨中國紅十字總會抵達重慶，在電台又一次對上海人民發表特別廣播，重點提醒淪陷區人士不要收用日偽政府「南京中央銀行發行之鈔票」，因為他日日軍被逐出時，「此類鈔票即成廢紙，毫無價值」。

淞滬戰役後，日本人攻入上海，我父親與宋子文、俞鴻鈞、錢永銘、胡筆江一些要員通過法國郵輪駛向香港。不久，我母親和大哥維藩，還有幾個兄弟姐妹在香港與我父親見面。

到達香港，我父親在北洋元老、國民政府要員許世英的邀請下，擔任國民政府賑濟委員會常務委員，兼港澳救濟區特派委員。這個賑濟委員會，不僅幫助了來港避難的政界名流、社會賢達、文化大家，後來在香港淪陷後，最大程度地幫助實行了旅港要人回歸抗日大後方的營救計劃。

國共聯手香港秘密大撤退

一九四一年十二月八日，日軍偷襲珍珠港，太平洋戰爭爆發。日本軍隊開始對香港進攻，暫時和平的香港一下子被拋進了戰火中。十二月二十五日下午六時，港督楊慕琦宣告投降。幾乎同時，日本軍隊侵入上海的英法租界，很快控制了整個上海，結束了上海「孤島」抗戰時期。那些暫時避難在香港和上海租界，反對日本侵略和日偽政權的政治名流、知識精英和社會賢達們，隨着香港和上海的陷落，現在面臨極度的危險。

太平洋戰爭的爆發，美英等國捲入對日戰爭，中國的國民政府也正式向日本宣戰。地不分南北、年不分老幼、位不分尊卑、黨不分派別，全體華夏子孫，皆有守土抗戰之責！中國共產黨、中國國民黨，以及各個愛國黨派團體，以及民間抗日組織、幫會和各路主張抗日的綠林好漢，各顯神通，形成抗日統一戰線，積極營救被困淪陷區的抗日愛國志士和社會精英，成為抗戰以來規模最大、最成功的營救行動。

二〇一〇年冬，在省港知識精英大營救六十周年之際，中央電視台製作了五集《省港大營救》的文獻檔案紀錄片，詳細記述了周恩來親自指揮、廖承志具體實施的「知識精英省港秘密大撤退」行動，這個行動又稱為「香港秘密大撤退」，成功救出八百多名社會精英、國民黨高級將領家眷及國際友人，這些人中包括茅盾、鄒韜奮、何香凝、梁漱溟和國民黨軍官余漢謀的家眷等。

在抗日大後方重慶，國民政府也在大規模地組織營救淪陷區要員，在被困的人員中，有很多人就是經我父親勸說，暫避香港和上海租界的抗日人士。我父親憑藉他在幫會裏的地位，借助地方幫會組織和地方勢力，從香港和上海淪陷區救助出大批困在那裏的抗日重要人物及其眷屬，我母親、我自己，還有其他親友，以及抗日人員，就是從香港、上海淪陷區逃離出來的。

我母親萬里奔赴大後方

就在太平洋戰爭爆發前不久，我父親與錢永銘離開香港飛赴重慶。太平洋戰爭爆發的當天，在蔣介石的指示下，戴笠與我父親共同擬定了一個飛機營救的計劃，利用香港的啓德機場還沒有陷落的機會，從重慶派出飛機，接出困在香港的國民黨要人包括陶希聖、李濟琛等，但接出名單中不包括杜家的人。九日晚，專機飛回重慶，但是，名單中的大人物一個也沒有接到，隨即開始着手設計實施包括空中、水上和陸路的救助計劃。

我父親通過徐采丞，向上海日本特務「梅」機關提出，把困在香港的朋友接回上海。當時的香港物資匱乏，特別是極度的米荒，日本佔領軍也有意疏散在港人口；同時，日本駐滬的一些高層軍官，特別是特務機關，對我父親仍然不死心。在日本通徐采丞的穿針引線下，日本駐滬陸軍部長川本，居然同意了這個計劃，試圖以此進一步拉攏我父親。一九四二年二月六日，徐采丞搭乘專機到達香港，在九龍杜家住所，邀集重要人員和親朋好友提前準備。二月八日，徐采丞包租的一艘輪船抵達香港，顏惠慶、陳友仁、唐壽民等名流，杜家親友、蘇浙同鄉和杜家的幾個子女等總計三百人，終於平安抵達上海法租界。但是，在這一批被救人員中，我母親姚玉蘭和大哥維藩不在其中。

我父親在重慶，遙控指揮着打通陸路和海路救助通道。陸路是香港經深圳抵達廣東，沿東江過韶關，取道湖南抵達重慶；海路是從海路至廣州灣登陸，轉至廣西柳州、桂林，抵達重慶。我父親動員了黑白兩道，同時下手：一方面，利用許世英擔任主任委員的國民政府賑災委員會的力量，為陸路海路逃難的人員，沿途提供各種支持。賑災委員會將原來設置在香港的第九救災區，分為第七、第九兩區。第七救災區特派員是陳志皋，駐紮在曲江，負責廣東賑務。第九救濟區特派員原由我父親兼任，現改為林嘯谷擔任，駐紮在歸來，負責廣西工作。陳、林二人都是我父親的門生，能力和忠誠度都無可挑剔，他們負責沿途回歸的難民賑濟和特別人員的幫助。另一方面，我父親利用各幫會、恒社和江浙行動委員會的各種關係，從香港到重慶沿途的各個關卡路站，沿途數千里路上的幫會頭目、綠林好漢、日偽官員和地方豪紳，都被動員起來，或者朋友電告，或者私人相求，或者金錢買通，總之，不擇手段，疏通一切關節，打通香港淪陷區人員撤退內地的通道。

就是在這樣一條從香港通往大陸內地的艱辛旅途中，發生了很多感人的歷險。我父親的學生陸增福率先冒險嘗試，通過深圳、轉韶關的通道，歷經千辛萬苦，終於平安到達惠陽，走通這條通道。第二隊人馬是顧嘉棠和芮慶榮，沿途一路斡旋，鞏固了通道，順利到達內地。隨後，杜家親眷好友結隊而行，陸續返回內地。據胡敘五回憶，最為艱辛的是上海著名實業家金廷蓀，也是杜家的親家，在上海淪陷後，曾經彷徨於浙閩兩省，在我父親的再三邀請下，金先生於一九四〇年十一月最終到達香港，不幸的是半個月後香港即告淪陷，金先生與在九龍的杜家失去聯繫。在打通陸路通道後，金廷蓀隻身一人，拿着個提包，以難民的身份轉往內地，一路長途跋涉，盤纏有限，常常是幾十公里不見人煙，兵荒馬亂，三餐不繼，飢渴交加，終於到達河源賑濟接待站，接待站負責人也不知道金先生的背景，領取了五十大圓後，繼續向浙西方向走。通過這條通道回到大陸的人員中，最不幸的是賑災委員會委員湯斐予先生，湯老先生是中華民國第一任臨時大總統投票人之一，段祺瑞執政時期代替國會的「善後會議」副議長，當時，湯老先生已年逾六十，在日偽控制、強盜出沒、難民飢民遍地的輾轉途中，歷盡千辛，抵達重慶後的兩週，就溘然逝去。在這些歷盡千辛萬苦、成功撤離淪陷區的隊伍中，有陶希聖、陳策，還有我母親、大哥和胡敘五等人，其中我母親的經歷最特別。

香港淪陷後的一段時間，我母親繼續留在香港，按照我父親的安排，負責與重慶、上海的信息聯絡和具體落實。在九龍柯士甸道的杜公館，接濟親朋好友，穩定眾人心，幫助實施營救計劃。當時，重慶派來接人的飛機和海路的輪船到達香港後，都是通過香港的杜公館傳遞信息，組織人員撤退。後來的陸路通道探試成功，輸送出一批批人員脫離淪陷區。直到最後，楊虎的夫人陳華，設法拿到了兩張「還鄉證」，我母親化名王陳氏，化妝成蓬頭垢面、破衣爛衫的廣東鄉下女子，倆人藉口回興寧家鄉，逃出香港進入廣東。一路上還是得到很多洪門俠客義士的暗中幫助保護，通關過卡，安全進入廣東，再沿着東江而上，抵達桂林，終於在農曆大年初三，安全到達重慶，一路上艱辛困苦、擔驚受怕。為了紀念這個絕無僅有的旅程，我母親把從廣東穿來的鄉間女子服裝重新穿上，再次化妝成回鄉難民，在重慶汪山附近，找了一個與粵西非常相似的背景，拍了兩張照片紀念。

就在我母親從香港去重慶的期間，我和另一支杜家親朋好友的隊伍，從淪陷的上海出發，穿過佔領區，最後到達抗日大後方的重慶。

我和親朋好友從上海奔赴重慶

一九三八年，我父親與母親、大哥暫避香港時，我和大姐美如、二姐美霞等人還留在上海。太平洋戰爭爆發，日本軍隊闖入租界，形勢愈來愈嚴峻，面臨更大的危險。我父親在積極籌劃實施香港親朋撤離計劃的同時，遙控徐采丞等上海門生和摯友，安排在上海的重要親朋好友悄悄逃離上海淪陷區，歷時數月之久，經過江蘇、河南、湖北、湖南、陝西、四川、最後到達重慶。

那是在一九四二年，我八九歲的時候，與六哥杜維寧、弟弟杜維嵩，還有我父親一些好朋友的孩子，比如馬連良的兒子馬力，以及其他親友，開始向重慶出發。大姐杜美如和二姐杜美霞沒有與我們一起走，她們繼續留在上海。我父親專門從重慶派了幾個人來幫助我們帶路，沿途疏通各種關卡環節，另一方面聯絡地方的各種勢力，暗中保護我們順利通過危險區，保證我們的安全。就這樣一大群老老少少、男男女女從淪陷區上海出發了。

我們從上海先到南京，從南京過江到浦口，再從浦口坐車到界首。界首那段路，是一段三不管區，是國民黨軍隊、日本軍隊軍事緩衝地帶，常常會有游擊隊、日本軍隊和國民黨軍隊出沒，還有土匪，隨時隨地會打起來，也不知道誰會先開槍，不確定因素很多，風險就很大。在界首，我們住的旅館裏面有很多日本軍官住着，由於有上海的徐采丞等很多朋友幫助，提前把一路各種關卡疏通好，包括日本人控制的關卡，我們才可以順利通過。一路上很苦的！最怕碰到游擊隊、土匪。國民黨的游擊隊，實際上是被打散了的國民黨的軍隊，剩下的人就當了抗日游擊隊。也有些散兵游勇就變成土匪，對過路人搶劫。還好，我們沒有碰到過土匪。也許是事先花錢買通了他們，所以沒有人打劫我們。離開界首到了洛陽，那時候，洛陽還沒有淪陷，正好碰到日本飛機轟炸，我們就趕快躲到了附近的布店裏面，等轟炸過去後，才出來繼續走。從洛陽到西安，我們坐火車，走隴海路，到了西安就好了。

我們離開漢中，進入四川境界，一路很順利，就是遇到了一件趕屍的怪事。有一晚，我們在住宿的旅店內見到了趕屍隊，那些趕屍的人是從湘西來的，都穿着殮衣。趕屍是湘西民間風俗，湘西有些地方是很窮的，有的外出做生意的，跑到湖南、四川等地，死掉了，親戚也沒有，要把屍首帶回家，就只能用趕屍的方式把屍首運回去，而且趕屍一趕就是好幾個屍首，否則太貴了。那晚，趕屍隊伍住進了我們住的旅館。旅館的人關照過我們，說今天晚上有趕屍，你們不要出去的。因為陰氣很重，大人們更不允許我們小孩子出去看。可是，馬力偷偷溜出去看了，結果第二天他就生病了。後來，我聽大人們說到，趕屍人的手裏拿着根桃木，活人的身上有電，是陽電，桃木上就是陽電，死的人是陰電，陰電陽電結合，死屍就跟着桃木走。那些屍體很奇怪，必須要立着，面對着牆，屍體不能倒，一倒了，就再也站不起來了，所以叫趕屍。我曾在書裏看到過這個風俗，但是真實碰到的就這麼一次，這是很不容易碰到的。聽說大陸曾經拍過一個電影《落葉歸根》，講的就是一個人在外面打工，突然死了，按照風俗要把屍體運回去，他的一個親戚就想法設法把屍體運回老家，一路上發生了很多荒唐滑稽的事。這可能與趕屍的風俗有關。

有很多自然現象和人體本身，現在的科學很難解釋的。我在重慶的時候，劉航琛太太的弟弟，跟他姐姐說，我今天從小路回來，看見兩條蛇在交配，他姐姐馬上就說，你趕緊到廟裏燒香，很忌諱的。蛇的交配是不能夠看的，結果，他弟弟沒多久就死了。我親耳聽到的，我當時在旁邊。很奇怪，他的死是拉肚子，平常身體很好的，突然之間就拉肚子，沒有了。拉肚子，應該不是什麼大的病呀！所以，四川人很忌諱這樣的事情。但是，春天的時候，你在山裏走，蛇交配這種事情，是經常發生的事情。我在野外勘探的時候，經常會看到蛇，但是沒有看到蛇交配的事情。

從陝西漢中進四川，一路都是山，風景很漂亮，但是很險峻。我印象很深，他們說快要到劍閣了，這是出入川的必經之地，當年諸葛亮七出祁山經過的地方。從漢中到重慶，我們坐車子走了五天。一路上，總歸有驚無險。主要是我父親已經事先與各方勢力打好招呼了，付錢、給保護費，還有一些地方幫會、綠林俠客式的人，一路暗中保護。

住在汪山。

我在重慶待了兩年多，直到抗戰勝利，度過了一段平靜難忘的時光。我和父親一直

當年的香港秘密大撤退和逃離上海淪陷區的事情已經過去很多年了，我看到一些回憶資料，講到無論是省港大撤退中的知識精英和組織者，包括廖承志、連貫、喬冠華、茅盾、何香凝、廖沫沙、胡繩、柳亞子、張友漁、丁聰、金山、蔡楚生等；還是杜家親朋好友，姚玉蘭、陳華、金廷蓀、湯斐予、陸增福、顧嘉棠、芮慶榮、馬力、章可，他們的絕大數已經作古，那一段歷史已經塵封，但是記憶永存。茅盾曾經把這一段歷險寫了二十三萬字的《脫險雜記》。何香凝曾經寫下這樣的詩句以紀念：

水盡糧空渡海豐，敢將勇氣抗時窮；時窮見節吾儕責，即死還留後世風。

十 上海灘的三大亨中我父親最重氣節

蔣介石拜黃金榮為師，黃金榮張嘯林都不在幫

大哥的兒子杜順安以前寫了一篇文章，說蔣介石在成名之前，曾經拜我父親為師入幫，拜師的帖子是寫給我父親的，後來這個帖子不翼而飛。但是，我不這樣認為，蔣介石是拜黃金榮為師，不是我父親。早期黃金榮的影響很大，是老大，後來不行了。所以，蔣介石多數情況是拜黃金榮的，從輩分年齡上講，黃金榮是要比父親高的。我說的輩分年齡，不是指幫會裏的輩分，是指黃金榮的實際年齡比我父親年長，出道也早。還有一點，就是上海當時的很多事情，都是與法租界有關係的，當時的法租界，張翼樞和黃金榮都是很有名氣的。法租界的很多事情，張翼樞很清楚，他做過法國哈瓦斯通訊社遠東分社經理、法租界公董局華董。現在張翼樞的女兒在美國舊金山，從她那裏還可以了解到她父親、黃金榮和法租界的事情。黃金榮是「包打聽」，就是密探一類的。這兩個

人我都見過，我和張翼樞很熟的，張翼樞有點文人書生的樣子，黃金榮一看就知道不是文人樣子。黃金榮和顧嘉棠、葉焯山都是一樣的，非常注重「義」這個字。

再說了，蔣是拜的黃金榮，但黃金榮又不在幫！所以說是莫名其妙的事情。他是法租界巡捕房的頭頭，是當時很有身份地位的人。他不像我父親是十六鋪碼頭水果店裏的小夥計、窮光蛋。那個時候從小混混開始的，多數有可能在幫。還有一點必須說明，黃金榮不在幫，但是他一直開香堂、收學生，他的太太林桂生、桂生姐就一直反對他這樣做，這是幫裏的規矩，違反幫規，要殺頭的。還有，張嘯林、桂生姐也都不在幫。在上海的三大亨中，只有我父親是真正在幫的！

蔣介石領導的北伐軍，快要進入上海的時候，章士釗找到我父親，跟我父親說不要讓蔣介石進入上海，因為章士釗傾向於共產黨。就這件事情，陸京士很不高興，因為陸京士是國民黨，傾向於蔣介石進入上海。當然，後來我父親沒有聽從章士釗的意見，他站在了蔣介石一方，這也是他一生中的最大憾事。

早期的很多人都是在幫的，比方講，孫中山早年加入洪幫，黃興也是洪幫的。國民黨元老張靜江，那在青幫輩分是很高的，蔣介石對他都很恭敬的。當時，蔣介石加入青幫，主要是利用青幫，實際上，他根本沒有守青幫的規矩。按照青幫的規矩，是不能夠隨便殺人的。洪幫也一樣，不能隨便殺人的。蔣介石槍斃了多少人啊！就是這一點，他就沒有資格進幫。所以說，蔣介石入幫，就是為了利用幫會，守不守幫規無所謂，反正是利用幫會達到自己的目的就行了。

戴笠殺張嘯林是與我父親商量過的

我父親與黃金榮、張嘯林拜過把兄弟。我父親是最講兄弟義氣的，但戴笠做事情很絕的，這是戴笠做事的風格。他要暗殺張嘯林，與我父親打過招呼的。但是商量這種事情是最麻煩的，你點頭還是不點頭呢？你點頭，義氣方面打折扣了你不點頭，說你不愛國。一個忠，一個義。所以，當時我父親乾脆不發表意見。之前，我父親是多次勸說張嘯林，叫他走、去莫干山度假。可是他不聽，他不走，他要做浙江省省長，最後，被他的部下侍衛長林懷部刺殺了，這是戴笠命令上海的軍統幹的。

張嘯林出事情的時候，我正在上海的家裏，家裏的車子不在，我是叫了黃包車趕過去的，所以我記得很清楚。張嘯林被刺殺後，隔壁張家打電話過來說，張老闆出事情了，因為我是張嘯林的乾兒子，就趕緊過去了。一進門，看到家裏人已經在為張嘯林搭靈堂，張嘯林臉上的血跡還沒有完全擦乾淨，地上的一大片血跡還在。張伯母早就嚇得不知所措了，他的兒子張法堯不在，我父親那時在重慶也不在上海。他的這些後事，由他的徒子徒孫幫助料理的，那個時候，還是按照老法在公館裏擺靈堂，棺材停在家裏，停了很長時間，但最後葬在什麼地方，就不知道了。其實，張嘯林很笨，他如果跟我父親一道去重慶，就沒有這個下場了！

張嘯林被他的侍衛長殺了以後，張家就剩孤兒寡母。張伯母，就是我的乾媽，叫什麼名字我記不起來了，但很漂亮。後來張伯母就一個人生活，一直住那裏，沒有搬家。生活上還可以，一方面她自己也有些積蓄，另外，我父親也接濟他們。他們只有張法堯一個兒子，那個時候的習俗是子孫滿堂，才是最風光的事。張嘯林在外面並不是花天酒地的，他只討了一房太太，就一個兒子。他歡喜抽大煙、喜歡京戲，這是他的嗜好。可是，他一門心思就是想當官，想當浙江省的省長。這是一個人的缺點，一個人有了利，就想要名；有了名，就又想有利，這是連在一起的。

這一點，我父親比他聰明。我父親不太在乎名和利，他更重氣節。我父親不在乎錢的，他有多少錢，估計他自己也不清楚，他的利多得很。我父親曾說過：「有錢不是看銀行存摺有多少錢，而是看你怎麼樣用錢。」他對名也無所謂，他的很多頭銜是別人硬塞給他的，有的是為了利用他的名聲和影響力，我父親也不在乎，可是，他最在意的是中國紅十字會負責人的頭銜。

張嘯林死後，張家後來就沒有什麼影響了。張法堯在法國學習，不在上海。張法堯是公子哥兒，學法律的，回國後，還找到我父親幫忙找工作，我父親也的確幫助他找了熟人。有的書裏說，我父親去找蔣介石說情，為張法堯安排前程，這是沒有的事兒。張嘯林後來成為汪偽政權的漢奸，被軍統處死，在這樣的民族是非問題上，我父親還是很明白的，所以，不可能為一個漢奸的兒子去找蔣介石，事實上，蔣介石也不可能見一個漢奸的兒子，這是常識。

其實，我父親是找鄭毓秀幫忙的。鄭毓秀那時是大名鼎鼎的風雲人物，做過律師，當過法租界第二特別法院院長、立法院立法委員等職。她跟我父親是好朋友，按照陳定山在《春申續文》「鄭毓秀炸良弼」一文裏介紹，鄭毓秀早年在日本加入同盟會。辛亥革命爆發後，清政府派袁世凱帶兵鎮壓革命黨人，武昌的革命黨人岌岌可危，鄭毓秀與國民黨元老李石曾、她的戀人彭家珍（注：陳定山的文章中用的是唐家楨，而不是彭家珍；實際上參加爆炸的是彭家珍，不是唐家楨，或許是語音筆誤而致，下文的唐家楨，改為彭家珍），一起策劃了炸彈炸死清朝主戰派良弼，打擊了清政府主戰派的氣焰，革命黨人得以喘息，最終逼迫清政府下詔退位。但是，當時的人們只知道彭家珍炸死良弼，不知道李石曾和鄭毓秀也參加了爆炸案。陳定山是根據國民黨元老吳稚暉的口述，寫下了這篇文章，吳稚暉對鄭毓秀的讚譽是「巾幗丈夫吾當以鄭毓秀為巨擘」，按照陳定山的說法是「李石曾先生主行動，唐家楨（應為彭家珍）主軍事，鄭毓秀主聯絡運輸」。炸彈就是鄭毓秀在天津製造的，並運送到北京交給彭家珍。後來，鄭毓秀在上海擔任地方審判廳廳長，陳定山還說到我父親與鄭毓秀關係很好。鄭毓秀當時很有名氣，有很多傳說，說她像女飛俠一樣的，當年北洋政府與日本簽訂賣國的二十一條，北洋政府在合約簽字時，突然有一位優雅漂亮的女士，用手中的「槍」頂在北洋政府代表後腰，說如果敢簽字，就一槍斃了他，後來這個代表不敢簽字，這個拿槍的女人就是鄭毓秀，那隻「槍」，實際上是瓶中插的一支玫瑰，當然，這是否真實，就不曉得了。不過，鄭毓秀確實很有男人氣質，但不是女飛俠，也不像孔二小姐一樣穿男裝，只是性格氣質像男性，按照陳定山的話是「實熱忱爽愷，有古俠士之風焉」，我估計在這一點上，鄭毓秀可能與我父親有相似之處。所以，我父親就介紹張法堯，去找這個「巾幗英雄」鄭毓秀幫忙，具體怎麼幫的，就不曉得了。後來，張法堯也沒有什麼表現，很早就生病走掉了，相當早，應該是在解放前。從此，張家就徹底敗落了，主要是家裏沒有人了，張嘯林也沒有二房什麼的，只有張法堯一個兒子。

三大亨抗戰時，我父親民族氣節表現得最好

日本人攻打上海的淞滬戰役後不久，上海就淪陷了。黃金榮、張嘯林和我父親對待這些問題，各自有不同的做法、有不同的結果。黃金榮繼續留在上海，但沒有與日本人和汪偽政權合作；張嘯林乾脆就當了漢奸，成為汪偽政權的幫凶；而我父親，始終沒有屈服於日本人的威逼利誘，堅持抗戰，在這三個人當中，民族氣節方面表現得最好。很多人認為黃金榮沒有氣節，因為他始終待在上海，一方面是年齡比較大了，不願意離開上海、四處流浪。另一方面，他覺得在上海混了這麼多年，什麼樣的大風大浪都見過，

什麼人都見過，還怕誰呢？對他來說，日本人和汪精衛都沒什麼可怕的。當然，他在上海這麼多年，日本人和偽政權通過各種方式威逼利誘、軟磨硬泡的，他最終都沒有為日本人和汪偽政權服務，在當時還算保了晚節。張嘯林就不一樣了，這個人一心想當官兒，夢寐以求地去當個浙江省的省長，不惜當了漢奸。當軍統的戴笠要暗殺他的時候，我父親曾經多次勸他，不要為汪偽政權服務，但是他不聽，一定要想當個什麼浙江省的省長，所以，最後死在了軍統人員的槍口下。

三大亨中只有我父親喜好賑災，幫助苦難的人。黃金榮小氣得很，他才不會去賑災的。我沒有聽說過、也沒看見過黃金榮、張嘯林他們主動做過賑災的事情。當然不包括我父親邀請張嘯林登台演出募捐的事情，那是看在我父親的面子上，而且張嘯林也歡喜京戲。張嘯林是軍人出身，是個粗人，槍打得很好；但他喜歡京戲，喜歡登台演出。他在唱竇爾敦時要開臉，就是金少山給他「勾」的。金少山到他家裏去跟他要錢，他就罵呀！臭罵一頓，罵完了，就給錢。金少山說，我每次去就是等着罵，不罵就糟糕了。我還沒聽說過有人說我父親是個粗人，我父親歡喜人家叫他杜先生。沒有人叫張嘯林張先生，他歡喜人們叫他張大帥。黃金榮呢，歡喜人們叫他黃老闆。

在當年十里洋場的上海灘，風風雨雨，黃金榮、張嘯林和我父親，在所謂的這三大亨之中，核心是我父親，特別是在抗戰時期。在抗戰之前，他還沒有發展起來，影響還沒有那麼大；抗戰勝利後，他在上海逐漸失去了影響力，蔣經國在上海打老虎，把我的三哥杜維屏抓起來的事，其實就是做給我父親看的，雖然最後我三哥被放了出來，但實際上蔣經國和我父親已經產生了矛盾。當然，對於我父親來說，這段歷史不是主流，僅僅是一個插曲而已。所以我父親最輝煌的時候，就是在抗戰前後的十幾年裏。在這些年裏，他為抗日救國，組織和參與了很多的抗日活動，積極為抗日募捐，當然也包括協助軍統和當時上海共產黨的地下組織，進行合作，鏟除漢奸，比方講，刺死偽上海特別市市長傅筱庵等。

我父親還協助國民政府將上海地區和內地的物資進行交換，也就是淪陷區和國統區之間的物資交換。這些物資交換，在抗戰艱難時期，起到了很大的作用。當時這些事情是由徐采丞，我們都叫徐伯伯，主要負責辦理的。徐采丞是有名的日本通，他實際上是我父親專門留在上海的重要骨幹，他跟當時上海的駐軍和日本的高層有很多往來的，他按照我父親的要求，具體實施物資交流計劃和救助淪陷區重要人士的計劃。

按照徐鑄成的說法，一九四七年，在我父親六十大壽時，作《杜月笙六十大事記》記載：「抗日戰爭期間，先生與戴雨農（戴笠）將軍，多年苦心組訓了抗日地下部隊。」章士釗用古奧的文言文為我父親撰寫了「壽言」，也主要是說抗戰這一段：「盧溝變起，海內震動，未達三月，敵席捲千里，浸不可測，於是相持共八載。頃之，強敵一蹶不振，肉袒請降，此操之至賢，導之使然。之二三君子者，其誰乎？吾重思之，其此人不必在朝，亦不必在軍，一出一處，隱隱然天下重焉。……戰事初起，身處上海，而上海重；戰爭中期，身處香港，則香港重；戰爭末期，身處重慶，而重慶重。舍吾友杜月笙先生，將不知所為名以尋。」這恐怕是對我父親在抗日期間積極組織協調各種力量，在淪陷區進行抗日救國，組織國統區與淪陷區的物資交換，章行老給予的最高評價了，當然有很多是溢美之詞。據許錦文在《京劇冬皇孟小冬》一書裏講到，這篇章行老親筆撰寫的「祝壽文」，是當時民國政要、社會名流，如右老（于右任）、孫科、李宗仁、宋子文、孔祥熙、何應欽等一百人聯名，送給我父親六十大壽的壽文。

【十一 帶着特殊使命來杜家的孔二小姐】

孔二小姐代表蔣氏夫婦來，好奇心讓我打開她的手包

杜家與蔣家、孔家關係很不一般。早年，我父親為了接近蔣家，有意讓我母親信仰基督教，開始就是為了接近蔣夫人，進而與蔣介石有聯絡。後來我母親到了台灣以後，和蔣介石夫婦關係很好，與這個基督信仰有很大的關係，他們常常在一起禮拜禱告。在蔣介石生日和節日時，我母親還到官邸清唱娛樂。也有人說，我母親是孔夫人宋藹齡的乾女兒，這個我從來沒有聽我母親講過，但也有可能，因為我母親和孔夫人的關係很好，而且我母親非常讚賞孔夫人的儀態風度，特別是走路的樣子，我母親不自覺地模仿孔夫人的姿態，模仿得還真像。要了解我父親和蔣家、孔家的關係，就要看蔣孔兩家的很多資料，在杜家的信息裏很少，幾乎沒有提到這一層關係。但是，杜家和蔣家、孔家有非常密切的來往，而且都是非常秘密地進行，這中間孔二小姐是最重要的聯絡人。

孔二小姐，就是孔祥熙和宋藹齡的二女兒孔令俊，後來改名為孔令偉。據說有人稱她民國第一小姐，但她最出名的是以男式大背頭和男式衣着打扮著稱，做事風格和行為舉止也是男人風格。她常常陪伴在蔣夫人宋美齡身邊，蔣夫人非常喜歡她，說「令俊天生豪放，女生男相，很像我」。據說二小姐一次陪夫人出行，臨時勸蔣夫人改乘其他車子，結果原來的那部車子被敵機掃射擊毀，孔二小姐的建議搭救了夫人性命，從此以後，蔣夫人對她更是另眼相待，這個孔二小姐也愈發張揚了。

抗戰期間，蔣夫人到美國訪問，在美國國會發表了著名的演講，爭取到美國總統和美國國會、公眾對中國抗戰的支持。那一次，蔣夫人就由孔家的小姐和公子陪同，即孔二小姐和他的哥哥孔令侃。孔令侃當時在美國哈佛大學讀書，回國後在上海經營孔家的揚子公司。後來蔣經國在上海打「老虎」，抓了我三哥杜維屏，我父親告發孔家在上海的囤積居奇，就是講這個孔家公子孔令侃。蔣夫人親自出馬，為討她喜歡的外甥說情，最後雙方妥協，放了我三哥，罰了孔令侃的鉅款。再說孔二小姐，那次陪蔣夫人去美國，剛剛十八歲，寫宋美齡傳記的漢娜（Hannah Pakula，漢娜．帕庫拉）在她的書裏講到，孔二小姐的「中式男孩長袍和男式髮型」，被當地的報紙稱為「有趣的扮相」。甚至因為孔二小姐的打扮，使美國總統羅斯福誤以為她是男生，頻頻地喊她「我的小男孩」（My boy），白宮的僕人也把她和孔令侃搞混，把二小姐的行李送到了她哥哥的房間。看來，孔二小姐的「女生男相」把美國總統和美國人也給搞懵了！

就是這個孔二小姐充當了杜家和蔣家、孔家的聯絡人。她跟杜家的關係很微妙，外邊人看不出來她跟我父親和杜家的關係程度，實際上，他們的關係非常密切。孔二小姐經常來十八層樓我母親那裏，我看到過好多次。孔二小姐非常西化，歡喜穿男裝，我們都叫她 Uncle。我大姐知道孔二小姐的很多事情。她來的時候，總有保鏢隨行，她經常會帶一個小手包，一般情況下總是交給她的副官拿着，我們都不知道她的小手包裏邊到底裝着什麼，但又很好奇，總想知道個究竟。有一次，孔二小姐來我們家，我那時還很小，她把手包放在桌子上，趁她不注意，我就悄悄地打開一看，「哇！」嚇了我一大跳，我看到裏面是一把手槍，真槍啊！這個孔二小姐總是隨身帶着一把手槍。據說，她曾經和雲南王龍雲的兒子在公共場合，不知什麼原因，雙方都拔槍射擊，傷了周圍無辜的人。

孔二小姐跟杜家的來往，主要是政治方面的關係。說起來杜家與蔣家、孔家甚至宋家，都有很多經濟、政治上的往來，交往得很深很深，有些非常地隱秘。比方講，杜家與孔家、宋家的經濟往來，孔家、宋家要買賣什麼東西，我父親和三哥很清楚。我父親隨便說說，就把十萬美元放在宋子文的弟弟宋子良那裏，那個時候對他來說，十萬美元不是什麼大錢，這十萬美元就是後來我父親去世前，留給我母親和家人的最後遺產，這是後話了。其實，我父親跟孔家比跟宋家更接近，我三哥維屏做生意，知道很多經濟方面的情報，要不然我父親和三哥怎麼知道孔家的底細，甚至倉庫在哪裏，放的什麼東西都清清楚楚地告訴了蔣經國。

再回到孔二小姐，蔣介石和蔣夫人跟杜家有什麼事情，或者要在上海做什麼事情，有的時候來問我父親的意見，該怎麼做？通常情況下，他們自己當然不方便來，或者讓我父親去見他們，或者就會讓孔二小姐來找我父親。我父親對孔二小姐也是很尊敬，很有禮貌地對待。每次見到二小姐，我父親都會站起來打招呼，他知道二小姐來杜家、來詢問問題，實際上是蔣介石或者蔣夫人有問題要問，而不僅僅是孔二小姐要問。所以，二小姐一來杜家就很麻煩，家裏上上下下所有的人都要迴避，連我母親也要迴避，因為我母親知道孔二小姐的事情是跟政府有關係的，有公務的時候，肯定要迴避。不過，二小姐跟我母親很好，跟其他的太太都不來往，包括孟小冬也不來往。如果孔二小姐沒有事情的時候來杜家，就是說不是帶着任務來的，那我們就不需要迴避了，大家就在一起，隨便聊天說話，但她從來不打牌。二小姐的地位很高，就是因為蔣夫人很喜歡她。可是，她跟宋家，還有戴笠戴老闆的關係不太好，而且戴老闆非常注意她，實際上就是監視孔家與宋家，估計是蔣介石的安排吧。有件事情很有意思，男大當婚，女大當嫁，據說，戴老闆還拆散了這一對鴛鴦，孔家曾經要把孔二小姐介紹給年輕將官胡宗南，胡宗南沒有把握，就去問戴老闆，胡宗南跟戴老闆關係很密切，戴老闆勸說胡宗南還是躲得遠點兒好，最後沒談成。孔二小姐沒嫁出去，但蔣夫人認她做了乾女兒，常常陪伴在夫人身邊。二小姐一生未嫁，真是個傳奇人物。

杜家與蔣孔兩家的秘密來往

雖然我父親與蔣家來往很多，關係很密切，但是我父親從來都不求蔣介石、蔣夫人。我三哥的被抓，不單單是炒股票的事情，而是有其他背後的政治目的。蔣經國打「老虎」，一到上海，我父親就約他見面吃飯，但蔣經國拒絕，並以囤積居奇、違法炒賣股票為名，把我三哥抓了起來。於是，我父親把孔家囤積物資的事情，告訴了蔣經國，這並不是要得罪孔家，而是告訴蔣經國，上海的事情不是那麼簡單，不是他只靠命令就可以辦得到的，在上海像他們這樣做就是亂來，根本不曉得這個事情的利害。我父親就對蔣經國說，你既然抓了維屏，要槍斃就槍斃吧！我有八個兒子呢！後來，蔣夫人出面跟蔣介石說情，這個事情才算擺平，否則，再鬧下去就不可收拾了。那個時候，我父親也沒有去找蔣介石、蔣夫人，也沒有去求他們，我父親從來不求他們。但我父親有辦法讓他們知道，這樣做是不妥的、行不通的，後來蔣介石對我父親也沒有任何不好的表示。

實際上我父親跟蔣宋孔家做生意不多的，我父親做生意還是跟錢永銘、楊管北這些朋友們打交道比較多。這裏有兩個問題，一個是純粹的政治方面的目的，蔣介石知道我父親在上海的勢力很大，有些事情要利用我父親在上海的影響，達到他的目的。我父親有沒有在經濟上具體跟他們合作，這個我不曉得，沒有人知道這個事情。我認為在生意上他們絕對有來往，不然不會有那麼清楚孔家的經濟情況和信息。當我父親跟孔家或者宋家有生意上關係的時候，就共同成立一家公司，名義上還是我父親在做，背後的孔家或者宋家是大股東，他們利用在政府裏的權力和關係，實際上就是向國民政府拿錢，拿了錢以後，他們什麼也不幹，到用錢的時候，就跟我父親說，杜先生，你準備多少多少錢，給誰給誰的，幹什麼做什麼。我父親有個習慣，他從來不問別人拿錢去做什麼，只是給錢，也不解釋。跟孔家、宋家是這樣的，跟其他朋友也是這樣的，別人急用錢，跟他借錢，他從來不問人家幹什麼，他覺得人家既然提出來了，就一定有人家的理由，甚至是難處，沒有必要去問、打聽。我父親常常說的一句話就是，別人來求你，說明你還有價值，你對別人還有利用的價值，這是好事！

抗戰的時候物資缺乏，走私猖獗得不得了，我父親與孔家有生意來往，這是肯定的。軍統的戴笠得到蔣介石的信任，插手上海的物資運輸和走私，戴笠做得很成功，也是因為跟我父親的合作得很好，或者說我父親在上海給了他很多幫助。但是，戴笠也得罪了孔家，孔家很不高興。因為過去這些事情是孔家來控制的，現在戴笠來插了一杠子，孔家當然不高興了，後來還是想方設法把戴笠擠了出去。

要想在上海做生意，尤其是物資搶購，甚至是做一些走私方面的生意，那一定是要得到我父親的幫助和支持的。所以，從這一點來說，孔家跟我父親一定會有生意上的往來，或者互相幫助、互相利用。其實，軍統的戴老闆，沒必要插手這件事情，攪這趟渾水，他去管好自己軍統的事情就可以了。但是，我估計，蔣介石也發現了裏邊的貓膩，所以讓戴笠來插手管理，因為戴笠是蔣介石的心腹，是蔣家信得過的人，實際上是蔣家的人。戴笠對蔣介石忠心耿耿，他在某種程度上是替蔣家監視着孔家、宋家，還有陳家。

有的時候，蔣夫人急用錢，也會找上海的這些闊太太朋友。有一次，蔣夫人就去找我的乾媽盛太太，說要多少多少美金，我乾媽就準備好送給她。盛太太講給我母親聽的，我母親又告訴了我。當然了，她要錢是臨時借的，後來還真的還了。不過，我母親送給蔣夫人一些翡翠首飾，蔣夫人從來沒有什麼回報。我在本書我母親那部分會談到這件事。

十二 與共產黨的密切往來

我父親給了章士釗兩萬大洋

我父親到了香港以後，章士釗親自來香港勸我父親回去，我父親沒有答應。其實他回去是沒有用的，財產已經沒收了，要他和他的門徒學生們做生意，我父親能接受嗎？絕對不可能。章行老的身份特殊，他不是做生意的，是個政治家，而且他和毛主席是同鄉、師生關係，有毛主席的關係做後台。

當年我父親借給行老兩萬大洋的事情，我們家裏人一直都不知道，直到八十年代我回上海，見到杜公館的老賬房黃國棟，是他親口告訴我這件事的，他應該是聽他父親或者最早的賬房先生說的，因為他父親黃文祥是杜家的賬房，他父親去世後，黃國棟擔任杜家賬房先生。

一九八六年，上海人民出版社出版的《舊上海的幫會》，是我父親的得意學生朱學範題寫的書名。書中有「杜門話舊」一文，由黃國棟口述、羅醴泉整理。裏面講到：「我在二十四歲那年到杜月笙家任總帳房，距今已有幾十年。我所以能夠進杜家去，是由於我父親的關係。我父親叫黃文祥，是水果行出身。一九三一年杜氏祠堂落成後，上海各界頭面人物都去祝賀。我父親也去了，見到了杜月笙，後來杜讓我父親一星期以後去杜公館，有事商量。我父親去了以後，就讓原來管賬的楊漁笙把賬房的鑰匙交給了我父親，讓我父親立即做杜家的賬房。後來父親中風去世後，就讓我接任我父親的工作作賬房，一直到解放前。」

我那次見到黃國棟，當時他剛剛從西北下放勞改回到上海，他見到我後，老淚縱橫，說沒想到我們這一輩子還能夠再見到面！黃國棟是從浦東老家來杜家的，他父親和他的弟弟黃國樑一直在杜家，我們就像家裏人一樣，他下放勞改也是因為杜家的原因。黃國棟父子都是杜公館的賬房，我父親和杜家所有重要的金錢往來，都是經過他們的手。當時的兩萬大洋是很大的一筆錢，章行老那個時候沒有那麼多的錢，跟我父親的關係很近，錢是我父親交代賬房經手給章行老的。當時，黃國棟與我談到這件事，是講到我父親以前花錢出手很大方，以及與共產黨的關係時，順便提到了早年章行老借錢的事。

我父親一直非常尊重行老，他們的關係很好，我父親曉得行老自己不可能用這麼多錢，也知道給誰的。我父親有個脾氣，他借錢給別人，從來不問要幹什麼，別人跟你借錢，一定有難處，不必多問。比方講，今天跟我父親借五百塊錢，我父親給你，但是我父親不願意聽你這五百塊錢幹什麼，做什麼是你的事情，我只把錢借給你好了。

我父親對章士釗有一種非常兩面的態度，他很尊敬章行老，但是曉得章行老是共產黨。我父親的很多事情是通過章行老與共產黨聯絡的，章行老在重慶汪山時，跟周恩來見過面。行老一家跟我父親、跟杜家在一起的時間很長，關係非常近。行老夫人殷德貞在我們家的地位很高，我們都很尊重她。她也喜歡聽戲，跟孟小冬、我母親都很要好，反而跟二樓太太、三樓太太遠些。我有一張照片是孟小冬與殷德貞的合影，殷德貞坐在沙發上，孟小冬站在旁邊，可見章太太在杜家的地位是很高的。我二姐就只有一個兒子，叫金祖武，這個名字，就是通過章夫人請章行老起的。後來，章行老去世後，章夫人殷德貞把章行老經常使用的一個硯台「孤桐用硯」，送給了我作紀念，這個硯台現在還在我這裏。因為在抗戰時，我在汪山為行老研磨習字，差不多有兩年的時間。

解放以後，毛主席一直記得章行老當年資助共產黨兩萬大洋的事情，對章行老很敬重。據一些研究文章說，從一九六三年起，毛主席每年大年初二，派秘書從自己的稿費裏面，取出兩千塊錢，送到章行老家裏，一直持續到一九七三年章行老去世為止。文革中，毛主席、周總理特別關心保護章行老，以免他受到衝擊。

頻繁接觸共產黨地下組織，暗中支持

我父親與潘漢年的關係非常好，主要是因為上海地下黨的事情。潘漢年不是恒社的，有人說他是恒社的，據我曉得他不是。一九三七年十月，八路軍駐滬代表潘漢年，希望我父親能夠支持中國共產黨的抗日力量，我父親當時擔任上海市各界抗敵後援會主席，於是，後援會就向八路軍、新四軍將士捐贈荷蘭進口的防毒面具一千套，支持共產黨的抗日行為。我父親還出資購買第一本介紹毛主席和延安紅色根據地的書籍《西行漫記》和左翼進步書籍《魯迅全集》，燙上「杜月笙贈」的金字，送給租界內的各大圖書館，支持抗日宣傳。

關於《西行漫記》的出版，我後來看到《世紀》雜誌一九九四年第一期，署名陳夢熊寫的〈杜月笙與《西行漫記》〉一文，專門講到了這本書第一次在上海出版中文版時，我父親資助的事情。按照這篇文章的記述，一九三八年二月，《西行漫記》的中譯本是由胡愈之主持的上海「復社」印刷發行的。當時，為了出版這本第一次詳細介紹解放區延安的書籍，胡愈之與上海的地下黨聯絡，組織了包括胡愈之自己在內的十一位專家學者，加班加點，在一週之內，把這本書從英文翻譯成中文。為了籌措印刷經費，當時動員了很多進步人士和圖書館預定，但是仍然達不到開印的數量，所以資金不足、無法印刷。就在這個緊要關頭，我父親通過他熟悉的上海地下黨員，得知了這個消息。當時正是第二次國共合作時期，我父親也非常想了解遠在延安的共產黨人的情況，就主動提出訂購五百本《西行漫記》，於是，這本書很快就成功地印刷發行了。這本書在當時的「孤島」上海發行，對國統區以及海外人士進一步了解真實的延安和共產黨有很大的幫助。我父親還把一些《西行漫記》書籍，蓋上他名字的印章，送給了一些圖書館，讓更多的人可以看到。陳夢熊的這篇掌故筆記就記載了這件事情。

有人傳說這樣一件事情，就是我父親離開上海到香港時，寫了好幾封信，留給了上海的管家賬房先生黃國棟，萬一有什麼麻煩的事情，就去找誰誰誰，其中有封信就是寫給潘漢年的，上海解放後，潘漢年是副市長。據我所知，沒有這回事，那個時候，上海的家裏會有什麼事呢？政府要拆房子，照樣拆掉，要沒收房子，照樣沒收，你找潘漢年有用嗎？沒用的。我父親的學生、最好的朋友之一，朱學範都沒有辦法。這是國家的事情，不是個人的事情。

潘漢年、揚帆的案子跟杜家有關係，因為他同我父親的關係一直很好，解放後，毛主席希望我父親回大陸，毛主席讓章士釗和潘漢年去找我父親，要我父親回來。但是，他們兩個都沒有勸說成功，我父親最終沒有回上海。有一次在香港，章行老無意之中談到了潘漢年，估計是潘漢年沒有做好毛主席讓他邀請我父親的統戰工作，所以毛主席對潘漢年不滿意，這是一種說法，但事實是不是這樣子的，就不曉得了。

在杜家還有一位非常特別的座上賓，楊度，楊皙子。說他特別，是因為他是孫中山與黃興認識的介紹人，袁世凱復辟時「籌安會」理事長，擔任多個北洋軍閥的高級幕僚長，最重要的是他後來秘密加入共產黨，他還積極營救李大釗、邵飄萍、林白水，在上海加入「自由大同盟」和「中國社會科學家聯盟」等左翼社會團體，長期協助共產黨地下黨負責人潘漢年工作。

我父親自幼讀書甚少，向來敬重讀書人，一直資助楊度，保持與楊的密切往來。一九三一年，杜氏祠堂落成的時候，盛情邀請楊度擔任祠堂典禮文書處主任，主管典禮過程中一切繁縟的筆墨文書、禮儀程序等事宜。花甲之年的楊度傾力相助，親自撰寫了《杜氏家祠記》，並請鄭孝胥題寫，作為兩人合作送給我父親的隆重賀禮，儀式後不久，勞累過度的楊度舊病復發，在上海過世。楊度多次當面規勸我父親，不要再為國民黨蔣介石賣命。

我父親還收了一個特別的徒弟金山，我父親對這個從東北來的徒弟的身份與使命，絕不會一無所知。金山，早年到上海求學，一九三二年加入中國共產黨，主要從事戲劇電影創作，曾主演《夜半歌聲》、《狂歡之夜》等影片。抗戰爆發後，他率領救亡隊深入內地演出。抗戰勝利後，為了聯繫工商、金融、政界要人，金山獨自來到上海，與我父親取得聯繫，結為師徒，得到我父親的很多幫助。很多人認為金山是我父親的「關山門徒弟」。在幫會中，「開山門徒弟」與「關山門徒弟」的地位最為特別，通常被視為最得意的門生。但是，我認為金山可能只是一個普通學生弟子而已。我想，我父親應該知道金山是地下共產黨員，而且還不是一般的地下黨員，是地下黨中很重要的角色，我父親與共產黨的一些事情也許是透過他來辦理的。

在抗戰和後來，我父親還與其他的地下黨員，都有過很多接觸。有些事情，外面不了解，比方講，在國共打仗到了最後的時候，上海江南快要解放了，我父親把一些地下工作者放走了。如果把這些人送給警備司令，那一定是被槍斃。我去上海的時候，聽統戰部的張承宗部長講了上海地下黨的事情，我父親救了很多人。張部長是上海的老地下黨員，他知道這些事情，並親口跟我講的。寫我傳記的鄭重先生，他也知道我父親與共產黨來往的很多事情，尤其是與地下黨人的接觸，他是從統戰部那裏了解到的，反而我們大都不曉得。

上海解放前夕，我父親在上海與地下黨來往更多了，除了陳毅、章士釗、潘漢年，還有周恩來的親戚。黃國棟曾經告訴我，抗戰勝利到上海解放前，有一個特別神秘的人經常出入杜家，跟我父親來往很頻繁。在黃國棟的回憶文章裏也講到了這件事，說我父親在重慶收了一個姓周的門徒，當時他用的是化名。回到了上海，我父親把這個門徒介紹給周祥生，在祥生汽車公司工作。平日周祥生來拜訪，我父親常常不見，但是這位姓周的先生來，立刻接見，並且告訴賬房黃國棟和茶房徐濤生，只要周來，就讓他進去，不要阻攔。這件事，當時都覺得奇怪。後來，黃國棟在解放後的上海又見到這個神秘的周姓先生。黃國棟回憶說：解放初，一次偶然的機會，我在西藏路遇到了這位姓周的先生，他當時坐在小汽車裏，看到我，就在西藏路邊停下，下來跟我握手交談，感謝我過去對他的照顧，並説了他的原名叫周恩霆，是周恩來總理的堂弟。周恩霆解放以後，擔任上海市人民政府參事，一九八三年去世。另外，周恩霆也是京劇票友，喜愛京戲。

我父親與共產黨高層人士也有接觸。一九四九年初，由於戰爭影響，秦皇島解放區的煤炭困在港口，上海的許多輪船由於缺乏燃料而不能航行。當時我父親是中國海事建設協會主任委員、全國麵粉公會理事長。我父親就主動與共產黨聯絡，提出用上海麵粉換煤炭的建議，二月十三日，毛主席、周恩來回覆電報，對我父親的建議表示讚賞和同意，電文説「恢復華北、上海間航運、以利生產之發展極為必要」。當時的上海，國民黨嚴密控制，在共產黨的幫助下，實現了國統區與解放區的首先通航通商，以煤炭換麵粉，解決了雙方的燃眉之急。

其實，在我父親的眼裏，共產黨和國民黨都是中國人，這是他最主要的一個看法。在抗日的時候是這樣，後來也是這樣的，他不會去討好國民黨，也不會去得罪共產黨。抗戰的時候，我父親周旋於各方勢力之間，為了抗日，聯合各種抗日的力量。在上海幫助軍統特工開展工作，也同時幫助共產黨的地下黨開展工作，還利用汪偽政權中的很多熟人，比方講周佛海、陳公博、褚名誼，還有日本人，通過徐采丞接觸的日本人，所以我父親那個時候，在國民黨軍統、共產黨、汪偽七十六號和日本人之間建立了各種關係，從中斡旋，為抗日做事情。

其實，我認為，我父親在與國民黨、共產黨的交往中，最糾結不開、割捨不下的，不是共產黨，反而是國民黨和蔣介石。

十三 與國民黨的糾結

強龍地頭，夜壺之說，蔣氏父子態度各異

抗戰勝利後，我父親回到上海，他為抗戰做了很多有益的事情，滿以為是凱旋而歸，受到隆重歡迎，沒想到迎接他的是「打倒惡勢力！打倒杜月笙！」的當頭一棒。後來，我父親被推選為上海市議會議長，選上後又辭掉，這裏面是有政治因素的。這與蔣介石是不是有關係，就不曉得了，但是，很可能是蔣顧慮到我父親抗戰勝利後的勢力太大了，而且又是在上海，我父親的發家之地，這個地方太敏感了。

實際上，我認為蔣家的勢力，一直就沒有完全影響到、控制到上海。那個時候在上海，蔣家有些事情是行不通的，人家是不完全買他的賬的，南京才是蔣家的地盤。如果說，蔣是強龍的話，那我父親就是地頭，強龍是壓不過地頭的。蔣經國在上海灘打虎，實際上是要打打地頭的威風，沒有用的。蔣經國最後的辭職，打老虎都沒有成功，就證

明蔣家的勢力實際上是控制不了上海的。我父親從離開上海到病逝香港，蔣介石就一刻也沒有停止拉攏我父親去台灣。但是，我父親心裏非常清楚，蔣一直是在利用他，有用時，請上廳堂；用後，棄之如敝履，甚至過河拆橋。就像後來我父親在花甲之年時自己說的那樣：「他們是把我當夜壺，用過之後，就要火速點藏到床底下去。」

這裏面有很多錯綜複雜的因素，蔣介石和蔣經國父子，對我父親的看法就完全不同。蔣介石是一種看法，但蔣經國就另外一個看法了。而且他們下面還有一批人，也有其他的看法，所以，你就沒有辦法八面玲瓏了，你跟他好，表面上很好，到時候，他捅你一刀，你知都不知道。在胡敘五寫的書裏，就講到了台灣的《中央日報》，點名指責我父親是政治垃圾，是土豪劣紳，是殘渣餘孽。這個就是蔣經國讓他們發表的，就說明，蔣氏父子的看法也是不一樣的。所以，還是我父親看得對，既不去台灣，也不回大陸，就在香港。

十四 對新政權的遲疑

大哥回去是試探新政府

當時我父親沒有去台灣，也沒有回大陸，晚年在香港經濟上很窘迫，淒涼了些。我父親住在堅尼地台的房子，那個房子太小了，住不下太多的人，一道出來的很多人就住在別的地方。我父親晚年的時候，手上是沒有多少錢的，那時他的做法是被當時的環境逼得，沒有辦法非得這麼做。

抗戰以後，他看透了政治是什麼樣的東西了。共產黨槍斃馬祥生、葉焯山，我父親下了決心不回去，如果不槍斃他們的話，他還有可能會回去的。

馬祥生、葉焯山的事情發生後，顧嘉棠見到我父親說：老杜啊！現在怎麼能夠回去呢？有什麼事情，讓維藩回去，你不能夠動，共產黨不能夠相信。

我推測顧嘉棠講這個話，這裏面有很多問題。就是說，也許顧嘉棠知道汪壽華是怎麼死的，是他經手的，他曉得葉焯山、馬祥生沒有直接殺汪壽華，共產黨槍斃了他們，所以他對我父親講這樣的話。小八股裏，他們這幾個人最要好，顧嘉棠、葉焯山、芮慶榮、馬祥生，他們四個人，一天到晚在一道。但是，葉焯山他們一被槍斃，馬上就斷了回去的念頭。再加上黃金榮被叫到大世界掃地，不尊重一個老人的人格，也是他不回上海的原因之一。不止是我父親，還有其他人，金廷蓀、顧嘉棠、朱如山等，一大幫人，都在看新政府怎麼做。我父親一回去，他們也都會回去。但是，沒有回去的好，回去的話，文革時都要倒霉了。

其實，我父親派大哥維藩回去，是在向新政府示好，有意在試探新政府。我父親一到香港，就非常想了解新政府的情況，在當年，也就是一九四九年冬，派我大哥杜維藩回到上海，名義上，是處理我父親的中匯銀行和其他事務；實際上，是要大哥回去看看新政府的情況。大哥在上海住了近半年後回到香港，我父親和大哥閉門談了好幾天，我父親詳詳細細地詢問了新政府在上海的各方面情形，商談了很久很久，但始終沒有最後拿定主意是否回上海。

二樓、三樓太太以及五哥、六哥回到上海

我父親去世後，二樓太太和五哥、六哥都回到了上海，長期居住下來。二哥是二樓

太太生的，他在紐約聯合國總部工作，一家人一直在美國。應該是七十年代末了，二哥把二樓太太和六哥接到了美國紐約，但是他們很不習慣、不適應美國的生活，後來還是回到了上海。三樓太太抗戰的時候，就帶着我三哥、四哥去英國讀書了，三樓太太也跟着去了英國，三樓太太在英國待了那麼多年，可是一句英文也不會講，還是很不習慣國外的生活。我父親去世的時候，杜家的所有人都在香港，後來三樓太太跟着三哥，去了紐約和巴西分別住了一段時間，最後還是回到了上海，後來是在上海過世的。

再說，二樓太太和五哥、六哥回到了上海，在解放初期，他們基本上沒有受到太大的衝擊，或許是我父親曾經與那麼多的共產黨人來往有關吧，包括上海的地下黨員，當時他們都在政府裏工作。但是，到了文革，五哥、六哥就受到了很多衝擊。這件事情，我會在後面部分詳細說明。

有一種說法，說我父親曾經要求上海的手下門生，在新政府到來之際，要維護社會治安，不要與政府作對的事。我覺得，這也是說說罷了，沒有人聽到過我父親說這種話。

十五 愚忠與解不開的心結

心結，汪壽華的死；愚忠，被蔣介石利用

汪壽華的死是我父親最大的、最解不開的心結。我父親最後決定不回來，也跟這事有很大的關係。汪壽華雖然不是我父親親自殺害的，但問題是我父親指使下面的人去做的，他是奉命去做的，奉蔣介石的命。在「四一二」清共的時候，蔣的勢力還不能控制上海，所以，他必須利用上海地方勢力，特別是我父親所在的幫會勢力，達到他的目的。

我曾經看到大陸學術界有一篇考證文章，題目是「汪壽華烈士是被杜月笙活埋的嗎？」刊登在《上海黨史與黨建》一九九六年第二期，作者葉累。文章提出了一種觀點，說汪壽華不是我父親直接殺的，我父親只是誘捕汪壽華，送給上海警備區司令部。上海警備區司令是楊虎，我認識也見過楊虎。那個時候，通常是不講究什麼法律程序的，一

確定是共產黨，馬上就槍斃。但是，當時在警察局是審問了汪壽華，有檔案記錄，還列舉了檔案號碼，最後是由警察局處死的，這些論證在那篇學術文章裏都談到了。

一九二七年「四一二」上海清黨，我父親完全是被動的，不是他的主意，這是蔣介石要清共產黨，那個時候蔣在上海沒有勢力，所以只有靠我父親，共產黨在搞罷工、鬧工潮，某種程度上，對我父親也是不利的。當初，我父親的勢力不是很大，也想借國民黨蔣介石的力量，發展壯大自己的勢力。蔣也正是看中了這一點，利用我父親和幫會的力量進行清黨，而汪壽華是工人組織的領導人。

我父親後來也逐漸認識到，國民政府蔣介石是在利用他，特別是抗戰以後，他愈來愈覺得，國民政府蔣介石一直就把他當做幫派頭子，一直利用他，一旦不需要了，就像夜壺一樣，趕緊塞到床底下。到了香港，我父親更是看穿了政治。我倒是覺得，徐鑄成在《杜月笙正傳》裏的評價比較客觀，徐鑄成說：「在一九二七年，他（指我父親杜月笙）和黃金榮等曾被蔣介石利用，作為發動四一二政變的工具。」在這次血腥的鎮壓中，不論功勞多大，畢竟只是一個工具，既不是主角，也算不上配角。「對杜月笙這個具體人物，絕不想以濃重的白粉，一筆塗抹。」這是徐鑄成在八十年代初就提出的觀點，他是為數極少的見過我父親的作者，又是生活工作在三四十年代上海的老報人，他的觀點很有代表性、很有說服力。徐鑄成的書，我在後面會詳細說明。陳定山在《春申續聞》的「上海大亨二三事」裏，也提到這件事，他說：「上海清黨，計劃定自中樞，杜月笙不過是承命行動的一員，當時踢殺汪善華（汪壽華），是馬祥生葉焯山的功勞。」

就是因為這個心結，我父親才在上海解放前夕，離開上海，來到香港暫住。

十六 香港的最後故居和舊事

堅尼地台十八號

我很喜歡蘇軾的這首詩：「人生到處知何似，應似飛鴻踏雪泥；泥上偶然留趾爪，鴻飛那復計東西。」我父親一生四處奔波，每次遇到重大的轉折時，都會到香港小住些日子，再做出下一步的決定。不過，這一次到香港，竟成為我父親鴻飛的最後目的地了。我們在香港的堅尼地台十八號，住了兩年多。雖然老房子已經拆除，可在香港居住時有趣的隻鱗片爪，我現在還記得清清楚楚。

一九四九年四月底，我父親與母親姚玉蘭、孟小冬，還有大姐美如和我，先後來到香港堅尼地台居住。那個房子，是香港一位姓康的先生，我記不得他的名字，把房子讓給我們住，但我父親堅持付租金，我估計也是意思意思，我父親不願意欠別人的人情。

那是個四層的老房子，現在已經拆除了；可是，老房子門前的地形地貌，是改變不了的。老房子前面有兩條馬路，一條是花園道（Garden Road），另一條是堅尼地道（Kennedy Road），我們的房子正好在這兩條大道交匯處的一個坡上；坡的下面，有很多買冷飲雜貨小店；再走下去是通往太平山的纜車道，還有個停車站；我記得，車站旁邊是聖若瑟教堂（St. Joseph Church），一幢百年以上老教堂，教堂的建築風格很特別，也很漂亮。老房子對面的山坡上，是一片墓地，前面有高高的台階，莊重肅穆，紀念二戰中殉難的人，我常常路過那裏。

我還清晰地記着房子裏面的佈局，可以馬上畫出房子的平面圖。那個房子是一排四層樓，我們住一層的把角，康先生住在二層；在樓的另一個把角，是萬墨林和他太太女兒，還有浦東來的朱文德住的地方。我兩位母親，還有我大姐和我住在這一邊，那時二姐已經和金家公子金元吉結婚，不和我們住在一起。我們家有獨立的進出門，側面有一條小路，可以通到後門。我父親住在最裏面的那間臥室，那時我父親的身體已經不好了，我記得門口過道邊擺滿了氧氣瓶，我的兩位母親就分白天和黑夜，輪流值班伺候我父親。緊挨着臥室是飯廳和客廳，臥室對面是一圈沙發。從上海跟着來的人，有文字秘書胡敘五，有管家務的徐濤生，保鏢解子信，廚房的大師傅小瞎子，二師傅是小瞎子的弟弟，剃頭師傅陸園，我父親喜歡老式方法的刮臉，就是抹很多肥皂泡沫，用鋒利的刮刀刮臉，小阿三負責開車。他們都不住在我們家，每天一大早就來了，各自幹各自的活，還和在上海一樣，就像一家人。老房子的另一側，住着萬墨林一家子。

朋友叫我「大好佬」，喜歡一起玩

我的房間在最外面，靠着大門，因為是把角，有一個窗戶開在側面。我那時十六七歲，有幫一起玩、一起混的朋友，大概有十位。他們來的時候，常常在我房間的側面敲窗戶，其中就有陳厚，有的時候玩得晚了，陳厚就住在我的房間，我們住的是兩層的木板床，陳厚和我擠在下面，徐濤生在上面。那個時候，陳厚還沒有成為明星，我倆很要好，我父親出殯時，我披麻戴孝，陳厚和羅賓（Robin）就負責攙扶着我。陳厚後來成了明星，他結了兩次婚，第一個太太叫茉莉，Julia 吳，Julia 後來去了舊金山。我從澳洲回來探親時，見到了陳厚，他已經離婚了。陳厚拍戲很拼命，後來得了癌症，他的弟弟在美國是治療癌症的醫生，他就去了美國治療。Julia 告訴我，陳厚是基督徒，在彌留之際很痛苦，他的母親也是基督徒，就禱告說：主啊！請帶他走吧，不要讓他再受苦了！兩個小時以後，陳厚就離開了。

當時我的那幫朋友，很喜歡和我在一起玩，他們都叫我「大好佬」，這是上海話。有一次，母親給了我一百塊錢，我就和這幫朋友出去吃喝玩樂看電影，統統花光。那個時候，沒有錢來得不容易的概念，今天有錢就用、就吃喝，用完拉倒。所以，他們很喜歡和我在一起玩。這幫朋友裏，還有一位叫葉常棣的，後來去了台灣，當了空軍少校，為美國中央情報局工作，他第一次開 U-2 飛機去大陸偵察，就被打了下來，跳傘後被解放軍抓了俘虜，關在監獄，一直到改革開放以後，才被放了出來。出來後，他不願意跟我們聯繫，我是在一本雜誌上看到了他的事情。我們這些朋友，有時晚上到樓上三樓的簡小姐家裏玩，和她的男朋友一起開 Party，好不熱鬧。不過，我的這幫朋友，都怕我父親、不敢見，只要我父親一露面，他們就趕緊溜了。我父親那個時候多數時間身體不好，躺在床上，也管不了我們。

我的那些朋友們

我當時是在 Royden House 學校讀書，林黛也在這個學校讀書，因為剛剛從廣西來香港，還沒有出名，學校的跳舞啊、出風頭的事啊，還輪不到她，我就叫上她和我們這幫朋友們一起玩。那時候所說的「朋友」，就是十六七歲的年輕人，在一起吃吃喝喝玩玩樂樂的朋友。林黛的父親是程思遠，李宗仁的秘書和重要的參謀助手，桂系軍閥的核心人物之一。林黛本名叫程月如，英文名叫 Linda Cheng，在香港出道，後來成為大紅大紫的電影明星。我們在香港的時候，家裏有兩部車子，一部是我父親的比較大的別克車，另一部是小的白牌子的出租車。我父親身體不好，不大出門，我們就可以用他的車子。我的那幫朋友都喜歡坐大的別克車，林黛就指名要坐別克車，坐上去很威風，年輕人都有虛榮心。有一次，是在聖誕節期間，我和我的朋友去青山道接林黛，家裏的車子出去了，我們就要了的士去接她，她是搭渡輪過來，我們在碼頭等了一個多小時，沒有等到，就回家了。我的庶母孟小冬知道後，大罵了我一頓，說答應好朋友的事情，特別是答應女孩子的事情，一定要守信用。林黛的先生是龍繩勛，我們稱呼他為龍五，是雲南王龍雲的五兒子。有一年，我在澳洲讀書期間回來探親，在香港陳厚的太太陪我跳舞，遇到了林黛，那時候林黛已經出名，與龍五結了婚。我從陳厚的朋友圈子裏聽說，林黛與龍五的婚姻並不幸福，後來自殺了，才二十九歲，真是可惜啊！那個時候的電影明星，表面上很風光，實際上都很不容易，尤其是女演員，很多年輕漂亮的著名女演員都走上了自殺這條路，很是淒慘啊！再說和林黛同時期走紅的邵氏簽約女演員樂蒂，在陳厚與 Julia 離婚後嫁給了陳厚，後來也是自殺而死。

當年的香港和上海一樣，很多名人繞來繞去，都和杜家多多少少的有點兒關聯。我這麼一說，都是七八十年前的事情了；對我來說，好像就發生在昨天一樣，但對很多人，這些都是掩埋在塵埃裏的陳年舊事啦！

十七 【刀切豆腐兩面光】

拉我父親，還是拉上海江浙金融

如果說，抗戰時我父親得到蔣介石重用，那是因為他那個時候需要我父親和幫會的力量；勝利後，就不同了，蔣介石以為自己已經完全可以掌控局面了，所以我父親就被拋棄了。抗戰勝利後，我父親在上海遇到的一系列挫折，就是因為勝利後，上海取締了租界，蔣的勢力達到頂峰，自認為他們可以達到並控制上海，我父親已經過時了，就像用過的夜壺，被拋棄了。我父親的秘書胡敘五後來在一篇〈杜月笙拒絕赴台定居內幕〉的文章，說明了這個過程，從提出「打倒惡勢力！打倒杜月笙！」到上海市議長頭銜的「退讓」，都是蔣精心安排的。甚至後來蔣經國在上海打老虎和上海經濟管制的失敗，我父親也成了替罪羊。在保密局呈送給蔣介石的密電裏說：杜月笙對逮捕杜維屏的極度不滿而將所能控制之工廠，均以原料缺乏為辭，逐漸停止開工，並促成黑市交易，搶購風潮，藉以報復。顯然，密電把我父親歸罪於上海「經濟管制」失敗，導致蔣經國下台的主要原因。

蔣氏父子在上海碰到了釘子以後，似乎又想起了我父親。上海解放前夕，國民政府大勢已去，蔣介石親自召見我父親，希望利用我父親的威望組織「上海各界自救救國聯合會」，授意我父親積極籌款，盡最大努力保衛上海。據徐鑄成記載，一九四九年三月下旬，蔣介石在南京再次召見我父親說：「必要時攜家小去台灣，協助黨國共圖復興大業」。三月二十三日南京解放，上海岌岌可危。當時退居在奉化溪口老家的蔣介石仍念念不忘我父親，電令上海市長吳國楨、警察局長毛森等，力勸我父親去台。

然而，一九四九年七月十八日，已經遷至台北的《中央日報》，刊登「本黨歷史的新頁」為題的社論，點名所謂的上海「聞人、皇帝」，「逆襲」上海打老虎經濟管制而失敗，本質上是「買辦流氓、土豪劣紳，本都是時代的渣滓，應在肅清之列」。這實際上是一些台北擁護蔣經國的勢力，借此社論為蔣經國鳴不平，這種聲音與之前保密局的報告是一脈相承的。

社論一出，擾亂了蔣介石想利用我父親的影響力，阻止暫居香港的工商金融鉅子回流的計劃。蔣介石一方面下令懲治社論擬稿人，另一方面趕快派我父親的摯交洪蘭友到香港杜府解釋，並命主管宣傳的老朋友陶希聖登門道歉。我父親心裏非常清楚蔣氏父子的不同目的，思忖再三，回了一封信，婉轉地說明，由於舊病復發，行動不便，不能當面拜訪。蔣介石仍然不甘心，馬上又派洪蘭友、陳立夫分別到香港安撫。一九四九年十月二十日，我父親再次回信給蔣介石，仍稱痼疾未癒，不便拜見。蔣還在寄寓一線希望，於十一月二日，寫信催促赴台，我父親無動於衷，也沒有再回覆任何音信。

當時，仍然在大陸指揮作戰的蔣介石，為什麼突然如此垂青我父親呢？這要說到抗戰期間的一件重要事情。抗戰初期，為了抵抗上海的偽政權，國民黨決定在滬組織「統一工作委員會」，由我父親和戴笠等四個人擔任常務委員，國民黨中央組織部副部長吳開先，去上海具體落實地下組織工作。第一個任務就是盡力勸導工商界和銀行業及知識份子，離滬赴港，如果不能離開，要堅定其信心，不為日偽利用，這項工作效果非常明顯。吳開先給上面總結報告說：「終汪逆之世，上海所有銀錢業較知名之士，無一敢冒不韙而參加敵偽之金融組織者。此事第一由於孔庸之部長之運用得力；第二應歸功於杜月笙先生之鼓勵成功。」為此，蔣介石看到了我父親在工商、銀行和知識界巨大的影響力，所以要極力拉攏我父親赴台，進而把這些掌握重要經濟金融命脈的資本家吸引到台灣，至少是阻止他們從香港回流到上海，這是蔣介石再次利用我父親的重要原因。

上海解放前夕，許多上海的資本家，特別是大的工商實業銀行業資本家，大多數像我父親一樣暫居香港，腳踩兩隻船，靜觀時局的變化。我父親在上海經營多年，特別是在工商金融領域，勢力和影響力都不可低估。這些代表着中國金脈的上海乃至江浙工商金融鉅子，暫避香港，都在看着我父親的舉動。台灣和北京都在竭力爭取我父親和這些大的金融資本家，吸引這些金脈。

一九四九年五月二十七日，上海解放，時任第一任市長的陳毅，就公開致電旅港的上海士紳和金融工商領袖杜月笙、陳光甫、李馥生、宋漢章和錢永銘，情真意切地邀請他們回來，建設新上海，並派徐采丞親赴香港迎接他們的歸來。已經有一些人準備響應北京新政府的號召，回到上海，建設新中國。

就在台北《中央日報》發表指名道姓指責我父親為「政治垃圾」、「經濟蠹蟲」的社論時，中國共產黨的統戰工作在緊鑼密鼓地進行。已經決定回上海的老朋友、上海工商鉅子王曉籟、劉鴻生，積極地做我父親的工作。我父親最為敬重的章士釗，也是李宗仁赴北平和談五位代表之一，和談結束後留在北平，受毛主席委派，親自到香港杜府，誠邀我父親回上海。

兩邊都不得罪的調包計

我父親有個很著名的做人準則：那就是做人做事都要「刀切豆腐兩面光」。我父親一輩子都與國民黨、共產黨打交道，左右逢源，即使到了香港，依然如此。

到底是什麼原因促使我父親最後放棄回上海的希望呢？很多書裏都講到新中國成立後黃金榮留在上海的處境，他寫下了長篇「懺悔書」，公開登報謝罪，在他自己一輩子創辦的產業「上海大世界」前，每天清晨掃馬路的大幅照片，刊登在上海和香港的報紙上，這些信息對我父親的影響很大，我父親曾經說過，如果我回到上海是不是也會去掃馬路呀！其實，黃金榮的事，只是一方面的原因，真正對我父親產生極大影響的是共產黨槍斃葉焯山和馬祥生，那是追溯到「四一二」政變時，工人領袖汪壽華被殺害的血案。

我父親收到毛主席和蔣介石的邀請信，與身邊最信任的心腹們商議，最後紹興師爺駱清華出了個「調包計」，我父親認為很好！於是，我父親親自讓秘書胡敘五擬定了分別給毛和蔣的信，兩封回信內容基本一致，信中寒暄地表示了感謝，用了最無可挑剔的理由：沉屙復發，哮喘不止，行動不便，難以成行，暫居香港。最後一步，也是最重要的一步，交給多次為我父親傳遞書信的大銀行家錢永銘，由他把兩封信的信箋調包，就是把寫給毛主席的信，放在給蔣介石的信封裏，反之亦然，然後分別送出。

為什麼選擇錢永銘呢？他是上海著名的金融家，我父親多年的摯交，也是有名的「酒鬼」，非常喜歡喝酒，常常喝得酩酊大醉。由他來辦理，順理成章，萬一怪罪下來，也有個酒後誤事的藉口。收到信後，毛主席和蔣介石自然心領神會，知道我父親既不去台灣，也不回大陸，暫居香港，選擇了中間道路，誰也不得罪，這可能是他一生中最後、也是最大一次體現了他的「刀切豆腐兩面光」的處世原則了。從此以後，無論是大陸還是台灣，就都不再你爭我搶地拉我父親了。這個調包計，實際上是三全其美的妙計。

當然，這種事情當時肯定是不可以對外講的，所以在胡敘五的書裏，這個事情根本沒有提的！而且，這件事情如果露餡了，我父親還可以推說是我手下的人辦錯了，不是他的意思。這就是為什麼會有錢永銘喝醉酒，放錯了信封的說法。

錢永銘放錯信封的說法是我大姐杜美如講的。在上海世博會的時候，導演賈樟柯拍了紀錄片，記述上海的一百位名人，就包括我父親，他們採訪了我的大姐，把她講我父親的故事記錄下來了。我大姐講到了我父親在香港分別給毛主席和蔣介石寫信的事，她說，在寫完信以後，我父親把信交給錢永銘，但是錢永銘喝醉酒了，把信裝錯信封送了出去。

我認為這是只知其一，不知其二。我跟錢永銘在上海、香港見過好多次，我父親把這麼重要的事情交給錢永銘，錢永銘是上海著名的銀行家，非常嚴謹的商人，怎麼可能犯這麼簡單的錯誤呢？不過，有一條，錢永銘的確歡喜喝酒，也經常喝醉，他喝醉時我都看見過，周圍的朋友都知道他的這個特點。所以，就把信封放錯的這件事情推在錢永銘身上，讓錢永銘背這個所謂的黑鍋了！

還有一個重要的原因，當時不好把駱清華說出來，就是因為駱清華在紹興老家還有人，家裏面的人還都在紹興，錢永銘的家裏人都出來了，推在錢永銘身上，是為了避免給駱清華在紹興的家人帶來麻煩。當時我父親他們離開上海的時候，只是想到香港先暫時避一避，駱清華他們就跟着我父親一起出來了，家裏人還留在老家紹興。

其實，抗戰以後，我父親就對政治失去了興趣，他看得很透。到了香港以後就更沒興趣，對無論是國民黨還是共產黨，他看得很清楚，都不想接觸了。

我父親留在香港，可能是最好的選擇。對台灣來說，大家對我父親的印象是積極募捐賑災抗日；對於大陸來講，我父親也曾多次幫助新四軍和共產黨，包括上海的地下黨，所以新政府也沒有怎麼為難留在上海的杜家人，二樓太太和五哥、六哥。我父親臨終時，沒有更多的錢，給更多普通民眾留下一個印象是，我父親不是為了錢，這一生掙了、撒了多少錢，那怕是說販賣鴉片、開賭場賺來的，不管用什麼方法掙的錢，他都不在乎錢，並不是僅僅是為了錢，而是大把地撒出去，幫助朋友，支持賑災，也募捐了無數賑災款和抗日款。相反，在臨終時，沒有多少錢留給後代，留下的那點錢與他所曾經花過的錢，簡直是不足掛齒。這說明我父親一輩子並不是為了錢，是為了朋友的義氣和民族的氣節。

我三哥他們曾經計劃安排我父親和全家去美國，後來要辦與孟小冬的婚禮推遲了，加上我父親身體後來一直不好，就沒辦成。實際上，我父親也不會去美國的，他還是要住在香港，因為香港究竟還是中國的地方，人情味很重，他的故鄉故土的觀念很強，他不願意離開。

現在回過頭來看，我認為促使我父親採取這個計謀的內心想法是，他一生在政治漩渦裏周旋，他看穿了、厭倦了政治。他選擇了既不去台灣，也沒回大陸，更不願意去國外，最後病逝在香港，安厝台灣，期望葬回老家高橋，落葉歸根！

十八 暗戀孟小冬由來已久

我父親並不想去國外

早年孟小冬在上海演出的時候，我父親就很喜歡她，確切地講是敬重她的才藝，常常資助她金錢。那個時候，我奶奶脾氣很怪的，不喜歡孟小冬，可是爺爺喜歡孟小冬，我母親和孟小冬很要好了，所以，母親常常給奶奶罵，我都記得。我父親和孟小冬的婚姻是客觀的事實，父親的做法也是很合乎常理的。說明一點，這裏所說的爺爺奶奶，實際上是我母親的父母，我的外公、外婆，或者叫姥姥、姥爺，但是，由於我父親是孤兒，在我們家裏，我們就都習慣稱呼為爺爺奶奶，下面提到稱呼的都是這個長輩關係。

我父親到香港住了一段時間，開始的時候，既不準備去台灣，也沒有打算回大陸，曾經考慮過去美國，因為我的二哥維垣和三哥維屏都在美國，而且在那邊有一些基礎。所以，我三哥維屏計劃在我父親身體好些以後就去美國。現在有一種說法，說我父親是要去法國，這是不對的，實際上，他是在三哥的安排下，準備去美國。

後來大家都知道，我們沒有去美國。沒有去成的原因有兩個：

第一是，當時我們需要辦理一百多張去美國的護照簽證，美國領事館根本不肯發。現在有人說，當時要通過台灣的國民政府辦理護照，蔣介石故意為難我父親，他知道我父親在香港已經沒有什麼錢了，所以要我們拿十五萬美金來辦理，這種說法是不對的，根本就沒有這回事兒。

第二個原因，其實是沒有使我們去成美國的最主要原因。當時，孟小冬問了我父親一句話，說我是以丫鬟的身份，還是以女朋友的身份去美國呢？父親聽了這個話以後，馬上意識到自己的重大疏忽，應該給孟小冬一個正式的名份。於是，我父親馬上吩咐，停止去美國的準備和手裏的一切事情，立即安排準備與孟小冬的結婚儀式。其實，我父親和家裏人早就接納了孟小冬，孟小冬也與我父親和家裏人很融洽，只是缺少一個象徵意義的對外儀式和應有的名份。

事實上也是這樣的，孟小冬很聰明，她一進到杜家，就知道怎麼哄我父親開心。他們日常生活裏一起開心的時候，我都看見過。我父親喜歡聽上海話，她就學會了上海話，他們在一起聊天的時候，常常是用上海話講，講一些笑話什麼的，聊得很開心。我兩位母親的好朋友，也是京戲專家丁秉鐩寫的《孟小冬與言高譚馬》一書裏，專門講到我父親與孟小冬的伉儷情深，丁先生在台灣見到從香港來台灣的焦紅英、江一秋夫婦，他們在香港時，也是杜府的坐上客，江一秋用上海話告訴丁先生說：「唉呀，杜先生和孟小冬的感情交關好，兩個人嗲得來。」

我父親和家裏人認真準備了與孟小冬的結婚儀式，在香港的家裏，我父親和孟小冬分別邀請了一些重要的親朋好友，熱熱鬧鬧、隆隆重重地補辦了結婚儀式，還拍了很多照片，現在網上流傳的我父親和孟小冬的很多照片，就是那一次拍的，孟小冬很高興，我父親也很開心，杜家上上下下都很開心，皆大歡喜啊！

就這樣，我父親和家人去美國的事情就擱下了，後來我父親身體狀況愈來愈差，二哥、三哥的赴美計劃就落空了。

話說回來，即使我父親當時身體好，我猜想他也不會去美國，他對外國人始終不喜歡。退一步說，到了美國，不要講我父親，家裏的很多人，在外國都會不習慣的。第一個講話不習慣，第二個朋友少，第三個人情味不濃，也不可能適應國外的生活。

再說了，按照我父親當時的經濟情況，也不可能去國外。如果真是去了美國，經濟上會有很大的問題，帶的人太多了。那時候在香港，我父親已經沒什麼錢了，即使如此，每天在香港堅尼地台的公寓裏還吃流水席。

我父親暗戀孟小冬好久了

說到我父親與孟小冬那麼隆重補辦婚禮，大家都非常開心，我父親為什麼會那樣做呢？因為我父親與孟小冬是有感情的，我父親這樣做，也是一個男人應該負起的責任，要不然，人家算什麼嗎？傭人不是傭人，女朋友不是女朋友的，作為一個男人，要給人家一個名份嘛！北京衛視講的為什麼杜月笙要娶孟小冬？講得不好，沒有講到點上，說他年齡那麼大了，六十幾歲了，又全身帶病等等的原因，這些都是瞎猜。這個問題事實上是個責任的問題。孟小冬在杜家已經很久了，人家跟你這麼久了，妻不算妻，妾不算妾，到底是怎麼一回事呀？結了婚就有了名份了，是杜太太，那就名正言順了。

我在回答《三聯生活週刊》記者李菁的採訪時，說過一段話，應該是最準確的，我是這樣說的：「我猜想父親暗戀孟小冬好久了。這段婚姻無所謂誰成全誰，我父親和孟小冬是有感情的，我父親一向重視她的藝術成就，孟小冬也很仰慕我父親，她同父親結婚不是報恩，也不是無奈的選擇。再加上我母親也在當中撮合，所以走在一起比較容易。」她們姐妹雖然也會磕磕絆絆，但是終其一生，她們還是真心地相互體貼、照應，從小時候的夥伴、到金蘭姐妹、再到一起陪伴着晚年的父親，這種友情是複雜的，更是真誠的。

十九 陸京士在我父親最後的日子

從香港病逝到台灣浮厝

陸京士是我父親一生中重要的學生和謀士，與杜家關係非常親近。據陸京士自己介紹，他在一九二六年進入杜公館，認識了我父親，拜我父親為師長，追隨我父親一生。我父親很賞識陸京士，陸京士曾經幫助我父親籌建和實際管理恒社，親自參加我父親組織的抗日武裝，擔當江浙別動隊支隊長，直到我父親病危侍疾和靈櫬安厝。當然，陸京士在我父親臨終遺囑，以及後來孟小冬的遺囑安排執行時，有私心；甚至站在台灣立場上，偽造所謂的政治遺囑，違背我父親意願，這在後面單獨論述。

一九四九年四月，我父親和家裏人暫時離開上海，借住香港堅尼地台的杜公館。為什麼說是暫時和借住呢？因為，我父親還沒有最後決定到底要住在哪裏，就臨時租了堅尼地台的房子，他要在香港觀察一段時間後再決定。這期間，陸京士隨蔣介石撤退到台灣，繼續在台灣擔任立法院委員和政府中其他職務。但每次他來往香港，總歸要登門造訪杜府，看望我父親，陸京士多年來與杜家的交往，與杜府上下、裏裏外外的人，包括我父親的太太們、子女們和下人都非常的熟。

我父親信任陸京士，他也很敬重我父親。我父親在香港的時候，他就在台北給我父親買好了一套很大的房子，要我父親去台灣，但是我父親沒去，如果他去了，可能就出不來了。那個房子實際上是陸京士給置辦的，是陸京士作為學生弟子，出於對我父親的敬重，從多年的師生情誼出發而置辦的，純粹是他的個人行為，跟台灣的國民政府沒有任何關係。那是一個老的日本式建築，我都看過，有一次，恒社在台灣的聚會，就是在那個老房子，我還有一些那個房子的老照片。後來，我父親最終沒有去台灣，那處房子我們也沒有住，我母親去了台灣，也沒有住在那裏。

我父親在抗戰時期得的哮喘病，一直沒有根治。到了香港後，炎熱濕悶的氣候，加重了他的病情，身體時好時壞，長期臥床養病。一九五〇年，我父親最終與早就在一起的孟小冬補辦了正式的結婚儀式，之後，我父親的精神和身體狀況略有好轉，一直服侍父親的我的兩位母親，也稍微鬆了一口氣，杜公館上下多了些輕鬆愉悅的氣氛。

可是，進入一九五一年，我父親的身體每況愈下，到七月時，兩腳麻痹，雙腿無力，七月底，我父親要秘書胡敘五打電報給陸京士，讓他火速來香港，後來還發了幾個「病危速來」的催促電報。陸京士在後來撰寫的〈杜先生逝世記〉（一九五三年九月三十日）中說：「先生平日視余為家人父子，感召特深！竊念今次甚為不祥。先生之病，恐難挽救。」陸京士立即着手辦理出入境手續，同時回覆電報告訴我父親並表示慰問。當時，從台灣去香港，手續很複雜，不僅要申請簽證，尤其是高官要人，還要台灣政府特別審批，擔心通過香港與大陸發生關係。陸京士還與洪蘭友、陶百川、劉航琛、呂光等我父親在台灣的好朋友，商議我父親的後事。

原定八月一日的航班，當時正趕上颱風季節，當天氣候惡劣，所有飛機全部停飛。第二天，陸京士搭乘最快的航班飛往香港，落地後立即與接機的大哥維藩火速趕往杜公館，師生相見，萬分感慨。

八月，我父親的病情愈來愈嚴重，我的兩位母親輪流守護在父親的床前。八月六日下午，陸京士與錢永銘、吳開先、徐采丞、顧嘉棠一起商議後事。遵照我父親口述的原則，準備遺囑。七日晚八時四十五分，在我父親清醒平靜時，請所有在港的家人、摯友到場，陸京士當眾宣讀遺囑，我父親點頭認可，那個時候，父親已經沒有力氣獨自簽字了，只能由萬墨林扶着我父親的手執筆簽名，在場的其他見證人分別簽字蓋章。隨後，我父親就處在昏迷和清醒之間。十五日下午二時十五分，我從台北趕來探望，我父親在昏迷之中睜開眼睛，表示極大的欣慰；二時三十分，洪蘭友趕來，帶來蔣介石的慰問和掛念，父親用盡力氣說出一生中的最後一句話：「大家有希望！」然後就昏迷不醒了。這裏要特別說明，八月七日晚在我父親清醒時，宣讀和經過我父親認可的遺囑，只是財產分配和示諸兒女兩份。

一九五一年八月十六日下午四時五十分，我父親在香港堅尼地台十八號的家裏去世，終年六十四歲，離他六十四歲生日不到九個小時。他是一八八八年八月二十二日陰曆七月十五中元節出生，去世也是在中元節前夕。留下了「死後不葬在香港，落葬在高橋」的遺願。

我父親過世後，留下了給子女訓示和財產分配的遺囑，至於坊間流傳的所謂對國家、對社會的政治遺囑是偽造的，這在下一節裏面會詳細說明。

從一九五一年八月去世，我父親的遺體一直在香港的東華醫院暫存。直到第二年，也就是一九五二年十月，我母親和家人鑒於當時的政治局勢，同意由陸京士、洪蘭友籌劃把父親的靈櫬移到台灣。

一九五二年十月二十五日，二百多位恒社社員、在港友人在碼頭，為我父親送別。父親的靈櫬放置在太古輪船公司的「盛京號」輪船，從香港啓程。我母親、二哥維垣、大姐美如和二姐美霞夫婦，一路護着我父親的靈櫬。二十七日傍晚到達基隆港碼頭，國民黨元老李石曾和許世英夫婦，以及洪蘭友、陸京士等恒社同仁友人迎接靈櫬。當晚靈櫬直接駛往台北，暫寄極樂殯儀館。

一九五三年六月二十八日是靈櫬安厝吉日。靈櫬安厝地，事前請風水大師齋選了台北縣汐止鎮大尖山麓西面，位於「秀峰國小」學校的後山，緊鄰北面的「靜修禪院」，墓地不大，但非常安靜，只有禪院的晨鐘暮鼓和秀峰小學琅琅的讀書聲環繞於四周。儀式由「杜月笙先生靈櫬安厝委員會」組織，王寵惠、于右任、許世英為委員會召集人，委員三十五人，陸京士為總幹事。安厝的時候，收到各方面的挽聯，當時的總統府秘書長張群（張岳軍）題挽：「雲天高義，湖海豪情，縱橫一代，領導群英；戰亂疊經，葆堅持正，棱棱風規，昭昭譽問。遠墨猶新，宿草已列，其人雖逝，其名不絕；天高日麗，海闊潮回，且安英靈，以待昌期。」關於安厝，後文還會談到。

二十 所謂我父親的「政治遺囑」是假的

遺囑只是家裏事，跟政治無關

前文說到，我父親去世前，給我們家人留下了兩份遺囑，一份是財產分配，就是僅存的不足十一萬美金的分配；另一份是示諸兒女。這兩份遺囑，當時我手裏都留有照片，但是多次搬家，財產分配的那張照片，一時找不到了。我手裏現在還有示諸兒女遺囑的照片，內容如下：「余以夙疾時致不起，除未能親見國家之復興，引以為恨外，他無所憾。茲更為爾等，告者爾等兄弟姊妹眾多，應體手足一體之義，善事諸母，友於兄弟，勿以細微之故，致啓鬩墻之釁，勿以片言之忤，傷及骨肉之和，永相敦睦，毋貽余泉下之憂，是所至囑。」落款為我父親最常用的印章，錢永銘、顧嘉棠、吳開先、徐采丞、陸京士分別簽名，作為見證人，也是遺囑執行人。

現在很多書籍文章和網絡上，流傳很廣的我父親對國家、對社會的「政治遺囑」（附後），卻是偽造的。特別是結尾的那句話：「玆當永訣，深以未能目睹中華民國之復興為憾，但望余之子弟及多年從遊之士，能繼余志，各竭忠誠，隨分報國，是所大願。」使當時的國民黨和一些報紙認為：我父親沒有看到中華民國復興是最後的遺憾，完全站在國民黨立場上的。但是，這個「政治遺囑」是假的。如果真的說這句話，我父親可以去台灣，追隨蔣介石反攻大陸。

我父親離開上海來香港，是為了暫避風頭、觀望時局。一九四九年四月二十九日，也有人說是二十七日，上海解放前，父親和我的兩位母親姚玉蘭、孟小冬、大姐杜美如乘船來到香港，我是坐飛機去的，我們住在香港堅尼地台十八號的第一層，一直到我父親去世。我父親的想法，是來香港暫時停留，要看看大陸和台灣的進一步局勢，再決定去哪裏。那時，來香港躲避戰亂的人很多，特別是從上海江浙地區，來了一大批銀行家金融家，這些有錢有勢的人，都和我父親的想法差不多，就是暫時避避風頭。到了香港沒多久，父親就派我大哥杜維藩，回上海住了半年左右，一方面是打理上海的生意和家產，另一方面是了解新政府。還有一件事，賬房黃國棟解放後寫的回憶錄裏面，講到我父親離開上海時，黃國棟擔心留在上海會有麻煩，想跟着我父親去香港，但是我父親希望他留在上海，我父親就曾經跟他說：「我現在對你直說，因為蔣總統叫我去談了話，我不得不走，到香港去住一段時間，就要回上海的。共產黨方面的朋友向我談到，解放後要我參加新政協，所以你在上海不會有什麼問題。」

台灣和大陸都在拉我父親去，其目的，是因為我父親可以影響甚至帶動那些暫時滯留在香港，還沒有做出決定的大批金融家的去向。我父親是老派人，有錢就是買房置地，他一生最主要的房產和財產，幾乎都留在了上海。抗戰的時候，我父親和家人除了在重慶居住之外，主要就是在香港暫避。甚至抗戰勝利後，我父親家人偶爾也會去香港住些日子。所以香港一直就是臨時避難、中轉的理想城市。一九四九年的這一次，我父親也是這麼想的。到了香港以後，台灣方面蔣介石多次致電、派人來拉攏我父親去台灣，甚至還採取了威脅利誘的手段。因為，那些銀行家們都在看着我父親，我父親去哪裏，他們也會考慮去哪裏；大陸方面也來找我父親，派了幾批父親的老朋友，包括章士釗來勸我父親回上海。台灣和大陸來找我父親去的真實目的，是因為我父親的去向，可以影響帶動一批重要的銀行金融企業家們的跟隨，所以兩方面都在爭取我父親，可是父親多年來與各方面人打交道的一個準則就是「刀切豆腐兩面光」，哪一派都不得罪。所以，蔣介石和毛主席發給我父親的邀請信，我父親在回信時，就採取了「調包計」，表明了暫時在香港觀望的想法。這期間，有一些人回到了大陸，也有人去了台灣，我父親還留在香港觀望。可是，黃金榮在上海大世界門前掃馬路，對我父親刺激很大；一九五一年上半年，大陸槍斃了馬祥生、葉焯山，清算「四一二」事變殺害汪壽華血案，讓我父親逐漸放棄了回上海的想法。再說，他的病情惡化，臥床不起，知道來日不長，開始考慮安排後事。

我父親的遺囑是一九五一年八月七日，由胡敘五代執筆的，只有財產分配和示諸兒女兩份。我父親身邊有幾位做文字的人，胡敘五是中文秘書，佘少培是英文秘書，翁左青是謀士不是秘書。他們很早就在我父親身邊。抗戰勝利後，我常常到十八層樓見我父親，我見到過他們很多次。胡敘五是個書生，好像他的父親跟杜家還有什麼特別的關係；他性格耿直，跟隨我父親很多年，一直在身邊做文字秘書，我父親的信函和重要文件，甚至重要簽名，都是由胡敘五代筆的，深得我父親的信任。他的一手館閣體小楷寫得很漂亮，我一眼就可以看出來，我父親的遺囑就是他寫的。在父親離開上海時，特別要他一道來香港。我父親去世後，胡敘五多數時間是在香港，很潦倒，靠寫作為生，一九七〇年，他在香港病逝。他寫的《杜月笙外傳》，當時他用楊威的筆名發表的，在香港和台灣連載，後來彙編成一本書，很暢銷。我很早就有這本書，他寫的關於我父親的書籍文章，比較公允和客觀真實。上海和香港的著名媒體人金雄白曾經說：「敘五狀如三家村學究，木訥又如一謙謙君子，對同文中稍有一得的人，即服膺勿替，說話帶有濃重的安徽土音，雖訥訥不出於口，但嫉惡如仇，極富正義感。他因曾為杜月笙佐筆政，過去與俠林中的人交遊，最難得的就是並未沾染此中習氣。」金雄白說得很準確。根據胡敘五的記載，我父親進入八月，身體每況愈下，開始安排後事。八月二日，陸京士從台北趕到家裏探望，我父親很高興，到客廳與陸京士一起吃飯，我父親雙手顫抖，不小心飯碗滑落掉在地上摔碎。家裏人趕緊說「歲歲（碎碎）平安」！但父親是個很迷信的人，覺得病人打碎飯碗是凶兆，加重了他的顧慮。之前有幾件不吉利的事情，父親就很忌諱，這些我在後面會講。八月四日，父親囑咐陸京士準備後事；六日，陸京士邀集錢新之、金廷蓀、徐采丞、顧嘉棠等商議安排，又參照來香港前與洪蘭友、呂光等人會商的意見，擬了遺囑。七日下午六點，父親陷入昏迷，經過吳必彰醫生緊急搶救，注射了兩支強心針，七點左右甦醒過來，在錢新之等人的見證下，我父親在遺囑上簽名蓋章，家人和親友們站立在現場，悲痛欲絕。當時，我父親已經沒有力氣簽名，在萬墨林的扶助下，父親勉強在財產分配遺囑上簽了名、蓋了章，已經無法在示諸兒女遺囑上簽字，只蓋了印章，這枚印章和父親的其他一些物品，我後來捐贈給了上海市歷史博物館。

八月十五日下午兩點一刻，我和陸京士太太一起坐飛機，從台灣趕到父親的病榻前，他得知我來了，非常吃力地微微睜開眼睛，欣慰地看了我一眼，又閉上了。兩點三十分，洪蘭友從台北匆匆趕到，他當時是國民大會秘書長，是蔣介石信任的心腹，也是我父親的老朋友，他見到我父親，連聲呼喚「此來是代表蔣先生慰問與眷注之意，請靜養勿憂」等等。我父親或許是迴光返照，神情突然清醒，拉着洪蘭友的手，用盡最後力氣說出最後一句話「大家有希望！」說完就昏睡過去，再也沒有醒過來。

第二天，十六日下午四點五十分，心臟停止跳動。我父親去了，留下了僅有的十多萬美金的財產分配和示諸兒女的遺囑，這些都是家裏的事，跟政治沒有一點關係。

父親的遺體是在十六日傍晚送到萬國殯儀館存放，我清楚地記得，殯儀館送來了一個竹製的床，父親的遺體放在面，按照老法，由父親每一房的長子抬着送上車，大哥維藩、二哥維垣、三哥維屏和我一起抬着，順着朱文德在地上插的焚燒的香，送到了殯儀館來的車上。父親病故後三天，也就是八月十九日，大殮出殯，有幾千人來現場祭奠，來不了的發來了大量唁電，當天的報紙陸續刊登了我父親的報道和評論。

完全違背我父親的準則和行為

父親去世後，按照習俗，第二天當地的主要報紙刊登了訃告，但是沒有那個「政治遺囑」。香港主要報紙刊登訃告和悼文，都比較客觀，比方講，香港《工商日報》社論說：「上海失守，平素自以為讀書萬卷，深知出處進退的所謂士大夫，大多數均因經不起現實考驗，而紛向惡勢力投降，惟杜氏飄然來港，閉門謝客，以示其義不帝秦的忠貞氣質，久而益堅。故今日蓋棺論定，杜氏高風俠骨，大節無虧，即此一點，就無愧其為一代人雄了。」

香港《星島日報》曾經針對我父親的一生，有過一段很著名的點評，是這樣說的：「蓋棺論定，杜氏一生的事蹟是動人的」，反映了「半個世紀來的上海，反映了新舊轉型，封建社會到資本主義社會，革命力量的滋長與蛻化」，「杜氏本人始終是站在政治圈子的邊緣，他的操守是舊道德的準繩，而他的一生卻是大時代大烘爐中的火煉。」

而明確提出我父親所謂的第三份政治遺囑，或者按照陸京士他們認為是第一份遺囑，就是對國家、對社會的「政治遺囑」，是在我父親出殯當天，八月十九日的國民黨在香港的機關報《香港時報》社論中提出的。後來陸京士又親筆為《杜月笙傳》專門撰寫的前言裏全文詮釋，並在書中把這個遺囑全文刊載，這在後面會專門講到。

首先，看看國民黨機關報《香港時報》，刊出最完整詳盡的評論文章，對所謂的「政治遺囑」大肆渲染解讀，從第一句話：「余質樸無文，生平未嘗參加實際政治」，到結尾的「茲當永訣，深以未能目睹中華民國之復興為憾……」逐句註解。顯然，這份遺囑是有明顯的政治傾向的，站在台灣國民政府立場出發，違背了父親一生的做人處事準則，也違背、背叛了我父親的意願。

我父親能夠赤手空拳打出一片天下，一生堅持的重要準則就是他所說的「刀切豆腐兩面光」。我想再次說明，舊上海犬牙交錯的各種政治勢力：西方列強租界、各種政治勢力、清末和當朝權貴、舊軍閥新軍人、新興金融銀行資本家和工人市民，特別是黑社會流氓地痞，魚龍混雜交織在一起，要想生存，就必須能夠擺平各種錯綜複雜的關係，不輕易得罪任何一方勢力。我父親就是這樣，既不得罪國民黨，也不得罪共產黨，而且還與雙方都有很好的關係來往，才能成為影響力最大的幫會老大和地頭，在軍閥租界政府強權下生存發展。到了香港，我父親還是堅持他的中立原則，暫避風頭，靜觀時局，由錢永銘、駱清華用「掉包計」，兩邊都不得罪，也讓蔣介石和毛主席放心，我父親兩邊都不會去，只在香港養病。他如果回大陸，就算毛主席歡迎他，但逃得過文革十年浩劫嗎!?

我父親在臨終前，把所有的欠條賬單統統銷毀，就是不想讓我們家人參與到那些複雜的紛爭中，平平安安生活。當時我在台北讀書，二樓太太和五哥、六哥都在上海居住，後來三樓太太也回到上海，長期居住直到終老。我父親幾乎所有的房地產和生意，都集中在上海，我們剛剛到香港，我父親就派大哥維藩去上海住了大半年，了解新政府。所以開始的時候，他心裏還惦記着上海。

如果說，我父親最後沒有去台灣，親眼目睹中華民國復興是「遺恨」的話，那他完全可以直接從上海去台灣，或者從香港去台灣，沒有必要在香港逗留。上海解放前夕，蔣介石在復興島曾經召見我父親，邀請甚至威脅利誘我父親去台灣，我父親以哮喘舊病復發、台灣氣候悶熱潮濕為由，婉言拒絕。即使到了香港，蔣介石也多次來電勸說，派人來拉攏去台灣，我父親始終以身體不適為由，留在香港，所謂的「遺恨」顯然與事實不符。

所以，根據我父親一生的做人做事準則，以及來香港後和臨終前的種種實際做法，他不可能違背自己的原則，甚至不顧家人的生死安危，貿然留下具有非常明顯傾向的「政治遺囑」，這一定會毀了他生前的名聲和面子，也威脅家人的平靜安全的生活。

「義節聿昭」與「政治遺囑」

我父親去世後，蔣介石頒題「義節聿昭」輓額，算是給我父親的蓋棺論定，且不說這四個字，是蔣介石主動題寫，還是被動、甚至政治交易下產生的，現在也難以考證。但是，在這個旌表到來之前，在我們家裏，發生了很多意想不到事情，我認為與「政治遺囑」有關。

在父親病危和彌留之際，我的母親們和家人，日夜守在父親旁邊，處於極度悲痛之中和崩潰邊緣；但是，我父親周圍的其他人，包括陸京士和前面講到的幾個核心人物，也在安排我父親另外的後事。

為了理清楚脈絡，我把當時發生的細節過程再複述一下。按照前面陸京士的說法，在他從台北來香港之前，就與我父親的好友當面商議過，包括國民黨要員洪蘭友、吳開先、呂光、陶百川等；八月六日，我父親囑咐陸京士立即準備後事，除了聽取我父親的意願外，胡敘五特別提到參照了台北好友商定的意見。十五日下午，我父親見過洪蘭友之後，就昏迷過去再沒有醒來。

這期間，也就是從十五日下午我父親昏迷，到十九日零時蔣介石口諭之間，我認為，洪蘭友和陸京士他們在忙着與台北協調、甚至不惜代價，換取蔣介石的輓額。洪蘭友不僅與父親有很深的交情，他更是蔣介石信得過的心腹之一。我前面在戴笠那部分也講到，戴笠與胡蝶是我父親做的媒，洪蘭友的女朋友上海小姐王韻梅，也是我父親做的媒，所以，洪蘭友跟我父親關係很好，我們家裏人尊稱他為洪蘭公。早在父親六十大壽時，洪蘭公就親眼看到壽詞牌匾鋪天蓋地，特別醒目的是，蔣介石的「嘉樂宜年」祝壽牌匾，提前寫好提早就送來展示，可見那時候，蔣介石還很在意我父親。就在我父親去世不久前，台北的《中央日報》刊登出另一派政治勢力對我父親的詬病，引起我父親的極大不滿。當時，還在前線指揮作戰的蔣介石得知後，非常生氣，擔心我父親會就此倒向大陸，其他的銀行金融家會隨我父親而去。蔣介石知道洪蘭公與我父親的交情，派洪蘭公兩次登門，向我父親竭力安撫致歉，並撤銷了主管宣傳和報紙的主要負責人，以平息我父親的氣憤。這一次，洪蘭公又是代表蔣介石，登門表達慰問眷注之情。洪蘭公以為，蔣介石應該對即將故去的人，必定會不吝褒揚的，所以我父親去世後，洪蘭公第一時間，給台北總統府發去報喪電報。按照我父親的願望和陰陽先生的掐算，要在三天後，就是十九日上午大殮出殯。這三天內，洪蘭公天天發電報和航空信件，打電話催促，但是台北始終沒有任何消息。洪蘭公和陸京士急得像熱鍋上的螞蟻，如果拿不到最高統帥的任何旨意，怎麼面對故去的老朋友啊！終於，在十九日零點剛過，電話鈴聲突然響起，總統府第二局局長黃伯度傳來蔣介石口諭，「已蒙題頒『義節聿昭』四個大字」。洪蘭公和陸京士等如釋重負，洪蘭公馬上提筆寫好，懸掛在靈堂上。十九日下午，大殮出殯，出殯的隊伍從萬國殯儀館出發，綴滿鮮花的「義節聿昭」挽額為先導，出殯的人員有千人，整個過程拍成了紀錄片送到台灣。

特別要說明的，出殯時的這四個字是洪蘭公書寫的；而一年後，我父親靈櫬遷回台灣，這四個字應該是蔣介石書寫並鐫刻在牌坊上，字體風格不同。「義節聿昭」這四個字，總結概括得很好、很有水平，我猜測是于右任或者張群草擬的。因為他倆跟我父親都是多年的至交，于右老在杜氏祠堂和我父親六十大壽的時候，都送來了匾額，我父親移厝台灣，右老也是主要操辦負責人；張群、張岳軍是我父親故交，在我父親墓地，懸掛着蔣介石的「義節聿昭」，也懸掛着張群的「譽聞永彰」兩塊牌匾。

還有一件事情，「政治遺囑」的內容，在我父親出殯之前，就已經傳遞給台灣等地，體現在發來的唁電輓聯裏。父親去世後，很快就從台灣地區、美國、南洋等地發來唁電輓聯、輓幛七百多件。其中，從台灣來的唁電就有一百五十三通，國民黨和台灣政府的高官幾乎都在其中，最為奇怪的就是很多唁電都提到了「政治遺囑」中的內容，特別是最後一段話，「深以未能目睹中華民國之復興為憾」云云，涉及最多，按照陸京士主導的《杜月笙傳》一書，摘要羅列如下：

司法院長王寵惠夫婦唁電字有：「驚悉月笙先生逝世噩耗，不勝悲悼，推念先生數十年來，領導社會事業，贊助國民革命，功在國家，為世欽仰，臨終遺囑，猶以未睹國家復興為憾。其忠愛國家民族之衷誠，尤為可敬之至，自必名垂不朽矣。」

立法院院長于右任唁電：「愛國憂國，獻勤社會公益惟恐不及如月笙先生者，未獲目睹祖國之復興，賫恨以逝。緬懷風範，悼痛何如！遺囑淳淳，彌昭高義，惟希繼志揚烈。」

宋子文從美國囑駐香港秘書送來挽聯：「仁義行事，忠恕持躬，憶從卅載交遊，生死無忘同愛國；風雨如盤，瘡痍遍地，願睹九州興起，其靈長護復中原。」

唁電中還有統率孤軍、羈旅富國島的黃杰，代表滯留在越南的全體將士說：「中原待復，老成遽謝，留越將士，同致哀忱，謹電致唁，伏祈節哀。」

還有的唁電直接說出我父親的「愛國反共」、「死不投匪」。例如朱家驊「尊公月笙先生——愛國反共，始終綢繆，滄海橫流，無所搖奪」；俞飛鵬的「月笙先生未為官而名垂黨國，死不投匪而節勵古今。」

這些唁電挽聯，不約而同地涉及到「中華民國復興」等內容，只能說明：父親去世後短暫的時間內，有人就通過正式渠道，把這個「政治遺囑」提前告知台灣朝野和其他地區的人士，而且這個人的活動能力非常大，可以直接影響到總統府和方方面面。

「政治遺囑」是假的，是國民黨的宣傳戰

我認為，「政治遺囑」是假的，不是我父親的真實意願和遺囑，是陸京士、洪蘭友等國民黨人借我父親之名，預謀實施的反攻大陸政治宣傳戰。在父親在世時，我的母親們

和兄弟姐妹們都沒有聽到或者見到這個遺囑。我父親一生精明，還不至於「笨」到留下這樣的文字，給別人當把柄吧！

首先，胡敘五沒有擬過這個「政治遺囑」。八月七日，我父親簽署了遺囑，雖然當時我不在場。十六日下午父親離世時，我的兩位母親姚玉蘭、孟小冬，還有二樓太太陳幗英、三樓太太孫佩豪，大哥杜維藩、二哥杜維垣、三哥杜維屏、四哥杜維新，還有我自己都在現場，我們從來沒有聽到過這個「政治遺囑」。在我保留的「示諸兒女」遺囑的照片裏面，可以清楚地看到，第一句話是「余以夙疾將至不起，除未能親見國家之復興引以為恨外，他無所憾」。從字面上看這段文字，只是泛泛而言，並沒有具體政治傾向，既不偏向台灣，也不偏向大陸，從民族和國家的角度，做出的中性表達。遺囑裏剩下的內容，就是要求家裏人要互敬互愛的叮囑，沒有任何政治味道；另一方面，從遺囑正文的字體，我可以認出是胡敘五擬定，分別由錢永銘、顧嘉棠、吳開先、徐采丞、陸京士分別簽名見證，並作為遺囑執行人，蓋有我父親最常用的印章「杜月笙印」。這方印章在我母親手中，後交給我保存，現藏上海市歷史博物館。前面多次講到，胡敘五在草擬遺囑時，根本就沒有提到過「政治遺囑」，他所擬定的遺囑只有「示諸兒女」和「財產分配」。

其次，在我父親彌留之際，我們家客廳的國民黨宣傳家們，無視死者生者的可恥行為，連胡敘五都不可忍受。他在後來有三個地方記錄了這些無恥行為，首先是「在十五日夜間，杜宅親友為他準備後事，其報喪新聞稿亦為準備事項中的一件，正由其私人記室在燈下擬稿。這原是普通報道，無非將其病情及治療經過，簡敘一番，結尾點綴幾句悼惜的詞句，盡可以敷衍過去。卻不料座中已早坐好幾位國民黨派駐香港負責宣傳大員，把稿子傳觀後，認為太平凡了，用不得，要重擬。於是他們即就大廳上吮筆揮毫而在垂死者的身上大做其宣傳八股。旁觀者有以月笙家屬小部分仍在上海，如果寫出『歿存均感』的鴻文，至少亦須顧到『生死均安』的現實環境。因而婉轉其詞，請他們在立意遣詞間不必過於鋒芒凌厲。不料，這番說話，其結果觸了一鼻子的灰；因而他們正在藉着題兒打上一場政治上熱鬧的宣傳戰，莫說『投鼠忌器』在他們眼裏不值一顧，甚至其留滬家屬萬一因此受到影響，也許他們還認為代表月笙執行着『大義滅親』的遺志呢！」其次，就在我父親還在距離客廳不遠的陽台彌留之際，胡敘五親眼看到這些人在客廳中「臉無戚容，意有得色，一若不知十步之內躺有一位垂死的人（其時月笙已移住陽台上與客廳僅有幾扇玻璃門之隔）。其間相去，直不可以道里計了」。胡敘五講到我父親在「陽台上」，是因為我父親去世前不久，工人們來家裏修理冷氣機，發現裏面有一窩小老鼠，就不管三七二十一的全部打死了，我父親屬鼠，他很迷信，認為這不吉利，從此就從臥室搬到了陽台上住。第三，十六日晚，我父親剛剛過世沒幾個小時，突然，許世英夫婦衣冠整齊帶着禮物，推門進來為我父親祝壽。他們是按照老規矩，提前一天在家裏暖壽，但是許老先生還不知道我父親已經故去，前來道喜，萬墨林趕緊打斷，告訴許老先生我父親已經不在了。許老先生當時就坐在地上嚎啕大哭，在場的所有人都特別感動。我父親的遺體移到萬國殯儀館後，每天都有無數的人來弔奠，有的是多年好友，有的是耄耋之人，其中的秦聯奎和江幹廷德高望重的老先生，嘴裏念着當年的恩德，哭天喊地，場面淒涼斷腸催人淚下！這場面與那些沒有廉恥的宣傳家們，在堅尼地台家裏的客廳上搬弄是非搖筆為文的情形形成鮮明對比。

洪蘭友、陸京士他們歪曲甚至臆測我父親的意願。洪蘭友在〈追述月笙先生之逝〉一文裏，曾經講到陸京士等友好轉述我父親沒有說出來的話。洪蘭友在傳達了代表蔣介石慰問眷注之意後，我父親拼盡全力說了「大家有希望」後，就說不出話來了。這時洪蘭友說：「先生仍續欲有言，而氣逆舌強，訥訥不能出聲。余急慰之日：『先生之心事，余均已領會，先生所未見示者，諸友好已為述及，余必以先生之忱悃，代為上達。』」洪蘭友回到台灣後，馬上「以先生臨歿之言與夫眷懷宗國感慕元首之意，上陳於總統，仰邀睿照，此故人顧託之重，所不敢隱沒者也」。很顯然，我父親沒有說出的話，諸友好已為述及，陸京士等根據自己的主觀臆測，轉述給洪蘭友，再報告蔣介石。那麼，這臆測和轉述是不能成為我父親的遺囑的。

關於這一點，大陸出版的比較早、也是比較客觀的徐鑄成發表於一九八一年的《杜月笙正傳》一書裏，也發現了陸京士等國民黨人借我父親名望，做反攻大陸的政治宣傳。徐鑄成在書的最後部分說：「一九五〇年朝鮮戰爭爆發，不少在香港的流亡客，又寄希望於『第三次世界大戰』的發生，夢想『光復』大陸。就在翌年的八月十六日，這位曾叱吒一時的杜『先生』，咽了最後一口氣。而他的徒弟陸京士及密友吳開先等，則發表了他的『遺囑』，說他始終效忠『黨國』云云。陸等還把杜的『遺體』運往台灣，葬於台北。」

華裔英籍作家潘翎（Pan Lynn），在她的英文書裏《舊上海：幫會的天堂》（*Old Shanghai: Gangsters in Paradise*），也看出國民黨利用我父親進行反攻大陸宣傳戰。潘翎是知名的華裔英籍作家，曾經在英國倫敦大學和劍橋大學讀書，八十年代我回上海，上海統戰部設宴招待，潘翎也在場。她寫的舊上海和我父親的書，得到了上海統戰部的幫助。一九八四年，她發表了這本英文專著，在講到台灣派來的官員洪蘭友在最後彌留之際，從台灣來探望我父親，傳達蔣介石眷注和慰問之意時，她認為中華民國復興、反攻大陸是為了國民黨的宣傳目的。（That afternoon an official of Chiang Kaishek's government arrived on a plane from Taiwan almost too late to convey to him a message of concern and comfort from the Generalissimo. Du, on receiving the message, murmured something which the emissary took, **for the purpose of future Guomindang propaganda** to be an expression of hope for the recovery of China and the return of Chiang Kaishek's government to the homeland.）

所以，我認為最有可能的就是，陸京士與洪蘭友等國民黨高官，聯合預謀出台了這個「政治遺囑」。從以下的脈絡可以清晰地看出：陸京士在來香港之前，就與洪蘭友、吳開先、呂光等人商議我父親的後事；並在八月七日擬定遺囑時參考了從台灣帶來的意見，擬出了「政治遺囑」，但是並沒有告訴我父親和家人；洪蘭友代表蔣介石姍姍來遲看望我父親，而且在我父親去世三天後，才拿到蔣介石口諭，可見其中費盡周折；而在拿到「義節聿昭」挽額前，台灣黨政軍高官的唁電裏面「褒獎」我父親最多的就是「未能親睹中華民國之復興」的「遺恨」，這只能說明，在我父親去世後、蔣介石口諭之前的近三天時間裏，有人把「政治遺囑」通報台灣和其他地區；與此同時，向蔣介石和台灣政府表明，我父親是站在國民黨的立場發出政治遺囑，以此換取蔣介石蓋棺論定的美譽。然而他們沒有料到，這個過程也不是很順利的，口諭遲遲下不來，讓洪蘭友和陸京士很緊張。

還有一個重要線索，就是呂光給我父親送的輓聯：「九泉有遺恨，此生未見復中原」，此句常被人誤解為先父遺願安葬浦東。特別是，呂光有意借用陸游詩句曲「王師北定中原日，家祭無忘告乃翁」，故意引導人們聯想到光復中原，就是反攻大陸。這個輓聯我記得很清楚，當時我就很奇怪為什麼這個輓聯會這樣寫，引起了我的懷疑。其實，我父親就是希望落葉歸根，葬回老家高橋，完全跟恢復中原、反攻大陸沒關係。但是，呂光的這副輓聯，從主觀和客觀上，都很容易讓人產生誤解，好像我父親是國民黨，要反攻大陸一樣。

我父親只是希望將來回老家，反攻大陸跟我父親沒任何關係的。我父親雖然有過一些國民政府任命的頭銜，但實際上都是掛名而已。他既不是國民黨黨員，也不是共產黨黨員，他積極抗日，只是出於一個中國人的愛國心而已。我父親沒怎麼讀過書，他創辦正始中學，在杜氏祠堂設立圖書室，藏書十幾萬冊，他嚴厲要求我們兄弟姐妹好好讀書，接受最好的教育，他不許我們走他的路，我們兄弟姐妹中，沒有一個從事與他曾經做過的走私、販煙土有關的事情，基本上是正當的商人、研究學者，或者是聯合國官員。換句話說，沒有一個從事所謂的政治，更沒有人走他的老路。

坊間也有人認為，我父親的「政治遺囑」是與當時在場的其他人有關。一個說法是胡敘五，他在擬稿時、或者在發出前，不想措辭那麼「鋒芒凌厲」，做了善意的文字修改。這個說法是不對的，首先是胡敘五只是我父親的秘書，任何涉及到「遺囑」的事情，他一定知道、也一定要徵得我母親或者家人的意見，可是，我母親和家人都不知道此事。再說，胡敘五也沒有能力和渠道，把這個遺囑通報台灣，包括總統府和政府其他部門，以及國外其他地區好友。錢永銘也不可能，他是個銀行家，不是政治人物，他不擅長、也沒有意義去做這件事情；還有，他最喜歡喝酒，常常是喝得酩酊大醉、糊裏糊塗，所以我父親的「掉包信」交給他完成。顧嘉棠，表明上看是個粗人，實際上很精明，他在上海置辦了很多房產和其他財產，在香港也是臨時居住，也沒有決定是去台灣還是回大陸，他要給自己留後路。當然，他最後去了台灣。徐采丞是日本通，也不是國民黨的高官和心腹，他後來在香港居住。所以，這幾位是沒有動機、也沒有能力做的，而最有可能、也最有能力和動機的，就是陸京士、洪蘭友、呂光等國民黨高官，同時是我父親的摯友，他們這樣做，一方面是他們出於好心，獲得蔣介石對我父親的最後讚譽；另一方面，也借助我父親的名聲和最後的遺囑，為他們自己獲取私利。一年後，把我父親的靈櫬遷到台灣，也是因為這個遺囑。當然，我母親後來去了台灣，常常出入總統府，與蔣介石夫婦交往很多，也沾了遺囑的光。我聽說，蔣夫人曾經要求把我父親的靈櫬遷到台灣。

我父親被描繪成中華民國復興「顯靈」的「時代英雄」

一九七八年前後，台灣出版由陸京士主導審定、章君穀執筆的《杜月笙傳》，影響最大，但這本書是站在台灣國民黨立場反共的，「政治遺囑」貫穿始終。一九六六年十二月二十一日，陸京士邀請杜家眷屬、親友和在台灣我父親的老朋友，商議編寫《杜月笙傳》，並延請年輕傳記作家章君穀執筆，所有的文稿由陸京士立意和審定，這套幾百萬字的叢書出版後，重印了很多次，大陸也有刪節本，在台灣、香港和大陸影響最大。我認為在陸京士指導下寫的這部傳記，在具體的細節上，確實是記錄了我父親和杜家，以及周圍的親戚朋友和當時的政治社會環境；但在立意上，站在台灣國民黨立場上，反對共產黨、反對大陸，有很強烈的政治傾向，特別是在一些關鍵問題上，包括我父親的「政治遺囑」，這與當時出版這部書的政治環境也有關係，那時台灣還沒有解禁。因此，我認為這是陸京士想藉我父親之名增強他本人的政治形象。

這部書重要的立意之一，就是圍繞「政治遺囑」展開的。陸京士專門撰寫叢書的前言，對「政治遺囑」幾乎是逐句逐段的解釋。在叢書的最後一卷後面章節，又以「政治遺囑」收尾，全書貫穿了這個思想。這裏選擇《杜月笙傳》中的部分內容，讀者可以對照前面胡敘五的客觀記錄，從對比中可以看出，陸京士編寫《杜月笙傳》隱含的不同用意。

陸京士「寫在《杜月笙傳》之前」中說，民國四十年八月十五日，杜先生夙疾益厲，病逝香江。他那一篇膾炙人口，騰傳一時，被各地報章一再讚揚的遺囑，開頭第一段便坦然的說：「余樸質無文，生平未嘗參加實際政治，然區區愛國之懷，不敢後人⋯⋯」接下來逐句逐段詮釋。書中，明確提出在我父親的兩份遺囑之外，增加了另一份對國家社會的「政治遺囑」。陸京士陪伴我父親十五天，「遵照先生的囑咐，我於六日下午七時，邀集錢永銘、金廷蓀、吳開先、徐采丞、顧嘉棠諸先生，在杜宅會商先生身後事宜。即席決定遺囑稿三件，其一對於國家社會，其二訓勉子女，其三詳列財產處理方式。會後大家一同去看先生，將會商內容說給他聽。這時候先生聚精會神，一對銳利的眸子，又復射出智能的光芒，他作了數處修正，也有若干補充，最後他微微頷首，表示同意。當其時，鐘鳴六響，杜先生突告昏厥——八點鐘接連打兩次強心針，神志漸漸恢復，八時四十五分他勉力坐起，命我逐一朗讀他的三封遺囑。從枕頭底下掏出圖章，由萬墨林兄協助，他在三封遺囑上用了印，再請錢永銘、徐采丞、吳開先、顧嘉棠和我作見證人，一一分別簽蓋。家人親友環立四周，氣氛之沉鬱肅穆，及今歷歷如在眼前。」前言的結尾是：「杜先生治喪香江，萬人空巷，寄厝汐止，以待收京，總統蔣公頒賜挽額，文曰：『義節聿昭。』」

再看《杜月笙傳》叢書的最後部分，以國民黨駐香港黨報發表的長篇評論，再次解讀了以「義節聿昭」為核心的「政治遺囑」，呼應陸京士的前言。

十九日當天，台灣的國民黨在香港的機關報《香港時報》發表長篇社論，題目是「悼『義節聿昭』的杜月笙氏」。文中以「杜氏以一『出身寒微』、『樸質無文』的平民」開始說起，一直論述評論到「隨分報國，是為大願」為止，逐句逐段地詮釋解讀；把我父親與黃金榮比較，說黃金榮是向大陸「坦白自虐，感受凌辱」，而說我父親「因為他比黃金榮一流人物，更具有共黨所重視的最大之『剩餘價值』，值得利用，然而他卻於上海易幟前夕，悄悄的舉家南來，僑居香港，在病魔糾纏，委頓呻吟之中，猶時時以『走頭無路，無力報效國家』為念，臨死且『深以未得及中華民國之復興為恨』，而勉囑兒女『隨分報國』，與陸放翁所囑『王師北定中原日，家祭毋忘告乃翁』的心境無異，一生一死，乃見交情，他對國家民族的深摯情誼，到死不衰。這是杜氏的落落大節，俯仰無愧之處，也是他構成『時代英雄』的最大因素」；「杜氏去矣，其人其事，足以勵末俗，示來世。我們希望今日悼惜他的社會大眾，能了然義節與人生的關係，不讓杜氏專美於前，國家便有救了。」這篇精心策劃完美詮釋的國民黨黨報的社評，確實達到了輿論宣傳的目的，就連後來洪蘭友在我父親周年祭時，寫的回憶我父親的文章裏，也說「總統特頒『義節聿昭』挽額以旌之。當時輿論界咸謂先生之遺囑，與身後之哀榮，足使千萬人嚮風慕義，其影響於大陸人心者至深且鉅」。

事情還沒有完結，陸京士他們把我父親的「棺材也要抬到台灣」，—《新聞天地》第一八四期，曾載有顏坤定先生所撰『杜月笙先生二三事』一文，最末一段，有云：『杜氏勢力，究有多大？我們也無法估計出來。有人說：台灣一定要爭取他，連他死了也要爭取他。因為一旦反攻大陸，卽使杜月笙死了，把他的靈柩抬到上海，他還會『顯靈』，在上海地方上，仍可發生使你想不到的作用。』事實上，杜門親友，自杜月笙逝世以後，無日或忘杜月笙的臨終遺言，『棺材也要到一趟台灣』。自民國四十年八月到四十一年十月，前後一年兩個月間，洪蘭友、陸京士為完成杜月笙此一最後心願，策劃磋商，奔走聯絡，可說是致力最多。後來決定了四十一年十月二十五日為杜月笙『歸依國土』之期，杜月笙在港台兩地的家人親友，便在縝密周詳的計劃之下，有條不紊，嚴密配合的辦這一件大事。」

其實，我認為陸京士主導的《杜月笙傳》，這樣刻意突出這個「政治遺囑」，完全沒有必要、用不着的；這樣做，只會引導讀者按照他們的這個思路去想，反而有此地無銀三百兩的感覺。

我的看法

有一件事情有必要特別說明，就是我父親在病危期間，多次與我母親和家人，表達過死後「葬回高橋」落葉歸根的想法，這是老人的人之常情。即使是我父親去世一年後，移靈台北，我們家人還是尊重父親願望，並沒有葬到地下，在汐止只是臨時「浮厝」，期待着將來能夠有機會葬回老家浦東高橋，長眠在他的父母身邊。當然，後來沒有機會回到高橋，我們家人決定把我父親的棺槨最終入土為安。

還有兩個小插曲，可以說明我們家人沒有忘記落葉歸根。一件是我的生母姚玉蘭曾經對我們說，在她過世後要葬回河北安次，就是我母親的出生地、現在的名字叫河北廊坊，還要找到我奶奶的墓地，也就是我母親的母親墓地，把老人的骨灰葬回老家安次。我告訴我母親說，現在沒有安次啦！意思就是說，葬回老家是不可能的，沒有這樣的條件嘛！我母親去世後，與我父親葬在一起。另一件事，前兩年，我大姐美如說要把我父親的靈柩移回高橋，以了父親的心願。我告訴她，葬回高橋是應該的，但是現在根本不具備回去的條件呀！一方面，台灣政府、特別是蔡英文政府是不是允許我們遷靈；另一方面，移回浦東葬在哪裏？杜氏祠堂已經沒有了，也沒有杜家的墓地。我說，這是不現實的。我母親和大姐是欠考慮的，但也再次說明，我父親的確是有想葬回高橋落葉歸根的願望，我母親也同樣希望落葉歸根，這是自古以來中國人的人之常情。另外，在我父親去了香港後，陸京士一直邀請我父親去台灣，甚至以他個人的名義，在台灣為我父親購買了很大一所房子，那是個日式房子，很漂亮，我在台灣時見過。但是，後來我母親搬到台灣，沒有住這個房子，也沒有委託陸京士幫助找房子，而是讓顧嘉棠幫忙找，後來就在顧嘉棠住的房子的對面買了房子。

回到這個「政治遺囑」話題，客觀地說，我父親暫居香港以觀時局，開始時是有回上海的想法，後來才徹底放棄。從他內心而言，他與蔣介石多年交往，雖然相互有合作、甚至是利用，直到後來被當作「夜壺」遺棄，但他內心認為國民政府是延續了孫中山先生的「正統」；在他臨終之前，始終沒有嚥下最後一口氣，似乎是在等待蔣介石關注的態度，而並不是等待蔣介石的輓額，因為那四個字，對他已經沒有任何意義了。我父親基於長期以來做人做事的原則，和以後親屬兒女的安危，他不想也不讓家人捲入政治旋渦之中，所以我父親不會在生前留下這樣的打破他的原則、危害家人安全的文字。

我認為，有人假借我父親名義，製造出所謂的對國家社會的「政治遺囑」，違背我父親一貫以來「刀切豆腐兩面光」的準則，也違背我父親暫居香港、不去台灣、不回大陸，兩邊都不得罪的意願和做法。陸京士在我父親病危的服侍期間，曲解我父親「葬回高橋」的善良願望。我父親「葬回高橋」的這個願望，這是否引起陸的心中不安，所以陸京士與其他國民黨高官共同預謀推出「政治遺囑」，並借題發揮、大肆宣揚，甚至「棺材也要抬到台灣」，說我父親是可以「顯靈」的「時代英雄」，進行了一場反對大陸新政權、復興中華民國的政治宣傳戰，其背後目的是為他們自己在台灣的仕途獲取好處。

我相信，父親的在天之靈，看到這樣的「政治遺囑」和「顯靈」鬧劇，也會痛心和不齒的！現在，我的父親、母親們，以及他的弟子、國民黨高官，都已經不在了，我也是近九十的老人，我要把我所知道、懷疑的事情說出來，留下後人和歷史評說。

再多說一句，前不久，一直屹立在我父親母親墓地的蔣介石的「義節聿昭」牌樓，因為要修高速公路，政府徵地，也被拆除啦！

這世上，沒有什麼是永久的！正好應了那句禪語：到頭一夢，萬境皆空！

附：所謂的政治遺囑

杜月笙先生遺囑

余樸質無文，生平未嘗參加實際政治，然區區愛國之懷，不敢後人。遠如辛亥革命及討袁之役，余固追隨邦人君子之後，盡其棉力，效奔走之勞。近如北伐統一對日抗戰，更懍於國家民族之大義，益勤素志。兼因一己事業上之負荷較重，故對國事貢獻之機會，亦隨之較多。他如生產建設或社會事業，凡可福國家而利民生者，無不唯力是視。誠以余出身寒微，所受國家社會之恩賜殊多。義之所在，不敢不盡力以赴之也。比年以來，夙疾頻發，以國難未已，憂心如擣，體力日益不支，愧不能再有所報奮。茲當永訣，深以未能目睹中華民國之復興為憾，但望余之子弟及多年從遊之士，能繼余志，各竭忠誠，隨分報國，是所大願。

中華民國四十年八月七日

廿一 我父親的歸宿

遺恨香港：老鼠和靈異的事，我父親很忌諱

有件事情是我母親告訴我的，在我父親過世前不久，有一個不祥的事情發生，我父親很忌諱。有一天，家裏的冷氣機壞了，請來了修理的師傅檢查，發現在冷氣機裏有一窩老鼠，就給打死扔了出去。後來我父親知道這件事情，覺得很不吉利，因為我父親屬「鼠」，所以我們家一直不養狗、養貓，直到我母親搬到了台灣，才養了好多條狗。這件事情發生後，我父親就搬出了那間睡房，挪到了陽台住直到去世。還有一個小細節，我母親告訴我，她在我父親去世前，看到我父親穿的布鞋，走路的時候，有時會掉下來。那雙布鞋是我父親經常穿的，並不是新鞋，也不大，可是，我父親走路的時候會掉下來、脫下了，我母親說，這在北方人的觀念中是非常不好的現象。

香港當時有一個很有名的算命先生，別號六月息，有一次，我大哥維藩去找他給我

父親算命，那是在我父親已經臥床不起了。六月息看了我父親的八字後，說我父親逃不過他的生日。還有一件事，發生在我的身上，我父親去世前，有一天我做了一個奇怪的夢，夢到下了很大的雪，地上的雪很厚很厚，我在雪地裏走，可是天上卻是一個大大的太陽。我就找六月息解夢，他告訴我說，這是家裏要有「大喪」的預兆。這個六月息算命算得很準，我第一次結婚時，我朋友嚴欣淇陪着我去找他算命，六月息說，我與前妻無緣，而且我學的專業與土有關。我後來和我的第一個太太離了婚，我在澳洲學習的是地質勘探。這些事情都是不能夠用現代科學解釋的，可是我父親很忌諱。

有很多事情很難說，我父親死的時候，說了很多事情，我們都不知道，周圍也沒有人知道，那都是他年幼、年輕的時候經歷過的事情。那是記憶回溯，不是迴光返照，迴光返照是講這個人病入膏肓了，突然之間好像變好了，本來站不起來，突然一下子站起來了，這叫迴光返照。迴光返照與過去的記憶回溯是兩回事，記憶回溯是在半清醒狀態中，是在恍惚之中發生的，可能是眼睛看到，也可能是腦子裏想像的，多數是以前的記憶或者以前發生事情的再現。

我父親就是記憶回溯，他在即將去世前，對我們說他見到了很多過去熟悉的人，像葉焯山、馬祥生，我父親還問他們：你們來了啊！喊着葉焯山、馬祥生的名字，就和真的來了一樣，把守在旁邊的顧嘉棠、萬墨林嚇死了。這是我父親第二天跟我們講的，當時我也在場。他還講他自己昨天晚上也嚇死了！我父親講的好多事情，我們家裏人都不明白。甚至顧嘉棠站在我父親旁邊，親耳聽到的事情，他也都不知道，那個時候他們是一道打天下的。我想，那些事一定是他小時候或者年輕時候經歷過的事情，不可能臆想出來的，只是我們都不知道。

還有就是一個人臨終的時候，都有一些特殊的反應。第一個反應就是看到家裏的什麼人來了，就是自己家裏面的人、親人來了，再就是你的朋友來看你來了。我父親和我母親過世的時候，都有這種事情的發生，甚至還會叫一些他們熟悉的家人親友的名字，這些人的「圖像」肯定在我父親眼前出現了，但這圖像可能不一定是眼睛看到的，也可能是腦子裏想像出來的。而且，這種事情過了以後的第二天，一定是很清醒的，精神非常好。有可能像我的老師陳微明「扶箕」一樣，與過去的人「溝通交流」。因為佛教裏說，人在臨終的時候，一定有親人來，不是為你送行，是來接你，過去的親人來接你走。否則的話，你自己不知道要到哪裏去？你就會跟着他們去到一個地方。

浦東家鄉老規矩「一路走好」

在我父親咽下最後一口氣的時候，我和我的母親、兄弟姐妹都在場。按照浦東家鄉的老規矩，萬墨林、朱文德協助我們安排將我父親的遺體運送到萬國殯儀館，同時吩咐傭人徐濤生、解子信，在我父親臥房的地上，和我父親遺體經過的家裏的所有地方都擺上了點燃的香，嘴裏還一直念着「老爺一路走好！老爺一路走好！」到了殯儀館後，再擺上點燃的香，嘴裏說着「老爺跟我們回去回家！老爺跟我們回去回家！」的話。我們回到家裏，就掛上我父親的照片、點上香火，擺設了靈堂，人們來弔唁！

萬墨林、朱文德，還有徐濤生、解子信，都是浦東老家裏的人，從小就生活在杜家，他們對浦東的習俗很熟悉了，我們成天在一起，也像一家人一樣。我父親到了香港，他們也就都跟着來到香港，繼續和我們在一起。

說起徐濤生，還有一件有意思的事情，是我給他送的終。有一天，我正準備坐飛機去花蓮，突然天氣不好，飛機改在第二天出發，我就沒走。結果，下午我接到警察局的電話找我，問我認不認識一個叫徐濤生的人，我說認識幾十年了呀。對方說，他突然在車子上死了，要我去認領並處理後事，我就去了安排好他的後事。原來，警員在他身上找到身份證，打電話到我家裏，因為我是家裏的戶長，所以就給我打電話了。我們家的戶口，戶長開始是我母親，後來改成了我。嗨！我還給徐濤生送終了！杜家的很多人，都是從小就從浦東來的，一起生活在杜公館，除了上面提到的那幾個人，還有給我父親母親開車的阿三、阿五什麼的，都是浦東老家來的，大家在一起生活了那麼多年，都成了一家人啦！

安厝台灣：移靈浮厝，只是臨時的辦法

過去老話說入土才是為安。但我父親去世後，他的靈櫬暫時停放在會館裏面，有一年多的時間，入不了土。當時的香港很亂、不太平，臨時葬在香港又不行，在香港也沒有買墓地。要去台灣，也必須先要去問問、去申請，這個事情太敏感了。而且還有一個問題，就是說要去，也不能夠公開，要很秘密的進行，就是怕有人借機搞事情。

最後我母親決定暫時移靈到台灣浮厝，等將來有機會再葬回老家高橋。所以我母親就先到了台灣，四處選墓地，最後墓地選在台北縣汐止鎮，然後再回到香港，把我父親的靈櫬遷去台灣。整個過程，陸京士、洪蘭友等人一直在幫助協調安排。

在我父親的靈櫬臨時停放在香港會館期間，杜家人各奔東西了。我們家裏人多數去了台灣，孟小冬留在香港，二樓太太回了國，和五哥六哥一起住在上海。我們是兩面跑的，我有的時候在台灣，有的時候在香港。我姐姐就在香港，後來陪着我父親的靈櫬一道遷去台灣。

一九五二年十月二十五日，我父親去世十四個月後，父親的靈櫬離開香港，搭乘盛京輪駛往台灣。靈櫬離開香港起航時，我在外國，於是搭乘飛機趕回到台灣。我母親、二哥、大姐、二姐一路陪同我父親的靈櫬，二十七日下午七點，抵達基隆，暫存台北極樂殯儀館。台灣成立了「杜月笙先生靈櫬安厝委員會」，負責我父親靈櫬的安置。很多名

人都參加了迎接儀式和安置工作，像國民黨元老王寵惠、于右任、許世英都來了，高官何應欽、張群、吳鐵城也來了，他們都是我父親的好朋友，是以朋友的身份來的。

父親的靈櫬到了台灣後，選擇了吉日，定於一九五三年六月二十八日進行安厝儀式。當時實際上是浮葬的叫浮厝，浮厝也是一個墳，但是棺材下面墊着兩個凳子，把棺材抬起來，沒有直接接觸到地面，所以說是浮厝，不算入土的，還不是入土為安，中國人很講究這一套的。當時浮厝的想法，就是將來有一天，還可以挪出來的，回到大陸浦東高橋老家真正入土安葬的。當時的很多老人都採用浮厝的方法，先暫時浮厝，等着將來有機會返回大陸，葬回故鄉。

迎接靈櫬儀式和安厝儀式莊重嚴肅，場面很大。在胡敘五寫的我父親的書裏，專門收集了一篇「迎月笙先生靈櫬歸葬國土」的文章，作者陳定山，洋洋灑灑，文辭古樸典雅，氣勢風格很像當年章太炎的「高橋杜氏祠堂記」。當時規模的確很大、很風光，還有專門的攝影組拍攝、拍照，這些照片我都有。

夢回高橋：入土為安，葬回老家只是夢想

一九五三年，我父親的靈櫬浮厝在台北縣汐止鎮山坡的墓地。當時的想法是，等以後有希望能回到老家去，回到高橋。但是過了幾年，根本看不見希望，回到大陸老家更

是遙遙無期了。可是，浮厝也不是長期的辦法啊！畢竟還沒有真正入土，就沒有為安！所以，六七年以後，就把我父親浮厝的棺材，正式入土下葬了。

正式入土，也沒有什麼儀式，就是家裏人都去了，把我父親的棺材抬出來，把那兩個凳子撤走，下面還要鋪石灰，然後再放下去，最後封墓，原來的基本上是拆掉了，所以那個圓形墓就沒有了。這就是為什麼現在看到我父親墓地的照片有兩種，一種是圓形的，另一種是平的，這是在不同時期拍的照片。圓形的是早期的，就是浮厝時候的照片，那是浮在凳子上面、沒有封墓的，所以從外面看就是個圓形的墓。正式葬下去後接觸到了地面、封了墓，就沒有了那個圓形了，上面就是平的了。陵墓上的「譽聞永彰」，就是張群的題字，再後面就是蔣介石的「義節聿昭」匾額了。

我父親臨終時，留下「死後不葬在香港，落葬在高橋」的遺願，希望最終葬回老家高橋，落葉歸根。但是，在當時的那種情況，怎麼葬在老家浦東高橋，回不去的嘛！

我想到了中國有句老話叫「狐死首丘」，狐狸死的時候，牠一定要回到家裏來。牠就是死在外面，牠的頭是對着洞穴的。這就是講，牠不忘自己的家，哪怕死在外面，最後還是想回家的。

前不久，朋友轉介紹來了些記者，他們也跟我談到這個問題，就是說能不能把我父親的墓遷回老家高橋？我講怎麼遷法，遷到哪裏去，葬在哪裏啊？我們杜家的老房子拆的拆、佔的佔，杜氏祠堂也被當作軍事重地了，根本進不去。那我父親的墓葬在什麼地方？因為，這是一個很講究的事情，不能隨便動。從迷信的角度來說，遷葬是件很大的事情，中國人講究入土為安！他已經入土了，已經不是浮厝了，就不要再打擾他啦！就讓他安息吧！

我父親的墓地，「義節聿昭」拆了

當時，我母親專門請了風水先生，幫助我母親到處去看、去找合適的墓地，最後選擇了台北汐止的一個山坡上，陽光明媚，不遠的地方有一所小學校，周圍樹木鬱鬱蔥蔥，還有竹子，風水很好。我父親的墓碑是由一位從大陸來的書法家陳含光寫的，字寫得漂亮得不得了！寫着「顯考杜公月笙府君之墓」。落款是按照老法兒的順序寫的，從左至右，上面一行的杜家兒子們，第一排是：屏、藩、垣、新，大哥在中間偏左，依次是二哥、三哥；第二排是：善、翰、寧、嵩，同樣是中間偏左是五哥，六哥、我和老八；下面一行是女兒們，娟、如、霞，中間偏左是大姐美如，然後是二姐和美娟。最後一行是時間，一九五三年六月二十八日。

我母親去世後，就和我父親葬在一道。但是我的庶母孟小冬沒有葬在這裏，她是另外選了一塊佛家墓地安葬的。這個杜家陵園，現在只有我父親和我的生母葬在那裏。我父親在上面，我母親在下面。當初這個墓地的陵園有幾十畝地，原來很好，山清水秀的，有很多樹木，現在都沒有了，周圍蓋起了很多高樓，還修了公路，亂七八糟的，原來的那個掛着「義節聿昭」的牌坊，後來也拆掉了，因為政府要徵地。前不久我姐姐告訴我，說政府要修高速公路徵地，我就給他們寫了一個授權書，委託他們辦理這些事情，我最不願參與這些事情了。

廿二　毛主席說過我父親「有本事，沒脾氣」的話嗎

坊間傳言，做人要學杜月笙

現在是網絡時代，很多資訊是從網上得來的。比如網上有些人和文章說：做官要學曾國藩，經商要學胡雪巖，做人要學杜月笙。所以，把我父親曾經說過的話，當成格言警句，其中就有這麼一句話：頭等人，有本事，沒脾氣；二等人，有本事，有脾氣；末等人，沒本事，大脾氣。坊間有人說，在我父親去世後，毛主席曾經評價我父親說了六個字：「有本事，沒脾氣。」

網上的很多說法是要推敲的。到底毛主席有沒有說過這句話，很難考證。我父親應該說，與毛主席沒有過什麼直接來往，不像與蔣介石那樣有直接來往，或者與周總理通過親戚朋友的間接來往。如果說毛主席知道我父親、了解我父親，最大的可能是聽章士釗、章行老介紹的，因為章行老和我父親是至交，也是毛主席的同鄉師生；而且行老與

我父親、與毛主席的友誼，都持續了一生。

在我的這本口述歷史中，由於章行老與杜家關係密切，我在不同的地方都談到了章行老與杜家的關係。為了說清楚毛主席是否有評論我父親的事，我有必要把前面分別提到章行老的事情，以及我父親與共產黨的地下黨打交道的事情，在這裏總結、強調一下；因為，我認為章行老在毛主席那裏，起到了關鍵的作用，有幾件重要的事情，也許可以說明。

章士釗最了解我父親，與毛主席關係不一般

一是我父親借給章行老兩萬大洋的事，這件事情，我在前面已經講到。我們都知道，早年毛主席籌款資助留法勤工儉學，但不一定清楚毛主席是從章行老那裏拿到的錢，那章行老又是從哪裏籌來的那筆錢呢？後來，我見到杜家的老賬房黃國棟，他告訴我，當年我父親曾經給了章行老兩萬大洋。這件事我們家裏人一直都不知道，直到八十年代我第一次回上海，見到從青海勞改釋放後，回到上海的黃國棟，他親口告訴我這件事。那個時候，兩萬大洋是很大的一筆數目，行老不太可能一下子拿出那麼多的錢，我父親交代賬房經手把錢給行老的。黃國棟與我談到這件事，是講到我父親以前花錢出手很大方，以及與共產黨的關係時，順便提到了早年行老借錢的事。這兩萬大洋的來歷，

章行老有沒有告訴毛主席，那就不知道了，至少我們家人都不知道。我父親一直非常尊重行老，曉得行老自己不可能用這麼多錢，但也不會過問。我父親有個脾氣，借錢給別人，從來不問要幹什麼，別人跟你借錢，一定有難處，不必多問，免得人家沒面子。

另一件事，就是我父親到了香港以後，章行老親自來香港勸我父親回去，我在香港就見到過章行老兩次。新中國成立，台灣、大陸都在來拉我父親，行老來找我父親，估計應該是毛主席、周總理派來的，我父親沒有回去，因為我父親的最大顧慮，是對新政府槍斃葉焯山和馬祥生，追溯「四一二」工人領袖汪壽華被殺害的血案。後來，我父親收到毛主席和蔣介石的邀請信，與身邊的心腹商議，紹興師爺駱清華出了個「調包計」。我父親讓秘書胡敘五，擬定了分別給毛主席和蔣介石的信，兩封回信內容基本一致，信中寒暄地表示感謝，說自己舊病復發，哮喘不止，行動不便，難以成行，暫居香港等等。最後，把信交給多次為我父親傳遞書信的銀行家錢永銘，由他把兩封信的信箋調包，就是把寫給毛主席的信，放在給蔣介石的信封裏，寫給蔣介石的信，放在毛主席的信封裏，分別送出。毛主席和蔣介石收到信後，自然心領神會，知道我父親既不去台灣，也不回大陸，暫居香港，選擇了中間道路，誰也不得罪。我父親一輩子都與國民黨、共產黨打交道，左右逢源，都不得罪。從此以後，無論是大陸還是台灣，就都不再拉我父親了。

在我父親心目中和杜家裏，章行老的地位很高。我父親一直很尊敬行老，但也曉得他是共產黨，我父親與共產黨聯絡的一些事情是通過行老辦的。行老是民主人士，傾向於共產黨，與毛主席關係很好，我估計蔣介石也知道，所以行老在重慶時，國民政府並沒有給他安排住處，於是我父親就邀請行老一家和我們一起住在汪山，大約有兩年多的時間，我們就像一家人。周總理來重慶時，也見了章行老。我到了重慶住在汪山，行老住在樓下的一間臥房兼書房，我每天為行老研磨，在行老指導下習字。行老建議我臨《麻姑山仙壇記》帖，行老對我寫的每一字都認真圈點，說已經做到「形似」，下一步是要做到「神似」。章行老的夫人殷德貞喜歡聽戲，跟孟小冬、我母親都很要好。

說到生日，在我父親六十大壽時，當時的政府高官和朋友送來了很多賀禮壽詞匾額，其中的章行老寫了特別的祝壽詞，對我父親極盡溢美之詞，說我父親在抗戰期間，「其此人不必在朝，亦不必在軍，一出一處，隱隱然天下重焉。……戰事初起，身處上海，而上海重；戰事中期，身處香港，則香港重；戰事末期，身處重慶，而重慶重。捨吾友杜月笙先生，將不知所為名以尋。」行老的頌詞顯然有誇大成分，但也說明，我父親在行老的心目中地位很高。

章行老的資歷和地位，受到海峽兩岸國民黨、共產黨高層的尊重。章行老在解放前夕，代表李宗仁赴北平和平談判，最後留在北平，參加新的人民政府。文革中，毛主席特別關照保護章行老，不受衝擊。一九七三年，行老已經九十多高齡了，周總理派了專機送行老到香港，最後一次為兩岸牽線搭橋，很遺憾行老在香港病逝。那一次，行老還來我家裏，看到我有很多書，就借了幾本，還給我寫了首詩，寫的是他跟我借書的事情，詩我找不到了，但我還記得其中兩句：「假我二三冊，三冬似有餘。」

周恩來說：為人民辦了一件有利的事

還有一件事情，前文也提到，我父親給毛主席留下了好的印象。那是解放前夕，我父親積極推動上海與解放區的物資互換。我是在一份學術研究文章中看到，一九四九年初，由於戰爭的影響，秦皇島解放區的煤炭困在港口運不出來，上海的許多輪船沒有燃料不能航行。當時我父親是中國海事建設協會主任委員、全國麵粉公會理事長，我父親通過關係與共產黨聯絡，提出用上海的麵粉換煤炭，毛主席、周總理回覆電報說：「恢復華北、上海間航運、以利生產之發展極為必要。」當時的上海，國民黨控制嚴密，在共產黨幫助下，實現了國統區與解放區的首先通航通商，以煤炭換麵粉，解決了雙方燃眉之急。後來周總理說「這次主張通航就是為人民辦了一件有利的事」。這件事，在我父親的朋友沈琪寫的〈憶前杜理事長月笙先生〉記錄下來（收錄在《杜月笙先生紀念集》初集），按照沈琪的記載，當時我父親還擔任了全國船聯會理事長，沈琪是秘書長，「迨戰事加緊，秦皇島煤運中斷、上海燃料發生恐慌，電力廠存煤不足半月之需，大部船隻缺煤停航。」「公乃默察情勢，靈機獨運，力主以民生為重。」「南北通航，以上海至救濟麵粉，換取秦皇島之煤斤。」完成十萬噸運煤計劃。

總之，從章行老與我父親、與杜家的親密關係，再加上章行老與毛主席一生的友誼，如果毛主席對我父親有所了解的話，章行老一定是起了很大很好的作用，再加上在抗戰時期我父親以國家民族、民生為重，多次與共產黨合作。或許，毛主席聽到我父親去世的消息，向行老詢問我父親的情況時，我相信行老會對我父親說好話、讚美之詞，用我父親自己的評價人的準則，評價我父親：有本事，沒脾氣！所以，我認為，坊間流傳的這六個字，不大可能是毛主席講的，很大可能是章行老說的。

廿三 最後一件善事

我父親的靈魂在「七」裏是存在的

在生與死的一瞬間，或者一段時間，會把過去經歷的事情，全部在腦子裏回想一遍，像放電影一樣。有人說這就是人的靈魂，所有的宗教都相信靈魂是存在的。這個靈魂呢，到底是怎麼一回事，沒人知道，現有的科學也解釋不了。我不相信靈魂永遠存在，不然太鬧騰了，世界太擁擠了。但是，我相信靈魂會存在一段時間的。

我住院的時候，醫生跟我講，心臟停止跳動後，大腦還沒有完全死亡，還在短暫地運轉，這是現代醫學證明了的。我們通常說的死亡，不是醫學定義上的死亡，常常說的是心臟停止跳動，但人心臟不跳了，短時間之內，大腦還沒有完全死亡，沒有完全停止運動，那說明大腦的思維還存在，思維就是思想，也可以叫做靈魂。我們常常會看到這樣的報道，心臟已經停止了，人的「軀體」已經不能動了，但是大腦還能思考。一個人出了車禍，暫時死亡，當被搶救過來後，講出來這種奇特的經歷，就是說他的心臟已經停止跳動了，但是他好像感覺到自己飛了起來，在空中看到其他人在對他的身體進行搶救，這可能就是他的思維和靈魂。

我父親去世後，我相信他的靈魂是存在了一段時間的。因為，有一種說法就是靈魂要在「七」裏面才能碰見，一共有七個「七」，在這些「七」裏面，可以碰到靈魂。這個「七」是很要緊的，現在的人不講究這些，從前的規矩很大的，從頭七開始，二七、三七，一直到七七，要守喪三年啊！

就是在這七七四十九天裏面，你要遇到什麼，就是進入你下一個生命輪迴。密宗裏面的修行叫中陰法，就是修這個，有一本書叫《死亡之書》（*The Book of Dead*），就講到這些的。現在修行，就可以看到你死的時候的樣子了。這個修行是不得了的，一定要有道行很深的法師教你，你在修行的時候，他一定要在你旁邊，否則你就會走掉、死掉的。修練這個過程，就是經歷死的過程。所以，中陰法是紅教裏面最高的一個法，普通人修不到。密宗修中陰法，必須要有唐卡，才能來修。要看唐卡，看了以後，在腦子裏面就有了印象，頭七，你看見什麼，二七，看見什麼。修行時先看到，然後在以後經歷這些過程時，可以找到要去的地方。密宗裏面有輪迴，做了壞事，就可能輪迴到畜類了，也是六道輪迴。

最後一件善事，放「焰口」

人死了以後，有的放焰口，有的做道場。比方講，水路道場就是做七天，可以祭奠多人。但是，焰口是給一位亡者超度，和水路道場是兩碼子事。還有拜梁皇寶懺，就是梁武帝時，去廟裏拜的一個懺，叫梁皇寶懺，這些都是超度法事。

在我父親出殯時，請了很多和尚來放「焰口」。焰口有南派和北派之分，北派的好聽，我父親放焰口是北派的焰口，北京來的七位法師、大和尚。焰口就是講阿南，釋迦牟尼的徒弟，在樹林裏打坐，看見惡鬼，口裏吐火，問阿南你怎麼樣救我，阿南就說，放焰口，就教你念焰口裏的咒。人死以後，惡鬼就出現了，已經有光出來了。死，是個很微妙的事情，每個人都要走，但是究竟是怎麼一回事，沒人知道。有人斷氣了以後，又活過來了。他們就講看到了光，很亮的光，而且他們是外國人，在外國醫院裏面有這樣的例子。但是這個光一滅，他就醒了。他在看到光的時候，醫生已經診斷他已經死亡了。

焰口裏面有很多咒和手印。所以焰口要放得好，很難很難，你得從小學，而且要有個大法師教你，法師不會教普通人，一定是出家人，一般焰口是七個人，大焰口是放三寶，二十一個人，有三個法師，每個法師下面有六個人，一共十八個人，再加三個法師，就是二十一個人，三七二十一，都是在「七」裏面。

那天，我父親做法事是七個和尚，是從北京來的和尚，整個焰口的過程是由一個大法師主持的。我父親的焰口做了一天，在「七」裏面的一天，好像是四七，還是五七，頭七不能夠放焰口。那七個和尚來到香港，給我父親做法事，一個晚上，每個人三千塊錢，七個人，兩萬多塊錢，那個時候的兩萬多塊錢相當多了。當時我父親留下來的錢也不是很多的。後來，他們以此為基礎在香港的屯門買地建廟，叫妙法寺，現在香火很盛。這是我父親做的最後一件善事吧！

做完這些法事以後，我父親的遺體一直放在專門停放棺材的會館裏面。香港的東華醫院有三個單位，一院，二院、三院，其中的一個叫義莊東華會館，就是專門停留棺材的地方。

過去中國人對死的事情，規矩大得不得了，跟活人一樣大。按照老的觀念，這個棺材停在家裏要停三年，家裏人要守喪三年。但是，在香港，家裏是不可以放的，香港政府有規定的，不允許放，只能放在會館。要是在老公館，那就沒問題了，像張嘯林死了，棺材就放在家裏很長時間。

出殯的時候，還請道士和牧師。牧師，就是隨便講講，我父親不信基督教，但是我母親信基督。請道士來，是為了選日子。日子，和尚是不選的，是由道士選的。選好了日子，也不一定全是出殯，也有回煞。牧師、道士、和尚都來了，有那麼多的規矩和講究。

回煞，一定要把魂引回家

在中國，老的習慣是人一死要停放在家裏面，亡者大殮的棺材要停在家裏，不能夠放在醫院的太平間裏面。因為，他的亡魂要回來的，回到家裏來的。在醫院裏，要想回家，就必須有人引路、帶回家。回煞是個很重要的事情，這些都是由道士算出來的，哪天，什麼時候回來？到回煞時，亡者的靈魂回來，會有很多奇怪的事情發生。每個人的回煞時間是不一樣的，要看你的八字，是什麼時候走的，這些都是由道士來選定。現在人不相信回煞，過去一定要有回煞，在頭七、二七、三七。現在的人，一斷氣就送進太平間，不能夠帶回來，進太平間，放在冷氣箱裏面，這個多不舒服啊！所以，舊俗是要帶回來，一定要帶回來。有的時候，這種東西，信則有則靈，不信則無。

我父親的回煞，我前面說過了，就是按照浦東老規矩，一路點香，喊着我父親引導回的家。我的兩位母親也都有回煞的。我的生母剛剛斷氣的時候，香港有個風水先生來，事先我沒有告訴他我母親去世的事情，他到我母親房間裏來看了看，把羅盤拿出來，那個羅盤的指針就嘩嘩的轉個不停、亂轉，而且非常的快，周圍的磁場不正常、是亂的。那個風水先生不曉得是怎麼回事兒？我說我母親剛剛過世，他說，這就對了，所以會有這個現象，是變動的磁場。回煞時，鬼魂回來了，是凶是不凶，是很有講究的。過去的老人或者書裏都會說到，出殯多少天以後，靈魂會回來，要好好招待，開着門，還要看方向的，不能隨便開的，不然就進不來門、回不了家。回煞時一定要供東西，點蠟燭，供東西還有講究，要按照道士吩咐的做。供的東西與各地不同的風俗有關係，有些地方要供雞蛋，熟的雞蛋；每個人也是不一樣的，有的人供魚呀、肉呀、雞呀。回來的時候，要迴避的，家裏的人不能夠在那裏，就是點好蠟燭，供上東西就離開。如果家裏面的人在，反而不好，會影響到亡靈。

我母親去世後，算出來是某一天的下午回煞。那天下午我們正好開會，陸京士和我們都在，把回煞這件事忘記了，陸京士不相信這一套，結果，陽台的門嘩啦嘩啦地響，好像有什麼人在推，又沒有風啊，結果叫人打開門去看，根本沒有人嗎。實際上，就是我母親的靈魂回來了，她要進來。眼前的事情讓陸京士非常吃驚。

我的庶母孟小冬去世後一直在太平間裏，她在台灣去世時，我們當時在香港，我們大概是在她去世後三天看她的。我太太先去太平間裏看她，然後接她（靈魂）回家，說：「跟着我回家去吧！」回到她住的家裏，在客廳裏她常坐的地方，點了一根香煙，家裏面還供奉一個牌位、照片。老人們都有這個習慣，把他們的長輩和親人的照片供在家裏，按陰曆過各種節日、祭日的時候，點上幾炷香、上點兒供品什麼的。這些老的習慣，現在的人都不講究這一套了。

【廿四 同科兄弟顧嘉棠】

杜家菜開在了顧家裏

我父親在杜美路蓋的杜公館洋房，現在是上海東湖賓館了。鄰居顧嘉棠的房子現在也變成了個餐廳，他們自稱是杜公館。這個房子不是杜家的，是當年顧家的房子，我也曾住過。

有一年我去上海，上海博物館的朋友盛情帶我來到了東湖賓館旁邊的一個餐館吃飯，這家餐館以經營「杜家菜」聞名，這個杜家指的就是我們杜家。我很好奇的進去，裏面掛滿了杜家的一些老照片，我猜想應該都是一些複製品吧，不會是原件。吃完飯以後，餐廳主人知道我是杜家的後代，非常興奮，主動為我們免單，還和我們合影。這樣的事情以前也發生過，有一次，我在上海牙科診所看牙，牙科醫生得知我是誰以後，主動幫我免單，條件就是和我拍一張合影照片。其實我不是很喜歡與別人拍照合影，但在當時的情景之下，不能駁人家的面子。

杜美路杜公館的旁邊是金廷蓀、顧嘉棠分別為自己建的公館，金廷蓀在隔壁，對面是顧嘉棠，朱如山也住在不遠的地方。所以在這裏，至少應該是有三個公館，杜公館、金家公館和顧家公館。上面談到的那個餐館，所謂的杜家菜餐館，其實就是在顧嘉棠、顧家伯伯的房子裏開的杜家菜餐館。顧家伯伯的房子我很熟悉的，我清楚的記得，抗戰勝利以後，我父親剛從浙江淳安回到上海，就住在顧家伯伯家裏，我常常去那裏看望我父親。

台灣治安部門要顧嘉棠不要再收學生了

顧嘉棠很早以前就跟我父親一起打天下，可以說是同科兄弟。顧家與杜家往來非常久，我們的關係也很近。我父親離開上海去香港的時候，顧嘉棠就與我父親一起來到香港。在香港，顧嘉棠每天都要去看望我父親，問安、聊天。我父親去世的時候，顧嘉棠就在旁邊，他也是我父親五個遺囑執行人之一。到了台灣以後，也是顧嘉棠幫助我們找到了住房，我們的房子就在顧家的斜對面，每天早晨，他都要到我母親這裏來，打一聲招呼，問聲早安，然後再做他的事情。有空的時候，我常常和顧家伯伯一起聊天，他給我講述我父親過去的事情，也有些時候談到幫裏的規矩。

即使到了台灣，顧嘉棠還是很有影響力的，他還在收學生。別人願意做他的學生，拜他為老師，就說明他有一些讓人佩服的地方，可以服人。有一次治安單位找上門來，叫顧嘉棠不要再招收學生了。顧嘉棠說，我收學生不是做犯法的事情，我為什麼就不能收學生呢？台北那個時候只有一個殯儀館，就是他開的，在台北開殯儀館是要有背景的，治安部門對顧嘉棠也是畏懼三分，拿他也是沒辦法。那個時候，台灣很落後啊，我們房子後面全部是荒地。香港的殯儀館當時已經有了冷凍庫，台北的殯儀館還沒有，都是水泥槽，裏面放着冰，把人放進去，感覺很不舒服。

顧嘉棠家的三老闆、五老闆

顧嘉棠有兩個太太，是姐妹倆，顧家人的排序很有意思，是按一三五排的，大老闆是一，當然是顧嘉棠了，大太太是三老闆，二太太是五老闆。為什麼只有一三五，沒有二四六，這是按照過去的老法排序的；二四六，沒有一，就是沒有頭；一三五有一，就是有頭，所以人們願意選擇一三五，而不是二四六。顧家人，在家裏在外面都這麼叫，大老闆、三老闆和五老闆。他的兩個太太一人生一個，一男一女。兒子叫龍生，是大太太生的，也就是三老闆生的，女兒是二太太、五老闆生的。

顧嘉棠的兒子龍生這個人很奇怪，他結了婚以後，就去了美國，就再也沒有回來過。他也不是娶美國人，在我記憶中，好像是陳光甫的女兒。因為顧嘉棠與陳光甫是同輩人，往來很多的，陳光甫是上海有名的銀行家。龍生現在在不在，就不曉得了，女兒現在還在台灣。前幾年顧嘉棠的侄子還在台灣，現在也過去了。

有很多事情是命裏面註定的，像葉焯山、馬祥生的事，顧嘉棠跟他們講，你們要離開大陸，他們不聽。顧嘉棠出來最早，我就是跟顧太太一起坐同一架飛機離開大陸的。顧家一直住在香港，我父親去世以後，他們先搬到了台灣，我們隨後也去了台灣。顧嘉棠過世的時候，我就在旁邊，他去洗澡，洗完澡後，突然中風，很快就沒有了，倒是沒有受任何的痛苦。對我們來說也很突然了，我們跟顧家伯伯是很有感情的。

【廿五 賬房先生黃國棟】

去了香港，還是留在上海

我的關於我父親和杜家的口述歷史部分章節在雜誌發表後，有位細心的讀者寫信給編輯部，編輯部把信件內容轉給了我。信裏談到杜公館裏的賬房黃國棟，這個讀者認為：「查實，黃國棟先生在四十年代末隨杜月笙先生來香港後，家眷分居港滬兩地，黃國棟先生本人一直沒有返回中國大陸，及至七十年代末期某天，在大道中中國國貨公司午膳後，行經昔日港島德輔道中電車站附近之華人銀行門外，遭巴士撞倒，傷重不治。」我覺得這個讀者很認真，對杜家的事情也很感興趣，但是有可能記錯了人，杜府的賬房黃國棟確實留在了上海，而不是去了香港。

一九四九年，我父親離開上海之前，黃國棟有顧慮不願意留在上海，想去香港。那是在上海解放前的兩個多月，我父親準備去香港，要黃國棟留在上海，讓秘書胡敘五跟着去香港。其實，這兩個人恰好相反，黃國棟不願意留在上海，想去香港，而胡敘五不願意去香港，想留在上海。黃國棟就跟我父親說，我在杜家做了這麼多年的賬房，也主持參與了很多事情，包括六件婚事和我父親的六十壽辰，認識很多人，再加上也在國民黨機構裏擔任一些掛名的差事，留下來會有很大的顧慮，所以想去香港；而胡敘五呢，家裏有老婆孩子負擔很重，不願意去香港。但是，我父親是有所考慮的，要黃國棟留在上海，胡敘五跟着去香港。後來，我父親讓徐采丞去勸黃國棟，徐采丞對黃說：「你們的去留問題，杜先生早就有所決定，你們不要再糾纏，糾纏也沒有用。」後來，我父親對黃說：「你聽我的話，我心就定了。我現在對你直說，因為蔣總統叫我去談了話，我不得不走，到香港去住一段時間，就要回上海的。共產黨方面的朋友向我談到，解放後要我參加新政協，所以你在上海不會有什麼問題。徐先生也不去香港，仍在上海，你遇到困難的事情，可以和他商量。」所以，杜家的賬房先生黃國棟的確留在了上海，而且我回到上海還見到了他。

七少爺，沒想到我們還能再見面

一九七九年我第一次回大陸去了上海，剛剛改革開放，上海龍華機場幾乎沒有什麼燈，黑漆漆的一片。八十年代初，我第二次到上海，那個時候我們住錦江飯店，外賓和華僑一定要住錦江，其他旅館不接受，這是規定。黃國棟剛剛從青海勞改回來，黃國棟和他的弟弟黃國樑到錦江飯店來看我，一見面就說：「哎呀，七少爺啊！沒想到我們還能再見面呀！」這話真是意味深長，說着話兩兄弟就已經是老淚縱橫了。我在家裏排行老七，他們都叫我七少爺。

他到青海下放十幾年，我看見他的時候，也就不到七十歲，牙幾乎全掉光了。黃國棟是從浦東老家來杜家的，他父親和他的弟弟黃國樑一直在杜家，我們就像家裏人一樣，他下放勞改也是因為杜家的原因。黃國棟父子兄弟最了解杜家，他在杜家的時間很長，又是賬房先生，我父親的很多事情是通過他們來辦理的，很多事情我們都不知道，包括父親給章行老兩萬大洋的事情。

以前，我的老師蔡子玉曾經提醒我，要我收集來杜家辦事這些朋友們的印章圖譜，我就讓黃國棟幫我收集，收了很多，我記得有厚厚的一本印章圖譜，後來不知道哪兒去了，找不到了。

按照黃國棟的說法，抗戰時梅蘭芳和一些戲曲名角很有民族氣節，不給日本人和偽政權的人唱戲，但是他們還要生活，養着戲班子和一大家子人。梅蘭芳就在家裏畫畫寫字，我父親在重慶就交代留在上海的黃國棟，梅蘭芳有多少字畫，就收多少，而且要高價。由於我父親喜歡京戲的原因，黃國棟也喜歡，作為杜府的賬房先生有很多機會接觸到這些名家名角，也就有機會求到、買到他們的字畫。就這樣，他手裏收藏了一些名人字畫，尤其是戲曲圈子裏的名角。八十年代初，「文革」抄家退還的字畫古董很多，也比較容易找到，他喜歡收藏名人的扇子，收藏了很多，據說還在自己家裏辦了個小小的展覽館，常常有人來參觀欣賞。

黃國棟從西北勞改回到上海後，政府給他安排了一份工作，他自己也很活躍。我至今還保存着我們第一次見面時，他給我的名片，名片上的頭銜有：民革成員，上海市南市區政協之友社社員，上海市南市海外聯誼會理事，上海市收藏欣賞聯誼會顧問，上海市健康老人。名片上的住址是：上海南市凝和路四七弄一號。

看來，他晚年在上海的生活還是豐富多彩的！

在朱學范題詞的《舊上海的幫會》一書裏，黃國棟寫的這一篇介紹杜家的文章，寫得不錯的。而范紹增和郁詠馥寫的就是有點違心了，這在當時的環境下，也可能是沒有辦法的事情。這三人對杜家，特別是我父親都很熟悉。郁詠馥的外號叫豬八戒，在杜家是專門給客人打煙泡的，我認識他，他每天都在老公館。

【廿六 五十根金條，到地下去算賬吧】

撕毀借條是要我們不再碰那些麻煩事情

我父親在臨終之前，讓我大姐從銀行保險櫃裏，把別人曾經向他借款的所有借條字據拿了回來，當着我們家人的面，全部撕毀燒掉，他的用意，我們很明白。我父親這一生，見過很多世面，做過很多大事。他對有些事情很在意，比方講，情義！對有些東西，很不在意，比方講，錢財！如果只是說錢，我父親當年過手的錢有多少，是數不清的，估計他自己也不知道多少。他要錢很簡單，就到銀行裏面去拿，那個時候，他做了很多銀行的董事！可是他到了生命的最後時刻，卻沒有給家人留下什麼錢，臨走的時候，還把那些借他錢的借條、借據統統毀了，當着我們的面全部燒毀掉了，那些借據有多少錢，我們不曉得，但一定是很多錢的！他看穿了，就是不想讓我們家裏人再去找那些借錢的人，他不要我們再捲入這些麻煩的事情裏面！但是有一件事，我至今不能忘記，那就是王新衡的事情。

跟戴笠說情，兩次救了王新衡的命

在我父親毀掉的那些借據裏，就有王新衡借我父親的金條借據。我父親曾經兩次救過王新衡的命，可是我一直不明白父親為什麼兩次救了他的命？王新衡在軍統的時候，戴笠命令他執行了兩次特殊的任務，但是他兩次都沒有完成，以失敗告終，戴笠很生氣，要槍斃他，我父親為他說了兩次情，才沒有被槍斃。戴笠把他關進了水牢，關了兩次，在水牢裏，他受到了折磨，失去了生育能力，他的太太姓壽，他們沒有自己的孩子，於是就領養了一個孩子，據說這個孩子長大以後曾做了張學良的私人秘書，在紐約跟過少帥。

王新衡的墨筆字寫得很好，他是臨摹一本舊拓「張黑女碑」拓片，他天天臨摹。但即使他寫得一手再好的字，也不能掩飾他那種卑劣的人格。

王新衡是軍統的人，在我父親去世前，香港發生了暗殺王新衡事件，但是他沒有死，逃過一劫。在上海的時候，他就以個人名義或是軍統名義向我父親借了五十根金條，十兩一根的金條，後來一直沒還！我父親燒毀的那些借據裏，就有他向我父親借五十根金條的借據。

為什麼說王新衡是個忘恩負義的人呢？王新衡跟蔣經國的關係很好，他們在莫斯科的時候就認識，後來王新衡去了台灣，蔣經國給了他台灣水泥公司董事長的職位，水泥公司的職位是肥缺，那是在他最得意的時候。再後來，不知道是什麼原因，他和蔣經國鬧翻了。當時我們在台灣經濟情況不好，我母親就帶着我弟弟維嵩去找王新衡，希望在水泥公司能幫助安排個工作，憑着他當時的地位，安排一份一般性的工作，應該不是什麼特別為難的事情。我母親把名片送進去，希望見面，他當然知道我們是誰，但是，王新衡根本連面都不見，當然也就不會給安排什麼工作了，我母親很生氣，說王是個最忘恩負義的人。當然，我母親還是按照傳統的禮數，每年過春節的時候繼續給王新衡拜年，但她不親自去了，只是把她的名片給我，由我代表我母親去拜年，走個形式，不至於失去禮節，換句話說，換名片也就算了。

我覺得這不僅僅是錢和工作的問題了，是人品的問題。我父親救過他兩次性命，有救命之恩，在仕途和錢財上，也都給過他那麼多的幫助，他這樣對待杜家後人，真是不應該！這些是是非非，我想父親心裏都明白，他知道他不在的話，這些事情家裏人肯定搞不定的。所以他在臨走前，把那些借條、借據統統毀掉，就是不願意讓我們再惹這些麻煩的事。當然，王新衡後來那樣絕情地對待我們，我猜想我父親也不一定預料得到。

那五十根金條，就讓他們到地底下去算賬吧！

【廿七 吳家元、李裁法命案與于右任】

一九六三年九月十三日，在台北中山路某巷子內，發生了一起持刀凶殺案，死者是吳家元，身中十九刀，有的人說是四十三刀，行兇者是李裁法。此案喧囂一時，最後以「賭場仇殺」結案。吳李血案之後的十四個月，于右任於一九六四年十一月溘然長逝。時隔近四十年後，海峽兩岸的一些學者陸續提出此案是「統戰與反統戰」的政治案件，牽扯到了辛亥老人于右任，李裁法和吳家元，這三位都是我父親的好朋友，我也很熟悉吳家元，這到底是怎麼一回事呢？

杜府座上賓的「吳家伯伯」落難香港

在杜家華格臬路的老公館，有一副對聯是「春申門下三千客，小杜城南尺五天」，我父親很喜歡，因為他喜歡廣交朋友。吳家元是杜家的老朋友了，從二十年代開始，就與杜家常來常往，並且愈走愈近，無論是在上海，還是在香港、重慶、台灣，吳只要有機會，一定會親臨杜府，問安、打牌，或者聊天。一九四九年之後，我父親暫居香港，吳家元每次來香港，都會住在當時並不寬綽的杜家。我們兄弟姐妹都尊稱他「吳家伯伯」。一九六三年，吳家元遇刺身亡，我母親和我們聽到這個消息，非常驚詫，但是也知道這是他其咎由自取。

按照章君穀的說法，吳家元與我父親是在一九二五年認識的。吳家元是典型的上海「白相人」，頭腦絕頂聰明，號稱「賭王老千」。年輕時面相俊俏，口才人才俱佳，風流倜儻，博得很多顯貴女子的青睞，老來也是駐顏有術，風采不減當年，據說常有風雅名流女子供養。吳家元最輝煌的歷史，是曾經協助戴笠和我父親主持的「營救北洋高官脫離日偽政權」的抗日工作。吳家元早年曾在北洋張宗昌政府做過青島鹽務督辦，與北洋政府高官來往密切。同時，與日本在華三大特務機關「松、梅、竹」之一的「松」機關的要人何益三、李擇一既是好友，又是賭伴。我父親借助吳家元的特殊關係，在京、津、滬、港之間，把當時名列日偽政權要職名單上的多名高官，曉之以理、動之以情、誘之以利、脅之以迫，脫離偽政權南下。吳家元穿針引線於其中，功勞不小，日本人對他恨之入骨，派特務南下香港，追捕吳家元。李裁法差點搭上自己的性命，救了吳家元的命。

李裁法是我父親的門生弟子。他早年混跡於上海的十里洋場，拜帖在青幫門下，屬「通」字輩，成為我父親的學生弟子，一直跟隨小八股黨的核心成員之一的芮慶榮。三十歲的時候，李裁法來到香港，利用其在幫會的背景，在香港的黑白兩道裏有了一些影響。抗戰初期，上海淪陷，我父親暫避香港，往來於香港、重慶之間，青幫在港的勢力大為提升，洪幫等其他會道門組織也都握手言和。隨後，芮慶榮、吳家元也來到香港。李裁法一直仰慕我父親，通過芮慶榮進一步拉近了與我父親的關係，我父親在香港的一些事情，也委派李裁法辦理，

香港在淪陷前後，都是軍統的地盤，在我父親的舉薦下，李裁法以秘密身份進入了軍統系列。日本人佔領香港，需利用黑道勢力維護香港秩序，李裁法當上了日本憲兵隊的偵緝隊長。香港淪陷後，李裁法在黑白紅三道勢力的掩護下，協助國民政府，從香港淪陷區營救出一百多位要人。

而吳家元也在協助軍統戴笠和我父親，拉攏日本淪陷區的高官大佬，拆散日偽政權「台柱子」的抗日行動，香港就是這次秘密行動的根據地和避難所。當時吳家元被日本特務機構通緝，北平來的日本特務和香港憲兵四處搜捕，逼得吳家元無處藏身，最後一次是躲進了李裁法家中的衣櫃裏，才免於被捕，逃離香港遠赴重慶。因此，日本人開始懷疑李裁法，並密下逮捕令，李被迫倉皇逃出香港，取道上海欲赴重慶。途中盤纏用盡，求救於我父親，我父親立即匯去兩萬塊錢，才得以到達重慶。然而，李裁法沒有想到，他剛到重慶就被以「漢奸」罪逮捕入獄。先已到達重慶的吳家元，不知何故並沒有念及李裁法的救命之恩而證其清白。幸虧我父親為李裁法作證和周旋，才得以洗刷「罪名」。

李裁法更加敬重我父親，對吳家元暗暗懷恨，這也為以後的吳李血案埋下了種子。

「香港杜月笙」李裁法遭黑手暗算

李裁法在其事業如日中天時，創辦了被當時 *LIFE* 雜誌評為遠東第一的「麗池夜總會」和後來聲名遐邇的青山飯店，一度有「香港杜月笙」的稱號。

一九四九年五月，我父親搭載盛京號輪船，再次來到香港時，李裁法早早就恭候在碼頭。李裁法是個聰明人，他知道背靠我父親這棵大樹，一方面是報答重慶的救命之恩，另一方面是借助我父親的名義，擴大他自己在香港的勢力。我父親寄居香港不比當年，強龍不壓地頭，有些事還得依靠李裁法，而此時的李裁法羽翼已豐，自然就成為我父親在港的重要力量之一。從遊走總督府的上流社會，到擺平市井無賴之徒，李裁法鞍前馬後、積極奔走，例如，當時在香港轟動一時的南洋僑領「胡文虎敲詐案」、上海富豪朱文山的「朱門醜事」，都是當事人求到我父親，由李裁法去平息的。

我父親最講義氣，在李裁法生意上遇到困難時，為他撐門面、招攬人氣。就在李裁法經營的「麗池夜總會」紅極一時之際，突然殺出個競爭對手「天宮夜總會」。天宮由號稱「香港舞池大王」的英籍猶太人查爾斯投資，就在麗池隔壁，豪華規模與麗池旗鼓相當。天宮除了在設備管理等方面對麗池打壓外，還迎合了白相人好搶新鮮彩頭的喜好，大批麗池的客人紛紛湧向天宮獵奇，麗池生意大減。在這關鍵時刻，我父親有一天帶病輕車簡行來到麗池，消息愈傳愈廣，以上海人為主的舞男舞女白相人，聽到我父親親自為麗池捧場，自然明白這裏的緣由，紛紛流回到麗池。不久，麗池徹底成了白相人的娛樂大本營，天宮很快就倒閉了。

隨着湧進香港的人愈來愈多，我父親建議李裁法開辦一間上檔次的酒店青山飯店。李裁法很明事理，力請我父親任董事長，但是我父親說：既然是捧場的事體，又何妨捧足輸贏。這裏是香港，不是上海，乾脆我當董事，我給你推薦一些股東，你就當董事長吧！就這樣，李裁法持有一半股份，其餘一半股份，由我父親推薦的股東持有。青山飯店的生意愈做愈大，名聲也愈來愈響，成為流落香港的達官貴人、商賈富豪的逍遙之地。隨後，李裁法以麗池和青山飯店為基礎，創辦了首屆香港小姐的選美大賽和香車美女簇擁的汽車大賽。

一九五一年八月我父親病逝香港。李裁法陸續接收了一些門徒，並開壇收新徒，以香港青幫第一人自居，號稱「香港杜月笙」。然而，好景不長，李裁法開始走下坡路。一九五二年六月二十八日，李裁法接到香港政府的驅逐令，限期「自由離港」。

當時宣佈驅逐的警官迴避被驅逐理由，坊間通常有幾種說法：參與黑社會活動、非法提煉嗎啡、扣押港警、非法向大陸走私戰略物資。在當時的香港，前幾個說法即使存在，也不足以上升到被驅逐的層面。但最後一條，向大陸走私戰略物資，當時正好是朝鮮戰爭的特殊時期，還有被美國 CIA 拍到現場照片的把柄，迫於美國政府壓力，港府不得不驅逐李裁法出境，這應該是主要理由。

吳李血案賭國恩仇錄

李裁法本來想先取道台灣，再轉去南美洲某國，但是沒想到一踏上台灣的土地就被投進監獄，罪名是從台灣走私戰略物資偷運到大陸，損壞了中華民國利益。後來，按照李裁法自己的說法，經過他的調查，發現吳家元是這一切背後策劃的主謀，吳家元把李裁法的一些見不得光的勾當，報告給港府和台灣當局。

一九五九年十二月，倒霉的李裁法刑滿釋放。此後他更是始終走「背」字，曾有富商舊友試圖幫助他東山再起，也以失敗告終。無奈迫於生計，李裁法又重拾舊業，與吳家元合作開賭局。

吳家元幾十年來在賭桌上常勝不衰的手段，就是讓人百思不得其解的「老千」手法和賭桌下的「分贓協定」。通常牌桌上作弊的「老千」集中在調換牌上，而吳家元的本事是乘洗牌的混亂之機，用掌心或指縫「吸走」別人的籌碼放在自己的籌碼裏，他面前的籌碼從來都是散亂的，以掩人耳目。而這只是「賭王老千」的前手，而最為狡黠的是他的後手，當他的「老千」手法被人發現後，他就與之簽訂「分贓協定」：牌桌上無論輸贏，雙方都按比例分贓，吳仍可從中坐收漁利。

吳家元利用李裁法的闊佬舊友，設賭局，先輸後贏，合夥分贓。即使如此，吳家元也還是屢屢食言，不兌現李裁法應得部分，李裁法早就不想繼續這種忍氣吞聲與虎謀皮式的合作。另外，李裁法策劃着回香港，討回他以前的產業財富，他正急着用錢，買通船老大，偷渡回香港。一九六三年九月十三日，李深夜找到吳家元，討錢不成，新仇舊恨湧上心頭，憤怒之下扎死吳家元，有人說十九刀，有人說四十三刀，總之，可以想像李裁法的積怨之深、怒火之大！台灣警方事後找到了李裁法的凶器和血衣，然此時李已經成功偷渡到達香港。隨後不久，香港當局捉拿了李裁法，按照國際公約引渡回台灣判刑，當時台灣報紙通行的說法就是賭徒之間的恩仇錄。

事情並沒有結束，進入二〇〇〇年前後，隨着兩岸交流頻繁，大陸統戰信息和前台灣軍統退役官員的披露，此案又出現一種「統戰說」。吳李案似乎不是簡單的私人恩怨，而有可能是涉及兩岸統戰與反統戰的政治事件，由此牽扯出辛亥老人、一代書聖于右任。

于右任與神秘的「濂溪先生」

于右任是公認的辛亥革命元老，從事國民革命六十多年，歷任國民政府黨政軍要職，擔任監察院長三十多年，同僚和公眾尊稱「右老」。同時，右老又有「三百年來一草聖」的美譽。林語堂曾評價，于右任的人品、書品為當今的最好模範。在內地的《一代書聖于右任》專場拍賣會上，拍賣異常成功，足以見證兩岸公眾對右老的懷念與崇敬。

右老與我父親往來三十多年，可謂是故交。一九三一年杜氏祠堂落成之時，右老揮筆書毫「源遠流長」，製成匾額祝賀。我父親去世一年後，靈櫬遷往台灣，右老是「杜月笙先生靈櫬安厝委員會」三個召集人之一，並親筆書寫挽聯「艱危知勁節，然諾重平生」，懸掛在靈堂左右。後來，我母親帶着我們一家老小遷往台灣，與右老還時有往來。逢年過節，我母親常常是士林官邸的嘉賓，自然會遇到右老。有一年聖誕節，蔣夫人宋美齡邀請我母親參加聖誕宴，蔣夫人現場請右老揮毫，為每位賓客贈送墨寶留念。右老送給我母親的墨寶，內容取自聖經，在現存的右老書法中很少見，非常特別。右老常說，他出席一些宴會時，往往兩袖清風，只在褡褳裏放兩粒鈐印，現場潑墨題詩，作為答謝。

再說一九四九年，右老遠離家鄉的妻女來到台灣，愈到晚年，思念故土的鄉愁愈發濃烈。一九六二年初，右老寫下了那首蕩氣迴腸、一詠三嘆的《望大陸》，成為渡海一代思念故鄉的最好寫證：

葬我於高山之上兮，望我大陸；

大陸不可見兮，只有痛哭。
天蒼蒼，野茫茫，山之上，國有殤！

把右老與吳家元牽扯上關係的，主要是根據一九六七年在台北出版的劉鳳翰編寫的《于右任年譜》，據年譜記載：「吳氏民國三十八年來台時，戶口即報在先生家，先生每年過壽，吳都自香港回台祝嘏。」右老長子于望德，在書中注解中追溯了右老與吳家元的歷史交往：「民國十三年中秋，上海大學經濟奇窘無法維持，先父得吳之助借款五千元得度難關，此訂交之始也。」一九二五年，右老與吳家元一起出入山海關，周旋於北洋軍閥與奉系之間。而就在這一年，吳家元在牌桌上結識了我父親，並成為杜家的座上賓。

一九四九年，吳家元去了台灣後，右老為他做擔保落戶，並在交通銀行為他謀了領薪水的監察員閑差。吳家元把家安在台北，有更多時間是往來於港台之間，也時常為右老購置些筆墨紙張等文房用品，右老也通過他，給一直住在西安的夫人高仲琳和大女兒于芝秀傳遞書信，轉寄一些生活費。

一九六一年，在右老的壽辰上，右老感慨地說，夫人高仲琳即將過八十大壽，也不知是否會有人為她祝壽？說完之後，右老潸然淚下。還有一種說法是，右老在給吳家元的一封信中說到：「今年是我老伴八十歲壽辰，可惜我不在大陸，今年她的生日一定會很冷落，不會有人理睬她的。想到這裏，我十分傷心！」

吳家元把這一情景，轉述給居住在香港的章士釗。章士釗是右老和吳家元的老朋友，又肩負着大陸對台的統戰使命。章士釗把右老的牽掛，報告給周恩來總理，周總理指示右老的女婿屈武，以個人身份赴陝西老家為老夫人做壽。於是，屈武帶着兒子、兒媳前往西安，在當地最好的人民大廈置辦了三桌酒席，邀請了右老在西安的親朋故友，包括陝西省副省長孫蔚如、工商聯主席韓望塵、全國政協委員茹欲立等二十多人，在宴會開始時全體起立為夫人敬酒，氣氛輕鬆愉快，老夫人身體很好，興高采烈，一再表示謝意，宴會結束時，全體合影留念。隨後，按照周總理指示，屈武寫了書信詳述了壽宴情景並附上照片，通過吳家元面交右老。為了不給右老帶來不必要的麻煩，屈武採納了右老和周恩來的老朋友邵力子先生的建議，用「濂溪先生」指代周恩來。原來在抗戰時期，周恩來陪同毛主席到重慶談判，期間拜訪右老，在談話中常常談到宋代大儒周敦頤，人稱濂溪先生。右老看到信件和照片，信中說此事得到「濂溪先生」的關照，老人家淚水奪眶而出，連聲說「謝謝濂溪先生！謝謝濂溪先生！」

六十年代，兩岸關係處在「收復」與「反攻」的特殊敏感時期，以階級鬥爭為綱、國共生死對立的思維主導一切，這件看似人之常情的祝壽之宴，後來卻成了當事人的災難之源。一九六六年「文革」中，屈武被批鬥，其中三條罪狀之一就是「反革命兩面派」，為國民黨高官夫人祝壽，與當時蔣介石的「反攻大陸」遙相呼應。一九六八年八月，屈武被以「反革命罪」投入監獄，在此期間，高仲琳、于芝秀也受到衝擊，相繼去世。

吳家元被害以後，于右任也莫名其妙地被牽扯了進去。按照劉鳳翰的《于右任年譜》記載，一九六三年九月十四日，「交通銀行監察人吳家元被害，先生聞訊不勝哀悼，曾親往極樂殯儀館弔唁。」坊間傳說，右老為吳命案曾要求主管部門立即緝拿兇手繩之以法，並稱病不上班。由於過度傷心，右老一病不起，並於次年十一月十日去世。

話再說回來，吳家元為右老的魚雁傳書和牽線搭橋，引起了台灣當局情報部門的懷疑，特別是祝壽事件之後，擔心大陸統戰工作蠱惑拉攏右老以致「晚節不保」，引起朝野震動。于望德的注解似乎也佐證了台灣當局的顧慮：「吳家元通過香港與中共方面通氣，尤其周恩來一直想做于右任的工作，吳家元的關係顯得非常重要。這時，這種與共匪暗通曲款，在台灣當局看來是不為國法所容的，何況吳家元來來往往只做于右任一個人工作。」

這裏面很蹊蹺，吳家元和李裁法曾經都是軍統特務，台灣情報部門也知道吳李的歷史恩怨，並對他們的行蹤瞭如指掌。李裁法犯案後，台灣當局並沒有立即緝拿歸案，而是在李裁法在香港被逮捕後，引渡回了台灣，被判死刑後又改為終身監禁，一九七八年提前釋放。這種種跡象似乎也暗指台灣情報部門，在李裁法窮途末路之時，借李裁法之手殺死吳家元，斬斷右老與大陸聯絡。李裁法獲釋後不到兩個月，就病死在醫院，終年六十九歲，恰與吳家元死時同歲。

吳家元偷妻奪財「貪小便宜吃大虧」

吳家元與李裁法的恩怨終於徹底結束，但人們對這場血案的評說還沒有終止。從起初是賭場失意的恩怨了結，後來又變成了統戰與反統戰的政治事件。其實，這些看法都被表面現象迷惑了。

首先是賭場恩怨說，表面上似乎合邏輯，實際上不太可能。抗戰時期李裁法捨己救吳，得到的卻是吳家元的恩將仇報，從此李裁法記恨在心，在經歷牢獄之災、生意失敗後，再次被吳捉弄，新仇舊恨促使李裁法殺死吳家元。這裏有兩點值得推敲，其一是抗戰時結下的恩怨，已經過去二十多年了，李裁法不至於會永遠耿耿於懷，在最輝煌的「香港杜月笙」時期，李完全有機會對吳報復，但是李並沒有這樣做。其二是吳李的再次合作，其實是雙方互相利用，憑藉吳熟練的「老千」技法，李的多年人脈，不至於掙不到點小錢糊口，吳也犯不上拖欠賴賬至被殺的境地。這背後一定有更深厚的，而且是不可調和的矛盾。

其次是統戰與反統戰說也有些勉強。吳家元與李裁法兩人都是曾在國民黨情報部門摸爬滾打的過來人，而且都是曾在亂世混跡發過家的老江湖，特別是號稱「香港杜月笙」的李裁法，既然願意搭上自己的性命解救吳，不太可能為了二十多年前的舊怨，昏了頭被別人利用當「刀」使，拿自己的性命交換。而早年吳家元雖然與于右任有過交情，但吳畢竟僅僅是個清客「白相人」，右老的擔保和舉薦，應當是對其早年幫助的回報。至於吳往來於港台，為右老提供筆墨紙硯，似乎僅僅是朋友之間的禮尚往來，一代書法家不至於有筆墨紙張之虞。當然，吳為右老傳遞書信與貼補家人，這是實事。總之，從吳的地位和能力，不足以擔當大陸周總理、章士釗的統戰大任，作為統戰于右任的唯一牽線聯絡人。最重要的是于右任先生貴為辛亥元老，一生戎馬倥傯、官場不倒翁，應該能夠把握得住大局。至於年老懷舊的故土鄉愁，是台灣「渡海一代」的固有情節，也是人之常情，如果一定要上綱上線到海峽兩岸統戰政治高度，也未免太牽強了。當年周恩來冒着政治風險指示屈武為老夫人祝壽，也是出於對辛亥老革命、老朋友敬重的私人情誼，或者說是政治家的智慧。這也符合右老後人的評述，他們認為，祝壽與其說大陸與台灣認為此事件是「統戰與反統戰」，還不如說是周恩來施「大愛」於天下的政治家的人格魅力！而台灣情報部門是否是從反統戰的高度借刀殺人，在沒有公佈正式檔案之前，就不得而知了。

其實，事情很簡單，我認為促使李裁法殺死吳家元的根本原因，是吳家元的秉性與行為。我父親一生廣交朋友、仗義疏財，極少在背後議論別人，但唯一例外的是對吳家元行為的不認可。我父親一九二五年就認識吳家元，對他知根知底，營救北洋高官脫離日偽政府，就是發揮了吳的優勢。但是對吳賭桌上的「老千」手法，特別是賭桌下「分贓協議」的做法，我父親非常反感，對吳家元等的評價是「見利忘義」、「貪小便宜吃大虧」。晚年，我父親曾多次援引吳家元的例子，教誨我們子女切記不要參與「賭」事。在《上海大亨杜月笙續集》中，作者描述很準確，吳家元「天生就是他的臉龐俊俏，體態風流，性情溫婉，舉止柔曼，男子漢帶些娘娘腔，女人固然寵着他，男人亦寵着他。在港的這些年來，他雖年近古稀，滿頭白髮，而額上無紋，頷下無鬚，容貌生春，腰腳甚健；無論穿唐裝，穿西服，近看仍然風度翩翩，遠看更不知其為老叟。以貌取人，世情如此，吳季玉（吳家元，字季玉，編者注）佔到這個大便宜」。正是吳家元的這種秉性，促使他插足李裁法的家庭和財產。

吳家元常常往來港台之間，逐漸勾引到李裁法的太太，其目的是要攫取李太太手中的股票。吳家元的重要一步，就是抓住李裁法在香港的違法把柄，向香港當局告密，驅逐李裁法出境，進而攫取李裁法的財產，最終導致了血案的發生。這也是李裁法後來親自調查發現的吳家元的陰謀。吳家元無論是在香港還是台灣，始終保持着與杜家的往來，一直持續到他被李裁法刺死。

吳家元的這點個人隱私，外界極少知曉，而我的母親和兄弟姐妹深知他的秉性和為人，我還記得李裁法太太的名字叫何靜君。所以，當我們聽到吳家元被刺的消息，在驚詫惋惜之後，深知這是他的咎由自取。

所以，我認為李裁法揮刀刺死吳家元的最根本動機，是吳家元偷情李妻，向香港當局告密驅逐李裁法，甚至投入監獄，進而攫取李的財產。總而言之，賭場恩怨只是幌子，統戰之說未免牽強，偷妻奪財才是李裁法、吳家元血案的本因，與統戰與反統戰靠不上，與于右任無關。

廿八 杜家子女無「子承父業」

大哥的身世，小名叫領寶

杜家兒女這一輩，一共有十一個，其中我們兄弟八個人、姐妹三個人，這包括孟小冬領養的女兒杜美娟。現在還健在的，或許只有我和大姐了，可能還有美娟，我不確定，很多年都沒有與美娟聯繫了。大姐現在住在台灣，大姐比我大四歲，一九二九年出生，屬蛇；二姐比我大兩歲，一九三一年出生，二〇一八年十二月二十三日去世，享年八十八歲，也算是高壽了，二姐是孟小冬義女，最後安葬在孟小冬身邊，新北市樹林區的淨律寺佛教公墓。大姐曾經跟着她丈夫在約旦住了很多年，她的丈夫叫蒯松茂，是原來台灣駐約旦的武官，現在回到了台灣居住。美娟，她有三個孩子，應該在美國，但不曉得在美國的哪個地方，在不在也不知道了，如果在，她也要八十多了。

在我們兄弟八人之中，我是排行老七。

我大哥杜維藩，屬蛇，比大姐大一輪，是領養的，因為前樓太太，也就是大太太沒孩子。大哥領來後，我父親的事業開始蒸蒸日上，所以大哥的小名叫「領寶」。大嫂鄭彥英與大哥同歲，已經辭世，享年整整一百歲。大嫂是當時住在上海的潮州人，鄭家是個大家族，大嫂和三嫂鄭英班是姐妹，都是潮州幫的。大哥大嫂有四個孩子，三個男孩兒，一個女兒。三兄弟都已經不在了，只有女兒還在，也是六七十歲了。老大是杜順安，比我小四歲。他在台灣常常講杜家的事情，順安喝酒喝得太厲害，就像他父親，維藩大哥就喜歡喝酒，我父親從不喝酒。我父親是老派，很重視家裏的老大，就是大哥、大姐，大哥常常代替我父親出面應酬接待客人，有的時候陪客人吃飯，客人還沒有喝醉，大哥自己就先喝醉了。我父親特別生氣，訓斥大哥說：「客人還沒有醉，儂先醉了哈！」《海上收藏家》一書裏收錄一張我和大姐、大哥大嫂的合影，順安和大哥真像，像得不得了。順安喜歡喝酒，而且常常喝醉，平時覺得好好的，突然有一天感覺不舒服摔倒了，到醫院人就過去了。

二哥的學問最好，在聯合國工作

二哥也是屬雞的，一九二一年出生，和我一個屬相，比我大一輪。他一直住在紐約，我們很少聯繫。二哥娶了上海的大家族嚴家的女兒，叫嚴仁什麼的，我記不得了，五嫂嚴仁芸和二嫂是堂姐妹或者表姐妹，都是「仁」字輩的。二嫂走得早，他們只有一個兒子，叫杜正中，蔣中正的中正兩個字，倒過來。按照杜家的規矩，這一輩應該是「順」字輩，但是二哥沒有按照這個「順」字輩，他歡喜就起了「正」字，二哥的兒子應該還在，但是杜家的第三代裏面，很多人都沒有啦！杜家的家譜很難寫，杜家的事情太複雜了。

外面可以看到一些大哥和三哥的信息，二哥的情況外面知道的很少。二哥的書念得很好，字寫得很漂亮。二哥很聰明，從不介入家裏的這些爭鬥，兄弟之間、太太之間的爭鬥。他很聽我父親的話，我父親講什麼，他都答應，我父親讓他做的事，他都去做了，所以我父親很喜歡他。二哥一直不在國內，在美國。抗戰以後，他從美國回來，學成回來，我父親說，你和上海嚴家的小姐結婚吧，二哥就娶了嚴家女兒，成為二嫂，二嫂的妹妹後來也嫁給了杜家，是五哥的太太，二哥還做過一段時間我父親辦的正始中學的校長。二哥的性格、談吐都很好，很容易近人的。也就是那一次，回來結婚的那一次，我才第一次見到他，結婚後不久，他又走了，就一直在美國了，在聯合國文教處工作。

我父親去世的那段時間，他回到香港。二哥和大哥之間有隔閡，為什麼呢？因為大哥是領養，二哥呢，實際上是杜家的老大、長子，但由於有了大哥，他也只能屈居第二了。

三哥與大喇嘛沒有緣分

我的三哥杜維屏，就是被蔣經國抓起來的那個三哥。三哥長得最像我父親，他人很聰明，喜歡做買賣、做投資，他後來在巴西居住，三嫂現在巴西。前面說過三嫂和大嫂是堂姐妹或者表姐妹，三哥的婚事是抗戰期間說定的，當時我父親與我母親、二樓太太、三樓太太都在重慶，我父親和三樓太太就說定，把大嫂的妹妹娶進來做三嫂。

三哥最後一次到香港來看我們，正好趕上西藏紅教的大喇嘛敦珠寧波車在香港。我和三哥原本計劃去拜見敦珠寧波車，看他有什麼說的、指點一下！原本計劃好的事情，三哥也答應了，偏偏那天他臨時有急事，我跟他說我都給你安排好了，你不能不去的，到最後他還是沒去。我去了，見到了敦珠寧波車，他沒去就沒見到。哎！這就是緣分，命裏註定的緣分！

也許，敦珠寧波車見到三哥後，會點撥一下，可能會對三哥的未來有些影響吧！因為敦珠寧波車對我說的話，對我的未來就產生了很大的影響，敦珠寧波車講「你不要殺生！」那時候，我在香港正預備做牛肉生意，後來聽了敦珠寧波車的話，就放棄了，改做貿易。因為做牛肉生意，首先要殺牛，就涉及到殺生了！

我父親去世後，三哥先去了巴西，然後又到紐約，一直住在紐約到去世，三哥是我們兄弟姐妹中走得最早的。

四哥是典型的公子哥兒，但有一件事我父親很喜歡

三哥、四哥的婚禮是一道辦的，我父親沒有參加。為什麼呢？因為四哥維新是典型的公子哥兒，成天吃喝玩兒樂的，還找了一個美國人做老婆。我父親知道三哥和四哥要結婚，就說你們就一道辦吧！於是，他們兩人就在同一天舉辦結婚儀式。但是我父親非常不喜歡外國人，包括美國人，所以三哥和四哥結婚儀式我父親就沒有出席，就是因為四哥的太太是美國人。四哥在夏威夷，前幾年才過世，他和他的太太同一天去世，四哥早上走，她晚上走的。我還記得四嫂的英文名字叫 Dolly。

我父親雖然因為四哥娶了美國太太，沒有參加他的婚禮，但是四哥做了一件事情，而且是很重要的一件事情，我父親很喜歡，也很高興地接受了。我父親雖然不喜歡美國人，但是抗戰末期，我父親卻見了當時美國總統羅斯福的兒子，並幫助他與戴笠和國民政府的人員聯絡。這件事情就是當時四哥安排的，他在美國時專門給我父親寫了推薦信，希望我父親與小羅斯福見面，我父親很高興地接受了，並與小羅斯福見了面，安排了一些事情。這說明我父親對外國人也是有區分的，對兒子做的事情也是有分別的。

五哥畢業於黃埔軍校，五哥六哥有矛盾

我父親去世以後，二樓太太和五哥、六哥回到上海，後來就一直住在上海。剛一解放的時候，他們還都沒什麼事情，我指的是沒有因為我父親的原因，在政治上、生活上受到影響。我的五哥維翰，是屬豬的，比我大十歲，五哥娶的是嚴家的女兒嚴仁芸，也是二哥太太、二嫂的親妹妹，嚴家當時在上海是大家族，現在五嫂還在紐約，二嫂早就不在了。

但是五十年代初，在潘漢年和揚帆案件中，五哥受到了牽連。因為潘漢年跟杜家關係很密切，潘漢年被打倒了，五哥就被牽扯出來了。文革的時候因為吳紹澍、潘漢年的關係，又被牽扯到裏面了，五哥一直被批鬥。

還有一個原因，就是五哥是黃埔軍校畢業的。抗戰時黃埔軍校遷移到了成都，叫成都軍校，成都軍校就是黃埔軍校。五哥開始在成都，後來在重慶當過兵，但不是打仗的兵，沒有到過前線，沒有參加過打仗。五哥有的時候和我父親一起住在汪山。由於跟黃埔軍校的關係，這也是他在文革中被揪出來批鬥的重要原因。

一九七九年，我第一次回上海，那個時候中國還沒有改革開放，他們的生活條件很差。五哥陪我一道去杭州靈隱寺參觀，五哥對我講要我把他弄出來，他死活要出來。我就想辦法把他們一家子都辦出來了，他的兒子先出來，住在我的家裏，在工廠裏面做事

情，然後再把五哥、五嫂接出來，五嫂也是那個時候出來的，我把他們送到了美國，五哥去美國的時候也五六十歲了。

五哥到了美國，一年不到就過去了，唉！他命不好啊！一天到晚要吃，吃東西沒有節制。五嫂現在還在美國，她的的年紀也不小，大概八十多歲啦！五哥一直想出來，好容易出來了，結果沒多久就過去了，是真可惜啊！五哥的命不好，沒有辦法的，一個人命中註定，不可改變。

五哥、六哥都在上海生活，文革時都受到衝擊和批鬥。但是，他們哥倆之間還不和，鬧得很厲害。我聽說，好像政府每年有利息發給他們，銀行股份的利息、股票的利息。因為我父親是很多公司銀行的董事，在裏面是有股份的，雖然我父親去世了，但這些股份還在，而且這些公司和銀行，有的在香港和台灣繼續經營，甚至在大陸還在經營，比方講，中國銀行，我父親就是董事，是有股份的，我們曾經在香港向法院提出訴訟，要求對我父親當年的股份有個說法，但是法院沒有什麼說法給我們，也提到了大陸的中國銀行，繼續分紅或利息，分給了上海的杜家人。所以這部分利息收入，應該是五哥、六哥和二樓太太三個人分，結果老五誰都不給，一個人獨吃下來了，還有那個時候有糧票、布票、肉票、油票等，都是要票供應的，都給老五獨佔下來了。所以，老六啊、二樓太太啊，罵他畜生呢！這裏面的事情，究竟是怎麼一回事不曉得。但是，罵到畜生是很厲害的，是非常不好的事情了。

老八維嵩二十九歲就走了，真可惜啊！

我的弟弟老八維嵩，他是民國二十四年，也就是一九三五年七月七日出生的，一九六四年十一月二十九日突然去世，只有二十九歲，很可惜啊！

老八去世的那一天，我記得很清楚，當時我們似乎有一種「心靈感應」一樣。那個時候我三十一歲，在台灣的石油公司工作，我們常常在野外做地質勘探，那一次我們是在苗栗的大山裏做野外勘探。有一天傍晚收工，吃完晚飯後，大家沒事，我和幾個同事一起打牌，我現在還記得他們的名字：劉隆鼎、汪傳璵，他們倆還健在，這個汪傳璵是台灣著名的軍火商汪傳浦的弟弟，汪傳浦在拉法葉軍火購置案中被指控行賄受賄，轟動一時；還有林志一，已經過世，我們一起打牌。那天打牌，我的牌運特別好、很順。我記得有一副牌是胡「四喜」，就是胡「東、南、西、北風」，我手裏已經有了東風、南風和北風、聽「西風」！我的手氣簡直好得不得了，自摸「西風」胡四喜，這是個大牌啊！但是，這在麻將裏是不吉利的，應為聽「西風」，西風是不好的嘛！這個時候，我隱隱約約地聽到一聲電話鈴響，電話離我們的牌桌大概有幾十米遠；然後，我就突然感覺到不舒服，不是身體的不舒服，就是覺得哪裏不對勁，當時就有一種不祥的預感。接着第二聲鈴響，我的同事接了說是我的電話，叫我去接，我走過去聽電話，果然，電話裏面傳來我弟弟、老八去世的壞消息，似乎我當時就有一種「心靈感應」似的。老八從小就身體不好，他小的時候比較淘氣，有一次在電梯裏，被夾了一下，可能是有一些影響。老八維嵩葬在台北，但是，他的墓地和我父親母親的墓地不在一起，是在另外一個地方，他的墓碑是呂咸寫的，呂咸老伯是我父親的好朋友，他的八分書法寫得非常漂亮，他還有把扇子寫給我父親的，現在在我手裏。

兄弟姐妹、子女大都在國外，沒一個「子承父業」

我父親不喜歡外國人，可是他注重孩子的教育，願意把幾個孩子送到外面去讀書、接受教育。我的兄弟姐妹，大多數都在國外，特別是我的哥哥們。大哥開始在台灣，去世以後，葬在美國了。二哥是一直在紐約，在聯合國總部工作。三哥維屏、四哥維新，在讀中學時就去了英國。杜家的太太們之間都在互相爭鬥，三樓太太和其他太太合不來，所以三樓太太很早就去英國陪着三哥、四哥讀書了，三哥、四哥從小就在國外學習生活，很適應國外的。我的五哥、六哥都是在國內接受教育，國內生長的，五哥去了美國以後，也不適應美國的生活環境，很快人就過去了。在這方面，兩個姐姐都沒問題。總之，我們兄弟姐妹多數是在國外接受教育和工作的，習慣於外面的生活和環境。

不過，我是國外國內都待過、都適應。我在大陸、台灣都讀過書，在澳大利亞讀書工作了十年，後來在台灣也工作了很長時間，還在香港工作過，現在旅居加拿大，所以我對國內國外的生活都很習慣。

大哥有個女兒，還在美國，好像是在北卡羅來納州（North Carolina）。大哥女兒的女兒，與在巴西三哥的女兒聯繫上了，三哥有兩個兒子，一個女兒。三哥的老大在邁阿密做律師，有一天三哥的兒子在巴西給我打電話了，講到這些事情。四哥有兩個女兒，她們與三哥的孩子有聯繫。她們都是孫子輩了，叫什麼名字，我都記不住了。五哥、六哥的孩子也都出來了，六哥有幾個孩子？我都不曉得，因為六哥的太太，我始終沒看見過，我回上海也沒看見過。杜家的第三代現在全部在國外，全部出來了。

我父親是青幫裏最大的頭兒了，但是我們並沒有接他的班，更沒有進入幫會。我父親很重視長子長女，所以大哥、大姐在我們家裏的地位很高，吃飯的時候會比我們更早上桌吃飯，有一些重要的活動，由大哥代表我父親來出面應酬，即使這樣，我父親也沒有讓大哥進入到青幫裏面，做一個「子承父業」的人。不僅如此，杜家的子女這麼多，我父親都沒有讓我們走幫會這條路，都與幫會沒有任何關係，沒有一個人子承父業，這是我父親的高明之處！根本的原因是，我父親認為時代在變，幫會這種特殊時期的民間組織，遲早是要消失的。所以，我父親從來就不許我們接觸幫會，當然，我們也沒辦法接觸這方面的人。幸虧杜家的子女們都沒有走我父親那條路，否則，恐怕我們很難像現在這樣，我們這一輩和下一輩都能夠在世界各地平平安安地生活、安安心心地工作。

在潘翎（Pan Ling）寫的《舊上海：幫派的天堂》（*Old Shanghai: Gangsters in*

Paradise）一書的最後章節中，專門提到我們兄弟姐妹和杜家後代的情況，挨個兒介紹了每一個人的工作生活情況，特別說明沒有一個孩子「子承父業」（following Du's step），無論男女，都有自己的事業前程和幸福的婚姻家庭。潘翎在寫我們兄弟姐妹時，沒有寫我的弟弟杜維嵩，估計她不知道，因為維嵩去世得很早。

【廿九 我父親的書不好寫：歷史與傳奇】

Big Ear Doo，海上聞人

如果要從網絡上用英文查我父親的名字，可以用拼音 Yue Sheng Doo，有的時候用 Dou。還可以查 Big Ear Doo，這是外國人給我父親起的外號，因為我父親的耳朵比較大。我們國內常常用的「大亨」、「海上聞人」，很難翻譯成英文，沒有十分準確對應的詞，這些詞，只有中國人才能理解，大亨聞人就是大人物，一提到大家都曉得的人，不一定是壞的，也不一定是好的，中性的詞，但很有意思。「聞人」和「杜先生」這個稱呼，我父親同時期的其他幾個人，黃金榮、張嘯林啊，都不這麼叫。當時的人，都叫黃金榮為黃老闆，而我父親，沒人叫他杜老闆，都叫他杜先生。

有人曾經建議成立一個我父親的研究會，我不這麼想，一個是太晚了，另一個是，這個東西不要搞，不知道什麼時候就認定為非法組織，到時候倒霉的人就多了。研究可以，就是不要成立什麼組織，我私底下研究，誰也不會管！

外國人根本寫不出來我父親的書，他們不能深入了解幫會的事情。幫會在外國人的想法裏就是黑手黨，我始終不看外國人寫我父親的東西，他們用的都是中國的資料。美國的 *LIFE* 雜誌，解放前，曾經發表關於我父親的文章，主要的是講我的三哥杜維屏和蔣經國的事，文章裏說的很多都是抗戰時期我父親的事情。抗戰這部分，是我父親最風光的時候，是兩岸都比較認可的。

歷史與傳奇，一半一半

有一次，一個外國人說我父親就是 legend、legacy，他們是這樣理解我父親的。我父親是在一個特殊的時代、特別的環境裏產生的，也就是我們通常說的十里洋場的舊上海灘，那個時代已經一去不復返了，但那個時代產生的人物故事和傳奇，卻長久地流傳了下來，成為人們傳誦的文學作品，以及各種藝術形式表現的基本素材。如果打開網絡，搜索我父親的名字，估計會有很多很多頁；寫我父親的書籍就更多了。當然，這裏魚龍混雜、良莠不齊；如果再進一步搜索，可能會在說書、小說、評話裏面，找到更多關於我父親有趣的故事和傳說，人們總是在茶餘飯後閑聊時津津樂道這些事情。

就像有一句話說的那樣：歷史，講的是事實，但是，人們有時不情願接受；傳奇，講的是故事，甚至是虛構的傳說，但是，人們卻很願意相信，更樂於傳播。其實，我父親的一生，這兩個方面都有，也許是一半一半吧！或者，在有些人眼裏，似乎是傳奇更多一些吧，比方講，在評彈評話裏，就有很多我父親的故事，人們更願意像聽說書一樣，在茶餘飯後，聽着那些不太久遠的舊事。英文詞兒 legend 或者 legacy，就有傳奇、傳說的意思，故事性、戲劇性很強，所以大家都願意去聽，願意口口相傳。就像《三國演義》比《三國志》流傳更廣、更容易成為人們街談巷議、茶餘飯後的話題一樣。我父親的事情也是這樣的。

缺乏文字記載，傳奇故事多，坊間喜好寫武俠演義小說

我父親的事情，就像我上面講的一樣，網上、評書裏，還有各種研究報道愈來愈多，但準確不準確就很難說了，到現在為止，很難說關於我父親的哪一本書寫得最好，這個問題，我會單獨來談談。有一點很明確，那就是我父親的很多事情，是從人們的嘴巴裏講出來的，確切地說，是從他周圍的親友和同時代交往的人口裏講出來，因為我父親沒有很多的文字記錄留下來，文本文件的記錄很少，只能是依靠「口口相傳」了。這個「口口相傳」，一方面是保存在一些藝術形式裏，比方講評彈評話裏面保留下來的故事；另一方面，也是更重要的方面，是與我父親一起打天下的他的兄弟、學生和朋友，

還有與我父親一起生活的親屬，從這些人的口裏，可以了解到真實而又準確的我父親，就像現在做的這個「口述歷史」的形式就很好。但是，現在這個「口」愈來愈少了，甚至沒有了，很多人差不多都走了，非常遺憾啊！如果再不及時採訪記錄，恐怕有些事情就永遠不會知道了，都帶到墳墓裏了。

現在的一些人，眼光很窄，比如說寫我父親、寫孟小冬，應該把有關係的人都去了解一下。像我以前講到的盧燕的母親，因為盧燕一直和我們家裏有來往，她小的時候，就常常住在我家，對我們家的事情很了解，盧燕現在在美國。還有張翼樞，他的女兒九十多歲了，現在美國舊金山，她的弟弟還健在。張翼樞是在法租界工作，有很多事情他都知道的。要了解當時的上海灘、十里洋場，法租界是非常重要的。租界是我父親活動的重要舞台，抗戰勝利後，我父親被國民政府冷落，與取締上海租界有關，政府可以直接在上海行使權力，不需要顧及租界問題。而在取締之前，政府的力量不是百分之百地能夠進入上海灘，特別是租界。租界的權力很大，特別是法租界，因此政府需要像我父親這樣有影響的人。

我父親的事情，潘漢年、朱學範和章士釗，他們知道得很多，而且是我們很多都不知道的事情。還有，章行老的夫人章太太殷德貞更曉得杜家的事情，因為章太太在我們家裏來來往往的，她知道很多事情。他們的下一代人，在上海、香港、台灣和美國還是有，但不太多了。前不久，上海來了一個人，來採訪我，我就直接說，你這個電影拍不好。任何人要拍我父親和孟小冬的電影，都拍不好。那為什麼呢？因為他們不了解真正杜家的事兒的，知道杜家舊事的人，差不多都走了。

所以說，做我父親的研究很難，原因是缺乏文字資料。我父親沒有受過什麼正規教育，在當時的條件和環境下，有很多事情是不可能有文字記載的，缺乏文字資料，有很多事情就不曉得。有些事情，我父親安排家人朋友，或者賬房做了就做了，也不會留下什麼文字記錄的，所以只有我父親和當事人清楚，外人就不知道了。像我父親在西安賑災的事情，到現在我都不清楚，如果到西安去問一些老先生救災的事情，他們可能知道，但是一般的人不曉得。現在不能完全靠年輕人，年輕人只是看書，書裏的東西不一定可靠。比方講，他說的最後一句話，很多人就對這句話沒搞清楚。我父親的意思只是對未來生活抱有希望，跟共產黨和國民黨根本沒關係。現在很多人對這句話附會得很厲害，甚至是一種宣傳，是台灣的政治宣傳。

再有，我父親的事情在評彈評話裏面有很多。溫哥華有一對在國內演奏評彈的藝術家，他們見到我，送給了我一張光盤，還合了影，光盤裏面是他們演奏的關於我父親的評彈評書。評彈評書是江浙一帶最流行的藝術形式，特別是在民間，常常是在茶館、小店一類的地方演出，類似於北方的說書。在網絡上查找關於我父親的評彈評書，可以找到很多這方面的資料，包括我父親與戴笠。我父親開玩笑地說，他介紹胡蝶給戴笠，撮合他們，我說是給戴笠「做媒人」。我父親的事情常常是評彈說唱裏的話題，過去什麼樣的人才能成為說書的主角呢？梁山好漢、三國演義的人物，是傳奇性的人物。評彈裏講的很多故事，很多人是不知道的，而且一般人聽不懂的，因為評彈是用蘇州話，蘇州腔濃重得很。

大陸和港台出版的關於我父親的書，至少有幾十種以上，大部分的書我都買了，我要看他們是怎麼寫的。我覺得，他們的很多書是在寫武俠小說，演義得很厲害。比方講，有一本書《杜月笙秘傳》，是我在上海飛機場買的，一共只有兩本，我買了一本，買了以後，飛行員中的一個人就追我，要我簽個字，他把另一本買了，他們知道我是誰。《杜月笙秘傳》裏面的圖片很多，這本書的副標題是：上海灘最厚黑的教主爺。呵呵！我父親不僅是黑社會裏黑幫幫主、教主，Godfather，還是教主爺，Grand Godfather，簡直是荒唐！我前幾天，在電腦上看到說我和我父親的事情，這裏面是一塌糊塗的，亂七八糟的，裏面有個題目是杜月笙的兒子、後代，這裏面錯誤多得不得了，二嫂變五嫂，五嫂變二嫂的。看看坊間的很多書，就是瞎編出來了，根本不能相信的。

三十 寫我父親的書

徐鑄成寫得最好

在七十年代末八十年代初，我開始陸陸續續回大陸。大概是在一九八一年前後吧，那時正是改革開放的初期，很多人的觀念還停留在文革時期，思想和言論還不那麼自由。當時，我就聽說也看到了一些，由上海新聞界的著名老報人徐鑄成先生，撰寫的關於我父親的連載傳記文章，一篇一篇地在報紙上刊登出來，引起了很大的轟動，後來彙編成一本書《杜月笙正傳》。這本書雖然簡單，但是分量很重，應該是新中國成立後，最早的也是寫得最好的一本書吧！現在很多人都不太知道了。徐鑄成是我父親那個年代過來人，他見過我父親一面，而且長期在報紙新聞機構工作，對當時的上海時政和社會信息非常了解，而且他是個非常嚴肅的老報人，也是個敢說真話的新聞工作者。

徐鑄成說，作為一個上海人，不應該不知道杜月笙。很多上海人，特別是年長一點的上海人對我父親都很熟悉，而且懷有一種特別的情懷。他們認為，我父親在上海灘，通過自己奮鬥白手打出的一片天下。現在環境變了，就不太會有我父親那樣的人物了。這裏面有許多人，在打天下的時候，外面的人都不曉得，比方講，法租界的張翼樞，徐鑄成的書裏特別提到了他，就像我前面提到的一樣，他在法租界是會講法文的，他們一家都會講法文，和我父親關係非常密切，甚至比跟黃金榮更熟。

「對杜月笙絕不想以濃重的白粉，一筆塗抹」

在徐鑄成書的序言裏（楔子），專門提到我父親和「四一二」，他說，對於像我父親這樣特定時期的特定人物，「對杜月笙這個具體人物，絕不想以濃重的白粉，一筆塗抹。在一九二七年，他和黃金榮等曾被蔣介石利用，作為發動『四一二』政變的工具。」在書的最後「尾聲和小議」裏，徐鑄成明確地說：「歷史上有不少『遊俠豪士』，上海更出現過不少『大亨』、『聞人』，但像他這樣『八面威風』、名聞中外的，可以說沒有。而從『三座大山』推倒，社會制度徹底改變以後，再要出現這麼一個傳奇人物，肯定也不可能了。」

所以，徐鑄成是最早寫我父親的書，有那樣的評價，是需要一些膽識的。徐鑄成有一個學生，叫鄭重，也在《文匯報》工作，現在也有八十多歲，寫了好幾本書，有意思的是，徐鑄成寫我父親，鄭重寫我，兩代人寫兩代人，這是緣分啊！

我父親六十大壽時的二百三十多個頭銜

徐鑄成在他的書裏，專門講到我父親六十歲時的「履歷表」，估計是由我父親親自審定，很有意思，徐鑄成在書中抄錄全文如下：（編者注：原文沒有標點，編纂時統一添加。）

姓名：杜鏞，表字，月笙。籍貫：上海。年齡：六十

擔任職務：上海市參議會參議員，上海地方協會會長，中華民國紅十字會總會副會長，上海慈善團體聯合會董事長，上海市社會救濟事業協會理事長，中華民國機製紡織工業同業聯合會董事長，上海市商會監事，上海市銀行商業同業公會常務理事，上海市輪船商業同業公會理事長，第四區麵粉業同業公會理事長，國營招商局理事，中國銀行、交通銀行董事，中國通商銀行董事長兼總經理，中匯銀行、浦東銀行、國信銀行董事長，上海華商證券交易所董事長，華商電氣公

司董事長，沙市紗廠、榮豐紗廠、恒大紗廠、中國紡織公司董事長，西北毛紡織廠董事長，大達輪船公司、上海市輪渡公司董事長，華豐造紙公司董事長，大中華橡膠公司董事長，上海魚市場理事長，通濟貿易公司董事長，正始中學主席校董，浦東中學主席校董，復旦中學校董，大東書局主席董事，《中報》董事長，《商報》董事長，《中央日報》常務董事，《新聞報》董事。

業餘娛樂：平劇。家庭狀況：子女十人，其中三人在美學習教育、紡織、銀行，均已歸國，一人在中央軍校畢業，現都在金融、實業兩界服務。

附注欄內說明的：「所開各項事業，或為單創，或為合營」。由此可見，上面羅列的都是我父親親自參與的機構，掛名的都不其內。

徐鑄成很認真地統計分析了一下我父親履歷，有三個特點：一是按照頭銜分類，包括掛名和實際擔任的董事長、理事長頭銜，我簡單數了一下，約有七十五個，常務董事及一般董事、理事的名義，有二百三十多個。二是按照行業和資金進行了分類，我父親共涉及到十九個行業，最主要的是金融，包括證券信託，紡織、麵粉等民生領域，不包括地產、榨油，木行、水果地貨、藥房、參行，乃至澡堂等等；三是資金數額大，銀行證券肯定數額巨大了，至於紡織實業，資金都在九億至二十億元，在當時是巨額資產了。

徐鑄成具體羅列了這些頭銜和領域：銀行共有五家，信託公司三家，輪船航業公司三家，電氣公司八家，上海資金在二十億以上的紗廠十九家，其中有四家為董事長，九億資金的三十五家，他擔任董事長的有九家。除上述頭銜之外，掛名的：有麵粉廠七家，造紙廠六家，製藥廠三家，捲煙廠二家，橡膠廠一家，化工廠十二家；百貨貿易公司二十八家，大小報館共十一家，出版印刷三家，書店六家，電影公司五家，大飯店六家，旅館四家。

徐鑄成的書，是我見到關於我父親書籍裏寫得最好、最準確的書。

潘翎的英文書比較公正

在寫我父親書的作家中，潘翎也是比較早的一個，而且她是用英文寫我父親的傳記，題目叫 *Old Shanghai: Gangsters in Paradise*。潘翎是解放前出生在上海，華裔，後來加入英國國籍，她的英文名字叫 Pan Lynn。潘翎的很多書籍都翻譯成了中文，唯獨這一本比較早的關於我父親和老上海的書，沒有翻譯成中文，限制了很多不懂英文的中文讀者的閱讀，但這本書是國外學者了解研究我父親和舊上海最重要的書籍。

一九八一年我去上海，有一次統戰部張承宗部長在錦江飯店請我們吃飯，八十年代那個時候，外賓和外籍人士只有在有限的幾個地方可以接待，包括錦江飯店，其他地方不可以居住吃飯的。張部長和我的岳父譚敬、老五夫妻和我們一起吃飯，旁邊坐了一位女士，就是後來用英文寫我父親書的潘翎。潘翎也是外賓，她去上海也住在錦江，她那天跟我吃飯，當時我不知道她是誰，她也不知道我是誰，也沒有問我什麼問題，吃完飯以後，她問張部長，張部長才告訴她我的身份，吃飯之前和之間都沒有提到。後來，她有了寫我父親書的想法，得到了張部長的支持，因為張部長是解放前的老地下黨員，對上海的事情很了解，應該見過我父親，我想她從統戰部那裏看到了很多資料，統戰部的內部資料可能外面的人都看不到，這些資料很多應該是內部真實的資料，杜家老小在解放前和解放後一直都是統戰的對象。

為什麼說潘翎一定看了很多內部資料呢?比方講，她連我在台灣的經濟部門做事情，甚至於我在中山科學院做事情的背景她都知道，中山科學院是個軍事部門，很少人知道，但她都曉得，這可能是從統戰部門了解到的吧。她寫書，沒有政治立場，寫得比較客觀，資料來源也比較準確和權威，英文只有這一本是暢銷書、寫得最好。她出了這本書後，我們再也沒有見過面，就是那一次見面，促成了她寫我父親的書。這本書出來以後，我是在香港看見的。飯桌上的啓發，寫出了好的傳記，這也許是她和杜家有緣分吧！

這本書是在香港和新加坡出版的，是用英文寫的，實際上是寫給外國人看的。這本英文書大概三百多頁。如果是中文，影響度就更大了。因為是英文書，很多人看不懂，所以在大陸知道的人就不是那麼多。反而在國外，外國人了解我父親，很多人是看了她的書，她的名氣在國外比國內大。這本書相當難買，我記得當時買了二十多本呢，親戚朋友都想要，我的外國朋友就拿去不還了。到現在，我家裏就剩了一本。

潘翎寫這本書有一個不同的角度。她說我父親產生在那個時代，不僅僅是個歷史，而且是個傳奇（legend），這個 legend，有歷史的含義，也有傳統、傳說、故事的含義。潘翎認為，在當時的上海，甚至中國，我父親是個傳奇，而且這個傳奇影響着當時的人們，甚至現在還有影響，滲透到了我們的生活之中，和現代人的生活息息相關的，這也許就是為什麼現在很多老上海人，甚至包括上海的一些年輕人，對我父親和我父親的故事不能忘懷的原因，就像徐鑄成說的那樣，作為一個上海人，不能不知道杜月笙。

徐鑄成說到上海人，其實浦東人更是對我父親有一種特別的感情，有一件事情也很有意思，在我們做這本口述歷史書的時候，上海文史館的一個負責人告訴我一些有趣的事情。他是浦東人，跟我父親和杜家是同鄉，他的家距離高橋鎮不算遠，他的一個姐姐就嫁在高橋附近，曾經居住和工作在高橋，現在已退休遷居別處。巧得很，她的婆家就在高橋杜氏祠堂南面不遠的地方，這位負責人年輕時，常常去看他姐姐的時候，總是帶着好奇心，跑去看看傳說中的杜氏祠堂，是特地去看的，不是路過，他通過祠堂大門看看裏面，覺得很神秘。杜氏祠堂在解放後成為軍事駐地，不能夠對外開放的，我幾次回國都無法進去看看，至於為什麼，也沒有解釋，我想可能是因為軍事要地！他還告訴我他們小的時候，浦東、高橋的老人們都會談到我父親，甚至在他們最早的概念中，除了知道毛主席、周總理，第三個人的名字，就是我父親杜月笙，近代浦東出了幾個名人，恐怕以前很長一個時期裏，我父親在浦東老百姓的記憶中是名列第一位的，家鄉的父老鄉親，包括文史館的那位浦東老鄉，對我父親和杜家念念不忘，我看到浦東地方志研究機構，也常常有關於我父親的研究發表公佈，很讓人感動啊！

恒社的《杜月笙先生紀念集》

我父親去世後，恒社在陸京士主持下，做了兩件事情，一是編印《杜月笙先生紀念集》，另一個是編寫出版《杜月笙傳》。我父親靈櫬遷回台灣以後，一九五二年十一月，恒社同仁彙聚在一起，邀請我的家人和我父親多年好友、身邊親信，撰寫我父親的回憶文章，以恒社的名義印刷了《杜月笙先生紀念集初集》作為紀念。《初集》收入十五篇回憶文章，包括許世英、吳鐵城、俞鴻鈞、洪蘭友、顧嘉棠、胡敘五等。過了兩年，也就是一九五四年八月，又編輯印刷了《杜月笙先生紀念集二集》，包括杜維藩、陸京士、錢永銘等人的紀念文章和安厝挽聯祭文等十七篇，二十多萬字。《杜月笙先生紀念集》初集、二集，都是于右任題的字，二集印刷得很少，二集裏面有所有恆社會員名字。這兩本紀念文集，都是與我父親多年交往，並且都是親身經歷過的人寫下來的回憶文章，應該說是最真實、準確的了。只可惜這兩本文集，當時只是為了紀念回憶我父親，印刷以後分發給了部分親朋好友和恒社會員，一些健在的人或者後人手裏有，沒有正式出版，所以很多人看不到。前不久，我看大陸一家拍賣公司，拍賣過《杜月笙先生紀念集》初集和二集。

《杜月笙傳》只是陸京士的看法，章君穀反對共產黨

上面談到的陸京士以恒社名義做的這兩件事情，對後人了解和研究我父親有很大的幫助，這應該要肯定的，這表明他對我父親還是很忠誠的。但是，他也不是完全站在公正的立場，是有私心的，除了他對杜家的哪一房、哪一室，他都有偏心之外，另外由他主導的《杜月笙傳》，他的立意出發點是站在台灣國民黨的立場上，反對共產黨、反對大陸的。所以說，他的一些看法只能夠代表他自己，並不是我父親的看法，也不是我母親們和杜家子女的看法，無法代表我父親和杜家。這是就這本書立意角度講的，必須注意；另一方面，就目前出版的我父親的各種書籍中，應該說這本書是最詳細，在具體史實方面也是相對準確的，這是值得肯定的，所以，看這本書要從兩方面、有分析鑒別地看。

《杜月笙傳》是由章君穀撰寫、陸京士審定。一九六六年十二月二十一日，陸京士以恒社名義邀請杜家親屬和我父親的學生好友，商議編寫傳記的事情，當時我母親、大哥維藩夫婦、二哥維垣的太太，以及恒社主要核心成員參加了，最後決定，請當時的傳記作家章君穀執筆，確立了「內容務求其真切純摯，生動翔實，以期信而又徵」的原則，撰寫《杜月笙傳》。

章君穀在上海《申報》等報社工作，後來到了台灣。《杜月笙傳》的素材，是他根據以當時與我父親有關的親屬、朋友的口述採訪，以及他們提供的文字資料為主，寫出來以後，開始先在《傳記文學》雜誌上連載，每期傳記由陸京士審訂後發表，一九八九年彙編成書，由台灣傳記文學出版社出版，命名為《杜月笙傳》，共全五冊，書籍署名是章君穀著、陸京士校訂。出版前，邀請台灣近代史學者沈雲龍教授將全書中的重要史實做了檢查和修訂，此書二〇〇二年、二〇〇八年再版。大陸在二〇一一年也出版了這套書，但是刪節了很多內容。

這套書的影響是很大的。但是這本書有很強的政治性，他們出書有他們的政治目的，是反共的，罵共產黨的。陸京士是個政客，反共完全是從台灣國民黨的立場出發的，這個可以理解，因為書是在台灣寫的出版的，這與當時台灣的政治環境也有關係，那時台灣還沒有解禁。所以，這本書寫得不公正，政治立場太濃厚，反共思想強烈，不夠客觀。如果公正的話，不管是國民黨還是共產黨，對就是對，錯就是錯。所以，看這套書的時候，要小心他的政治觀點和立場。而我父親的秘書胡敘五寫的我父親的書，就客觀真實得多。

胡敘五的書準確客觀

最近台灣出了一本我父親的書，是胡敘五寫的，書名是《上海大亨杜月笙》，還不錯。胡敘五是我父親的秘書，而且是時間最長的秘書，一直從上海到香港，他是從身邊人角度寫的，很多內容外面人不知道的。在書的序言裏，是這樣介紹胡敘五和他的這本傳記的：「一九五一年八月十六日杜月笙病逝香江，一代人豪在此劃上句點。胡敘五後來則孑身客寄香江，僅靠賣文為生。據金雄白說：『敘五狀貌如三家村學究，木訥又如一謙謙君子，對同文中稍有一得的人，即服膺勿替，說話帶有濃重的安徽土音，雖訥訥不出於口，但嫉惡如仇，極富正義感。他因曾為杜月笙佐筆政，過去時與俠林中人交遊，最難得的就是並未沾有此中習氣。敘五下筆輕盈，辭意茂博，如以貌取人，不信是出於其手。』一九七〇年他病逝香港。」

書裏的第一部分，是由胡敘五早年寫的長篇章回體《杜月笙傳》。第二部分是用了恒社同仁所編《杜月笙先生紀念集》初集、二集的部分內容，收錄包括錢永銘、大哥杜維藩、吳開先、陸京士在我父親去世不久寫的回憶文章，還有其他關於我父親的文章。

書的扉頁上，還有我二姐杜美霞的「授權及聲明書」，寫道：「茲有《杜月笙別傳》經本人審閱確為先嚴秘書胡敘五之著作，今將重印特提供先嚴珍貴照片數十幅，以光其書。」落款「杜美霞，二〇一三年二月四日」，鈐印杜美霞。

我很早就認識胡敘五，他和黃國棟他們一樣一直就在杜家，我們都很熟悉。他是個書生，不太會講話，不會交際應酬，但文章寫得好。很早的時候，還在大陸時，他就跟着我父親做文字秘書，後來跟着去了香港，一直做我父親的秘書。我父親給蔣介石和毛主席的信，就是胡敘五根據我父親的口述草擬的，還有我父親最後的遺囑也是胡敘五寫的。書裏面講了很多其他書裏沒有講到的事情，他作為秘書，應該知道很多外面人不知道的事情，而且是比較準確的。

其實，這本書是重印，很早的時候，應該在六十年代，胡敘五曾經用楊威的名字寫了我父親的傳記《杜月笙外傳》在台灣出版，而且再版了很多次。最新重版的《上海大亨杜月笙》，增加了署名蔡登山編。這位蔡登山，我不認識，應該是台灣的一個出版人，對我父親和京戲很有研究，他曾經給再版的《談余叔岩》寫了序言，這本書是由孫養農和孟小冬合著，他對杜家好像是很了解的，也很感興趣。在重版《上海大亨杜月笙》，編者蔡登山寫了〈一本被輕忽的重要傳記——寫在《杜月笙傳》之前〉的序言說，胡敘五最早用「拾遺」作為筆名，以章回小說體寫了我父親的傳記，據胡敘五自己講是為了糊口賺稿費，後來彙編成一本書。我不知道他「拾遺」這個筆名，但是最早應該是在六十年代他以「楊威」的筆名，寫了我父親的傳記《杜月笙外傳》，在上海報刊也有刊登，大部分是在香港報刊連載的，當時他也不願意讓別人知道他是我父親的秘書，所以他沒用真名。

胡敘五的這本書還是值得一看的，他寫得更真實，不像陸京士、章君穀的書有複雜的政治背景。

順便提一句，在台灣的浙江畫家、作家陳定山，寫了很多舊上海的掌故趣聞，《春中舊聞》、《春中舊聞續》和《春中續聞》，他也寫了我父親的逸聞趣事，很有意思，寫歷史的書和老上海的舊聞典故等等，我很喜歡看。在胡敘五的《上海大亨杜月笙》中，也收入了一篇陳定山寫的〈迎月笙先生靈櫬歸葬國土〉的文章，文筆很好，是老派文筆、寫法，用半文言文寫的，裏面講到了我父親去天目山和莫干山避暑時，請到一些文人墨客同行，在一起海闊天空的閑聊，陳定山就是其中之一，他從自己與我父親交往的經歷，記述了我父親很多外面人不知道的事情，和他自己對我父親的評價，可以參考。

卅一　我與我父親時空對話

穿越對話談忠義

如果我父親現在還在，我要跟他談談對很多問題的看法，就是對同一件事，從現在看和從以前看，我和我父親可能對有些事情的看法會不同的，甚至很不一樣的看法，我們父子可是很有得談啊！我的看法始終是跟我父親有差距的，我的理論他不會接受，比方講，我覺得死並不可怕，死就是睡一大覺，一個不醒的覺，而且是每個人都要走到的一個階段；我父親不是這樣想的，他希望延續生命，拖一天是一天。但我最要緊的是要與我父親討論忠義的問題，特別是愚忠，因為這是我父親最看重的方面，而我的看法與他有很大的不同。

在我父親一生中，「忠義」的概念特別強，所以有「義節聿昭」的評價。但是，要談到政治，「義」這個字就很麻煩，義是個正面的詞，過去都講義，義氣、仗義，兄弟之間也有義，像張嘯林的死，戴笠要殺張嘯林，這個事情很麻煩，在幫會裏面講是絕對不允許的，因為是外面人要殺他，但是從國家大事的方面來說，又必須得這麼做。戴笠要殺張嘯林，徵詢過我父親的意見的，但是，我父親不表態，不能夠表態的。張嘯林死了以後，我父親也沒有發去弔唁電報，但是，我父親一直接濟幫助着張太太，還有支持張法堯在國外的學習。這實際上是我父親忠義思想的體現，這是好的方面。當然，我父親在忠義方面，還有很多值得推崇的事情，他能夠在上海灘和其他地方有那麼大的影響力，有那麼多的朋友，也是他的忠義做得好。但是，我要與我父親談的是，忠很重要、也很好，是每個人對國家的責任和個人的表現，可是愚忠就不好了，甚至是害人的了。

這個忠是秦統一以後儒家思想的核心。春秋戰國時期，都是城邦制的國家，以城池為中心，最後還是要統一的，就像秦始皇統一六國。假使按照這種城邦制發展，也不會走到當年希臘城邦制度。因為中國有中國的特色，城邦國一強起來，一定要掠奪財富土地，好聽的，就叫擴張，難聽的，就叫侵略。歐洲的很多城邦國家，也是一樣的，像希臘和斯巴達，打得很厲害。但最後還是以城邦的形式存在下來了，這與文化有關係，希臘的文化一開始就是民主。春秋戰國時，思想也是很活躍的，各種流派很多，秦統一以後，焚書坑儒，廢除不同政見的各種流派。漢武帝時採納了董仲舒的「罷黜百家，獨尊儒術」思想，只有儒術，沒有百家，儒家就提出忠的思想。

儒家的思想根深柢固，孔曰成仁，孟曰取義，這就是忠。這種思想一直影響到現在，仍然佔據人們的頭腦，台灣的忠烈祠，上面寫的就是這四個字：「成仁取義」，過去推崇的為了名、節，最後要殺身成仁、捨身取義，這根本上就是提倡忠。

深受說書和京戲裏忠義、甚至愚忠的影響

我父親特別喜歡看戲，包括京戲，而京戲是一種說教的藝術，就是每齣戲，最後都要闡明一個核心主題，就是忠義、孝悌、氣節等。我父親還歡喜聽評書，評書也一樣是一種說教藝術，我父親最喜歡的是《三國演義》，講的都是一些傳統儒家推崇的理論，帝王將相、桃園結義、捨身取義，都是這一類的。我父親最喜歡的京戲是岳母刺字、四郎探母、搜孤救孤等，都是講這些內容，他肯定也認同、接受這些思想，在他們那一代人，這種思想很嚴重。搜孤救孤，又叫趙氏孤兒，就是春秋戰國時候的事情，為了這一個孩子，死了兩百多口人啊！這兩百多口人，在中國歷史上不算什麼。你看燕王殺了方孝孺多少人呢？方孝孺為了建文帝，一共死了一萬多人。他不是滅了九族，而是滅了十族，除了我們通常說的九族，還多了學生這一族。方孝孺跟燕王講：滅了十族何妨？燕王講，你想死，沒那麼容易。結果，也把他的學生一族也給殺光了。姚廣孝還和燕王說，這個人不能殺，殺了天下就沒有文人了。結果，還是殺了。

我認為，忠的前提應該是個人的觀點和行為不能影響到其他無辜眾人的性命，否則

就是愚忠，像方孝孺，那都是愚忠。愚忠害人呢！還不知害死多少人呢！但是忠有一點，不要牽涉到無辜。方孝孺認為要為老君主死，當然沒話講，如果牽涉到很多無辜的死，那就是愚忠，就是做得不對的。

「忠」是一個中國人對他崇拜的人服從的表現，但當你活着的時候，你沒有辦法來表現，因此唯一的辦法是「死」。

我有一個看法，我認為如果說一個人，他有愚忠，會為某一個人，哪怕是為君王而死，這個人是非常沒出息的人。我覺得我的這個看法，很可能與我父親的看法不一樣。我父親是從歷史上的《三國演義》、《水滸傳》這個角度來看待忠誠的，不能夠不忠，他受傳統的忠孝節義影響很深的。

我的看法就不一樣，這一點絕對跟他不一樣。我父親就是愚忠，因為他太相信蔣介石了，結果蔣介石把他甩掉。所以他到香港最後明白了，周恩來是很希望他回去的，毛主席也希望他回去。不過，他後來看出了這一點，就是兩邊都不得罪，既然不去台灣，也不回大陸。但是，他不說出來，可是他做了，做了就可以說明他的看法有變化了。這是我父親「刀切豆腐兩面光」原則的最好體現，這是聰明的做法。

如果我父親沒有病逝，最後會選擇哪裏

解放後，我父親在香港暫時停留，同時派了大哥回上海，一方面打理一下上海的生意，另外一方面，也了解一下新政府的情況。當時我父親國內的很多朋友，包括章士釗、朱學範都是主張我父親回去的，章行老還親自來香港當面勸我父親回去。但是我父親最後決定還是暫時留在香港，當然他有他的原因了。直到現在還有很多人講我父親當初為什麼不回來呢？我講回來幹什麼呢？回來以後，文革逃得過嗎？

如果我父親沒有病逝，我覺得去台灣的可能性很大。有人曾經問我：如果你父親沒有因病突然去世的話，他會待在哪裏呢？還是繼續待在香港嗎？我認為他不會的，他很可能會去台灣。因為，我父親的靈櫬遷回台灣去而不是大陸，這是為什麼？因為台灣有他的很多老朋友，雖然我父親與蔣經國不對，但是我父親不會在乎這些。後來我父親去世以後，我母親和家裏人搬到台北居住，我母親在蔣介石在世的時候，常常去官邸唱京戲，每週都與蔣夫人一起做禮拜。蔣介石過世後，我們家與蔣經國也就沒有什麼來往，當然，也沒有什麼為難的事。偶爾在一些場合遇到我母親，比方講，有一次，我母親與朋友在飯店吃飯，蔣經國恰好也在，他很禮貌地主動走到我母親面前打了招呼，表示尊重。

我父親接受傳統的正統和忠義思想，這是他根深柢固的觀念。我父親會認為，蔣中

正是孫中山接下來的人，是符合傳統正統的，而毛澤東在那個時候，不是正統，是反對現有政府的，我父親對這種所謂的正統和傳統的觀念是很重視的。這跟他喜歡聽評書有很大的關係，他雖然沒有接受過什麼樣的教育，但是他的想法是從《三國演義》這樣的說書裏面得到的，最核心的就是忠義，所以我父親對於忠義節氣很看重。

卅二 真實的父親

大年初一給父親磕頭拜年

那個時候，在我們家裏，我父親發紅包那可是件大喜事兒，所有的人都很開心，特別是過年，上上下下都有紅包的。來給我父親拜年的人，也都會給我們和家裏人紅包。比方講，錢永銘到杜家拜年，杜家的小輩、下面的人，包括賬房，還有保鏢、司機、廚房都有紅包的，全部都要打發的。他不是自己給，是有專門的人負責發的，見面拜個年，說聲新年好！然後就給個紅包，有點像現在廣東香港的派發利是。所以，逢年過節，杜家上上下下，大喜慶、可開心啦！

我父親那個時候講老規矩，年初一不開灶，所有的菜都要在三十晚上前準備好。過年的這些事情通常是管家賬房黃國棟他們安排準備的。從陰曆二十幾就開始準備，小年夜、大年夜、年初一、初二、十五，都要準備好。三十晚上都要去老公館吃年夜飯，我們那時候比較小，就不去吃年夜飯了。但是第二天一大早，就是年初一，我們都要去老公館，給我父親磕頭拜年。因為我們不住在老公館，老公館我從來沒住過，我和我弟弟、阿姨住在老公館對面的奚家。我母親住在十八層樓七〇六，前樓太太、二樓太太、三樓太太都住在老公館，杜家老小就都到老公館給我父親拜年，還要給其他長輩們乾爹乾媽的去拜年。我還記得去見過林桂生，也是我在小時候拜年時見的，一共見過兩次。後來抗戰的時候，我父親到了重慶就沒有了。從重慶回到上海後又恢復了，很熱鬧的。

那時候拜年，一定要磕頭的。我父親在老公館坐在那裏，我們兄弟姐妹就磕頭，磕頭拜完年，我父親會給每人一個紅包。抗戰勝利以後，我父親不住在老公館，老公館是二樓、三樓太太和大哥他們住。我父親剛一開始，是住在顧嘉棠——顧家伯伯那裏，後來就和我母親住在十八層樓，我和我弟弟維嵩還是住在奚家。我們家裏的老習慣是過年一定要喝蓮心湯，客人來了也喝蓮心湯，是用紅棗、蓮心煮的湯，吉利、也很好喝。

另外，我父親還要安排給浦東老家的鄉親送東西，過年過節，要送米、送肉、送錢，夏天給浦東老家人送防痧藥水和其他常用藥，我父親不會忘記浦東的家鄉人。這些事情通常是萬墨林、朱文德他們去辦、去送，因為他們是從浦東老家來的。市區裏，就是由黃國棟安排送，這些東西都是要由管家賬房黃國棟提前準備好。

後來過年的時候，就在我母親住的十八層樓拜年了。我父親的學生弟子和好朋友們也都要來給我父親拜年，十八層樓的地方小，來的人太多，屋裏都擠滿了人，沒地方坐。他們來，除了拜年，還有另一方面的意思，這也是我父親和他的這些好朋友們的大聚會。拜完年以後，就到外面吃飯，家裏太小，也沒有辦法做那麼多的飯菜，也來不及做。來的客人都會給我們紅包，也一定要打點家裏下人。拿錢最多的是廚房裏的人，雖然他們不在家吃飯，但是大家習慣要吃點心，這些點心都是廚房做的。

說到廚房，我父親最喜歡吃的是揚州蛋炒飯。廚房的廚師，綽號叫小瞎子，會唱幾句京戲，他是揚州人，燒的菜和點心都好吃，他的獅子頭做得最好，就是白的獅子頭，不是紅燒獅子頭。我父親喜歡他做的揚州風味和本地風味的菜，特別喜歡清蛋炒飯、揚州蛋炒飯，我父親在外面應酬之後，回到家裏一定要再來一盤蛋炒飯。小瞎子和他弟弟一起，後來跟着我父親去香港，繼續在家裏燒菜，我父親去世後，他回到上海，最後生病死的。

爺叔、杜家伯伯、杜家姆媽

我找到一枚杜公館收信回章，這個章外面很少看到。這個章應該是黃國棟拿着，杜家的信件基本上都是由他簽收。黃國棟不僅是賬房，其實是管家。萬墨林不算管家，他因為出去在外面做事情，做米的生意，可是大家都習慣性地叫他管家。萬墨林跟杜家有親戚關係，他叫我父親為「爺叔」，就是叔叔，這種叫法是上海的地方方言，其他地方不這麼叫。在那個年代，只有比較親近的親戚關係，多數是有血緣關係的，才叫爺叔或者阿姨。比方講，我的阿姨就是我母親的表姐。解放以後，有的人把保姆傭人也叫阿姨，和那個時候的概念完全不一樣。

我父親去世以後，萬墨林、顧嘉棠他們都去了台灣。萬墨林晚年的時候生活很窘迫，沒有什麼錢，他的兩個女兒很揮霍，還賭錢，把他父親的一些積蓄都給花光、輸光了。所以，萬墨林常常向我母親借錢，他借的錢，有一些是還了，有一些就一直沒有還。

在我們家裏的稱呼，一般如果見到一個陌生人，就會說「這位先生」，對方報了名以後，才知道他是長輩還是晚輩。如果是我父親好朋友的孩子，比方講，錢永銘、楊管北的孩子輩的人，見到我父親就尊稱「杜家伯伯」，但是用上海話說出的音是「杜家爸爸」，伯伯和爸爸是發相似的音，對我母親就叫「杜家姆媽」，聽起來感覺就很親切、很親近。

父親刺了個小燕子，我也要刺花

刺花也就是紋身，在中國人的傳統觀念中是一個不太好的事情，人們往往把刺花和地痞流氓小混混放在一起。但是在外國人的觀念裏，不是這樣的，外國人很多人刺花，連女的都刺，那是一種裝飾欣賞了，當做藝術來看待的，是個人的興趣愛好而已，沒什麼大不了的。這個概念和中國傳統是不一樣的，即使現在也是這樣的。

很多人都認為，我父親穿長衫是為了要遮住胳膊上的刺青，其實不是的。我父親的刺青，非常少的人知道到底是什麼樣子的，刺的什麼圖案，沒有一本書上講得正確。我父親早年，只是在左手虎口的位置，刺了一個很小的小燕子，他後來不喜歡了，想把它去掉，但是很難去掉，後來顏色褪掉了、愈來愈模糊了，但還是有些痕跡，我父親也就不在意了，但也不需要用長衫遮着，再說長衫也遮不住那個部位的刺青。說他總是穿長衫，是為了不想讓人看到他刺青的說法是不對的。

我年輕的時候，大概是十幾歲吧，也要刺花。我當時的想法，不是好奇，就是喜歡和嚮往。我其實知道刺青就表明與幫會有關聯，刺青就是進幫了，表示與幫會多少有關係。像我父親刺的小燕子，那是早期入幫會時刺的。後來，我母親不同意我刺青，她說，你爸爸的刺青都想去掉呢，你還刺什麼呀！後來就一直沒有刺。我覺得這是我父親的意思，我父親也不會同意我刺花的。

歡喜中式裝束，什麼首飾都不戴

我前面說過，我父親穿長衫不是為了遮住刺青，他就是歡喜穿中式的衣服。唯一一次就是一九二七年穿軍裝的照片，那是覺得新鮮吧，就穿過那一次，後來就不穿了。我有一次覺得好玩，學我父親，也拍過一張穿軍裝的照片。我父親很少穿皮鞋，我只見過一張照片是穿了皮鞋，是早期我父親與黃金榮、張嘯林的三人合影。他也不用懷錶，他身上不戴錶的，倒是頭上常常戴個老式銅盆帽。電影電視裏演的什麼帶個懷錶啊、拿個扇子啊，都不對的，他不喜歡這些東西，也從不拿拐杖的，我也沒有印象他穿過西服領帶什麼的，更沒有戴墨鏡的那種裝束。

我父親曾經帶過金剛鑽戒指，後來就什麼首飾都不戴了。那是早年的時候，我父親手上帶金剛鑽，很大的一個金剛鑽。後來，法租界巡捕房張翼樞的太太，我們叫她張媽媽，她給我父親講了很多法租界外國人的習慣，我父親就接受了張媽媽的建議，取掉了手上的金剛鑽，從此再也沒有佩戴什麼戒指和其他首飾了。我母親和我父親說過「男人戴金剛鑽戒指是『白相人』的行為」。當時上海的上層社會，男人們都不戴任何首飾，像黃金榮也不帶任何首飾，只有女人佩戴各種首飾。不像現在很多男人佩戴了很醒目的金戒指、金項鍊兒什麼的。

馮小剛演我父親，最像！但是要把墨鏡摘了。馮小剛導演在拍戲的時候，和我大姐在上海見過面，了解我父親的情況，從樣子上來看，他演我父親是最像的。馮小剛是典型的北京風格，他拍的那齣戲，其他都不錯，就是有一點不對，戴個黑眼鏡，我父親從來不戴墨鏡，再有就是，他穿長衫從來不捲起袖子的。

姜文對老上海的老事也很感興趣。有一次在北京，姜文找我，也沒什麼具體事，就是想認識認識，他通過採訪過我的記者李菁，請我吃日本餐。姜文給我的印象還不錯，沒有那種習氣，很有海派的味道。馮小剛、姜文都不錯，不過，要演出、拍出舊上海的味道，演出骨子裏上海灘十里洋場的那種味道，還要再下點工夫。

標準照和私人醫生

現在外面的雜誌、報紙還有網絡，有很多我父親的照片，有的是不對的，甚至是合成的。我父親第一次去香港辦護照時拍過一張照片，那個時候去香港是要護照的，應該是他的第一張標準照吧！外面都沒有看到過這張照片。看着很年輕的，但什麼時候照的，就不曉得了。從這張照片可以看出我父親的耳朵很大，所以外國人叫我父親大耳杜，**Big Ear Doo**！老話兒講耳朵大是有福氣的。照片背面有我父親的名字，杜月笙，字寫得蠻漂亮，但不是我父親的字，可能是胡敘五寫的。我父親的很多簽名是胡敘五代筆的，我後面會說到。

我父親比較傳統，還是比較相信中醫。在上海的時候，我父親有個私人醫生叫吳子深，他是個很有名的中醫，經常來我們家，給我父親看病。吳子深也是江南地區的重要畫家，是「江南四吳」之一，他曾出鉅資創辦蘇州美術專科學校。

在南派畫家之中，另一個有名的畫家叫曹大鐵，曹大鐵是張壽平的好朋友，我還有一幅曹大鐵畫的草稿、草本，當時是我岳父譚敬老先生，看到曹大鐵畫的草稿，跟他要來的，現在在我手裏，我還請曹大鐵幫我刻了圖章「北齋金石文字」，曹大鐵現在也去世了。在舊上海，很多事情轉來轉去，就轉到了杜家。

多說一句，我回上海以後，把我父親的一些遺物捐贈給了上海市歷史博物館，當時他們正在籌備，還沒有正式開館。遺物裏是幾件衣服、身份證、印章、扇子和國民大會代表證，還有就是我父親在香港出殯時的照片。我父親的圖章有兩方，一個是「杜月笙」，一個是「杜鏞」。刻這兩個圖章的人都很有名，一位是楊千里，另一位我記不得了。還有幾把扇子，其中一把是葉恭綽畫的扇子，畫的是竹子。我父親的部分遺物，後來我捐贈給了上海市歷史博物館。

連寫自己名字都寫不好，書法繪畫都是瞎猜

我父親一生中創辦了不少實業，特別是在麵粉加工、運輸交通和金融銀行領域，還擔任了很多機構的董事、理事什麼的，當然，有些就是別人拉着我父親進去送的股份，就是送錢給我父親，或者就是希望借我父親的名義，方便做生意。其中，有意思的是我父親擔任了很多報社、書局、學校的董事長、董事什麼的，比方講，世界書局股份有限公司、申報股份有限公司和新聞報，還有正始中學、浦東中學、復旦中學，我父親都是主席或者董事。按照徐鑄成的說法，還參與掛名十一家大小報館、三家出版社，以及

六家書店等等新聞文化出版機構。我記得小時候，我在蘇州東吳中學讀書，有一次考試考了全校第一名，這在杜家子女中是頭一個，他對我們子女的學習要求很嚴格。我父親得知我考了第一名，對我說，你想要什麼獎勵？我對我父親講，我想要買一套《四庫叢刊》，上海影印的，我父親讓人打了個電話，馬上就送來了，算是給我一個獎勵吧，有好幾百本書，滿滿地擺了幾個書架。這套書就擺在我和我弟弟住的奚家，我的老師陳微明先生寫的「思古樓記」裏講到了。後來，這套書和我的其他書籍都不知道哪兒去了，希望能夠保留在圖書館、或者其他什麼地方，這些書都很珍貴的。

在台灣，我很想買一部《石刻叢編》，全部是碑帖和相關的考證，是楊家駱編的。楊家駱是管世界書局的，當年他也是我父親的學生，他編了很多書，例如二十五史等，都是他主持重新編的，但《石刻叢編》我一直沒有買到。

我父親雖然在很多報紙文化機構裏擔任董事、董事長，但是，我父親連自己的名字都寫不好。現在，看到很多文章裏說我父親的書法怎麼怎麼的好，還會畫畫，居然還有很多照片為證，這很可笑，都是瞎猜！根本沒有人教他寫字，他的重要文件上的簽名，比方講，股票上的簽字，都是拿回家裏由他的秘書，大多數是胡敘五代簽的，他的所謂的書法也是別人代筆的，其中，我認出來的一幅是胡敘五代筆的。至於畫畫，那就更不對了，要不然就是假的，假借我父親的名義，要不然就是別人代筆畫的，總之，我父親根本不會書法，更不會畫畫，他連自己的名字都寫不好，重要的簽名都是秘書代筆，這才是事實！

義子與謀士：「三楊開泰」還是「三鑫開泰」

有人問我，楊麟是不是我父親的義子？我沒聽說過。楊麟我們以前就認識，只是沒有太多來往。他是我父親好朋友楊管北的兒子，楊管北當時與我父親合作，一道經營長江船運。我和楊麟後來在北京還見過面，朱學範請我們在北京的仿膳一道吃飯。

再說，按規矩，我們兄弟姐妹在大年初一，一定要給我父親磕頭拜年的，如果是義子的話，那一定是要來磕頭拜年的。可是，我從來沒有看見過楊麟來我們家給我父親拜年。還有，我父親已經有八個兒子了，沒有必要再收義子了，我也沒聽說過我父親有任何義子，或者說誰是他的乾兒子！成為義子，談何容易！尤其是生意合作人，將來親家提出什麼條件，該如何回答，很麻煩的！

我父親的事情，好像報紙電視總是很感興趣，比方講鳳凰衛視的口述歷史欄目，還有其他電視台紀實欄目，主持人就提到我父親的三個好朋友，楊管北、楊志雄、楊度是所謂的「三楊開泰」，我不認為有這樣的說法。說「三鑫開泰」還有點兒可能，因為我父親創辦的三鑫公司，「三楊開泰」就是無稽之談。

楊志雄和楊管北我都認識，都是長輩，他們都是上海的實業家。我不僅見過他們，跟他們還熟得很呢！每年過年的時候，都等待着他們來，因為他們發的紅包很大，壓歲錢很多。我父親與他們是生意上的合作者，楊管北辦航運公司，大達航運公司，從長江航道運輸糧食和紗布，他們要運東西，就要靠我父親的影響力。後來，楊管北去了香港，一直在杜家燒菜的廚師小瞎子的弟弟，哥倆開始都在堅尼地台的杜家燒菜，我父親去世後，小瞎子回到了上海，他的弟弟去了楊管北家裏，繼續燒菜做廚師。

楊度是個學者，我前面已經講到，但我認為還不能算上是我父親真正意義上的謀士，只是好朋友，我父親很尊重他。他的年齡比較大，資歷也比較老，去世得早，我沒有見過他。

在我父親一生中，他身邊的人很多，朋友也很多。在我父親身邊工作最久的秘書是胡敘五，我父親的重要文書，包括遺囑都是他寫的，有一些重要文件，比方講股票、文件，也是在我父親同意後，由胡敘五代為簽字。但他也算不上我父親真正意義上的謀士，只是秘書而已。我父親還有一個英文秘書佘少培，有的時候領事館的外國人來拜訪我父親，雖然我父親不喜歡外國人，但是出於禮節，需要應酬招呼，英文秘書也是用得到的，佘少培後來還教過我母親英文。

我父親一直很敬重章士釗，不拿他當一般律師和謀士來看待的，行老是很高輩分的人。我父親的大律師是秦律師。

在我父親的一生中，真正稱得上謀士的沒幾個。正式的謀士不是電視台說的那三個人，正式的謀士應該是駱清華、錢永銘、陸京士，還有徐采丞。駱清華是恒社的，我們叫他清華兄，錢永銘，我們叫錢伯伯，徐采丞的輩分很高，我們叫徐伯伯。這些人在我們家裏都很有地位，他們在我父親最重要的時候，都出過很多好主意，我父親大多數都採納了。所以，稱得上我父親謀士的人，沒有幾個，那的確是不一般的人。

前面講到的應對蔣介石、毛主席邀請的調包計，就是我父親的兩個謀士出的點子並具體執行的。

喜歡賭牌九，打牌贏了康心如的銀行

美國有個作家漢娜（Hannah Pakula）寫的蔣夫人宋美齡傳記裏，多次講到我父親，她說我父親好賭成癮，開始就是從賭場起家的。說的沒錯，我父親就是喜好賭。我父親的賭，打的是牌九，不是麻將，正式賭場裏，打的都是牌九。牌九是一種長條型的木牌、骨牌等，有大有小，大的是四張，小的是兩張，配對。常常說「一翻兩瞪眼」，就是指的打小牌九。我父親打牌九的時候，還要用上海話唱調子，牌拿到手裏，就要唱調子，我曾經親耳聽到過我父親打牌時唱小調，蠻好聽的。

我父親賭，最有名的就是在四川時和重慶銀行家康心如兄弟打牌，我父親贏了，康心如把銀行輸掉了。康家在重慶是大家族，開銀行。第二天他把支票送過來，我父親當着他的面撕掉了，算啦！大家都是朋友嘛！牌桌上的事情，就是開開心嘛，何必認真呢！我們在重慶汪山的住房，就是租康心如的，我那個時候在重慶還小，我父親他們打牌、談事啊，不可能讓我們小孩子在旁邊的。他打牌贏了康心如的銀行，也不會讓我們知道的，是抗戰勝利後回到上海，人家講了我們才知道的，這件事情遠近聞名了！

最早發家不是靠煙土，是靠賭

就像那個美國作家說的那樣，我父親最早發家是靠賭場。我父親的許多事情是不清楚的，一半是歷史，一半是傳說。比方說，他年輕的時候，最早是怎麼發起來的呢？很多人都說他是販賣煙土、搶鴉片煙發起來的，其實這是錯的，我父親喜歡賭，他是靠賭發達的。我父親在黃金榮府裏，第一次立了功，林桂生獎勵他，就是讓我父親到她的賭場裏看枱子，桂生姐給他的錢，很多也是賭了。

我父親就是歡喜賭、賭牌九。那次把康心如的銀行贏了，我估計是運氣好吧！我父親輸牌，那一定是要兌現的，這關係到他的信譽！

我父親有兩次賭牌九輸了鬧出了兩個大笑話、很難堪的事情。一次是在澡堂子裏賭牌九，輸光了，連衣服全部當掉了，要找桂生姐贖回衣服才能回家。另一次和前樓太太大婚之夜，結果輸錢，把前樓太太所穿的新衣服全部拿去當舖當了，前樓太太躲在被子裏不能出來見客。我父親的賭癮是多大啊！簡直是荒唐。

還有就是我父親通過賭牌送錢。吳家元是我父親同科弟兄，關係很密切，我父親就是通過他打麻將，給官僚軍閥政客送錢，送得很體面。所以吳家元那個牌桌上的老千，跟我父親這麼要好是有道理的。

小八股搶煙土，三鑫公司賣煙土。說到搶鴉片，都是顧嘉棠他們幹的，是小八股的人去搶的，我父親根本就沒有出去搶過！小八股之前是大八股，大小八股都是在幫的人，比如早期的幫會頭沈杏山，大八股之後是小八股。小八股是顧嘉棠、葉焯山、芮慶榮、馬祥生等八個人，都是在幫的，小八股跟着我父親，其中有兩個人在湖北和廣東那一帶的，不是在上海，但是沒發達以前，都在上海搶鴉片煙的，發財以後，去了湖北、廣東。我父親和黃金榮、張嘯林，一起成立了三鑫公司。那時候，黃金榮還沒有發生與露蘭春的事情，黃老闆的影響力最大、是最主要的人物。小八股去搶鴉片煙，跟三鑫公司有關係，他們把鴉片搶來，給三鑫公司，三鑫公司再賣出去。三鑫公司是在政府註冊了的，也給了政府很多好處。

受儒家佛家影響大，更信民間宗教

我覺得，就儒家、道家和佛家思想來說，我父親受的影響最大的是儒家，剩下就是佛家了，就是儒和佛。有的時候儒多一點，有的時候佛多一點，道家的思想沒有！我父親也認識不少佛教大師，比方講太虛法師，有一次去參加了法會，見到過虛雲法師。虛雲法師在台灣很有名，他出生於清朝咸豐年間，一直活到一百二十多歲。我父親也曾見過大喇嘛貢噶呼圖克圖，而且他寫過一幅對聯給我父親，藏文的，上款落月笙先生，有人在西安的舊貨店裏買到了這幅對聯。

我父親對任何正式的宗教都不相信，但他相信民間的宗教，比方講，狐仙他相信。跟我父親談正式的宗教信仰，怎麼談，談不出個所以然！我們家常常有牧師來、和尚來，連道士都有，反正我父親都是一概不拒絕，都歡迎，歡迎你來，有什麼事，跟我談好了，結果多數也只不過是捐贈些什麼的。

談基督教，叫他受洗禮，他才不會受洗禮呢！他是土生土長的中國人，對外國的基督教是不太贊成的。我父親他不看書，但是他聽說書，他很喜歡聽書，專門有幾個人給他講，他都聽進去了。那些說書的人給他講到基督教對清政府怎麼樣怎麼樣攪和，這些話對我父親影響很大。他同意我母親信基督教是政治需要，我母親在大陸時是不進教堂的，到台灣以後，才常常和蔣夫人一起查經、禮拜。我奶奶和孟小冬是很虔誠地信佛教，我喜歡佛經，對待宗教要研究它的教理，不能研究它迷信的地方。我父親就連教理和迷信的部分都不相信。

老公館專門供奉着狐仙

我父親相信狐仙，是跟當時的社會環境有關係的。狐仙嚴格地來說是比較原始的地方上的信仰，在江浙一帶很流行，而且是老一輩人家才信。現在到上海十六鋪那裏，很多飯店還供狐仙。狐仙，並不是個狐狸，是個道士，是個白鬍子道士，他是狐仙變的。

聽說黃大仙的籤很靈，這個求籤，有個講究，不能讓一個知道的人解籤。比如，你求了一個籤，什麼事情你不能夠講，求這個籤的目的是什麼，不能講，要從籤裏面看。籤上寫了上、中、下什麼的，然後去按照籤上的號碼，領取一個粉色的紙條，紙條上面是一首古詩或者一段話，不太容易懂，常常有典故在裏面，需要慢慢地想、慢慢地琢磨，似乎有的時候，就會明白其中的含義。有些還是很有道理的，關鍵在你自己，你認為靈就好。就怕半信半疑，這個是最壞的，求籤一定是要本人求的，你不能夠替別人求。

在我父親的概念裏，拜狐仙不是拜宗教，狐仙像灶神一樣，是民間習俗信仰，從嚴格意義上講，談不上是宗教。再說，我父親根本不懂什麼宗教嘛！他沒有那個理論水平，他不會去看、研究什麼宗教理論，談不上信仰，他是見了傳教士，就說：阿門！見了和尚，就說：阿彌陀佛！

我父親拜狐仙，老公館裏供的狐仙，供的什麼樣子，我都不記得了，但確實有一個房間是供着狐仙。老公館很奇怪的，這位狐仙一直供奉的。從蓋房子那天起，一直到拆房子。我們的管家黃國棟跟我講，在家裏，老公館裏面，他常常看見這個白鬍子老頭，甚至有一次黃國棟跑上前去問，你是什麼人？就是一眨眼的工夫，那個白鬍子的老頭、狐仙就不見了！

我不太相信狐仙，我什麼都不相信，但是我什麼都要研究，狐仙有狐仙的道理。中國知識份子的身上一定會有道教、佛教、儒教的影響。我很少聽說中國的文學家與基督教有關係，很少！在我的身上，受到佛教密宗的影響最大。宗教就是有一點，你信則有，不信則無。我父親去世後，有一天晚上，在上海的老公館廚房裏，好像有許多人在煮飯燒菜，裏面叮叮噹噹地響，好像很熱鬧，但看房子的人進去一看，什麼都沒有，大家都認為這是家裏供的狐仙顯靈：老爺回來了！我父親回來了，這是黃國棟告訴我的。

我父親不算國民黨的人，老百姓的事情是親共產黨的

我父親是從最底層、最苦的老百姓那裏出來的。他開始時，在十六鋪碼頭給人家打工，打短工、長工的，他的天下是從最基層打出來了的。這一點，他和共產黨有共同的地方，共產黨是最底層、普通老百姓的代表。如果按照共產黨的說法，他連貧苦農民的資格都沒有，他是孤兒啊！

我父親很小就成為孤兒，是在浦東親戚朋友幫助下長大的。在美國華裔作家譚恩美

（Amy Tan）寫的短文「Mother Tongue」，中文翻譯為「母語」，這篇文章收入美國、加拿大很多學校學生必讀書目裏，譚恩美的 *The Joy Luck Club*，中文名字是《喜福會》，影響很大，好萊塢還拍成了電影。「母語」這篇文章中記述了她母親親口講述的小時候的事情，她母親姓杜，是上海人。她母親告訴譚恩美關於我父親的事情，說我父親小的時候，在浦東，曾經在她母親家族裏寄養過，因為都是杜姓，而且她母親家比較富裕，她們家對我父親比較善待，也沒有低看。後來我父親發達了，但沒有忘記她母親家的幫助，在她母親十九歲結婚慶祝儀式上，我父親親自到場祝賀，並送來厚禮，表示對她母親和母親家族的謝意。她母親還特別解釋說，按照中國人的習慣，大人物到場並送厚禮，那是給了很大的面子，愈是大人物就愈是來去匆匆，不能留下吃飯的。只有不重要的人才待的時間很長，而且會留下來吃飯的。譚恩美的母親對這件事情記憶猶新，也引以為自豪。我覺得譚恩美記述的她母親的回憶是有可能的，我父親早年在浦東，就是個孤兒，常常在東家吃一頓、西家吃一口的，所以我父親發達後，始終沒有忘記浦東家鄉人的情誼，逢年過節都要安排朱文德他們給浦東老家送米送麵，還有送藥。所以出席譚恩美母親的婚禮並送厚禮，是很可能的事情。我父親很講義氣，他非常看重當年的情誼。有的電影、電視劇都講到我父親有個妹妹，好像就是《梟雄》裏講說的，這件事情，我母親也跟我講過，我也聽過別人的這個說法，也許有可能，但我父親從來沒有見過。我父親是娘舅帶大的，這個事情到現在也沒辦法證實。

老實講，我父親還是偏向共產黨的。為什麼這麼說呢？因為共產黨喜歡普通老百姓，國民黨不喜歡老百姓，不把老百姓當回事兒。這一點，我父親很清楚，因為他是從最下層出來的，是個孤兒，老百姓的事兒他都看得到，他了解最下層老百姓的生活。在租界外國人怎麼樣欺負中國人，這種事情他都記着呢！實際上，我父親是贊成共產黨的，他雖然沒有說過這樣的話，但是就能夠看出來，在租界他幫着底層的人說話，比方講說工人罷工，他是站在工人這一邊的。這種事兒很多了。賑災也是這樣的！賑災，實際上不牽涉到政治。他去陝西西安，那麼多人都去火車站接他，他自己都不知道什麼時候賑的災，他做了好多賑災的事情，自己都記不清了。所以我講他的做法是親共產黨的。

還有一點，我父親不算國民黨的人，當初國民黨是給了他一個少將軍銜，只是個名義而已，他也不認為自己就是國民黨的人，不可能加入國民黨，他是青幫的老大！怎麼會加入國民黨呢？那個所謂的少將軍銜，就是頭銜而已，並不是說，只有當了國民黨黨員才給你。我曾經是國民黨黨員，我那個時候在台灣經濟部門工作，是我工作部門的所長介紹我進去的，實際上是拉着我進去的，因為做到一定職位，必須是國民黨黨員才可以的，我後來是主任代理，委任第九等、權十，就是拿十等職位的薪水，享受副部長級待遇，基本上是到頭了，再往上就是簡任了。做低級職位的還可以，做到一定程度，必須是國民黨黨員才可以，進了國民黨，也是可以退出的，我黨費一次都沒繳。我的事情，我在我的那部分再談。我想說的是我父親不是、也從來不認為自己是國民黨的人。

受章行老「洗腦」，不與外國人打交道

我父親不喜歡外國人，不管是美國人、英國人、法國人都不喜歡，最恨日本人，他有這種仇視外國人的心理。這不單是在租界裏，他看到了很多外國人欺負中國人的事情，還有就是章士釗（行老）常常跟我父親談歷史，尤其是談到鴉片戰爭、英法聯軍做的那些壞事，所以我父親很恨英國人。章行老也會介紹一些共產黨的大道理，我父親對行老說的話是非常相信的。

軍統的戴笠很清楚，他知道章行老跟毛主席好。那個時候行老在汪山，戴笠常常來汪山找我父親，他們談話的時候，就有意避開章行老。他們在汪山不同的地方談，因為他們談的都是機密大事！當時汪山住了很多人，有好幾個房子，劉航琛、范紹增在那裏都有房子，有的時候就是到他們的房間裏談事。周恩來來重慶的時候，章行老還見過，戴笠他們都知道，但是，因為行老跟我父親的特殊關係，又住在我們家，軍統他們也沒辦法。

有的人覺得很奇怪，說我父親發家是在上海租界這樣特殊的環境裏，如果沒有租界就沒有我父親的發達，所以我父親應該與外國人有很好的關係呀！事實上，不是這樣的，他們理解錯了，我父親幾乎不直接跟外國人打交道的，有另外一批人與外國人打交道，而且他最恨外國人。例外的一次，就是四哥介紹美國羅斯福總統的兒子安排與戴笠

見面，幫助中國抗日救國。

這是因為，我父親在租界，看見過外國人怎麼對待中國人、對待中國老百姓。過去在上海的外國租界，有句話說「華人與狗不得入內！」我都見過這樣的牌子，法租界、英租界的很多花園裏都有。所以我父親對外國人非常恨的、痛恨！日本人更不用說了，更痛恨！

我父親曾經與好萊塢的演員范朋克（英文名字是Douglas Fairbanks Jr.）有過交往。范朋克來老公館是為了抽大煙，你來了抽鴉片是你的事情，但是我父親是不見他的。他很欣賞中國京劇，來上海一方面是過鴉片癮，另一方面是學京劇。有一次，他抽完大煙，大發戲癮，於是苗二爺（苗勝春）給他穿上戲服，可是那雙皂靴卻因為他的腳太大而穿不上，大家在頭疼時，梅蘭芳卻想出了一個主意，他叫人到長生店，就是壽衣店裏，那裏的服裝和鞋子都是大號的，買了一雙死人靴子讓他穿上，才過足了戲癮。

有一本書裏講到抗戰勝利後，美國梅樂斯將軍和戴笠率領盟軍海軍陸戰隊在上海登陸，歡迎活動中，有一項是梅蘭芳等京劇名角兒演唱京戲，但是，發生了什麼事，好像是時間衝突，沒演成，說是父親出面，請梅蘭芳等人，另外時間又給美國人另外唱了一場。這也是不對的，抗戰勝利後，我一直在上海，我沒聽說過，應該沒有這個事情。

還有一件事情，說明我父親真的不喜歡外國人，那就是我三哥維屏、四哥維新的結婚儀式，他都沒參加。我父親是那麼重視傳統，兩個兒子同時結婚的大事，就是因為四哥維新討了個美國人做太太，他就沒有來參加，說明我父親真的對外國人有很深的看法。

最恨日本人，但利用日本的關係抗日

日本人入侵中國，那個時候有良知的中國人都會抗日的。我父親最恨日本人，日本人一直就想方設法拉攏我父親投靠他們，杜氏祠堂落成的時候，日本海軍部次長永野修身就親自送匾額給我父親。日本人進入上海以後，日本的特務機關和軍隊都多次來找我父親，但是都沒有得逞，在這個民族大義上，我父親很清楚自己的氣節。

另外，日本的特務機關也很複雜，前面說過，黑龍會是間諜組織，在軍隊裏影響很大，山口組是日本本土幫會組織、很大的幫派，有點類似當時上海的青幫，我父親是青幫老大，他們又想拉攏又想利用。還有，我父親一生就喜歡交朋友，他各種各樣的朋友很多，上海淪陷的時候，就像徐采丞這樣的朋友，幫了很多忙，徐伯伯是有名的日本通，我父親通過徐采丞給雙方牽線搭橋，促成了很多事情的，比方講淪陷區和國統區的物資交換，就是日本人要的東西和國民政府要的東西，只有我父親可以辦到，幫助解決抗日大後方物資緊缺。我們家從上海逃出來去重慶，從香港救出很多民主人士，也都是徐采丞幫了很多忙，利用日本人為抗日做事情。

圖輯一

【杜月笙個人照片】

右　杜月笙標準照背後簽名（胡敍五代書寫）
左　杜月笙第一次辦理護照拍攝的標準照（三十年代）

與孟小冬結婚時拍攝的個人照

上　在中匯銀行董事長辦公室
下　1927 年任軍事委員會少將參議留影

上 1941 年，旅居香港寓廬
下 杜月笙登場飾演黃天霸

六十歲時的個人照

上下 六十歲時的個人照

【與孟小冬結婚照】

【杜月笙與家人親朋合照】

右　杜月笙離開上海前，與自幼就來杜家的浦東老鄉萬墨林（右）和朱文德（左）合影

左　與姚玉蘭（中間）、孟小冬（右三）、章遏雲（左三）合影

右上　與孟小冬、章遏雲合影
右下　杜月笙與杜美如、章遏雲在香港
左　　杜月笙、孟小冬（中），張翼樞太太，抗戰期間攝於香港九龍杜家寓所

右 早期的上海三大亨
左 在國民黨旗前合影

右上　杜月笙赴香港，李裁法（號稱香港杜月笙）親自在碼頭迎接，右起依次為徐懋棠、杜月笙、朱鶴臯（私人醫生）、李裁法

右下　抗戰期間杜月笙到香港

左　戴笠、杜月笙、陸京士 1945 年合影。心在吾兄，是陸京士在 1961 年整理杜月笙資料時，在這張老照片下題寫的說明，並贈送給杜維善先生紀念

以在吾兄惠存

對日抗戰時期我政府與美國同盟並肩抗日
軍統局局長戴公雨農與美國海軍准將
梅樂斯准將合組中美合作所指揮
敵後忠義救國軍及地下工作功績
輝煌名垂國史於中華民國卅四年夏
戴公邀約杜公月笙於重慶鄧臣富所
策劃工作與海聯袂離渝赴浙口淳安
就近指揮留影以誌鴻爪今由劉君瑞光
富同忠義救國軍史料中表現無遺皆有
翻印現戴公杜師已先后作古迄今十餘
載矣撫今思昔不勝滄桑之感
中華民國五十年夏　陸京士謹識

陸京士敬贈

上　抗戰勝利後恒社在上海開會 陸京士與杜月笙在會場外
下　杜月笙與部分會議代表合影，右起駱清華、杜月笙、杜月笙的兩位朋友、左一是顧嘉棠

上 杜月笙在上海參加會議，難得見到他微笑的照片
下 杜月笙在政府會議上講話

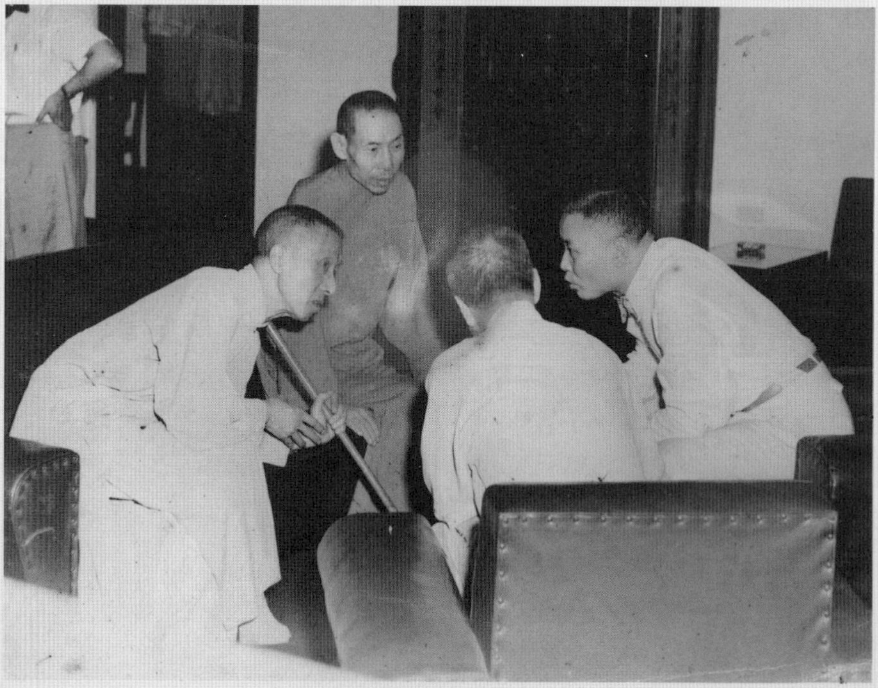

右上 與陸京士（左側）等合影
右下 與錢新之（左一）等商討
左 五十年代初馬連良拜訪杜月笙（中坐）合影，右起馬連良、萬墨林、錢培榮、徐懋棠、趙班斧、杜維善

【杜氏祠堂落成（一九三一年六月十日）】

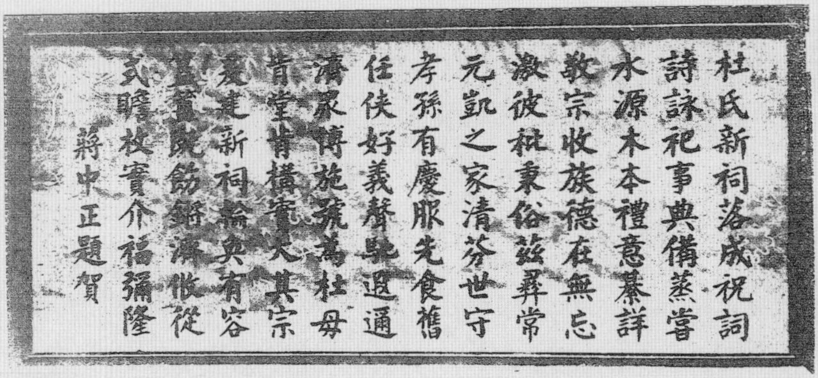

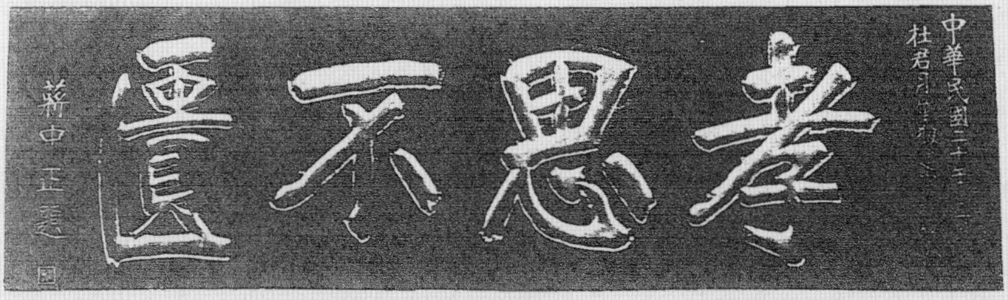

右　國民政府主席蔣中正題賀（上）、頒匾「孝思不匱」（下）

左　胡漢民（上）、汪兆銘（下）親書《高橋杜氏家祠記》

高橋杜氏家祠記

中國社會自唐虞迄於姬周治教禮俗莫重於宗法故其聖賢宗法社會之聖賢也其制度典籍宗法社會之制度典籍也降至春秋去國者多以族行兼併者欲誘其遺民則為之置邑立宗自秦以至於今又二千餘歲矣治此土者不一姓雖治亂靡常而考其政法審其風俗與夫文人傑士之所稱議猶無一非囿於宗法者故先儒謂宗法不行則民俗無由淳國勢無由固是宗法之興廢實與國勢相表裏而為中華民族之所託命也有清之季歐人東侵政治經濟備極壓廹人性梏亡國本危殆我黨總理孫中山先生憂之首倡民族主義以為革命進行之標的其言曰余之民族主義特就先民所遺留者而發揚光大之且改良其缺點其立說至精當含義至深遠而原始要終則在藉固有宗族之基礎為擴充國族之工夫其所以外察大勢內審國情以樹立革命之方針者至周且備顧曩時一二好言變法之士以其提倡民族主義為近於宗法也則假功利進化之說相牽而非議之以為進化之階級莫不始於圖騰繼以宗法而成於國家故宗法非演化之極則而民族主義實亦無存在之可能此其為說吾黨同志固嘗辯而闢之以訓斥其誣妄然惑於功利進化之說者終未能憬然有悟降至今日謬說詖行彝倫攸斁父子夫婦之義幾盡被斥為腐談民俗日偷其來蓋有自矣夫國家之說固有進於宗法而宗法之制亦有待於改革然國以族成族自宗始是家族與宗族實肇造國家之胚基初未能排而去之謂為無與於國家事也孟德斯鳩之撰法意曰中國之宗族主義以孝為百行之本孝始於事親而百行作始孔子之言曰親親而仁民仁民而愛物而墨者之道亦以愛無差等施由親始為言是孝之為義直已囊括一切而有之矣甯論之孝自親始實源於宗族綿延之說此其思想世界各民族舉莫能外而我國則以儒家之倡導於勢獨盛柏格森曰生命乃以教育之有機體為媒介由一胚種移於他胚種之一潮流此示生命之偉大亦正示宗族之偉大我人為綿延此生命斯重視此潮流此家族民族之所由成亦國家之所由肇造也往古以來我國以宗道之能篤産生巨人碩彥以效用於國家社會者未遑更僕數然以家族為重以國為輕甚或惟見其家不知有國者亦未可一二道則今後將如何本我黨 總理孫中山先生之旨於家族主義一端就我先民之所遺留者發揮而光大之並改良其缺點以固我民族之基礎無惑乎為我人應有事矣 杜月笙先生今日之任俠人也信言果行重恥與然諾好急人之難捐軀命以赴困阨怡如也大江南北識與不識咸重其義而慕其風辛未之夏先生建家祠於海上浦東之高橋鄉并附設學校及圖書館上以崇先祖下以啟後賢不以遠遺不以己私其用意甚厚其望於族人者甚巨且遠詩曰豈無它人莫如我同姓以余觀杜君之所為蓋恢而廣者其賢於朱家郭解遠矣果能本此旨以達國族基礎之確立與革國固當在此而民族獨立民權普遍民生發展三端或將尤有賴焉祠成先生屬為之記余喜其能符於我黨 總理之遺旨且有裨於人心世道也因略抒所懷以遺之

番禺 胡漢民敬記
永豐 劉蘆隱敬書

中華民國二十年十月敘三

高橋杜氏家祠記

中國之有家祠其由來舊矣洎乎最近則有以為宗法社會之遺物而加以菲薄者愚謂此未可以宗法社會之觀念圍之也中國數千年來有一種民族精神隨時隨地可以表現者厥為報本其大者祭祀天地以其覆育萬物也乃至一羹一飯之微亦必先祭始為飲食之人此種風尚窮鄉僻壤野老耆舊聞猶往往遇之夫人類之智慧與能力乃無數心血所積累而成故報本之義不僅繼往亦在開來文化之日進有賴於是而親親則報本之尤著者庸可以宗法社會之觀念圍之歟抑又以為家族思想其量不弘不知恕之道在推己及人惟能老吾老以及人之老幼吾幼以及人之幼乃能使人不獨親其親不獨子其子也杜君月笙今之任俠人也平日見義勇為能急人之急重然諾輕施與於慈善教育諸端尤多所致力聲名藉甚大江南北二十年夏建家祠於黃浦江東之高橋鄉附設家塾及圖書館蓋於數典反始之中仍不忘樂育人才之意焉此能以親親為基點擴而充之以及於仁民愛物者也是可以風矣愚既慕知其始末乃樂而為之記

中華民國二十年十一月二十六日 汪兆銘謹撰

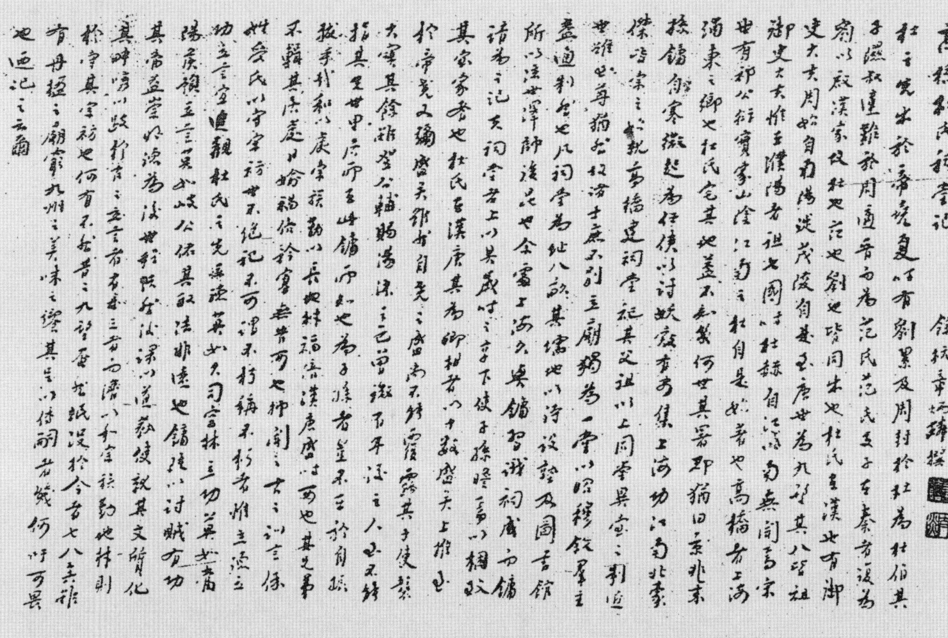

高橋杜氏祠堂記

餘杭章炳麟撰

杜之先出於帝堯，夏時有劉累，及周封於杜，為杜伯。其子隰叔違難於周，適晉而為范氏，范氏支子在秦者復為劉，以啟漢家，故杜、范、劉也，皆同出也。杜氏在漢世有御史大夫周，始自南陽徙茂陵，自是至唐世為九姓，其八皆祖御史大夫，惟居濮陽者祖也，國時杜林自江南無問焉，宋世有祁公衍，實家山陰。江南之杜自是始著也。高橋者，上海浦東之鄉也，杜氏宅其地蓋不知幾何世……

右　　章太炎（炳麟）手書《高橋杜氏祠堂記》

左　　鄭孝胥書、楊度（粟主奉安祠堂典禮禮儀文書總負責）撰《杜氏家祠記》

杜氏家祠記

中國以儒為教儒以仁為先仁以孝為本自古迄今聖賢豪傑靡不由此予居上海二年有餘初至即聞人言此間有杜君月笙今世大俠亦仁人也其行誼如古之游俠者流慷慨好義重然諾能與人共患難輕貨財而重交游賓客甚盛車騎日集其門人有請求與不立應因是其名重於大江南北識與不識咸慕其風上海通市商旅雜廁之場凡行政號為難理杜君被選為工部局華董事凡有疑獄大役及關係持安謐者官吏所不能辦必倚杜君為助每有糾紛片言而定凡利民之務如興學設醫救災卹貧諸舉輒捐巨金為倡導窮困無告之氏謳歌其德咸曰杜君果仁人也予初聞杜君名意其為人必武健壯烈意氣甚盛及與之交則謙抑善下人恂恂如儒者不矜其善不伐其能人爭往之其德量使然也蓋杜君以游俠尚義之性而為博施濟衆之事春申君之結客好士魯仲連之排難解紛二者兼之可謂俠而儒者世以仁人目之宜哉辛未之夏杜君建家祠於上海之浦東以為祀先收族之所且設學校於祠側教其族中子弟祠成之日知者咸往觀禮厚太息曰孝者仁之本杜君於是為知本矣古今俠者多猶朱家郭解之儔然其行事或為法令所病觀於杜君仁孝為世所重以儒為俠其風遠矣

湘潭楊度拜撰
閩縣鄭孝胥拜書

【杜月笙在粟主奉安祠堂落成護送杜家總神主（粟主）牌位八抬大轎】

上　八抬大轎杜家總神主（粟主）
下　杜月笙護送八抬大轎杜家總神主（粟主）

杜月笙護送八抬大轎杜家總神主（栗主）途中

【栗主奉安祠堂落成】

上　栗主奉安入祠儀式隊伍開道車

下　汽車開道

上　軍樂隊開道

下　軍樂隊護送栗主奉安法器

大減
武庫世家
長用孝享
望出晋昌

大减價
同仁堂
菜
館
本支百世
萊國家風

右上　「武庫世家」是直系著名將領吳佩孚贈送牌匾
右下　「好義家風」（陸海空副總司令張學良贈）等各界贈送牌匾
左上　「積善餘慶」匾額
左下　法租界中國巡捕鋼盔長靴隊伍

上　　租界警察等遊行慶賀
下　　金榮小學（黃金榮辦）學生童子軍

【六十壽辰】

杜壽平劇義演

康正平
梅蘇璨
中國社
等合攝

↑龍鳳呈祥：迴荊州。
"Retreat to Chingchow."
袁世海(張飛)，譚富英(劉備)，梅蘭芳(尚香)，李少春(趙雲)。

A SPECTACULAR SHOW OF CHINESE CLASSICAL DRAMA

↑龍鳳呈祥：甘露寺。
"Kanlu Temple," a political marriage.
譚富英(劉備)，李多奎(國太)，袁世海(孫權)，馬連良(喬玄)。

1947 年 9 月 3 日至 10 日「杜壽平劇義演」，杜月笙六十壽辰在上海中國大戲院連演十天義務戲，共十三個劇目，特別提到梅蘭芳、孟小冬，以及南北派戲曲名家

↑南北名伶與海上聞人合影。自左起，第一排：錢新之，金廷蓀，杜月笙，梅蘭芳，馬連良，譚小培；第二排：孫蘭亭，李少春，葉盛蘭，顧嘉棠，萬子和，高玉倩；第三排：葉盛長，郭效青，譚富英，周信芳，馬致中；第四排：林樹森，馬富祿，筱翠花，袁世海，閻世善，葉盛章，楊寶森；第五排：李多奎，姚玉芙，張君秋，裘盛戎。

Eminent actors of the nation with sponsors in Mr. Tu Yueh-sen's residence.

杜月笙六十大壽與南北名伶和上海聞人合影共二十八人

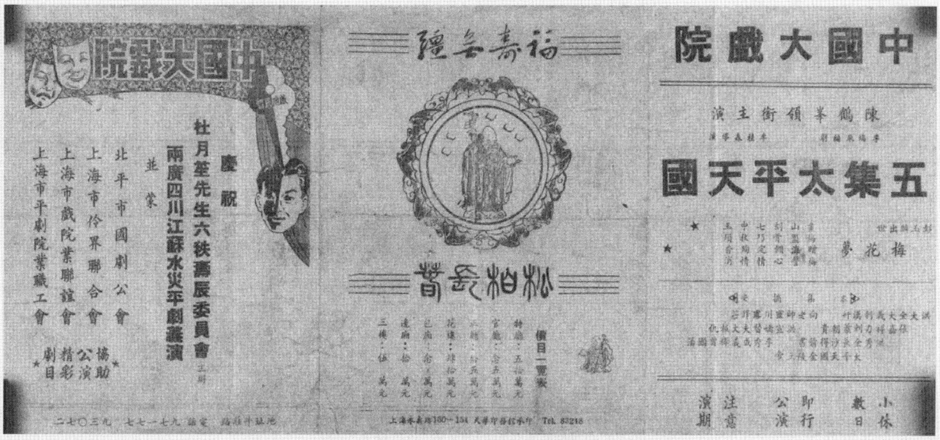

上　　杜月笙六秩壽辰中國大戲院戲票

下　　杜月笙六秩華誕賀壽摺扇，葉恭綽題字

上　杜月笙六秩賀壽摺扇，楊千里題字（半頁）
下　張克穌書摺扇祝壽（反面），汪穀箇畫松祝壽摺扇（正面）

【杜月笙遺囑】

示諸兒女
余以夙疾將致不起除未能親見國家之
復興引以為恨外他無所憾並更為爾等
告者爾等兄弟姊妹衆多應體手足一體
之義善事諸母友于兄弟勿以細微之故致
啟鬩墻之釁勿以片言之忤傷及骨肉之
和永相敦睦毋貽余泉下之憂是所至囑
中華民國四十年八月七日
見證人
錢永銘
顧嘉棠
吳開先
徐采丞
陸京士

【杜月笙舊物】

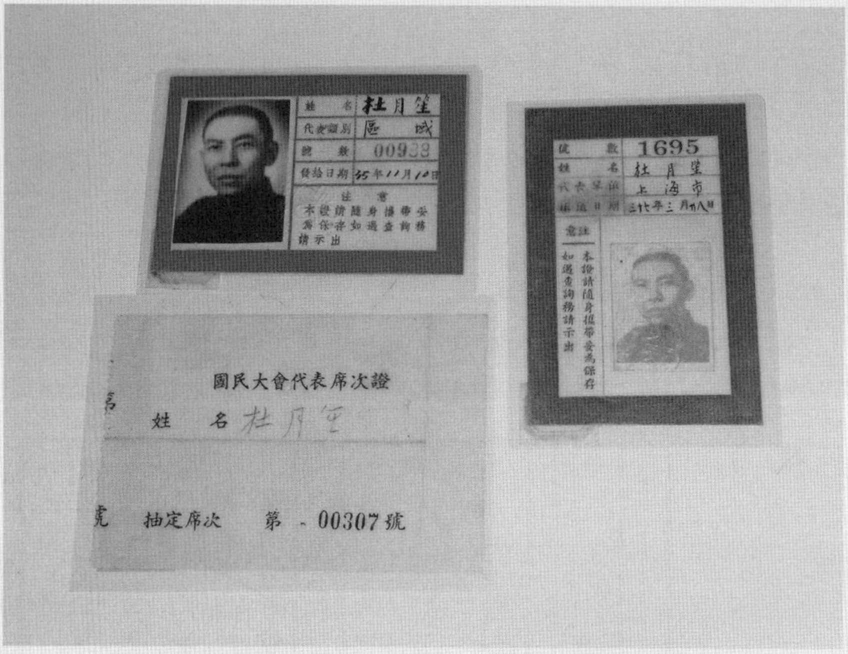

上　杜月笙國民大會代表證照片面（1946年、1948年）及席次證

下右　國民大會代表紀念章

下左　國民大會代表彩帶紀念章

上 灰色長衫
下 短襖

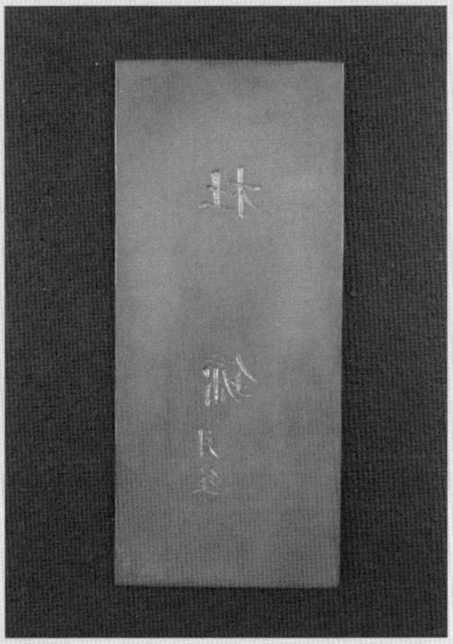

上右　杜鏞（月笙）名片印版
上左　「杜月笙」壽山石印
下右　杜鏞之印
下左　「杜鏞之印」邊款

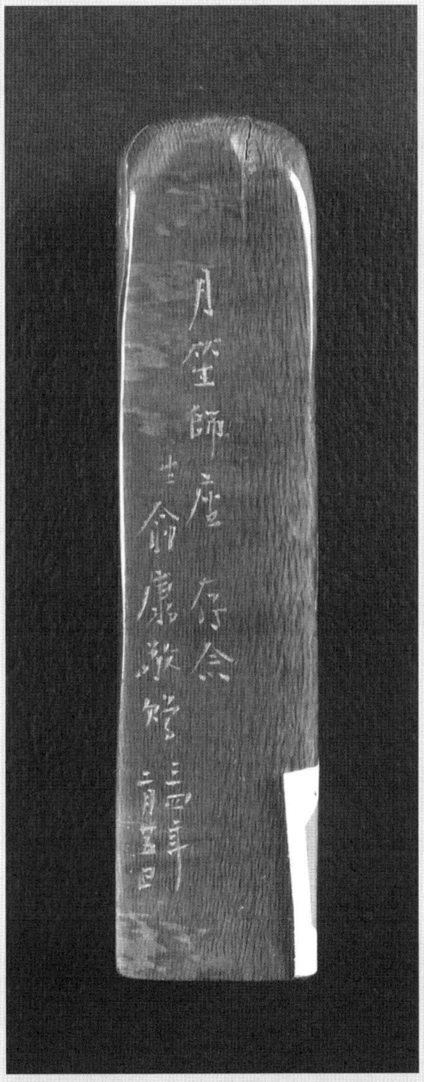

右 友人為杜月笙篆刻印章邊款
左 門生為杜月笙篆刻印章邊款

上　位於浦東軍事區域的杜氏藏書樓現貌

下　杜氏藏書樓是杜氏祠堂的附屬建築

【香港治喪出殯（一九五一年八月）】

1951年8月16日，杜月笙在香港病逝，在萬國殯儀館設立治喪處

義節聿昭
月笙先生千古
蔣中正輓
班生投筆卜氏輸財歷濟艱
危昭史乘
範式憑棺伯牙碎軫忍教
一死隔襟期
萬國殯儀館

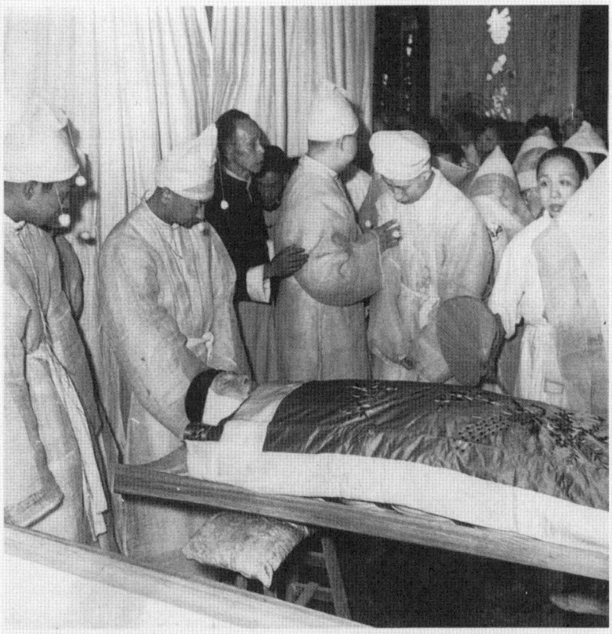

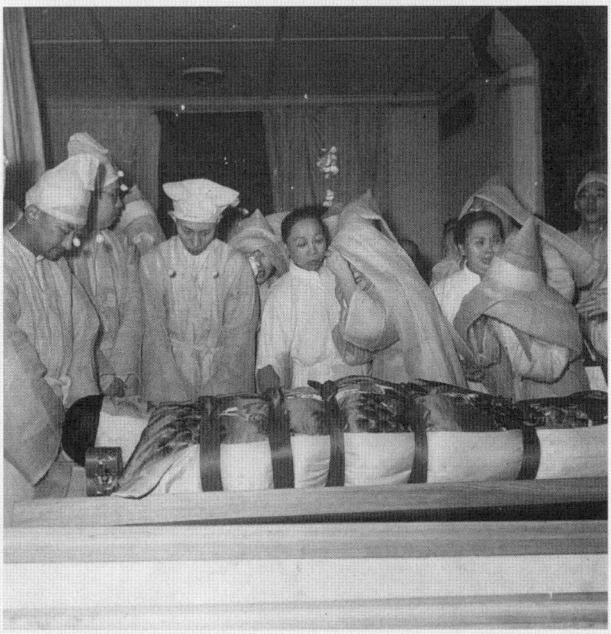

右　萬國殯儀館設靈堂祭奠，「義節聿昭」為洪蘭友臨時代為書寫

左上　老法裝裹

左下　杜月笙遺體傳統的五領三腰裝殮

右上　萬國殯儀館設靈堂祭奠，道家法師做道場
右下　佛家法師做法事
左　長子杜維藩手持「哭喪棒」及女眷

蔣中正輓
敬辭跪拜

上　家人祭拜
下　許世英祭奠

上　李麗華祭奠
下　友人祭奠

上　　祭奠宣告
下　　部分輓聯

上　奉上花圈靈牌
下　奉上靈位

上　大型紙人
下　孝悌幔帳

上　　送殯隊伍集合
下　　杜月笙出殯

右　懸掛杜月笙遺像的靈車

左上　掛滿祭奠的靈車

左下　福祿壽全花圈

上　　恆社全體同人致祭
下　　蘇浙旅港同鄉會送殯

上　義節聿昭
下　送殯隊伍沿街而行

【靈櫬赴台（一九五二年十月二十五至二十七日）】

上　香港東華醫院（靈櫬暫存地）義莊

下　弔唁送別在東華義莊廳內設遺像供祭奠

上 東華義莊廳内設遺像供祭奠

下 東華義莊設立恭送靈櫬移台前祭奠壇

右 東華義莊設立恭送靈櫬移台前祭奠壇
左 搭乘盛京號郵輪從香港去台灣，左起杜美娟、姚玉蘭、杜維善、金廷蓀夫人

右　姚玉蘭頭戴白花身穿深色旗袍

左上　杜維善在碼頭送行母親

左下　盛京號輪船全景，1949 年前往來於香港上海航線，1949 年後改為香港台北航線，杜月笙抗戰時去香港多次乘坐此輪，去世後的靈櫬運回台灣，也是搭乘此輪

右　八公子杜維嵩（左）與長子杜維藩（右）迎接盛京號輪船運載杜月笙靈櫬抵達基隆港
左上　台灣基隆港迎接靈櫬靈車與盛京號輪船
左下　迎接人員矗立在靈櫬車前

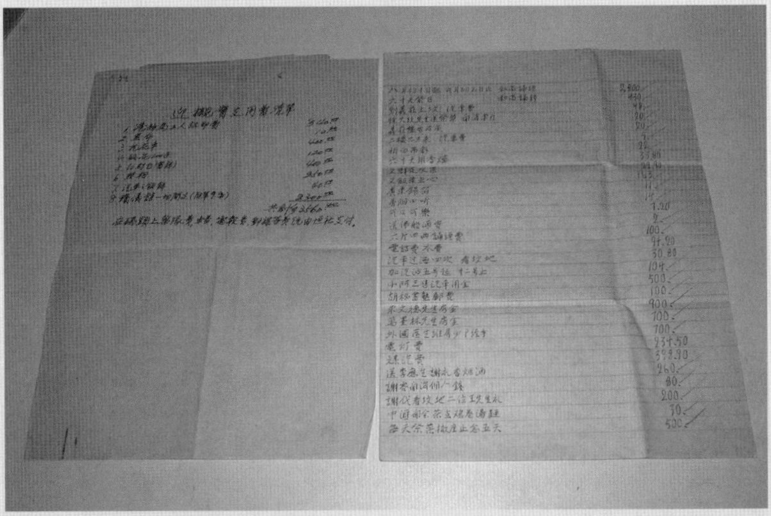

上　迎接靈櫬要員 中間黑衣長者為許世英

下　1952年10月杜月笙靈櫬移台迎櫬費用支出清單

【台北公祭安厝（一九五三年六月二十八日）】

台北極樂殯儀館

1953年6月28日，極樂殯儀館祭奠，姚玉蘭與杜維藩一家，右起杜順安（長孫）、杜順謙、杜雅玲、鄭彥英（大嫂）、姚玉蘭、杜維藩、杜維嵩（杜月笙第八子）、杜順慰

右上　祭奠靈堂，于右任題輓聯
右下　靈櫬安厝祭堂
左上　陸京士（右一）在祭堂前等候
左下　張群夫婦

極樂昇天

右上 家人祭奠，杜維藩（左前）、杜維嵩（右後）
右下 家人祭奠，姚玉蘭（左一）、鄭彥英（大嫂，左二）、杜順安（長孫，右二）
左上 靈櫬安厝委員會主祭于右任（前）、陪祭張群（二排左一）、何應欽（二排左二）
左下 王寵惠、許世英，後側顧嘉棠在祭堂弔唁

上　何應欽夫婦弔唁

下　女賓弔唁

上　各社團代表弔唁
下　各社團代表弔唁

義節聿昭
杜

杜月笙先生靈櫬安厝
杜
15-5050

右上　懸掛蔣介石題寫「義節聿昭」的靈櫬安厝車隊

右下　靈車樂隊

左上　靈櫬安厝車隊

左下　靈櫬車經過南京路蔣介石戎裝雕像（面朝大陸）「打回大陸」標語

遺屬在安厝陵前，右起鄭彥英、姚玉蘭、杜順安、杜維嵩、杜雅玲、杜順謙、杜維藩、杜順慰

靈櫬臨時浮厝，故為圓頂陵墓

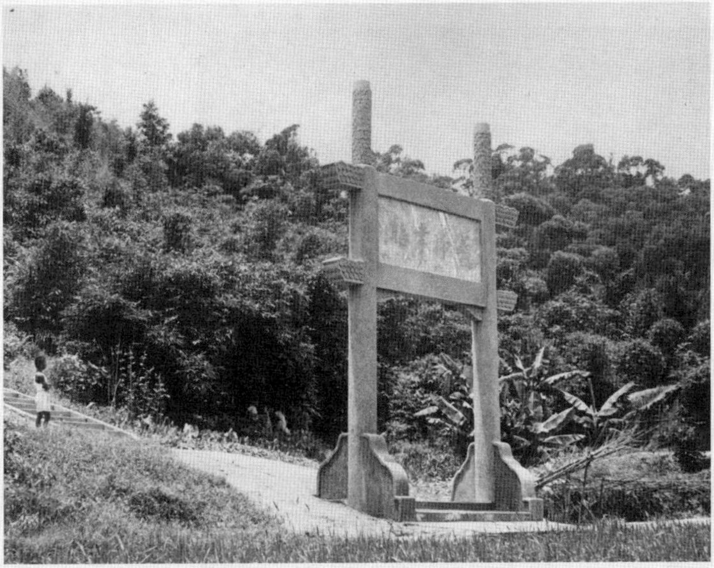

上　汐止鎮公祭壇「耆德永昭」
下　義節聿昭牌坊

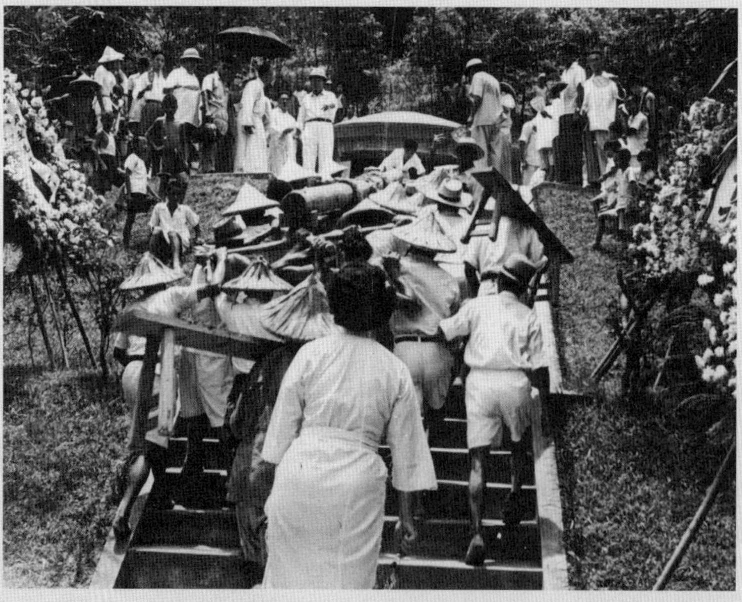

上　軍樂隊引導靈櫬進入汐止鎮
下　十六人抬靈櫬棺槨上山

上　靈櫬通過公祭壇「耆德永昭」門
下　靈櫬棺槨準備穿過「義節聿昭」牌坊

右上　杜維藩（右二）
右下　女眷
左上　杜月笙靈櫬浮厝圓形陵墓
左下　安（浮）厝前祭奠，姚玉蘭、杜維藩、杜維嵩等

右　杜維藩（右一）、杜維嵩（右二）捧牌位跪拜，姚玉蘭（左一）

左上　路祭

左下　路祭

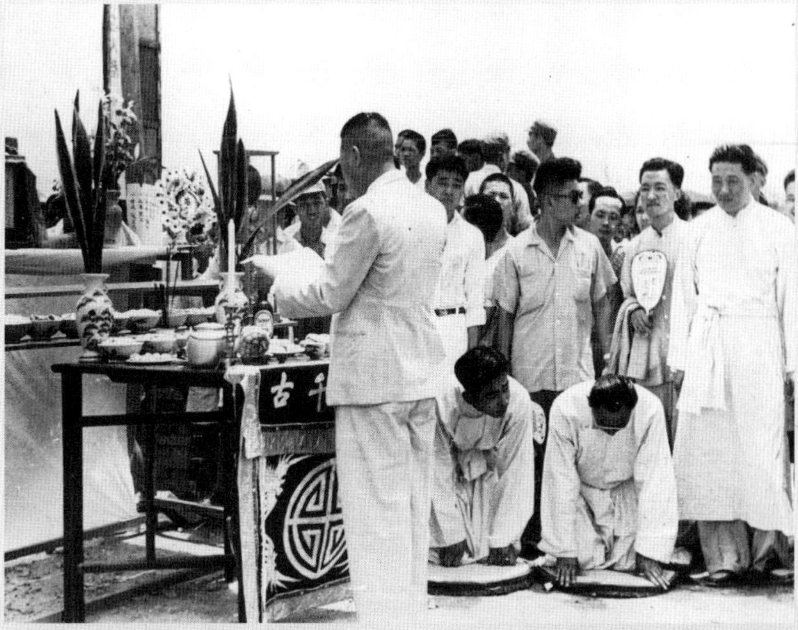
古千

【杜月笙姚玉蘭陵墓】

右　杜家陵園，姚玉蘭陵墓，右側拾級而上是杜月笙陵墓

左上　杜月笙墓地（浮厝之後幾年，最終靈櫬棺槨入土為安，故與浮厝圓頂墓陵不同，為矮平台式墓陵）

左下　姚玉蘭墓地

中篇

我的母親

一代名伶姚玉蘭、孟小冬

杜月笙與孟小冬結婚儀式時的全家合影，左一孟小冬，中間杜月笙，右一姚玉蘭，後排左一杜美娟，左二杜美如、左三杜美霞，左四杜維善，香港堅尼地台十八號杜家公寓

【一 杜家的太太】

我父親有五個太太，育有兒女十一人，八個兒子、三個女兒，其中包括一位是孟小冬領養的女兒杜美娟。前面講到，華格臬路的老公館是傳統的三進式的老式房子，我父親的第一個太太沈月英，因為住在老公館的前樓樓上，我們家裏就叫她前樓太太。前樓太太沒有孩子，後來領養了大哥維藩；二太太陳幗英和三太太孫佩豪，分別住在二樓和三樓，就叫二樓太太、三樓太太，她倆都是蘇州人，二樓太太生了我的二哥維垣、五哥維翰和六哥維寧，三哥維屏和四哥維新是三樓太太生的。

我的母親姚玉蘭是四太太，是我父親用八抬大轎迎進杜家的，但是沒有住在老公館，開始住在辣斐德路辣斐坊，後來搬到邁爾西愛路，今天的茂名南路，十八層樓七〇六公寓，現在的上海錦江飯店北樓。以後，她就一直住在十八層樓公寓，直到一九四九年離開大陸。我母親又稱「西海太太」，為什麼這麼叫我母親，我們也不是很清楚，我母親生了兩個女兒、兩個兒子，我大姐美如、二姐美霞、弟弟維嵩和我。後來，十八層樓房子的地方也小了，大姐、二姐住在那裏，我和維嵩就住在奚家。

五太太孟小冬，是我的庶母，進到杜家後，就一直和我母親住在一起，到香港後辦了正式的結婚宴請儀式。她沒有孩子，開始的時候，我父親怕她孤單，就讓她認領我為她的義子，二姐為義女，所以我有兩個母親。後來孟小冬領養了個女兒，叫杜美娟，是按照杜家女孩的「美」字輩兒排行的，美娟是杜家的人，在我父親的遺囑裏是正式的遺產繼承人。在現在大多數的公眾印象，對孟小冬的一點了解基本上是從前幾年播映的電影《梅蘭芳》裏知道的，而對我母親姚玉蘭了解不多，關於其他太太，了解的就更少了。

杜家的事情很複雜，太太們之間也有很多爭鬥。這些太太們，性格都不一樣，交往的朋友圈也不是一路的，二樓太太、三樓太太來往的朋友與我母親、庶母交往的人是不一樣的。比方講，吳家元的太太就跟我母親要好，與她們的關係都一般。孔祥熙的女兒孔二小姐也只與我母親有來往。孟小冬則喜歡交往老派的人，比如前清的遺老遺少。我父親去世後，我母親搬到了台灣，孟小冬開始留在香港，後來也去了台灣。二樓太太回上海了，三樓太太跟着三哥維屏在巴西、美國住着，後來也回到上海直到老去。

前樓太太

前樓太太，她是上海本地人，因為沒生孩子就領養了大哥維藩。抗戰前她就去世了，我沒有見過她，只是見到照片，對她的印象很淺。看照片，她樣子很清瘦，是老式的裝扮。前樓太太是早年林桂生、桂生姐給我父親定的親。後來，她抽大煙抽得很厲害，因為她常常與她的表弟一道抽大煙，你搭我，我搭你，就這樣搭上了，跟她表弟有一手。這裏面有很多複雜的事情，為了這事，我父親與她吵架。我父親把他的幾個兄弟都叫來，金廷蓀、朱如山、顧嘉棠、葉焯山都叫過來，金家阿爸拿手槍給我父親，叫我父親開槍打死她，顧嘉棠就把手槍搶下來了，沒打。此後沒多久她就去世了，她過世得早，也許跟她抽大煙抽得厲害有關係，當時我們家裏有的是煙土。

二樓、三樓太太

二樓、三樓太太都是蘇州人，她們應該是同一年進入杜家的，聽說我父親對她們講：你們來做我的姨太太吧！吃了頓飯，就成了杜家的人。

二樓太太生了三個男孩兒，二哥、五哥和六哥。二哥很早就去了美國，在紐約的聯合國總部工作。我父親去世後，二樓太太帶五哥和六哥先回到上海，大陸改革開放以後，二哥把二樓太太和六哥接到了美國紐約。我把五哥和家人先接到了香港，後來又送他們去了美國。五哥很不習慣國外的生活，特別是美國的飲食，到了那邊沒多久就去世了。二樓太太不適應美國的生活，最後還是回到了上海，就一直在上海，直到去世。二樓太太過世以後，應該是火葬，葬在上海。

二樓太太信佛。章行老的兒子章可，擅長寫詩作畫，在重慶汪山的時候我們住在一道，他畫畫我都看到過。當時二樓太太也在重慶，她就讓章可給她臨摹一幅張大千畫的敦煌觀世音佛像，畫得像極了，簡直分不出來。

三樓太太生了三哥、四哥，他們哥倆年齡相差四五歲。三樓太太個性比較強，進入杜家以後，跟我父親不和，經常大吵大鬧。後來三樓太太就帶着三哥、四哥去了英國讀書，一直在英國陪着他們讀書。解放後，三樓太太跟三哥在紐約和巴西住了一段時間，還是不習慣國外的生活和環境，後來自己回到香港，也不習慣，那個時候香港的生活條件也不怎麼樣，最後還是回到了上海。二樓太太、五哥、六哥他們在一起，三樓太太自己單獨住的。

【二 不會唱幾句戲，進不來杜家的門】

我的爺爺「一斗金」和兩位梨園母親

京劇跟杜家的關係最密切。我母親的父親姚長海，我們習慣叫爺爺，實際上是外公或者姥爺，也是唱戲的，藝名叫「一斗金」，唱河北梆子。為什麼叫「一斗金」呢？我爺爺唱得很好，但並不是說可以日進斗金，就是取了個「一斗金」的名字而已。他是先把大煙抽足了，才開始唱戲、教戲。所以我母親從小就受到戲曲的影響，以此為生了。我的兩位母親就是出身梨園世家，在當時都是著名京劇演員。

早期很多京劇大家、名角兒，都是幼年開始學藝。我的這兩位母親都是六七歲就開始學藝，很艱苦，學成以後又到處演出，四處奔波，沒有辦法、也沒有條件接受系統的教育，她們都是跟着師傅，在實踐中學習成長起來的。現在的戲曲演員，從小學、中學到大學，都是進行系統專業的教育，是從京劇藝術學院培養出來的，與早期的藝人、藝術家不同。

我母親那一代藝人，沒有太多的文化基礎，但能唱很多齣的戲。那些台詞、唱腔、曲調都是靠記憶記下來的，因為她們從小就學的，不容易忘記。比方講，孟小冬向余叔岩，余大賢學戲的時候，一句一句地學，一個字一個字的記，每一個字、每一段的唱腔都不一樣，要拿捏得很準，唱得不僅美，還要有味道，那是很不容易的呀！

兄弟姐妹大多學過戲，我唯一的一次唱《徐策跑城》

我們兄弟姐妹都喜歡唱戲。我喜歡京劇，就是與我的家庭，還有當時的社會風尚有很大的關係，我們從小就生活在這樣的的戲曲氛圍裏，一方面是受我母親的影響，另一方面抗戰勝利的時候，京劇演出很多。

我是學麒麟童周信芳的，喜歡聽高撥子的戲，麒麟童唱了很多高撥子的戲，像《徐策跑城》腔好聽。那個時候，我們是跟着他的唱片學的。京劇名角也時常會來上海，周信芳是上海人，他們家也住在老錦江飯店附近，離我們家不遠。他太太與我母親很好，那時候他們天天來，我就和麒麟童周信芳學戲。我大姐是唱小生的，跟葉盛蘭學，二姐也唱，她唱楊派的，那個時候我們都會唱，大哥、二哥、三哥都會唱。二樓和三樓太太都不喜歡聽戲，老四、老五、老六受她們的影響，也就不喜歡唱了。

我父親跟麒麟童周信芳很熟，他管周信芳的太太叫「阿國寧！」就是用上海話說的「外國人」，因為她是個混血兒。周信芳是自成一派，唱法很特別的。他的很多戲，現在都沒有了，譬如《明末遺恨》講的是崇禎皇帝吊死煤山的事兒，現在的人不曉得這齣戲，很多劇目現在都沒有了。因為沒人唱了，所以沒有了。有些戲名角唱得多，就保留了下了，像《六月雪》吧，也叫《竇娥冤》，從前是梅蘭芳唱的，梅蘭芳唱的時候叫《金鎖記》。最近我聽了張君秋和俞振飛的清唱《販馬記》，很難得。我見過張君秋，跟我熟的是馬連良、周信芳。

《六月雪》是典型的程派劇目，我常常在電腦裏聽，有些票友唱得很好，比方講北京的一些票友唱《六月雪》，唱得很好，比上台的演員唱得都好。天津京劇院的演員從前唱《六月雪》，唱得非常好，但是後來有點變了，好像有點「叫」了，不是唱出來的。《六月雪》是典型的幽怨戲，這一叫，把程派幽怨的味道全都叫沒有了；還有的人，唱戲很衝，嗓門很高，程派的幽怨也是唱不出來的。程硯秋的嗓音是嗓子「倒倉」以後重新出來的，倒倉就是聲帶的轉變、發育，聲帶的變化。十幾歲時聲帶發生變化，變了以後聲音又出來了。倒倉之後，嗓子會發生很大的變化，比方講，男的音裏有雌音。男人唱旦角，與女人唱旦角，聲音味道是不一樣的。男的唱得好的，不但是男音裏有雌音，而且男生唱出了女生幽怨的味道，很好聽，女的雌音裏面有男的音，這個就不好聽了。

我也唱過，但就那麼一次。那個時候，請客不一定是堂會，請客如果在座的有一位票友會唱戲，他一唱，糟糕了，大家都要唱，你不會唱的，坐在旁邊就很尷尬，這是一個風氣。我就是在這種情況下唱的，那時我父親已經過世了，我母親從台北回到香港，他們請我母親吃飯，要我母親唱，我母親唱完後，他們起哄，說老七唱一段、老七唱一段，我就唱了！那個時候還能唱，唱的就是《徐策跑城》，《徐策跑城》是我們的家傳戲，我奶奶，就是我母親的母親，唱過河北梆子的《徐策跑城》、我母親唱過，孟小冬也唱過，而且都唱得很出名，唱得很好。我喜歡聽周信芳的《徐策跑城》，當時聽了很多名角的戲，很多戲現在都很少聽到。

我父親的恒社聚會，就經常唱戲，一般是在吃飯前先唱戲，唱完以後再吃飯。恒社裏我父親的那些朋友，多數都是一批老的人，吳家元就常常參加的，他是蘇州人，但是他不唱，歡喜聽。恒社一年有一次聚餐，但是聚餐時是不唱的。只有一次在台灣，就是我要出國以前的那一次，為我送行的那次，恒社的會員、朋友們和家裏人為我送行，唱了京戲。那一次，我沒有唱。我就在香港唱了那麼一次。

我太太學戲，家裏反對，也要學

我太太也喜歡唱戲，她是票友，所以說，要進杜家門，必須會唱戲。只可惜，我父親沒有見過我太太。我太太的奶奶，姓唐，奶奶的弟弟娶了阮玲玉。唐先生，我在台灣還見過他。我岳父譚敬是三房裏出的唯一的一個兒子，家族裏把財富和希望都寄託給了他，所以有錢。譚老認識的那班人，基本上都與杜家有關係的。按理說，譚老是與我平輩的。譚老是收藏家、學者，譚老這一生也是很坎坷的，但也有他風光的時候。

我太太從小就喜歡京戲。她說她第一次看見言慧珠姐姐唱京戲，就開始喜歡了。我們跟言慧珠、梅葆玖都很熟。我太太要跟一個老先生學戲，家裏反對，反對也不行，就是要學戲。我們是在十幾歲時就認識了。我太太的母親跟孟小冬非常要好，在香港，她們一到禮拜六就去跑馬場賭馬。她們熟悉，不是因為我太太的母親愛唱戲或者聽戲，而是由於我太太的關係，我太太非常喜歡唱戲，是真正的票友，她還和趙培鑫合作搭檔登台演出京戲呢！趙培鑫在我父親六十大壽上與孟小冬合演《搜孤救孤》，是名票啊！

我太太從前喜歡唱花旦，唱荀派的紅娘，唱得很不錯。唱「一趕三」，就是《拾玉鐲》、《法門寺》和反串「劉媒婆」，連起來唱。這些戲現在還有，就是不時興了，現在的年輕人不喜歡京戲了。京戲要改進，京戲的樂曲除了用京胡、月琴、琵琶、三弦之外，伴奏裏面要加一點現代的樂器，不要太多，不能夠太古老了，要吸引年輕人！有些劇目，就像我小的時候聽的三國、水滸和西遊記等名著改編的戲曲就很受歡迎。

二〇一六年的年運不好，流年不濟，怎麼那麼多的京戲名家都過去了，三月吳素秋（京派花旦），四月梅葆玖，葆玖跟我們很熟，有很多有趣事的事情，我後面講，五月李世濟，六月王金璐（北京唱小生的），七月李毓芳，八月顧正秋，顧正秋與我母親一起獲過獎，我下面會談到。吳素秋是京角兒，京角兒的地位高一點兒，算是中一輩的人，連接上一輩、下一輩，京戲後繼乏人啊！

我的母親罵廚師「發神經病呀」

杜家上上下下的人都喜歡京戲，連傭人都會哼幾句，不是唱，是哼幾句。我們家裏燒飯的傭人，我們叫他小瞎子，他只有一隻眼睛可以看見，他是揚州人，也會哼京戲。有一天，在上海的十八層樓住所，他在廚房做飯，那天大概發戲癮，就唱起來了。我母親就在後面罵：「你在發神經病呀！」我母親的意思是說，你不好好做飯，唱什麼戲呀！家裏人都會唱，真奇怪了，凡是到杜家來的人，不管誰，大家都會唱。不會唱的人，有的時候自己會覺得很尷尬，香港票友、戲迷聚會就是這樣子的。

到了香港後，我父親身體好的時候，就邀請票友、戲迷啊，來家裏調嗓子、拉胡琴，搞個戲曲聚會。來的人要能夠唱，要進杜家的門，必須會唱兩句。不會唱兩句的，就不要到杜公館來。苗二爺、孫養農都是戲班子裏的人，會唱京戲，在關鍵的時候還可以上台演出。票友呢，就是不以唱戲賺錢為生、為目的，而是喜好唱，而且能夠唱京戲的人。唱得好，但上不上了台是另外一回事。

京劇的場面與叫好

京戲裏面的講究很多，比方講，場面就是指鑼鼓、京胡、二胡、琵琶，各種樂器。那些打幡兒、舉旗的是跑龍套的。現在的人看戲，連叫好都不會叫。叫好是有規矩的，唱完一段，肯定有好與壞，一定要叫。現在是拍手，拍手是沒有勁兒的，那個時候是喊「好！好！好！」全台都是這麼叫的，沒有人拍手的。如果一個人唱得不好了，那該怎麼說？那就「噓」呀，噓場很少，一般有水平的人都不噓的。像梅蘭芳、程硯秋有時候也會唱錯的，但是只有懂的人才能聽出來，不懂的人聽不出來。所以，我太太講，你一天到晚聽《六月雪》幹什麼，老一輩的、現代的每一個人唱，都有自己的特點，每一個人的唱法是不同的，我在聽他們不同的地方，如果聽到好的地方，特別過癮的，也會叫「好！」。

但是，奇怪了，我幾十年來幾十次回大陸，就沒有去戲院看過京戲、聽過京戲。京劇界的很多老先生都沒有了，隨着時間的推移，老輩愈來愈少了。許姬傳、許姬老，他是梅蘭芳的戲曲秘書，也許別人的戲他不曉得，但是梅蘭芳的戲，他知道的太多了，而且一般人不曉得的事情他也曉得。比方講，他們拍孟小冬的戲、梅蘭芳電影，那個時候許姬傳還沒去世，導演為什麼不去請他作顧問？當然，像許姬老的脾氣，我曉得，一般導演去請他做顧問，他未必出來、未必會做的，因為梅蘭芳、孟小冬、杜月笙、福芝芳，他們的關係很複雜，況且當時梅葆玖、梅葆玥都在，所以他不會做的。嗨！葆玖現在也走了啊！

現代京劇也是根據傳統京劇來的，調門還是京劇的調門，我聽過的。至於革命樣板戲太政治化了，完全為政治服務，就是另一回事情了。

我覺得有些戲的唱腔是改得不倫不類的。《搜孤救孤》後來就改成《趙氏孤兒》了，好多戲都改了。到了文革時，就只有革命樣板戲了，我從來沒有看過。像裘盛戎，大花臉，怎麼能唱樣板戲呢？不是上面逼他，他怎麼能唱呢？那個時候，江青在搞什麼樣板戲，老一輩的人根本就不提這些事情，不值得提起。你看現在唱戲，還是有這個毛病，很多演員唱的京戲裏面都帶樣板戲的味道，很多。因為樣板戲的唱法要「叫」，要「吼」，所以唱京戲用這個辦法，就有樣板戲的味道。尤其是程派的戲，比較低沉、幽怨，用樣板戲的調門就太高了，那就是在「叫」，哪裏是唱戲呀！

我在北京，跟許姬老談戲，他就笑一笑說：「我們現在還能坐在一道談戲，真是不容易。」這句話含義深刻啊！那是一九八二年，第二年，也就是一九八三年，我再次去北京，見到許姬老，我們都是談戲曲的事和過去的事情。像梅蘭芳、趙榮琛、新艷秋等，還保持着老傳統，趙榮琛、新艷秋都是程派傳人。趙榮琛是位票友，後轉成大角兒，新艷秋唱得非常好，民國時「四大坤旦」之一。後來的人，就不太尊重老一輩的人，現在的一些人，覺得有些戲太老了，沒有味道了，事實上，現在唱的新戲更沒味道，因為有些京戲裏摻了樣板戲的東西。

我的母親姚玉蘭

三 質樸低調的母親

我母親口述李猷執筆的自傳

我的母親姚玉蘭，又名姚谷香，她是比較隨和的人，在台灣一向很低調、不張揚，在網上幾乎查不出來什麼信息，只有非常簡單的資料，只有她去世時的時候，報紙才刊登了她的一些事情。

李猷，自稱是孟小冬的學生，也是戲迷，跟我母親很熟悉，文筆很好。我母親去世前一個月，由她口述、李猷執筆，最後由我母親認定的簡介，這是我母親最準確的介紹，這篇介紹定稿時間是一九八三年十一月。

姚谷香女士之劇藝與其在國劇界中之功績

李猷

姚谷香女士，為故上海杜月笙先生之夫人，籍隸河北省，生於民前七年，父姚長海，母筱蘭英，皆以伶官世家著稱當時，而筱蘭英之才藝，尤煊赫至老不衰，女士生六歲，以娃娃生，扶攜登台歌唱於天津市之東天仙，負神童之譽，後師事李中華習譚派及汪派老生戲，王景雲習劉派老生戲，譚派者譚鑫培、汪派汪桂芬、劉派劉鴻聲也，女士之於老生戲，三家兼擅，即基於此，而其真實功力，則克傳其母筱蘭英之衣鉢，九歲入蔣氏科班三年，進修各項國劇基本技藝，年十二隨母登台出演，是時社會風氣陳舊，女子演劇，非有特具之才華，及洗練之演藝，不可能與男角抗衡，女士受母教之薰陶，與妹玉英恒交之互反串演青衣、花旦、小生、老旦諸種角色，其名因以大盛，又研習關公戲，紅淨一角，過去坤伶不甚扮演，女士從人轉受老三麻子之關戲，並於演出時多方觀摩，於戰長沙、華容道、許田射鹿及走麥城四劇，尤有心得焉，嘗與母妹合演群英會，母先後飾魯肅曹操，妹先後飾周瑜周倉，而女生以華容道壓軸，殊膾炙人口，為梨園佳話。年二十四，歸於杜氏，遂輟演，然於救災、慈善等大規模義務戲，如黃河賑災、一二八支援前線等大規模義演仍樂予贊助，參加演出，藝更精美；二十六年抗戰軍興，隨杜氏撤至香港；三十年冬太平洋事變起，杜氏適先期赴重慶，女士滯香港，排除萬難，不畏敵偽之脅迫，終間道經粵、桂等地以至重慶，在渝時與杜氏恒社同人，切磋劇藝，未暇演出；三十四年抗戰勝利，在滬曾演出轅門斬子、斬黃袍二劇，皆其傑作；及三十八年，南京淪陷，遂奉杜氏飛港暫居，民國四十年八月杜氏以病逝於香港。翌年十月女士躬奉杜氏靈櫬歸依國土，安葬於基隆市汐止，自是定居台北，在台有暇，輒參加勞軍及義演、公演，計先後演出之劇，有精忠報國、四郎探母、三進士、斬黃袍、徐母罵曹、朱砂痣、上天台、逍遙津、喜封侯諸劇，皆意義深遠，教忠教孝之劇，足為一時之範式，女士虔信基督，每侍蔣夫人查經、禮拜，遇先總統蔣公華誕時，輒於前夕，於邸中以弦歌獻壽，先總統獎飾有加焉，女士明年八十矣，溯其平生，以梨園世家，作嬪杜氏，不但其劇藝淵博，且其識見卓敏，遇事克持大體，來台以後，於國劇學藝，研究與貢獻，及身自出演，以求發揚，又教育青年劇人劇藝之進步，使美好之中華文化，延續宣揚，厥攻甚巨。

主工老生，耿介慈心

我母親出生在梨園世家，我的外祖母姚佩蘭，我們在家裏都叫奶奶，藝名筱蘭英，專攻河北梆子戲，在北方很有名。我的外祖父姚長海，我們叫爺爺，藝名一斗金。我母親只有姊妹倆，妹妹姚玉英，我的阿姨，隨着我爺爺奶奶一起唱戲，所以我母親是出生、成長在典型的梨園世家。

母親跟我們說，她六歲入天津寧家班學藝，又叫坤班，主工老生，但是小生、武生甚至花臉，她都擅長。我母親從那個時候開始就登台演出了。十二歲的時候，她們姐倆陪着奶奶一起去上海演出。那個時候的社會風氣很保守，女子演戲，除非有特別的才華和演技，否則很難與男角兒抗衡。我母親本工老生，從小受奶奶的教誨和薰陶，和阿姨演出的時候，分別反串青衣、小生、花旦各種角色，我母親還仔細研究了坤伶，就是女角兒很少演出的關戲紅淨一角。所以我母親還演關公戲，那個時候，女角兒很少演關公戲的。

我母親最拿手的是唱老生沒有「雌音」，唱花臉能有「炸音」。母親繼承家傳，在唱《文昭關》中一句「一輪明月」中的第一個「一」字，可以唱出十三個「一」的唱法來，也就是說能有十三種音節的變化。這一唱法，是由鬚生泰斗余叔岩的父親余三勝，傳給我的奶奶筱蘭英，再傳給我母親。這件事連孟小冬都不知道有此淵源，後來是著名的京劇評論家孫養農證明確有此事。孫養農曾經為許多人舉香拜師，與晚年在香港的孟小冬常有往來。

在抗戰的時候，我母親跟隨我父親組織參加各種賑災、抗日募捐義演，最著名的就是「平劇義演」。到了台灣以後，我母親還是常常參加各種募捐慈善的義務戲演出，比方講，中華國劇學會慶祝國劇師祖誕辰的募捐義演，最後一天的壓軸大戲是我母親的《徐母罵曹》，這是一齣非常傳統的老旦正工戲，但又很少演出的老戲，唱工、白口俱佳，也就是唱工道白並重的大戲。唱戲的人都知道，在京戲中，「白口」比唱工更難，沒有樂器伴奏襯托，要求咬字清楚、四聲純正、氣口均勻、尺寸合適，《徐母罵曹》全在「罵曹」那一段念白上，是全齣戲的精華，要「罵」得義正辭嚴、凌然正氣、擲地如金、一氣呵成。演出的當天晚上，全場爆滿，在前排臨時還加了座，俞大維、陳立夫、張大千、錢穆坐在前排。演出非常成功，掌聲不斷，我母親和十幾位演員連續謝了好幾次幕。一九七九年，我母親將她義演《朱砂痣》國劇的全部票款收入新台幣十七萬五千八百八十元，捐給了台灣自強愛國基金會。

王叔銘是黃埔軍校第一期、廣東航空學校第一期畢業的學生，後來在蘇聯軍事空軍學校受訓，當時擔任台灣的「空軍司令」，台灣的海陸空三軍都有自己的京劇團，王將軍自己也喜愛京戲，跟我母親很熟，也很尊重我母親，我母親和他的空軍京劇學校大鵬劇校，一起到官邸清唱京戲。我母親去世後，王叔銘將軍來家裏設立的靈堂拜祭，並在靈堂留言簿上寫到「耿介慈心」，就是頌揚我母親一生對杜家、對京劇、對國家的忠心耿耿，對社會、對身邊認識和不認識的人，都懷着一顆大慈大悲的善心。

與顧正秋、侯佑宗一起獲得國劇大獎

就在我母親去世前，我專程從香港趕回台灣，代替我母親上台領獎。那時，我母親已經在空軍總醫院住院了，獎項是由「中華戲曲研究推行委員會」和「中華文化復興委員會」，為我母親、顧正秋和侯佑宗三位資深國劇藝人頒發的，褒獎他們對國劇藝術的發揚光大。「中華文化復興委員會」副會長陳立夫親自到場頒發，我代表我母親，與顧正秋的兒媳婦和侯佑宗本人一起上台領獎。陸京士和王叔銘都在場，見證了這個過程。頒獎時對我母親的介紹說：杜夫人長期演出，發揚中華國劇，擅長演唱老生戲，兼善老旦、花旦、青衣和小生，特別是對各項公益義務演出、勞軍演出非常熱心。對顧正秋的介紹是，民國三十七年，也就是一九四八年，顧正秋率領劇團來台灣演出，一連就是演出五年，是中華國劇在台灣生根發芽的大功臣。侯佑宗是著名的鼓師，十九歲時就參加了專場演出，是著名的名角司鼓。巧的是，他們三個人都是老朋友了，還常常在一道演出。

在台灣，蔣氏父子都歡喜聽京戲。在一九七二年五月，慶祝蔣介石第五屆任期，以及一九七八年五月，慶祝蔣經國的就職國劇聯合大公演中，我母親和其他著名京劇演員，親自登台演唱《四郎探母》、《精忠報國》、《喜封侯》等傳統經典劇目。

一九七八年的那次國劇公演，我母親就是同顧正秋、侯佑宗同台參加國劇聯合公演，演出的劇目是《四郎探母》。演出非常成功，戲曲專家丁秉鐩專門寫了文章介紹這次演出，丁先生說，姚玉蘭、顧正秋、侯佑宗，還有程派青衣章遏雲，章遏雲曾經拜我父親為乾爹，同台合作演出。

《四郎探母》是一齣傳統的劇目，這齣戲在梨園有「戲保人」的稱呼，就是說，這齣戲有大段的唱，都有出彩的地方，總是非常賣座，我的庶母孟小冬也曾經多次演過。這齣戲也是許多名角兒的拿手好戲，最佳搭配是梅蘭芳和余叔岩，不過一般只是在堂會時才演出，在營業戲裏，也就是商業性演出裏很少見。在義務戲裏，比如賑災義演，尚小雲和孟小冬常常合作，有一次在天津義演，特別邀請孟小冬、尚小雲聯袂《四郎探母》，非常轟動，孟小冬在「坐宮」一段慢板，唱腔不但悠揚，還唱出了憂思煩悶的心情，與公主、六郎對口的快板，及哭堂的散板，都是全力以赴，前者爽脆，後者跌宕，與慢板、二六等唱，全使人擊節讚賞。在營業戲裏，孟小冬曾經與飾演公主的李慧琴同台演出，李慧琴是盧燕的舅母，盧燕母親李桂芬的弟媳婦。

在我母親他們演的《四郎探母》中，顧正秋飾演鐵鏡公主、反串楊宗保。這個反串的首創是言慧珠，她在劇中飾演公主，反串四郎，以後就沿襲下來。顧正秋最先出場飾演鐵鏡公主，雍容華貴、儀態萬方；隨後反串楊宗保，娃娃腔，嗓音圓潤、神清氣爽，一句一彩，在一場戲裏，觀眾可以同時欣賞到顧正秋的青衣和小生，是難得的眼福耳福！章遏雲飾演的蕭太后，氣度非凡、儀態大方，完全是程派唱腔，韻味十足；我母親飾演佘太君，出場後給觀眾的感覺是富貴老夫人，唱得嘈嘈切切、滿宮滿調、情詞並茂。全齣戲由著名的王克圖司琴和侯佑宗司鼓，整場《四朗探母》異彩紛呈、高潮不斷，被報紙譽為「魯殿靈光、菊壇典範」，演出獲得極大的好評，觀眾呼籲要求加演一場，由於我母親已經七十四歲，章遏雲也六十七歲了，畢竟上了年歲，之前，我母親還演出了《三進士》，飾演孫淑琳。演出指導委員會決定加演顧正秋領銜的《玉堂春》的「起解」、「會堂」，以回應觀眾的熱情。

顧正秋最後的一台戲是《青霜劍》，劇情是為夫報仇。可能是顧正秋暗示蔣經國迫害他的丈夫任顯群，以此來發泄心中的怨憤。

四 明媒正娶八抬大轎進杜家

黃金榮兒媳婦黃李志清說媒

我父親那個時代的婚姻，不像現在要去政府部門領取結婚證書。那個時候，如果喜歡一個女人，就說你做我女人吧！領回家就成為夫妻了。我父親的前樓太太、二樓太太、三樓太太就是這種情況。我父親在香港和孟小冬的婚事，則是補辦了一個儀式，正式邀請親朋好友，擺了酒席、拍了結婚照片，舉行了個家宴酒席的儀式。只有我母親是經過媒妁之言、明媒正娶，用八抬大轎抬進杜家的。

民國十八年，也就是一九二九年，我母親和我阿姨姚玉英，陪着奶奶一起去上海搭台唱戲，在黃金榮開辦的黃金大戲院演出。當時演出很成功，黃金大戲院場場客滿。那一年，我父親四十二歲，在上海灘的聲譽愈來愈高，生意也愈做愈好。我父親非常喜歡皮黃，他自己票的是鬚生和武生。我奶奶和母親的演出，我父親場場必到，不久就愛慕上了我母親。但是，我母親的家庭是禮法規矩非常嚴格的梨園世家，我奶奶管教子女非常嚴格，一切應酬交往都是由我奶奶負責。父親想出了一個辦法，就拜託黃金榮的大兒媳婦黃李志清作媒人從中撮合，黃李志清把我父親的想法如實地告訴了奶奶和我母親。當時我母親只有二十四歲，我父親已經有了三個妻室，如果嫁給我父親去做小，總是有些心不甘。黃李志清把我奶奶和母親的想法告訴我父親，我父親明白奶奶的顧慮，就通過黃李志清再傳話給我奶奶和母親說，如果她肯嫁給我，我一定跟她白頭偕老，也絕不會把她當偏房，後來的事實也證實了我父親當年的承諾。當時，奶奶提出了兩個條件：一是必須公開宴請賓客，當眾宣佈成親；二是入門以後不住在華格臬路的老公館，不和其他三位夫人住在一起，要分開來住。父親痛快地答應了這兩個條件，在重禮酬謝了黃李志清之後，大辦宴席，用八抬大轎迎我母親進杜家，買了辣斐德路辣斐坊的房子單獨與母親住在一起，後來又租了邁爾西愛路的十八層樓西式公寓，一直住到離開大陸。

我母親心性豁達，把孟小冬當作親姊妹，她們很早就結交為「金蘭姐妹」，孟小冬來到上海，就一直和我母親、我父親住在十八層樓。孟小冬剛來上海的時候，經歷了拜師余叔岩辛苦地學藝，服侍恩師病榻和痛苦地守喪，身體虛弱，又經歷了和梅蘭芳的婚變，身體和精神上受到了很大的打擊，我母親時時關心關愛着孟小冬，讓她感受到姐妹和家庭的溫暖。

有的書裏講，孟小冬與梅蘭芳分手以後，我父親與母親商量，有意讓孟小冬進到杜家，我母親同意把孟小冬娶進來，說我們姐妹之間是沒有問題的，甚至我都可以把我的結婚證給到她。這種說法是不對的，沒有這回事，但她們倆的關係很好是對的，金蘭姐妹嘛！

還有的文章說，我母親的妹妹姚玉英一起進的杜家，說我父親把她灌醉了，這是胡說八道，因為奶奶管教母親和阿姨非常嚴，她們是煙酒不沾的！我剛剛六個月的時候，阿姨姚玉英就過世了，把我阿姨姚玉英牽扯進裏面，就是無稽之談。

我們兄弟姐妹都稱我母親為「孃孃」，這是我們小的時候對母親的稱呼，「孃孃」是寧波上海一代方言裏的一種稱呼。後來，尊稱為「娘娘」，是對當時上海灘有地位、有影響，受人敬重女性的稱呼。有意思的是，凡是杜家親友和台灣戲曲梨園的朋友們，都這樣稱呼我母親。當年的上海灘，還有一位被稱為「老正娘娘」的，那就是提拔我父親的黃金榮太太林桂生，我父親一直叫桂生姐，桂生姐一生傳奇，在上海灘是響噹噹的女子，女中豪傑！當年的上海灘都把桂生姐尊稱為「老正娘娘」。我母親就是子女們口中的娘娘，兒孫輩們口中的爺爺，梨園子弟口中的婆婆，這些都是對她敬重的尊稱。

奶奶對母親的嚴格教誨

我母親與我的奶奶感情很深。我的爺爺是在解放前上海去世的，當時的出殯也是按照老法辦的。後來，我們一家去了香港，奶奶就留在了大陸，後來去了北京，奶奶信佛，在北京拈花寺就出家了，在解放初的時候，聽說還參加義演，後來就過世了，具體是什麼時間，我們都不清楚。我母親對奶奶非常懷念，特別是在我母親年齡比較大的時候，常常會想起奶奶的過去。記得有一次母親節，母親祈禱，希望能夠在夢中見到我奶奶，享受母女同在的美好時光。

我聽我母親講，我奶奶的脾氣非常暴躁，每天很早就起床，起床以後，常常會對家裏人發脾氣，這叫「下床氣」。母親只有姐妹倆，而我奶奶非常喜歡我母親，每次發脾氣的時候，見到我母親，奶奶的脾氣就小了很多，就沒事了。奶奶是唱梆子戲出名的，生旦淨丑都能唱，奶奶認為誰戲唱得好、誰就是好。母親可能比阿姨靈活些、戲唱得好，就討奶奶的歡喜了。

但是我母親說，她也曾經挨過奶奶的兩個耳光，這也是母親一生中唯一一次挨揍，所以她一直記得這件事。那是在她十二歲的時候，剛剛學《托兆碰碑》和《空城計》兩齣戲，奶奶看了可能很不滿意，兩齣戲都不滿意，就打了兩個耳光。日後，我母親理解了奶奶的嚴格，是為了讓母親學戲學得更好，也正是奶奶這樣的嚴格教誨，使我母親能夠以後在戲曲界有所成就吧！所以，我母親在母親節禱告，讓奶奶的在天之靈得到安慰。

奶奶有一個非常好的習慣，就是對戲絕不私藏，只要有人跟她討教，就會滔滔不絕地說戲、指點。我母親繼承了奶奶這個優點，保持着在戲曲方面從不私藏的美德，還兼具我爺爺柔順通達的個性，只要有人來向我母親請教戲，我母親會熱心地、毫無保留地說戲指點。

奶奶是一個典型的中國婦女，恪守着傳統女性的美得！她自己常常大門不出、二門不邁的，很少了解外面的世界，但她嚴格教誨子女，一直鼓勵我們能夠走出去，走到外面的世界。

相夫教子、夫唱婦隨

母親進入杜家以後，成為我父親的賢內助。當時的前樓太太，身體多病，又抽鴉片煙成癮，二樓太太性格賢淑，但不善交際應酬，三樓太太個性豁達，但很早就陪兩個哥哥去英國讀書了。我父親外面的應酬很多，常常苦於身邊沒有陪伴。由於我母親四處演出，闖蕩江湖，見過世面，所以母親就常常陪父親對外交際應酬，對內負責打理家中的事情。就像李猷說到那樣，我母親「不但其劇藝淵博，且其識見卓敏，遇事克持大體」。

我母親一生喜歡鑽研學習。在結婚不久，我父親曾經還有意要送母親去倫敦念兩年書的想法，當然後來沒有成行了。我父親讓他的英文秘書佘少培，做我母親的英文家教，每天上午來家裏教我母親學習英文。

我母親特別喜歡養狗，但是因為我父親有哮喘病，對動物敏感，進入杜家以後我母親就不再養狗了。我父親過世後，我們搬到台灣，母親在家裏先後養了大大小小十幾隻狗，有的時候我母親還收留一些流浪狗、病狗，帶回家來照顧喂養，並給這些狗起了英文名字。

我母親後來告訴我們說，進入杜家以後生了大姐美如，這也是杜家的第一個女兒、長女，我父親非常高興，他是個很傳統的人，非常重視長子、長女。在我大姐滿月那天，父親大擺宴席，喝滿月酒，邀請了梅蘭芳、馬連良來演堂會。在我母親二十九歲的時候，懷了第三胎，前兩胎都是兩個女兒，大姐、二姐，所以父親希望第三胎能是個男孩兒。果然，在母親三十歲生日的那年，生了個男孩兒，就是我。我父親喜出望外，大擺宴席，慶賀喜得一個兒子，並為我母親祝賀三十歲生日。

據母親講，我父親作為票友一共演過六齣戲，幾乎每部戲都是經過我母親或者名家名角指點切磋，我父親的《刀劈三關》，正是由我母親親自指點而成。進到杜家，我母親就停止了營業戲的演出，但常常演義務戲和賑災募捐戲在抗戰時期，母親是夫唱婦隨，陪着我父親組織參加義演募捐籌款。最著名的是舉辦「平劇義演」，在上海新世界劇場舉行「東北難民救濟遊藝會」，邀請戲曲界名伶名票，各種遊藝雜耍演員，義務演出，籌集救濟款。母親還親自登台演出了《刀劈三關》和《轅門斬子》，這是她最拿手的兩齣戲。

【五 出入士林官邸】

蔣介石「不回大陸，永遠不進戲院」，出入官邸清唱、做禮拜

我母親姚玉蘭，到了台灣以後，除了與我父親原來的那些老朋友有些來往，比方講，顧嘉棠、萬墨林、陸京士等，出入最多的應該是蔣介石夫婦的士林官邸，我母親每週都與蔣夫人一起在官邸裏的教堂做禮拜。蔣介石歡喜聽京戲，在一九七二年五月以及一九七八年五月國劇聯合大公演中，我母親和其他著名京劇演員，親自登台演唱《四郎探母》、《精忠報國》、《喜封侯》等傳統經典劇目。

京劇是國粹，解放前叫平劇，台灣還叫平劇。京戲在當年的上海灘和台灣都很受人尊重喜愛，我母親就是在上海唱戲開始出名的。三十年代的上海，是東西方文化匯合的城市，號稱「東方的巴黎」和「不夜城」，各個夜總會通常流行的是百老匯舞台劇，而上流社會和有身份的人都喜歡聽京戲。

到了台灣以後，京劇依然備受推崇，受到老一輩人的喜愛，蔣氏父子都喜歡京戲。通常「總統府」在重大節日，比如蔣介石生日和結婚紀念日，都會請人來清唱京劇慶祝。有時京劇團也派專業演員來演出。通常這個時候，官邸就會請我母親去清唱，也會請其他夫人，比如關頌聲、徐柏園的夫人一起來唱戲，這兩位夫人可以稱得上是票友，因為她們能夠唱，在必要的時候還能上台唱。還有其他政要夫人一起來聽戲，如陳誠夫人、洪蘭友夫人、辜振甫夫人和盛夫人。盛太太，是盛宣懷的兒媳婦，是哪一房的就不曉得了，盛太太是我的乾媽，她不唱，喜歡聽，陪着蔣夫人聽戲。

能夠進入官邸的，都是有身份有地位的人。除非官邸特別邀請，否則很少人能參加。比方講，孟小冬戲唱得好，但是她不參加，從來不去。孟小冬比較特別，她不喜歡政治，也從不與當政人員來往。所以，「總統府」和其他國民黨高官的活動，她從不參加。他們也知道孟小冬的脾氣，也不邀請，以免尷尬。我母親信仰基督教，蔣夫人也信仰基督教，因為教會的關係，彼此往來比較多。「總統府」官邸有一個專設的教堂，每週我母親都去那兒做禮拜。蔣介石比較傳統，佛教信得很厲害，是個佛教徒，到了後來也信基督了。我覺得主要是蔣夫人的原因，蔣夫人是真信基督教，後來蔣介石信了基督教，估計是為了避免麻煩。

台灣的空軍司令王叔銘將軍，在祭奠我母親的時候，告訴了我們一件不為人知的事情。蔣介石退居台灣後，曾經發誓「不回大陸，永遠不進戲院！」這是什麼意思呢？意思是說，只有回到大陸，才會進戲院子聽戲，他一定要從台灣回到大陸，回不到大陸，他絕不在戲院聽戲，回到大陸始終是他的一個未了的心願。

可是，「反攻大陸」遙遙無期，已經不可能了，但蔣介石心裏面還是想着念着京戲。所以，蔣夫人為了讓丈夫能夠聽戲，就把這些會唱戲和喜歡聽戲的太太們召集來，在士林官邸給蔣介石唱戲。一些特別的節日，比方生日或結婚紀念日，王將軍也會派大鵬劇團的學生來，大鵬劇團就是空軍京劇團辦的戲曲學校，一起到蔣介石官邸，陪同我母親和其他會唱戲的太太們一起，演唱京戲，一直到他去世為止。

這種清唱，也不叫堂會，堂會是過去個人為了慶祝生日或重大活動，請當時的名角來家裏專門為他們登台演唱。在官邸的清唱只是大家的聚會，平時的活動就簡單些，逢年過節時就比較莊重些。通常唱戲時，我母親和其他夫人只是清唱，不上妝、不着服，唱幾段經典段落，不太唱全本。蔣夫人也陪同一起聽戲，但是她並不真喜歡京戲，只是陪同而已，她也聽不懂。蔣夫人喜歡西方音樂，蔣介石不喜歡，他還是喜歡傳統的中國京戲。所以，蔣介石的這些私人活動，從來沒有舉辦過西方的音樂會、西方的演唱會的。他平時就喜歡穿長袍馬褂，也穿中山裝，或者軍裝，從來不穿西裝，甚至連外國音樂都不聽。

我父親不僅喜歡聽戲，而且會親自登台演唱。但是蔣介石只是認真地聽戲，從來不唱，更不披掛上場。在台灣，我們常常聽蔣介石講話，他講話時，帶着一口濃重的浙江口音。他在外面的形象是非常嚴肅的人，他的生活非常有規律，每天早睡早起，堅持幾十年寫日記。

每次我母親從官邸回來，她不會講清唱會的細節，也不講官邸裏的事，就說老先生很開心，說吃什麼啦等等。這些舊事已經過去幾十年了，現在看看照片，很多事情仍然歷歷在目。

看到生日禮物哈哈大笑

在外面，很少看到蔣介石哈哈大笑的照片，這種照片沒有，外面也不許有，因為要保持威嚴。但是，我母親有本照片集裏，就有這種哈哈大笑的照片。他喜歡穿長袍馬褂，喜歡太太們也穿這種傳統的衣服，就是傳統雕花繡鳳的旗袍，感覺就像在家裏一樣。有一張照片，是結婚周年紀念冊中的一張，笑的很開心，這是真實的情景，那天他應該一定是很開心的！

官邸的這種活動，還有一個特點，就是參加的人都是夫人，除了蔣介石一位，幾乎就沒有先生參加的。蔣對待他身邊的那些高官、將領、侍從什麼的，從來都是一本正經、不苟言笑，嚴肅得很，有時還訓斥他們，他有這個威嚴，周圍的人還是有點懼怕，請他們參加，他們也不敢去，蔣介石一天到晚看到他們也煩，也想在自己的單獨私人空間裏自由自在、開懷大笑。所以先生們都不參加，他們乾脆就迴避不來了，躲得遠遠的。蔣介石夫婦也樂得他們不來，希望是在家裏的感覺，如果那些人來了，就和處理公務沒什麼差別了。一般情況下，都是夫人們參加，沒有先生的陪同。唯一有一個人例外，那就是張學良，只有張學良參加，別的人都沒有參加。還有很多母親在官邸的照片，張學良與我母親、蔣氏夫婦在一道，這些照片都是非常隨意、放鬆的樣子，笑得很開心。

在收到的祝賀禮品中，有一份包裝精緻的特別禮物，打開層層包裹後，發現原來是一個「癢癢撓」，倆人和周圍的人都哈哈大笑。還有蔣介石拆看禮物的其他照片，他打開禮物看到一個寫祝福語的字條，蔣夫人也在旁邊側看，他笑得特別開心，蔣夫人也是如此。這樣的活動，最主要的就是逗老先生開心，讓他高興。到了晚年，他變得慈祥多了，一般遇到不高興的事情，也不像以前那樣發脾氣，甚至罵人。人老了，什麼事情都想得開了，很少發脾氣了。有的時候，他會在路邊，讓司機停下車子，與路邊的人、周圍的人聊聊天什麼的。

官邸裏，像生日、紀念日的照片是專門有人進去拍照的，普通人不能進去拍，是軍隊裏專門的幾個人可以拍照。他要保持他矜持的形象。我母親在官邸唱戲時，軍隊裏的人拍照片。我保存有一本在官邸唱戲的照片，是蔣介石銀婚、生日，兩次紀念日的照片集子。這兩本照片集是後來官邸的攝影人員專門製作的影集，作為紀念送給我母親和其他參加的人留個紀念。另外，他們夫婦特別送給我母親兩張照片，一張是夫婦合影，有大十六開本大小，照片的襯紙已經褪色煙黃，但是照片依然保存完好，左上題頭為「谷香惠存」，右下角落款是「蔣宋美齡、蔣中正」。另一張是蔣夫人宋美齡的惠照，題頭是「谷香同志」，落款為蔣宋美齡。蔣夫人是黃君璧的學生，學山水畫，曾經送給我母親一幅畫作為紀念。

官邸的人叮囑，這些開懷大笑的私人活動照片不能流出去。我記得那些照片我母親拿回來之後，給我們看了一次，她就把照片收起來了，我們沒有看過第二次，一直到她去世以後，才在箱子裏翻了出來。現在這些照片由我保存着。另外還有一本影集，裏面有孔二小姐與蔣夫人的合影照片。

過去，大陸把毛主席神化了，鑄了銅像和石質雕像，在學校等地方到此擺放。在台灣也鑄了蔣介石的銅像，擺放在學校裏，現在把他的銅像統一遷出校園，放在桃園他的陵寢。馬英九說，蔣介石對台灣有很多貢獻，包括三七五減租、耕者有其田、台灣是中國的一部分等，是對中華民族有貢獻的。

【六 與宋美齡幾十年關係】

信基督是為了接近蔣夫人

蔣夫人與我母親關係很好，不僅僅是因為我母親常常在官邸唱戲助興，還有更深的一層，蔣夫人是虔誠的基督徒，我母親也信基督，她們是有着同樣的宗教信仰。蔣夫人有一次在美國寫文章，用英文介紹當時的中國，就曾經提到我母親，說到「也帶領自幼在佛教背景、全無信仰根基的杜月笙太太信主，杜姚谷香女士生長於戲劇世家，信了基督教後，她那卓越的嗓音常在聚會中唱詩，生色不少」。

我母親信基督教，其實是我父親要她信的，是為了與蔣夫人接近。我母親在大陸的時候就信基督教了，在上海沒有接觸到蔣夫人，因為他們基本上都在南京。抗戰時期，我父親母親在重慶的那些年，開始接觸到蔣夫人。

我父親去世後，我母親決定去台灣，到了台灣，我母親才正式進教堂禮拜，也就是在官邸的教堂，常常陪着蔣夫人一起查經禮拜。我母親病重的時候，蔣夫人身在海外，對我母親仍然很關心。蔣夫人聽說我母親因為身體發福，可能會帶來一些病症困擾，就託人從美國帶來了減肥藥品，並囑咐怎麼使用服用。

我母親的教友徐柏園的太太徐陸寒波，經常和我母親一起在唱詩班唱聖歌，徐伯母說，我母親是唱詩班裏的台柱子，中氣十足，嗓音洪亮，就是在所唱的聖歌之中，總是帶着京腔京韻的味道。

我父親病重的時候，我母親還專門請來趙世光牧師為我父親祈禱禱告。

親手給我縫的佛珠口袋

我們家裏人，從我奶奶那一輩開始都信佛。我奶奶是虔誠的佛教徒，奶奶不但自己信佛，還要我們也信佛。就和大多數一般中國人一樣，我們家裏人也都信佛教。抗戰時候在北京，我奶奶、孟小冬、我二姐就到北京當時影響很大的拈花寺避難、躲日本人，後來我奶奶就在拈花寺出家了，直到終了，可能就葬在拈花寺的佛家墓地，這就是我為什麼一直在找拈花寺的原因。我母親是因為政治原因信基督教的，就是為了這個，奶奶經常與我母親很不開心。

但是，我母親是在信佛的家庭環境裏長大的，就像蔣夫人對西方人介紹的那樣，佛教對我母親還是有一定的影響。我母親就曾經親手給我縫製了一個裝佛珠的口袋，我現在還在使用。這個小口袋是黃色的，是專門給佛家人用裝佛珠的。佛珠如果給喇嘛抓過以後，這個佛珠就不一樣了，這在喇嘛教裏面是很講究的，佛珠就是開光了的。這個口袋裏的這幾串佛珠，全部開過光。佛珠一般是一〇八顆，只有密宗是一一〇顆的，我的這個是一一〇顆的，因為我修密宗，都是菩提子做成的，念經、念咒的時候，手數着這個珠子，所以，佛珠又叫念珠，沒有順序，就是不能夠跳過這個總珠子，念到這裏，再倒回去念。

還有一件事很有意思，母親在生我的前一晚，夢到去了一座廟中數羅漢，但是只有十七個，少一個，生了我以後，她覺得我是羅漢轉世，所以我有一枚印章就是「六舟前身」，那個時候母親還沒信基督教。我母親骨子裏還是傾向佛教，不過，我母親不會去廟裏，更不會去廟裏上香，也不在意佛教的那些節日。

關於信基督教的事情，我常常笑我母親，我在跟她聊天的時候問，耶穌的什麼什麼事情怎麼樣？我母親說不清楚，我說你天天在看聖經，這裏面的關係和人物你搞得清楚搞不清楚，你講一些東西給我聽，我母親說「我略知一二」。我覺得母親信基督教，最初純粹是出於政治的原因。現在，我大姐信基督教，是真的信，這是受我母親的影響。

此地有個傳教士經常來向我傳教。我跟他講我是信佛教的，你不要來傳教了，你不會成功的。他講「我是來講一個大道理的」，我講「你把你們教會裏面辦的週刊啊、報道啊寄給我看吧」。那裏面講到很多有趣的事情，比方講，人死了以後靈魂會去哪裏？我對這個感興趣，我是想研究這個問題，並不是要信仰這個宗教。

送給蔣夫人的翡翠麻花手鐲

最近，我看到一篇文章，介紹蔣夫人宋美齡的麻花手鐲，據文章裏講這副手鐲，在一九三五年就值當時的貨幣五千萬，這副玻璃翠麻花手鐲款式是比較特別的，就是雕刻成一圈一圈的彎兒，就像麻花一樣纏繞在一起，所以叫翡翠麻花手鐲。這副玻璃翠的手鐲，原本是我父親買的送給我母親的禮物，後來在一次聚會的時候，蔣夫人看到我母親戴着這副手鐲，就說「這個好好看呀！」拿在手裏看，喜歡得不得了。那麼，我母親講：「蔣夫人啊，你喜歡就送給你吧！」於是，我母親就送給了蔣夫人。這鐲子我看見過，母親戴了好多年的，經常戴，那是很早的事情了。我太太沒看見過，但是我太太聽我母親講過。我母親有一樣，只要蔣夫人喜歡，她馬上就會讓出，我母親有好幾個手鐲都是玻璃翠種的，送給了蔣夫人，因為蔣夫人特別喜歡翡翠飾品。

不過，蔣夫人也沒有回贈什麼東西給我母親。因為在他們的觀念裏，他們是高高在上的！這不是錢的問題，別人給他們送東西，沒有什麼合適不合適的，無所謂的，他們認為合適就合適，只是送給了我母親幾張他們的簽名照片，這也算是很高的回贈了吧！

就像前面提到的，蔣夫人寫英文文章，向西方社會介紹中國，其中就提到了我母親姚玉蘭，說我母親自從信仰基督後，嗓音都變得甜美了很多，戲唱得更好了。這是出於她的角度來說的，她有她的政治意義在裏面。

我母親信基督，與蔣夫人有這層信仰上的關係，一起去做禮拜，在官邸唱京戲，似乎看起來很風光，但沒有什麼好處的。有空閑要聽戲了，就把我母親等人叫去唱戲，就是這麼一回事，其他沒什麼，反而花錢花得更多，唱戲置辦行頭，我母親的一套旗袍衣服是很貴的，是一個很有名的老裁縫做的，蔣夫人的衣服也是這個裁縫做的。到了聖誕節，或過年過節的，官邸的上上下下，都得送禮。

認識蔣氏夫婦，實際上對我母親、對我的兄弟姐妹們，並沒有帶來什麼額外的好處。就像前面在我父親那部分講到的，我母親帶着我們兄弟姐妹剛剛到台灣的時候，生活上很艱苦，我母親帶着我弟弟維嵩去找王新衡，希望他幫助老八安排個差事，其實，就王新衡當時的地位，隨便安排個差事很容易，但是，王新衡連我母親他們面都不見一面，更不用說安排工作了。當然，這跟王新衡的個人品行有關係，但也表明，我母親跟蔣氏夫婦的親密往來，並沒什麼特別的幫助。

我對政治看得很清楚，我在台灣做事情是我自己做出來的，又不是蔣夫人介紹的。所以，我的分析與一般人不一樣，你要認識那些有錢有勢的人，那你也想有錢有勢，就是很簡單的道理，你是有所目的的。司馬遷早就講了：天下熙熙，皆為利來；天下攘攘，皆為利往。我是情願我一個人，什麼人我都不支持，什麼人我都不反對，這是最好的。我寧願自己安安靜靜地在書房裏看書、做研究，我最不願意應酬，最不喜歡別人打擾。

七 北平的張吳朱三家與上海的杜家

張吳朱三家親如兄弟和三大亨一樣

我父親在的時候，北方的很多事情，讓吳家元去辦，都是去北平找的張家、吳家，還有朱家，當時他們都是北方不可一世的大家族，有錢有權、有勢力。他們三個人，張、吳、朱在一起，就好像上海的杜月笙、黃金榮、張嘯林一樣，親如兄弟，我父親與北方的這三大家關係非常好。

這三家的情況，特別是吳家和朱家，與我父親一樣，很多都是傳說，流傳在民間、口頭，講得津津樂道，也神乎其神的，但就是很難看到專門研究他們的書籍。張家就是奉系軍閥張作霖、張學良父子及家族，這個大家都知道。吳家是吳俊升、吳泰勳（吳幼權）父子及家族，是張作霖重要的嫡系，吳家起家於東北，後來就到了北平。東北冬天很冷，家家有熱炕，傳說吳家炕下是用金磚鋪的，可見吳家很有錢的。

朱家就是朱啓鈐及他的公子、女兒們，朱家是官宦世家，朱家的幾個小姐很有名，朱家的四位小姐都與張家有關聯。四小姐嫁給了張學良的副官飛行員吳敬安，五小姐朱湄筠嫁給了張學良的秘書朱光沐，六小姐朱洛筠嫁給了張學銘，張學銘是張學良的同父異母的弟弟，六小姐朱洛筠曾經與趙四小姐是天津華西女中的同班好友，六小姐嫁給了張學銘之後，從同學變成了「妯娌」關係。朱家九小姐嫁給了吳幼權，吳幼權與張學良當年是拜把子兄弟。解放前，九小姐在一次飛機事故中死了，吳幼權不到四十歲也病死了。所以，關於九小姐和吳幼權的事情，人們知道的很少。

北平的張家、吳家和朱家，特別是朱家，非常喜歡京戲，那個時候，北平與上海都是一樣，上流社會都歡喜聽戲，不喜歡京戲，門都進不來，可見京戲那個時候在中國人心目中是多麼的重要！所以，喜歡聽戲也就把這些大家族聯絡起來了。當時的北平和上海之間總有很多來往，北平的三大家族和上海的三大亨，主要是與我父親之間，建立了很好的關係。朱家老小都歡喜聽戲，來上海一定要來我們杜家。所以，我們從小就和朱家兄妹很熟。

朱家還有一位公子叫朱海北，我們叫他老鐵，我和我太太在七八十年代到北京的時候，還去拜訪過他。文革時期朱海北受到衝擊，他兒子則被紅衛兵批鬥致死。他雖然年紀大了，但是當年的風采依然不減，老鐵當年曾經追求過孟小冬，這在後面再說，這裏還是先說說這三家的陳年往事吧！

朱家五小姐與張學良

朱家五小姐朱湄筠的女兒現在住在溫哥華，她還常常與我們來往，說起當年的那些事。五小姐的先生是朱光沐，我們叫五小姐是朱伯母，比我們高一個輩分，五小姐的女兒叫朱萱，跟我們平輩。朱萱，藝名秦羽，現住在溫哥華。五小姐只有這一個女兒，從事電影業後改名為秦羽，是香港著名的編劇和學歷最高的演員。朱萱曾經找到我們，請我太太幫忙，因為我太太的乾媽，以前是五小姐家裏的管家，她應該知道很多五小姐家的事情，朱家的事情，朱萱都搞不清楚了，朱萱找我太太來介紹認識我太太的乾媽，希望把她們家的事情搞清楚。但是，我太太的乾媽突然生病去世了，朱萱也沒有見成，留下了終身的遺憾。

朱家五小姐最出名的恐怕就是說張學良那首打油詩了：

趙四風流朱五狂，翩翩蝴蝶最當行。
溫柔鄉是英雄塚，那管東師入瀋陽。
告急軍書夜半來，開場弦管又相催。
瀋陽已陷休回顧，更抱佳人舞幾回。

這是當時的名士馬君武所寫的《哀瀋陽》詩，說的是一九三一年九一八事變，東北被日本人佔領，九一八事變當晚，少帥張學良不在軍營卻在舞場。這首按照當時流行的鄭孝胥體的詩，很快在關內關外、大江南北流傳起來，張學良成了全國萬眾指責、唾罵的賣國賊。

事實是不是這樣呢？各有各的說法，香港歷史學家丁新豹考證的結論：九一八事變當晚，張學良和朋友一起吃晚飯，當時張學良聽完一個電話之後，飯未吃完就離席，原來電話是報告日軍突襲瀋陽，就是九一八事變，所以說，當晚少帥並不是與女士跳舞聚會。

張學良生前在哥倫比亞大學做口述歷史的時候，他就曾經這樣說過：「我最恨馬君武的那句詩了，就是『趙四風流朱五狂』那首。這個朱五是誰呢？朱五就是朱啓鈐的五小姐，她是我秘書朱光沐的太太。他倆結婚的時候，是我給他們主婚。她小的時候，我就認得她，我同她的姐姐是朋友，僅僅是一般的朋友關係。她的四姐還嫁給了我的一位副官。這首詩我最恨了，我跟朱五沒有任何關係。」

後來，詩中的主人公朱五小姐朱湄筠，有一次在席間遇到馬君武，朱五小姐走上去問，你認識我嗎？馬君武說，不認識。朱五說，我是朱湄筠，就是你當年寫下「趙四風流朱五狂」的朱五！據說馬君武表情非常尷尬，不歡而散。

打油詩的「翩翩蝴蝶最當行」，有人說「蝴蝶」，指的就是當時上海灘紅極一時的演員胡蝶，胡蝶晚年住在溫哥華直到故去。在溫哥華，顧媚曾經問起過她這件事，顧媚，香港六十年代邵氏公司，就是邵逸夫電影公司的簽約演員、歌星，影響很大，後來離開娛樂圈，專心中國傳統繪畫，成為著名的畫家，晚年也住在溫哥華。倆人一次見面，顧媚問起這件事，胡蝶說，我根本就不認識張將軍，也根本就沒有這回事兒。打油詩看來也許是文人的藝術想像了吧！

馬君武的亂點鴛鴦譜，出於什麼樣的動機暫且不說，他這麼亂點，倒是把五小姐跟少帥的關係乾脆拉得更近了。解放後，周恩來總理曾經試圖聯絡老朋友張學良，五小姐朱湄筠就成為鴻雁傳書的最佳人選，多次為兩岸傳遞書信，溝通大陸與張學良的信息交流。

朱家六小姐朱洛筠是張學銘太太，就是那位趙四小姐的妯娌，張學銘夫婦倆跟我的岳父譚老是世交，關係很好，他的兒子是認我岳父為乾爹，有意思的是張學銘特別喜歡吃肥豬肉。我們每次到北京的時候，一定要去張學銘夫婦那裏的。現在，張學銘和朱六小姐都已經不在了。

唱戲、聽戲，把張學良、朱家、吳家跟杜家的關係拉得很近，他們到了上海，總歸是和我們見面的，一起吃飯的。

我母親病重少帥來探望

前面說過，張學良歡喜聽京戲，是唯一一個可以跟蔣介石在一道聽戲的男士，其他的人都是太太們。我母親生病，住在空軍醫院，他還來看我母親。我見到過張學良，我們都還是叫他少帥。

我母親去世之前，對我們說，她每天晚上都夢到一幫人來抓她，他們要帶我走啊，我不走，她就打呀，每天晚上都跟她們打架，打得筋疲力盡的。這幫人都是鬼呀！也不是陰差，是遊鬼，到處遊蕩的鬼。這個打架的過程持續了差不多兩個多禮拜。到最後，我太太問她，昨天又打架了嗎？她講我打不動了，我太太講，完了！事情不妙了！

在我母親過世前一天的下午，有一件事情很巧合。十月七日下午當天做禮拜的婦女會做週三祈禱會，我母親的一個教友徐陸寒波，知道我母親病重難以挽回，就帶領所有教友為我母親做祈禱、禱告說：主啊！如果無法挽救杜夫人的性命，那就帶她走吧，帶她去天國吧！快樂地去天國，不要有任何痛苦。奇妙的是，就在此之後不久，我母親病情突然加劇，很安詳地、沒有什麼痛苦地過去了。

這個事情，我後來才知道，當時我就在我母親身邊，我母親已經昏迷了、不行了，醫生看到我母親的病情已經沒有回天之力，就與我們商量，如果這個時候我母親走的話，應該沒有什麼感覺、沒有痛苦。在徵得我們子女們同意後，醫生就在我母親肩膀下面的胳膊上，輕輕地劃了一個小口子。可能是因為我母親得的是淋巴癌，癌細胞已經在全身蔓延，這麼劃了一刀，加速了癌細胞的進一步擴散，幾分鐘以後，連五分鐘都沒有，我就看見母親的臉色全變了。我母親什麼感覺都沒有，也沒有什麼痛苦就過去了。如果不是這樣子做，她還會是很痛苦的。和父親相比，我母親要高壽得多了，我父親走得是早了點，不過，他走了也好，要不然，他自己受罪，我母親、孟小冬和家裏人都會拖累得很。所以，母親去世後，我代表家裏人，對外面的媒體宣佈說，我母親非常安詳地過去了。

母親去世後，我們在位於南京東路五段的家中擺了靈堂祭奠，在供桌上放着一本上海大戲院慶祝我父親六十大壽演出時的一本戲碼單，當時以梅蘭芳為首的四大名旦，以張君秋為首的四小名旦，鬚生三傑馬連良、楊寶森、譚富英，花旦祭酒小翠花，程派青衣芙蓉草、章遏雲，都來慶賀演出。我想，母親和父親的在天之靈，一定得到了安慰！

八 演藝界的老朋友

盧燕為什麼叫我母親「四叔」

盧燕，又叫盧燕香、盧燕卿，小的時候，盧燕來上海就住在我們家，盧燕的母親是當時著名的京劇老生演員叫李桂芬。盧燕見到我母親，叫「四叔兒」，為什麼叫叔呢？最早，盧燕也不知道，只是說從小就這麼叫的，至於為什麼這麼叫，她開始也不明白，我們也不明白，但是我們知道這裏面一定有特別的原因，就是我母親、奶奶與盧燕母親、盧燕家族的特別關係。盧燕把這個稱呼的事告訴了台灣的京戲專家丁秉鐩，丁先生有心後來向我母親請教，才解開這個「四叔兒」之謎，這裏面原來還有一段老藝術家的美德故事，丁先生專門寫下了這個故事，發表在台灣的《傳記文學》一九八〇的元月第三十六卷第一期，題為「回溯昔年李桂芬的時代」，後來又收入盧燕的母親李桂芬《盧母李太夫人八十壽冊》中，事情是這樣的。

大概是六十年代末七十年代初，盧燕第一次到台灣，在香港找到秦羽，就是五小姐的女兒，秦羽推薦到台灣找丁秉鐩，就可以找到我母親，盧燕見到丁秉鐩後，有一段有趣的對話，丁先生問：「在台有無故舊，打算看誰？」盧燕說「我要先找我四叔兒」，「四叔兒是誰呀？」丁秉鐩疑惑地問，「杜夫人姚谷香啊！」「怎麼管杜夫人稱四叔兒呢？」「我也不知道，從小兒就叫慣了。」

丁先生請教了我母親後，才知道這裏面的故事。最初的戲曲舞台，都是男演員，女人是不可以登台演出的，到了民國初年，北京政府下令女演員可以演戲，但是要成立坤班，完全是女演員的戲班子可以有女演員登台演出，這個政策在當時已經是很進步的了，有一批坤伶女老生出現在舞台上，但是能夠稱得上大角兒名角兒的，只有恩曉峰、筱蘭英、李桂芬和孟小冬四人。

再說，我奶奶筱蘭英在北平演戲，剛到新地方，有個別同行欺生，有一天在文明園準備演出《戰蒲關》，我奶奶演劉忠，班子裏的一個坤伶老生演王霸。但是，就在馬上要演出之前，這個演王霸的老生臨時罷工，不上台演出，就是要給我奶奶一個難看，台下觀眾已經等候，一切都準備停當，只等開場鑼了，可是，扮演老生的演員不上台，戲就沒辦法唱了，這下可是急死人了，台下的觀眾在等着看戲呢！我奶奶當然非常生氣、着急。恰好，大姨，就是盧燕的母親李桂芬在場，對那個老生刁難的做法憤憤不平，當即表示願意代替演王霸，才使這齣戲圓滿演出成功。

梨園有「救場如救火」的規矩，我奶奶對大姨的見義勇為很感激，從此倆人來往愈來愈密切，認了大姨為義女，並且讓我母親和阿姨姚玉英，與李慧琴，就是盧燕的舅母、李桂芬的弟媳，以及坤班裏其他的友好演員，結了一盟。那個時候的梨園，坤伶都歡喜穿男裝，唱老生的演員尤其豪爽，不讓鬚眉，在稱呼上都是兄弟相稱，所以她們結拜的是盟兄弟，而不是乾姊妹。在這結拜的九個兄弟中，三爺是李慧琴、四爺是我母親，七爺是我阿姨姚玉英。所以，盧燕從小就叫我母親是「四叔兒」。

我奶奶、母親和盧燕的母親大姨，那一輩的戲曲演員，在幾乎男人獨霸舞台的時代，坤伶想搶得一席之地，是非常的不容易。那時候的戲曲演員，都有很多技能，各種角色都能演，臨時客串的情況常常發生，我母親、阿姨和大姨她們都有這個本事。老一輩藝人都互相幫助、互相補台，因為大家都明白，誰都有難處的時候，所以老藝人之間這種互相提攜幫助補台的事情時有發生，這真是一種美德啊！我母親她們這一輩，又把這種友情繼承下了，而且更加牢固，她們之間結下更深的姐妹情誼。

另外，我的庶母孟小冬與李慧琴，也有很多交往。三十年代在北平東安市場吉祥園演出，演出的班底陣容就有青衣李慧琴。可見我們兩家是世交，上輩子長輩之間就有很深的交往，建立了深厚的友情。

再說那次，盧燕通過丁先生找到了我母親之後，大姨李桂芬就到了台灣，與我母親還有其他老朋友相聚了。大姨平時住在香港，也常常去台灣，跟我的母親，跟顧正秋都是很要好的，都是唱京戲這個圈子裏的，她們常常在一道，三人中顧正秋小一點，母親就叫她小秋。我有一張照片，就是李桂芬、我母親跟顧正秋的合影，現在，這三位都過去了。

洪波「我們家總有酒給你喝」

洪波是港台著名性格演員，而且京劇唱得很不錯。在台灣的時候，他常常到我們家裏來，我母親說：「你想什麼時候喝酒，就什麼時候來，家裏總有酒給你喝。」他不幸染上了吸毒，那個時候台北有個青城餐館，是個川菜館，老闆喜歡看他的電影，他每天坐在那裏吃飯，老闆也不收他錢，吃完飯，喝醉酒就睡在那兒了，老闆也不管，讓他去。後來，結果他就在那個地方跳樓自殺了。他死得很早，很可惜！據說，洪波自殺時，口袋裏還留有一張紙條：「對不起金滔！」當時洪波導演的《地下司令》沒有最後完成，後來在香港上映時改名《十萬青年十萬兵》，洪波在這部片子裏擔任導演，金滔是其中的重要角色，他是洪波的學生弟子。

演藝圈裏常發生些奇怪的事情，有些人很年輕，演技好，人也長得漂亮，就是那時似乎有自殺的風氣，估計是承受不了當時的各種壓力吧！比方講林黛、杜娟是自殺的。像樂蒂吧，陳厚的太太，跟凌波拍《梁山伯與祝英台》電影，這麼出名，結果也自殺了。

陳厚跟我們家也很熟悉，上海解放後他來香港，在我家住了很久，我父親出殯，就是陳厚一直攙扶、陪着我。演梁山伯的凌波後來移居到加拿大的多倫多，當時她是唱黃梅戲的，也演電影。

顧媚見到我母親

有一段時間，大陸很流行香港的粵語歌曲和電視劇，其中的著名作曲家顧嘉煇就很有名氣，從七十年代開始，當時影響大的電影、電視劇的膾炙人口主題曲，很多是他的作品，其中，他最出名的曲子之一就是電視劇《上海灘》的主題曲，葉麗儀一唱走紅，香港、台灣和大陸都在唱，《上海灘》的藍本是我父親和杜家。顧嘉煇的姐姐顧媚，現在加拿大的大溫哥華地區。

六十年代香港邵氏的簽約演員顧媚，當時在香港也是歌壇、影壇紅極一時的明星。她七十年代初離開演藝界，開始從事繪畫藝術，如今她的畫畫得很有成就，香港立法會的賓客接待大廳就掛着顧媚的巨幅山水畫，可見是得到了社會和人們的認可，但最難得的是她的繪畫境界很高，我看見過她的畫冊專輯。其實，畫畫與京戲有相同的地方，表現出來的要麼是開心、要麼是不開心，有很多情緒流露在畫裏面，所以畫出的畫，就很有味道，就像京戲裏的程派，裏面有一種幽怨的情緒，反而很吸引人；如果沒有情緒，這個畫就很平淡。

早年顧媚在拍《青城十九俠》電影的時候，曾經到過台灣，見過我母親，她印象很深，她說看見我母親在屋裏，神態很優雅、很美。但她記不清是我的生母姚玉蘭，還是庶母孟小冬，按照時間上講，顧媚當時應該見到的是我生母，因為那個時候孟小冬還在香港。後來，我把母親的照片傳給了她，她對着照片確定是我生母。

顧媚是由童月娟帶着去見我母親的，童月娟喜歡京戲，她與我母親、李麗華和盧燕都很熟，因為大家都喜歡京戲，那個時候不喜歡京戲就不太會來往，除非有生意上的合作。童月娟的丈夫張善琨，是位電影導演，跟我父親不太熟悉，因為是電影界裏的，不是戲班裏的人。李麗華是香港著名電影演員，她和前夫嚴俊都會唱戲，而且唱得非常好，與杜家往來很多，我父親出殯的時候，他們都來靈堂祭奠、最後告別。她現在還健在，已經年齡很大了。據丁秉鐩回憶，孟小冬十四歲那年剛剛出道，在上海的乾坤大劇院演出，同台的就有李麗華的母親、老旦張少泉，我們的上一輩人之間就有來往，可見我們的關係很密切。

我的庶母孟小冬

九 情繫北平拈花寺

朱家的二公子朱海北喜歡孟小冬

前面專門講到北京的三大家，張家、吳家和朱家，都與杜家有很多密切的來往，這種關係很複雜的，特別是朱家跟杜家來往更多。朱家跟我岳父譚敬也非常的要好，都是當時的大家族，所以我太太跟他家很熟悉。因為朱家，他們不但個個是戲迷，而且都會唱。在當時的上海跟北京，單單是會聽，不叫戲迷，得會唱，會唱兩句，才是真正的戲迷。尤其是進杜家，你要會唱，有堂會的時候，杜家的人，恒社裏的人，十個人中，有一半會唱戲。

孟小冬在北京也常常與他們來往，他們到上海來，就是孟小冬提前告訴我父親的。這裏面還有一個未解之謎，因為朱家的二公子朱海北長得很帥，是個美男子，外號叫老鐵，常常跟孟小冬在一道，老鐵喜歡孟小冬，可能還追求過孟小冬。所以，那個時候就把孟小冬接到上海來，跟我們住在一道，除了梅蘭芳的事情外，我母親不喜歡朱海北，也許是原因之一。

朱海北長得很帥的，非常的帥，很有派頭。他跟九小姐來上海到十八層樓來看望我父親和母親，周圍街坊鄰居的人都圍着看。九小姐不僅僅是很漂亮，而且非常時髦，有氣質。當時的上海，應該是最時尚的城市。北京有一點兒落伍，但是朱家九小姐和老鐵是很新、很時尚的，就跟上海富家子弟差不多。朱家的小姐們常常來上海，是那個時候有名的名媛，她們那個時候的交際，就是天天跳舞唱歌，玩啊、唱戲啊！

一九七九年，我和我太太回國去北京，專門去看朱海北，他那個時候雖然老了，但是還是可以看得出年紀輕時候的瀟灑、帥氣。現在，老鐵應該不在了，都是舊事了。

拈花寺的佛緣

有段時間，孟小冬住在北京，我母親就讓我二姐美霞去北京陪着孟小冬。孟小冬進了杜家門以後，我父親怕她孤單，就把我和二姐名義上過繼給孟小冬，作為義子、義女，在家裏，我們就叫她（孟小冬）「媽咪」，叫我母親「孃孃」。後來我母親就跟二姐說，你去北平陪「媽咪」去吧！就這樣二姐在北京住了一段時間，到了台灣以後，也主要是二姐照顧「媽咪」孟小冬。所以，二姐跟孟小冬的關係更熟悉。那個時候，孟小冬實際上已經進了杜家，嫁給了我父親，只是沒有舉辦結婚儀式而已，後來，在香港也隆重重地補辦了這個儀式，當時的社會風俗習慣就是這樣的。

那時候，孟小冬在杜家，我母親總是讓着她，一方面是我母親的性格很隨和，另一方面，她比孟小冬大，是姐姐，總要讓着些，她們很早就結為金蘭姐妹了。孟小冬性格比較特別，有的時候生氣跑回北京了，我父親想要她回上海來，總是要我母親親筆寫一封信邀請她。大家庭有的時候吵吵鬧鬧，也是常有的事，就像姐妹間、夫妻間的磕磕絆絆，是正常的生活。

孟小冬很早就信佛，一九二九年，孟小冬在經歷了梅孟婚變後，身心受到很大的打擊，她離開北京，來到曾經讓她輝煌的天津，寄住在皇族詹性家中，與女主人一起吃齋念佛，看破紅塵，出入於居士林中。後來回到北平，拜拈花寺主持量源大和尚為師，虔誠禮佛拜懺，舉行了皈依三寶典禮，在寺中受過三寶禮節後，成為在家信佛的教徒，就是通常講的居士。二姐到北京以後，常常陪着她去拈花寺上香。抗戰時，為了抵抗日本人，多數京劇明角都不唱了，像梅蘭芳也留起來鬍鬚。孟小冬在北京也不唱戲了，為了躲避日本人，孟小冬和二姐她們常常到拈花寺避難。

拈花寺為明朝萬曆時期修建，清末年間仍是北京名剎，是顯密二宗合在一起的寺廟，各自有各自單獨的大殿。當時的拈花寺是北京最大的廟，香火非常盛，很多名人，比如梅蘭芳、余叔岩都去那裏上香。北京的朱家、吳家、張家，都跟拈花寺有些關係，一提到北京的寺廟，就都說到拈花寺。一九三九年，吳佩孚死後曾停靈在此，張學良他們都有去過拈花寺進香。

孟小冬是個虔誠的佛教徒，她在台灣租的房子，面積不大，但還是專門設了一個佛堂，每天上香拜佛，她死後也是葬在了佛家的墓地。她在台北家裏的佛堂供奉的佛像照片，就是當年在北京的兩個大喇嘛送給她的，就是我們現在通常說的經過法師開過光的，這兩個大喇嘛，可能就是白塔寺和拈花寺的大喇嘛。溥心畬曾經給孟小冬畫過一張佛像，孟小冬非常喜歡，但是她沒有掛出來，因為這幅畫沒有開過光的，這也說明她對佛家的規矩是很在意的。

巧得很，拈花寺也是我奶奶出家的地方。我的爺爺和奶奶，跟我們在上海住的時間很長，爺爺是解放前在上海去世的，按照老禮出殯，規模很大。爺爺去世後，奶奶開始留在上海，我父親和我們去了香港以後，奶奶後來就去了北京，應該是解放以後了。

奶奶非常虔誠地信仰佛教。小的時候，我們住在十八層樓，爺爺奶奶都在，有很多老規矩，比方講，明天是我的生日，今天晚上吃餃子，明天吃麵，這是一定的。過年過節，奶奶一定要念經禮佛的。念經的時候，我們得跟着她一道念，還要在房間裏面轉，她一面唱，我們跟着轉，也就潛移默化地受到影響了。奶奶是唱戲的，她的佛經不是念出來的，是唱出來的，有腔有調兒的，很好聽！那時候，家裏所有的人，阿姨、我弟弟維嵩，趙先生、趙太太，都一起跟着轉，你不跟着轉，要被奶奶罵的。趙先生、趙太太是我母親的好朋友，每天都來我家，趙先生經常帶着我去四馬路逛書店。

奶奶在抗美援朝的時候還唱戲義演，支援前線，後來去拈花寺出家了。我查余叔岩的傳記，看到余叔岩皈依佛教就是在拈花寺，也可以叫居士。奶奶開始的時候是居士，還有個法名，在奶奶的《徐策跑城》那個老唱片裏面有的，好像是「蘭居士」。抗美援朝的時候，奶奶偶爾還唱戲、義演。她後來出家，不是通常說的吃齋念佛的那種，是剃髮、正式剃度出家！應該還有法號，但我們都不曉得。奶奶是什麼時候過世的，她去世的時候，是不是拈花寺給她辦的喪事，葬在哪裏？這些事情我們都不曉得。因為那時候我們已經在台灣了，分開了很長時間，大陸的消息一點兒都沒有。我母親問了很多人，包括朱學範，都問不出來，沒有人知道。連梅蘭芳、馬連良到香港，我們問起他們這些事情，他們都不知道，也可能是他們知道，不方便講。

拈花寺後來荒廢了，現在大多數北京人都不曉得這個寺廟了。文革對寺廟的衝擊最大，我到內蒙錫林格勒盟，那裏的喇嘛廟，曾經都是草原上不得了的廟，結果全部破壞掉了，也沒人住，就是空廟一個，破壞得很嚴重，但是壁畫都還在。

我奶奶和孟小冬都去過拈花寺，所以我一直在打聽拈花寺到底在哪裏？但始終找不到，只有資料上有記載。後來我看到報紙上講，要重新修復拈花寺，希望我能有機會去看看跟杜家有這麼多聯繫的佛家聖地拈花寺。拈花寺，很可惜啊！我一直沒有去過拈花寺，但我始終沒有放棄有找到拈花寺遺址的念頭。

十　廣陵絕響《搜孤救孤》

六十大壽的壓軸大戲，我父親親請孟小冬謝幕

在進入杜家之前，孟小冬一直在北京和上海之間來來往往。抗戰勝利以前，她來過上海幾次，勝利以後也來過。在我父親六十大壽時，她專門從北京趕過來祝壽的，並演出了余派大戲，這也許與當年杜家祠堂落成時，南北名伶齊聚上海，為祠堂落成演出祝賀，但唯獨余叔岩因病未到成為缺憾的事情有關吧！這一次，我父親六十大壽，一方面，孟小冬已經進到杜家，另一方面，我想也是為上一次為師傅余大賢補上缺憾吧！這一次，梅蘭芳和很多名角都來了，但是梅蘭芳和孟小冬不同台，有意安排他們避開，所以他倆並沒有打過照面。孟小冬演唱的是余派《搜孤救孤》，這是她最後一次公開唱，也是影響最大的一次，總共唱了兩場，只可惜那個時候，沒有什麼錄音、錄像的，沒有留下什麼資料。

那次六十歲生日，第一個下來到上海的就是花臉裘盛戎，他演屠岸賈。孟小冬與琴師王瑞芝、鼓師魏惜雲，票友趙培鑫，魏蓮芳、裘盛戎等，晝夜排練，還在杜公館內的小戲台進行了十五天的響排。六十大壽的時候，沒有臨時搭戲台，當時在上海有名的戲院——中國大戲院唱的。那個時候，我記得大家都很緊張，每個人都分派了工作，戲院要怎麼安排，送花籃的怎麼安排，還有送錢的，還有這些角兒的吃、住、玩的，都得管！這一大幫子人裏顧嘉棠最忙了。顧嘉棠找了一批人，坐在二樓專門叫好，不叫好，他就在後面敲打。那個時候黑市的票不得了，人們都來找萬墨林，萬墨林都沒辦法。結果買了票，在旁邊搭了個凳子坐。那幾天可熱鬧了，天天唱戲，我場場都聽，我不需要買票，但在樓底下坐不到位子，要到二樓、三樓去聽，我們都坐二樓三樓。我從前還有一張戲單，我姐姐她們也都去聽。那些戲，我們都去看了，唱了三天，做慈善的，都捐給了蘇北鬧水災的地方了，好不熱鬧啊！

六十大壽時，我母親好像就唱了一齣戲，主要是忙前忙後的。再就是因為名角太多了，有些角兒都排不進去。每一天的開鑼戲都是有名的角唱的，像《四郎探母》、《龍鳳呈祥》等，這都是大戲，而孟小冬演唱的《搜孤救孤》是最後一齣壓軸戲，這次演出是她最後一次公演，所以她的新老戲迷紛紛從四川、陝西、北京、天津、台灣等地趕來，據說當時的票價是五十萬元（舊幣）被炒到五百萬元，一票難求。

孟小冬《搜孤救孤》的演出非常成功，現在還可以看到一張孟小冬在演出結束後謝幕的照片，這張照片是上色的，原照是黑白的，底片在我這裏。謝幕時，趙培鑫、孫蘭亭都在，一共謝了兩次幕，兩次謝幕都是穿便裝，沒有穿戲裝帶髯口出來。

關於謝幕，有很多不同的說法。孟小冬在第一場《搜孤救孤》演出的時候，我父親在現場觀看，演出非常的成功！戲唱完了，台下的觀眾都不走，希望孟小冬出場謝幕。當時，京劇場上還沒有謝幕的習慣，演出的總提調是恒社的孫蘭亭，他非常着急。他到前邊跟觀眾解釋，大家把他哄下了台，他到後台找孟小冬，請孟小冬出來給觀眾謝幕，孟小冬說，沒有這樣的規矩吧！我在台上賣力地唱戲，怎麼能夠給他們謝幕呢？而且，我也沒有唱錯，也沒有什麼問題呀？就是不出來謝幕。前面是觀眾熱情高漲、也不走，後台是孟小冬倔強的性格，也堅持不出來。雙方僵持不下，急得孫蘭亭直跳腳，也沒辦法。後來，我父親親自到後台出面說情，請孟小冬出台謝幕，孟小冬才出來給觀眾謝了幕，這才平息了觀眾的熱情，才算了結。

有一種說法，那時沒有謝幕的習慣，後來就出了個主意，台下的人主動捐款給災民，孟小冬說，要捐多少多少錢，我才能出來謝幕。這是不對的，沒有這種事，當時我都在場。

范石人點評《搜孤救孤》

觀眾的熱情為什麼那麼高？除了孟小冬「冬皇」的名聲外，她已經很多年沒有登台演出了，事先說出去的這是她的最後告別演出，而事實上，以後她也沒有正式演出了。除掉這些原因之外，確實是孟小冬主演的《搜孤救孤》很成功，非常有她的先師余派的風格。當時和以後戲曲界的票友、專家都津津樂道，評論這齣戲如何如何。比較流行的是萬伯翱寫的《孟小冬：氍毹上的塵夢》一書裏的評價，丁秉鐩的《孟小冬與言高譚馬》也有介紹，都很專業很準確，我這裏想說說范石人的評論，比較特別。

上海有個京劇界的老前輩、著名票友范石人老先生，生前是上海市文史研究館館員，對孟小冬的《搜孤救孤》進行了詳盡的分析評論。范老先生說：在孟小冬唱《搜孤救孤》的時候，我連看兩場。那天在場面上，王瑞芝操琴，魏惜雲打鼓，排練了十五天，我去看主要是看余叔岩的余派唱腔，孟小冬是余叔岩的嫡傳弟子，孟小冬的扮、做、唱、念，都是無可挑剔的，她繼承並發揚了余派唱腔。比如：「白虎大堂」導板中的「虎」字，余先生早期的唱法與後來教授孟小冬的不同，「白虎（哦）」，前兩個浪頭很快。孟小冬，「虎」字有一個升「四」的音，很強烈的，加大了「虎」字的力度，後面的「哦」，短、精煉，很乾淨。「到如今連累他受苦刑」中的「連累」也與余先生早期的唱片不同，余先生唱「連累」這兩個音都是平的，孟小冬唱「連」字是平的，「累」字往上走。余、孟改動的原因是字正腔圓，要把湖廣音的四聲突出，突出湖廣音，湖廣音以前不夠平的要平，陽平音要平，去聲要挑，才能體現余派唱腔的十足的韻味。《搜孤救孤》的精華部分在「法場」這幾段唱，先是上來唱「邁步兒（哦）來到法場中」，「步」字兒韻，加這個「兒」字的小輒，很簡單，上場來唱「邁步兒（哦）」，「兒」字下面，還墊了個「哦」的音，「邁步兒（哦）來到法場中」唱得氣完神足，滿堂好。她的叫頭「公孫兒」，「公孫」兩個字擺得非常好，前高後低，兩個陰平聲，「公孫兒」，「趙公子」，「你二人死在九泉之下，莫怨我程嬰（哦）」，這個「哦、哦」下面的哭，別人唱的是「嬰、嬰、嬰」，孟小冬是泣，不是哭，泣比哭要悲傷，要更感人，體現出情緒非常飽滿。白口念得好聽，跟唱一樣好聽，她唱就像說話，說話就像唱，韻律非常足。

我認為范石人先生是真正的內行，他對余派的研究和對孟小冬《搜孤救孤》的點評，真是好！他認為孟小冬當時是京城三大美人之一，而且是之首。孟小冬年輕的時候的確很漂亮，一直到結婚、到老了的時候都很漂亮。

十一 與張大千的往來

喜歡與老派人來往

孟小冬可能是因為在北京生活時間久的緣故，跟前清的遺老遺少和公公們很熟悉，常常來往，她也和北京的朱家、吳家和張家幾個大家族的人來往，這些前面都談到了。她喜歡與遺老們來往，我也受她的影響，跟這些遺老總歸是比較接近，我喜歡傳統國學肯定也受他們的影響。她認識很多宮裏的人，那些老太監離開宮裏很久了，年齡也很大了，但還是叫他們「公公」，公公是一種尊稱。當時，那些遺老差不多是七八十歲的人了，他們的衣着已經和普通人沒什麼區別了，當然也不會有辮子了，穿的也是普通人的衣服。她認識一些老太監，我見到過其中的一位，當時孟小冬讓我叫爺爺。不能叫公公，因為只有平輩的人，才可以叫公公，我只能叫爺爺。清朝宮裏面有關係的貝勒與孟小冬有來往，而且她也講究這一套，宮裏面有宮裏面的規矩，這些東西，她都喜歡學。

孟小冬與溥心畬也很熟，在上海時，我都看見過幾次溥心畬，南張北溥，書畫界裏很有名。

孟小冬很少吃飯應酬，只記得有一次，是抗戰剛剛勝利後，孟小冬還在上海，有幾個遺老要見見她，就一道約出來吃一頓飯。我記得我的老師陳微明、陳蒼虬、陳病樹、蔡子玉，好多人都去了，她只歡喜與老派人一起吃飯，一大桌子的人吃飯，都是七八十歲的人，有六七位，還有些人我都不記得了，都是些遺老，只有我和孟小冬最年輕。

孟小冬喜歡與老派人來往，這與她的性格有關係，她是在那個時代長大的，我生母也是在那個時代出生，甚至比孟小冬還早，但是我母親很早就到了上海，上海的風氣就兩樣了，是海派了。差不多可以這麼說，我的生母姚玉蘭是海派的風格，我的庶母孟小冬是京派的風格。那個時候孟小冬送給我一個禮物，是一個放蛐蛐的罐子，罐口和蓋子是牙雕的，那是某個貝勒爺的東西，平時是放在袋子裏面的，那個蛐蛐罐兒雕工很細，一看就知道是宮裏的活兒。

孟小冬與遺老們吃飯，就是吃飯而已，沒有唱戲什麼的，她吃飯時是不唱的。只有張大千請客吃飯，她才清唱，沒有第二個人。張大千很敬重她，她也尊敬張大千。大千先生跟杜家往來主要是跟孟小冬的關係，跟我母親呢，也還可以，我曾經陪着我母親，在台灣去拜見大千先生，還合了影留作紀念。

只為大千先生清唱

張大千酷愛京劇，喜歡聽戲，而且要聽好的。他廣交京劇名家票友，與余叔岩很早就熟悉，與梅蘭芳、金少山、楊小樓等都是多年私交，他也久聞孟小冬大名，只是未得一見。一九五二年五月，在香港，張大千第一次與孟小冬相見，他們彼此早已久慕大名，見面時的情景也別具一格。見面時，孟小冬按「老禮」為年長的張大千行了跪拜大禮，張大千也循舊俗向冬皇深深行了個舊式的大揖，孟小冬在起身時還蹲了一下，作滿人請安式，是用宮裏的禮儀行的禮，以後見面一直是這樣的行老禮。她還對周圍的人說，我這樣做是要給你們小輩的人看看，什麼是規矩，其實這是宮裏的規矩，他們都有這個習慣，她很注重這些事情。

一九五二年秋，張大千即將遠渡重洋旅居南美阿根廷，在大千先生的餞別宴會上，孟小冬反串《貴妃醉酒》，那獨特的嗓音、曼妙的身段和款款的友情，張大千是榮幸之至，也讓到場的嘉賓大飽眼福和耳福，這在孟小冬的過往史上也是絕無僅有的。還有更令張大千意外的特殊禮物，在大千先生遠赴南美之前，孟小冬特意製作了自唱的錄音帶送給張大千。

張大千對孟小冬的真摯情誼也是禮尚往來。一九六二年香港博物館舉辦「張大千畫展」，其間，張大千專程登門拜訪孟小冬，贈送專為她繪製的《六條通景大荷花》，畫的主題是大千先生最擅長也是最受佛家青睞的荷花，寓意「出污泥而不染，濯清漣而不妖」的高尚品格。畫作完成，大千先生特意送到日本精工裝裱，並親筆題簽以示敬重。相贈之時，大千先生對孟小冬說這是在他心情最好時的作品，可見大千先生非常看重這幅畫。

一九六三年五月，大千先生的長女張心瑞，帶着最小的外孫女蕭蓮到香港探望大千先生，大千先生很高興，最喜歡這個外孫女。在聚會的時候，孟小冬應邀參加，並當場清唱余派名戲《一捧雪》選段，其間與大千先生的外孫女一起合影。從照片可以看出，孟小冬很喜歡這個靈氣秀美的小姑娘。一九六五年新年伊始，張大千又為孟小冬作畫《開歲百福》以賀新春。

孟小冬不喜歡應酬，實在推脫不掉的應酬就在家裏，幾乎不出去應酬。到了台灣以後，更是深居簡出。但是，大千先生來，那就是另外的事了。孟小冬還專門請大千先生吃飯，不是在自己家裏，是在外面，她專門挑選了菜，挑選了一些特別要好的朋友，平時跟她吊嗓子唱戲的人都沒有邀請，只有我母親和我去參加了。吃飯時，還有清唱，孟小冬唱了一段，王瑞芝伴奏。我母親唱了兩段，唱的是《斬黃袍》和《刀劈三關》。

後來，孟小冬就沒有唱了，我估計她的演唱是需要行頭扮相、樂器伴奏和搭檔配合的。我父親去世後很長一段時間，有一次，我太太問她，您還預備不預備唱戲呢？她回答說，胡琴兒在哪啊？她唱戲一定要胡琴兒樂器伴奏，而且是要名琴師，當時，她的琴師王瑞芝已經回了大陸，一般的琴師，她也看不上，所以就沒有再登台演出。

說起清唱，孟小冬也只是給大千先生清唱過，以後，再也沒有清唱了。她最不喜歡清唱，至於她為什麼不喜歡清唱，丁秉鐩的看法有些道理。抗戰勝利後，舉國同慶，戲曲界也不例外，孟小冬和其他京劇演員一樣，雖然抗日期間大家都罷演、不為日偽服務，多年沒有登台演出了，但是慶祝勝利的各種義演，大家仍然是積極參加。人們都知道言慧珠邀請孟小冬參加慶祝演出的事情，但是，很少有人知道，孟小冬與程硯秋合作慶祝抗戰勝利的電台清唱《武家坡》，電台演播當然很成功了，但是，就是那次清唱演播之後，孟小冬發誓再也不清唱播音了。原來老生的唱，要有唇、齒、喉、舌的發音，有時兩腮還要用力，口型非常不雅觀，但是，在台上帶着髯口鬍鬚，遮住了口型，觀眾看不到。同時，演唱時，要借助身段、手勢和各種動作，幫助唱功使勁兒，但是，這些在清唱的時候，沒有行頭、沒有樂器，就都原形現於觀眾眼前了，感覺非常的彆扭。所以，孟小冬以後就再也沒有清唱了，除了那次給大千先生的清唱。我覺得，丁先生是戲曲評論欣賞的專家，從戲曲演唱的角度分析有一定的道理。

再多說一點，我的庶母孟小冬在戲曲演唱上是非常認真、嚴肅的，每次演唱，除了之前認認真真準備之外，在台上也是傾注全部身心，演出之後是精疲力盡。她非常注意自己的舞台形象，因為，戲曲演員一登台、一亮相，台下的觀眾和專家，就知道你的技藝、功夫如何。孟小冬天生麗質，臉型身材非常標準，明眸皓齒，掛上髯口，讓觀眾看起來，劍眉星目，端莊儒雅，再加上她常常扮演浩然正氣的王侯將相，從裏到外透着一身正氣，她的台風，丁秉鐩概括為「溫文儒雅，俊逸瀟灑」，給觀眾的感覺是「與君子行，怡怡如也」。所以，清唱就很難展現這種效果，她更不希望破壞她給觀眾留下的這個美好印象。

回過頭來再說張大千，大千先生也很有意思，在台灣的時候，很少跟官邸的人來往，他的藝術家味道很重，他不需要依靠政治勢力，但是他跟谷正綱、谷正倫兄弟倆特別要好，他們哥倆跟杜家關係也很好，我們結婚的時候，谷正綱、谷正倫兩家人都到場祝賀。抗戰的時候，谷正倫是貴州省的省長，張大千在貴州時就住在他們家裏。因為貴州出產最好的朱砂，全世界都出名的，張大千畫的畫用的都是最好的貴州朱砂。在貴州一年多的時間，大千先生畫了很多畫，裝有好幾個樟木箱子呢，最難得的是他臨摹的畫稿草稿都在。他在正式畫畫前要臨摹，臨摹敦煌的佛像，他畫一個佛像要臨摹好幾次。他畫畫用的顏料，大藍、大綠，尤其是朱砂都是礦物質，還有藤黃，顏色都不會褪色。但是朱砂會褪色的，在太陽底下就要變色。他把那些礦物質顏料，先磨碎，再上膠，要用魚膠，這些都是他自己親自動手做的，他自己買魚膠、自己磨、自己熬、自己上膠。這些事別人都不曉得，只有谷正倫太太曉得，因為，張大千住在家裏，她每天可以看到他做這些，這是谷正倫太太跟我們講的。

張大千晚年回到台灣，一直與孟小冬保持着聯繫。孟小冬一九七七年五月去世後，大千先生悲痛不已，提筆寫下挽聯悼念：

魂歸天上，譽滿人間，法曲竟成廣陵散

不畏威劫，寧論利往，節概應標列女篇

張大千並為一代冬皇撰寫「杜母孟太夫人墓」的墓碑，親往灑淚致祭。

十二　慷慨助人，學生弟子

不動聲色地接濟「六爺」孫養農

到了香港以後，孟小冬收學生，是由孫養農舉香見證的。孫養農，我們很熟悉，叫他孫六爺，他在我們家裏面是出名的。在香港的時候，孟小冬和孫養農一道寫了《談余叔岩》的書，一九五三年在香港第一次出版，後來再版過，最新的一版是二〇一三年台灣的再版，按照書中蔡登山的前言裏記載，孫養農是安徽壽州孫家後裔，孫家世代為官，孫養農的祖父孫家鼐曾當過光緒皇帝的老師，孫家家大業大，民國初年又投資銀行、麵粉廠，孫養農可以不做事，整天圍着伶人轉，玩票捧角，幾乎是傾家蕩產，在所不惜，不但聽戲學戲，還出錢組票房，贍養人老嗓啞，或者落魄的老伶工，只要身懷絕技，孫養農就出錢供養，讓他們教票友唱戲。孫養農認識了很多著名的藝人，其中，最要好就是余叔岩了。

孟小冬與孫六爺交往很久了。由於孫六爺在戲曲界裏的地位很高，是個有名的評論家，孟小冬收學生的時候，就請孫六爺舉香見證。舉香是一種儀式，例如拜師，收徒弟、收學生，在旁邊要有一個見證的人，就是舉香的人，舉香通常是在行裏有很高地位的人才可以擔任。

後來，家道中落的孫養農來到香港，坐吃山空，最後以拉琴教戲維持生活。孟小冬看到孫六爺生計困難，跟孫養農說：咱們一起寫本書吧，寫寫跟余先生學戲的事。孟小冬和孫養農就一起寫了這本書《談余叔岩》。

孟小冬還親自口述，請人寫了典雅古樸的序言。她根據自己向余先生學藝的親身體驗，和她親眼所見的老師在戲曲表演中的坐唱念打的經歷，講述余先生的戲曲藝術追求和成就，孟小冬口述出來，請人寫成文言文，專門作為書的序言，落款孟小冬。這篇序言寫得非常漂亮，為這本書增添了不少色彩。張大千專門題寫了書名，但在一九五三年出版的時候，只署了孫養農的名字，孟小冬沒有署自己的名字。孟小冬是余叔岩的學生，孫六爺非常了解余叔岩，又都是戲曲行家，寫出來的東西當然好了。這本書出版後再版了好幾次，影響很大。

在新版書的序言裏，孫養農的弟弟孫曜東特別強調說：「該書出版後成了香港的暢銷書，一版再版，孫養農稿費賺了幾十萬港幣，而孟小冬一個錢也不要，全給了孫養農，因孫養農已家道中落，要養家糊口。那時我已被送往白茅嶺農場改造，也靠孫養農按月接濟，而孟小冬就這麼不動聲色地幫助了我們全家，這是我們永遠不會忘記的。」

我覺得孫曜東說得很對，幾十萬元的稿費，在當時香港也是不小的數目了，我的父親留給她的遺產也僅僅是兩萬美元，她自己也不寬裕，但是她一分錢也沒有拿，這些錢不僅幫助了孫養農，還接濟了他弟弟的生計。孟小冬不動聲色地接濟孫養農，按照他們之間多年的交往和孟小冬的性格，孟小冬一定是全力幫助，不會拿錢的。

「靈堂活見鬼」的十大學生弟子

自從《梅蘭芳》電影公演後，現在知道孟小冬的人愈來愈多，有很多人就說自己是孟小冬的學生，如何如何的。

其實，孟小冬基本上不收學生。如果遇到來拜她為師的人，她就會先讓對方唱一段，唱完以後說「好」，她基本上是對每一個來拜師的人都這麼說，因為如果你說不好，那麼唱戲的人就會問：孟老師哪兒不好？請您指教，那孟小冬就必須要教怎麼唱怎麼唱了。孟小冬喜好清靜，不願意攬這些事，所以她也不願意收學生。

當時，就有所謂的孟小冬的十大弟子，十個人，這裏面有李相度、丁存坤、沈泰魁、蔡國衡等，還有給我母親寫簡介的李猷，他們都自稱是孟小冬的學生，為什麼說是自稱呢？孟小冬去世的時候，我在台灣，他們幾個聽說孟小冬去世了，就到靈堂對着照片磕了幾個頭，就算是拜師成為弟子了，我當時就在現場，看到了他們磕頭，所以我說是「靈堂活見鬼」了嘛！他們哪有這個資格做孟小冬的弟子？沈泰魁，自己說是孟小冬的學生，其實不是的，沈泰魁的母親是在杜家專門做珠寶生意的，他們都是「靈堂活見鬼」自封的學生弟子，共十名，自稱十大弟子。

真正算得上孟小冬的三位徒弟，應該是趙培鑫、錢培榮、吳必彰，他們才是她真的弟子，錢培榮最近才過世，一百多歲了。

現在還有年輕的京劇演員唱得不錯，也說自己是孟小冬傳人，這就很牽強了，這不是上面說到的弟子的概念，只是一般意義上的模仿、繼承了孟小冬的唱腔風格罷了，充其量，也只是模仿了唱腔風格而已，成為傳人和弟子，恐怕是自詡的，自吹自擂罷了！

十三 邀請回大陸

章士釗邀請孟小冬回大陸

一九四九年四月，國民黨與共產黨進行北平和平談判，章士釗是五個和談代表之一，談判破裂後，行老就留在了北平。行老始終是支持毛主席的，毛主席在北京大學圖書館的時候，他們就是同鄉、師生情誼，倆人非常好。所以，毛主席跟行老這麼好！文革中，行老始終都沒有事情。文革要反行老多容易啊，第一，他跟杜月笙在一道搞黑幫；再一個，他是北洋軍閥時的司法教育總長，在北洋政府做高官。

行老跟孟小冬關係很好，行老的太太殷德貞，與孟小冬也要好得很，她們還有一張合影照片。行老喜歡聽戲，喜歡孟小冬，他有首詩是專門寫給孟小冬的，但沒有送出去，據說掛在他自己的書房。這首詩看起來很普通，但是有人推測說行老喜歡孟小冬，詩是這樣的：

小冬女士清鑒：

津橋昔日聽鵑聲，司馬梨園各暗驚。
人面十年重映好，梁州復按陡生情。

這是在抗戰前後的事情，我看見過這首詩。

行老一直想勸孟小冬回國。解放後，也就是五十年代初，行老去香港勸孟小冬回大陸，沒有成功。勸孟小冬回大陸，是為了拉我父親。當時更多的是從政治方面考慮，不僅僅因為她是個名角，那個時候剛剛解放，政治第一，無所謂名角不名角的，是因為她跟我父親的關係。當時，孟小冬沒有回去，很可能是考慮到我父親。如果我父親能回大陸，會有其他人跟着回來的。

周總理請孟小冬回來，一個「不可能完成的任務」

五十年代初，我父親剛剛到香港，還沒有決定最後落腳在哪裏。我父親喜歡京戲，跟戲曲圈子裏的人關係都很好，那些老藝術家們也很尊敬我父親。馬連良就跟我父親很熟，叫我父親「乾爹」，他當時在香港。有一天，馬連良到我們家裏來看望我父親，問我父親說：我是不是應該回大陸？如果待在香港將來靠什麼生活？我父親因為當時自己都沒有確定下一步該怎麼辦，也就無法回答馬連良的問題。我也見到了馬連良，他和我父親、我一起照了相，這是我第一次與我父親拍照，我那個時候是十七八歲，當然，後來馬連良決定回大陸了，他也多次勸孟小冬回去。

還有就是周總理邀請孟小冬回大陸。據徐錦文的《京劇冬皇：孟小冬》一書裏面講，一九六三年春，中國京劇團到香港演出，馬連良、裘盛戎隨團來到香港，在費彝民的安排下，孟小冬現場觀看了兩齣京戲，一齣是《趙氏孤兒》，一齣是《失街亭》。馬連良、裘盛戎等老一輩藝術家還與孟小冬會面，轉達了周總理的問候和邀請，歡迎孟小冬回大陸觀光，或者可以去大陸收徒弟教學生，也可以拍電影，把過去的老戲碼拍出電影，讓她和余派藝術可以傳下去。當時，據說還要以稿費的名義給一百萬元港幣作為酬勞，希望她能考慮回大陸的事情。孟小冬經過慎重考慮後，提出了幾個條件。當然這件事最後沒有成行，當時他們還合了影，好像是在香港的《大公報》登了出來，這張照片在有些書裏還可以看到。這件事情在二〇一七年七月的鳳凰衛視回憶費彝民的節目裏也講到了，說周總理交給訪港藝術家一個「不可能完成的任務」，就是勸說孟小冬回大陸的事。

孟小冬也就是因為這幾次大陸邀請她回去的事情，一直有顧慮去不去台灣。後來我母親和陸京士都跟她講，沒有關係的，不要有顧慮，你來台灣好了。這樣，她最後才去了台灣。

十四 台灣安享晚年

台北東門町租房子住，聊天打牌很開心

一九六六年，大陸的文革運動對香港的影響很大，香港社會秩序很亂、很不安全，我母親多次邀請孟小冬去台灣。一九六七年，孟小冬乾脆就搬去了台灣。到了台灣以後，她沒有和我們住在一起，也沒有跟我母親住在一起，當時，我從澳洲回到了台灣，在經濟部門做事，我有的時候回家去住，有的時候住在公司裏，我大多是在苗栗，在那裏開礦。那個時候，大姐、二姐也都分開住的。住在一起，總歸不方便嘛！

孟小冬一回來，我們就見面了。她到了台灣的第一次外出吃飯，就是石油公司的總經理請客，我和家裏人陪着我母親一起去的，大家吃飯、閑聊很高興。石油公司總經理是個票友、也唱戲，那個時候不僅陸海空三軍有自己的京劇團，石油公司也有自己的京劇團，京劇是很普遍的。後來，孟小冬就不出來吃飯了，其實，在此之前她也很少外出

應酬吃飯。

孟小冬在年輕的時候，請人給她算命，因為她屬羊，老派的說法是冬季的羊沒草吃，所以冬天的羊命不好。在算命的時候，算命先生跟她說：以後不能夠用自己的名字來買房子。所以孟小冬特別忌諱用她的名字買房子，包括我父親在北京給她買的房子，都不是用她自己的名字。孟小冬來到台灣以後，陸京士等人幫助她在台北以她的名義買了房子，但是她一直就沒在那裏住過。她在東門町租了一個房子，這個房子很小，但是，她一直住在那裏直到去世。

我父親過世的時候，留給家裏人的錢其實沒有多少。孟小冬在香港和在台灣，有學生送錢給她的，其實也不是通常說的「收學生、收徒弟」的那個意義上的學生，因為她基本上不收弟子，就是普通意義上的學生，可能他們喜歡京戲，模仿孟小冬的唱腔，認為自己是孟小冬的學生，就主動送給她錢，經常送的，實際上是幫助她。在香港，孟小冬有段時間與台灣的我母親和家人不太聯繫、不敢來往，擔心台灣方面會找麻煩。不過，她到了台灣，台灣方面並沒有找她麻煩。她要是活到現在會很開心了，她喜歡看電視劇，現在大陸的電視劇有多少啊！太多了，她可以天天看。高興了，還可以到北京、上海玩玩。有的書裏說，她家裏有兩台電視，換着台看，實際上她家裏只有一台電視，我二姐家裏倒是有兩台電視。

她的一生是很坎坷的，就是最後進了杜家，總算有個安定的落腳地了。到了台灣，她雖然不和我母親、家人住在一起，但我母親跟二姐天天去看她，聊天、打牌的，生活就安定得多了。孟小冬幾乎不出門，一天到晚呆在家裏，差不多天天有人去看她，聊天吶、打牌啊、看電視啊，很熱鬧。她不出門，也不運動，屋裏空氣不好、氧氣不足，對她的身體不好，她是肺的老毛病，需要新鮮空氣。

我太太說，跟我的兩個婆婆（姚玉蘭、孟小冬）打麻將，她們輸了會很計較的，很小氣的。她們打的是十三張麻將，我母親的牌運不太好，有的時候輸了，就不開心。打牌的時候輸贏只是好玩，不是錢的問題。孟小冬還好，有的時候吵吵鬧鬧的，這也是一種樂趣。我母親和孟小冬，其實真是好姐妹倆，雖然是吵吵鬧鬧的，生氣了，過不了幾天就好了，這一輩子都在一道，相互照顧，也真是不容易啊！

十五 冬皇故物

《冬皇故物》展覽，孟小冬在棺材裏面都要翻身了

前面說過，二姐美霞作為義女，在抗戰的時候就去北平陪着孟小冬。二姐也會唱，但沒有認真地跟孟小冬學過戲。學戲是大姐，大姐喜歡學戲。二姐和金元吉，金廷蓀家的老四，是按老法兒結的婚，他們的婚事是打小由長輩們定下來。所以，二姐有的時候不開心，在《冬皇故物》的圖冊裏，有一封孟小冬寫給二姐的信裏，曾經提到的不開心，可能指的就是這事，信的抬頭寫的是「愛娜」，這是二姐英文名字Ellan的發音。二姐在孟小冬去世不久，就建立了一個「孟小冬基金會」，二姐就一個兒子，叫金祖武，他現在是「孟小冬基金會」的董事。

二〇一四年，北京有一家拍賣公司，去台北見到我二姐，從我二姐那裏拿了孟小冬的一些舊物，後來在北京做了一場《冬皇故物》的拍賣會。那個公司的負責人，還來溫

哥華我的家裏，本來我打算不見的，他們開車到了門口了，給我打電話說要見我。他們這樣做有點不禮貌，但也不好拒絕了，我只是寒暄應酬了一下。他們是二姐介紹來的。

聽說《冬皇故物》拍賣很隆重，正好趕上梅蘭芳誕辰一百二十周年，展覽在梅蘭芳大劇院展出，來看的人很多。這要是讓孟小冬知道了，她的遺物在梅蘭芳大劇院展出，恐怕她在棺材裏也會被氣得翻身了。我父親六十大壽，她與梅蘭芳在上海都故意錯開、不碰面的。有人還說，她的佛堂裏供奉着梅蘭芳的照片，那是瞎說，我看見過的，她的佛堂裏除了開過光的佛像外，供奉的只有她的先師余叔岩的遺像。

《冬皇故物》裏有不少孟小冬的老照片，她拍照不大笑的。圖冊的封面是一張孟小冬穿旗人服裝的彩色照片，這張底片現在在我這裏。她拍這張照片很早了，可能我還沒出生呢。那個時候她多年輕啊！她在北京，什麼公公啊、格格啊、貝勒爺，很多人都去過她家裏。

《冬皇故物》裏，有一些很有意思的孟小冬的遺物，我還記憶猶新。

「孟令輝」金質人名章和算命帖

孟小冬很喜歡金銀器，有枚「孟令輝」金質的印章，金質印章在杜家共有三件，我父親、我母親和孟小冬各有一枚，杜家的其他太太們都沒有。

我母親的那個是與孟小冬一模一樣的金質圖章，那是我母親在北京專門定做的金質人名章，就是那種可以一按就彈出來的印章。她一共做了兩枚一模一樣的，一枚送給了孟小冬，一枚留給自己使用，母親的這枚圖章留給了我太太。通常，我母親買首飾刻圖章，都會想着做兩套，自己留一套，給孟小冬送一套。順便說一句，我父親對外的名片，都用「杜鏞 月笙」，而不是我們現在通常叫的杜月笙名字，他用杜鏞，但我父親的印章是「杜月笙印」。在故物中，有張算命帖很有意思，那是孟小冬四十三歲的時候算的，用的是紫薇斗數，這是一種算命排八字的方法，是從天文星象判的。我看了這個字很熟悉的，但是一下子想不起來，這個人肯定給我也算過命的，我也有算命書，我們家裏有很多，常常到我們家裏面來看相的算命先生，就是固定的那幾個人。

算命是這樣子的，老話講窮算命、富燒香！人窮了，沒錢了，就去算命，尤其是想發財，所以說是窮算命；富了，有了錢了，就去燒香去了。算命，這種事情如果不講究，也就沒事了。從前，香港的唐翕會算命，我們叫他小唐，他看了我現在家的風水，建議我們在院子的一邊另開個門出來，原來就只有一個門的，結果我們又把牆拆掉，修一條路出來，又開了一個門，我也不曉得這是為什麼？紫薇揚也來看過風水，他算得很準的，他就講這個房子風水好。香港政府裏的很多人也相信風水的，做算命生意的有兩種，一種是公開的，一種是私下裏的。公開的就得吹，不吹就沒生意做，吃不飽飯；有些人會算的，根本不用說他會算命，也會有大把的人排隊託人找他算命。

【十六 真實的孟小冬】

孟小冬身世，我們也不曉得

孟小冬是一九〇七年十二月九日，陰曆十一月十六日出生，那一年是農曆丁未年，是羊年，過去迷信的說法是：女人屬羊，而且是冬季的羊不好，其他季節就無所謂了。她後來就對外改為一九〇八年出生的。其實，屬相是沒有好壞的，重要的是看八字的。但是孟小冬非常迷信，前面也說過她算命，不能用自己名字買房子的事情，她確信無疑。

關於孟小冬的介紹五花八門，怎麼說的都有，但孟小冬在《談余叔岩》的序言裏說自己：「余幼習二黃，涉獵較廣，聞風私淑，蓋已有年，立雪門前，瞬更五載，孔門侍教，愧默識之。顏淵高密傳經，等解詩之鄭婢。謬蒙獎借，指授獨多。」這篇古樸的文言文序言是孟小冬口述，請人執筆而成。講的是她很小就喜好戲曲，後來拜師余大賢，受益匪淺。有意思的是孟小冬的這篇序言落款是「宛平孟小冬書」。蔡登山寫《談余叔岩》序中寫道：「孟氏冰雪聰明，資質絕倫。其立雪余門之際，正值余藝爐火純青之時；而其師徒之誼，情逾父女，故能傾囊相授、薪火相傳。余叔岩以親身經歷，深感學藝之艱苦，加之自知病入膏肓，因此對孟小冬說戲更加耐心，希望薪傳於小冬。」蔡登山對京戲很有研究，他引述的孟小冬曾對人講她從師學藝的事情，孟小冬說：「我拜師余老師後，余老師就主張從根底研究。首先，在字音準確上下功夫，所以偏重念白，兼及做派。《一捧雪》一劇，余老師曾教授三個月，口講指畫，不厭其煩，要求在唱念中要傳神。所有唱功戲，無論整齣還是一段數段，無一不由字眼說起，從發音以至行腔，凡是平上去入、陰陽尖團，以及抑揚高下、波折婉轉，均反覆體察，廣加考究，必令字正腔圓而後已。」這段話，對於理解余派藝術和孟小冬的造詣很有幫助。

關於孟小冬的身世，有一些說法，也可能有，但是我們都不曉得，因為這種事情她不可能講的。在網絡上的「梨園百年瑣記」裏，翁思再寫的《余叔岩傳》裏，講到孟小冬的身世和經歷：孟小冬在向師傅學戲之餘時，孟小冬親口向師傅說到，她原來姓董，名若蘭，漢口人，祖籍漢口董家巷，姐妹五人，居住在滿春茶園附近，為滿春茶園包伙食。民國初年，孟鴻芳等兄弟到漢口滿春茶園演出，孟鴻群住在董家，相處甚好，尤其喜歡董家俊俏的小女若蘭，常常帶她到後台看戲，兩三個月後，孟家班離開漢口，董家父母就讓若蘭認孟鴻群為義父，隨孟家班出走江湖，孟家原本稱其小董，就一直未改口，回到上海後，孟鴻群請仇月祥教老生戲，十五歲始冠孟姓，由於稱其小董，所以稱為孟小冬。後來孟小冬到漢口演出時，還曾去橋口尋找親生父母，物是人非，直至逝世也未能找到。這是翁思再的說法。

丁秉鐩在他的書裏，也專門講到了孟小冬的身世，他認為孟小冬祖籍山東，出生在上海，這個說法與其他的都不同。

總之，孟小冬的身世是個未解之謎。

父親和孟小冬都戒了大煙

我父親和孟小冬以前都抽大煙。那個時候的風氣，是唱戲的人歡喜抽大煙，因為演出常常很晚，他們需要大煙來提神兒，抽完大煙的感覺很來勁兒，再唱戲就唱得特別好，像小三麻子林樹森、金少山都是抽大煙的，林樹森的妹妹煙泡打得特別好，那是專門的技術，好萊塢明星范朋克來杜公館抽大煙，就是林樹森的妹妹給打的煙泡。那一段時間，北京的伶界開展戒煙活動，專門組織了戒煙會，很多京戲演員都去戒煙，像馬連良他們都去了，但是有些戒煙成功了，有些不成功。孟小冬也去戒煙，但戒得不徹底，後來到了香港以後完全戒掉了，戒了大煙以後，開始抽香煙。少帥張學良也抽大煙，而且抽得很厲害，後來經過中西治療的辦法最後才戒了。那個時候，抽大煙很普遍，特別是戲曲界名人都歡喜抽一口。

我父親以前也抽鴉片煙，但他是另外一種抽法，就是抽而不咽。抽大煙跟抽香煙一樣，有的人抽香煙不咽下去，就吐出來了，這等於沒有抽，就像老話說的：「烏龜吃大米，浪費糧食！」所以，我父親就一直沒有特別上癮。有的人抽大煙，抽得形如枯藁，身體就垮了。我父親到重慶後，那次他坐的飛機，被日本人的飛機追擊急速升空，留下了嚴重的哮喘病根，他也不能再抽了，還有重慶那裏管得很緊，不能抽大煙的。他就乾脆戒掉了，戒的時候是很難受的。

我們家裏，就是我父親和孟小冬抽大煙，最後也都戒了。

兩位母親，一輩子金蘭姐妹

早在一九二二年八月，孟小冬十五歲的時候，隨戲班子來到漢口，演出很成功，正好我的奶奶和我母親也在漢口演出，孟小冬戲班子的演出，引起了我母親的興趣，我奶奶和我母親她們到場看了孟小冬的《斬黃袍》、《逍遙津》，非常喜歡，她們倆是一見如故，交換帖子，結為金蘭姐妹。這一拜，竟成全了她們這唇齒相依的終生情誼，那個時候她們年輕漂亮，戲演得都好，兩個人很合得來，她倆這一輩子分分合合的，但這份姐妹情一直不斷，也真是不容易的！在香港的時候，我父親病重臥床，就是她們姐倆一直服侍在我父親身邊。我前面談到，孟小冬到了台灣，雖然不住在一起，但是她們幾乎每天都見面，在一起聊天打牌很開心。我的兩位母親，一生無論悲喜都是可以互相信賴、相互依靠的好姐妹。

孟小冬遇到困難時，總是想到我母親，她們姊妹之間無話不說、傾心幫助。關於孟小冬與梅蘭芳婚姻失敗的事情，各種書籍文章裏的說法五花八門的，有很多是胡亂猜測，沒有根據。據我所知，孟小冬和梅蘭芳的婚姻破裂後，梅蘭芳的太太福芝芳可能與孟小冬之間有一個協議，就是不允許孟小冬在北京繼續演出，以免時間長了，梅蘭芳再和她有什麼瓜葛，甚至重歸於好。我母親聽到這個消息，覺得很不公平，就邀請孟小冬來上海，在上海演出。至於說到孟小冬與梅蘭芳分手時的那句名言，就是孟小冬與梅蘭芳分手時說氣話：「我今後要麼不唱戲，再唱戲不會比你差；今後要麼不嫁人，再嫁人也絕不會比你差。」這句話的確說得響響噹噹、擲地有聲，也是孟小冬最流行的一句話。我聽我母親講到過，這應該是孟小冬告訴我母親的，因為孟小冬和梅蘭芳私底下的談話，當場不會有第三個人，梅蘭芳絕不會跟別人去說，這話從梅老闆口裏是說不出口的，只有孟小冬說出來，而孟小冬也會跟像我母親這樣的好姐妹講的。

孟小冬離開北京到了上海，第一個就找到我母親，把她在北京的事情詳細地告訴了我母親，我母親氣不過，就告訴我父親，我父親對孟小冬很早就暗戀着，也非常欣賞她的京劇藝術。於是，我父親就和孟小冬、我母親商量，而且曾經提出過一個法律解決方案，就是如果孟小冬需要，可以找上海的著名女法官鄭毓秀幫助。但是，後來還是覺得不要對簿公堂為好，因為，我父親與梅蘭芳私交很好。於是，我父親就親自給梅蘭芳打電話，估計是我父親與梅蘭芳商議了妥善解決的方案，進行了一定的經濟補償，就沒有必要雙方鬧得滿城風雨，避免對大家都不好的尷尬局面。當然，梅蘭芳也很聰明、識大體，在我父親的中間協調下，與孟小冬妥善友好地解決了婚姻破裂的善後事宜。經歷了這場風風雨雨之後，孟小冬身心疲憊，在我母親那裏休息了一段時間，後來明確進了杜家以後，總算是不再漂泊，有了個最終落腳的家。當然最重要是的，我父親和孟小冬他們都互相尊重、相互恩愛。從此，孟小冬也沒有再進行公開演出，她最後一次公開演出，就是我父親六十大壽的時候，演的《搜孤救孤》。

孟小冬的性格很特別，她有一枚綠寶石戒指，就是《冬皇故物》拍賣的那枚。那原是金廷蓀太太的戒指，孟小冬看見了很喜歡，我父親就出錢買下來送給了她。一次，我父親問母親，知不知道孟小冬買的這枚綠寶石戒指？我母親說不知道啊！我父親就覺得孟小冬的性格有些特別，不像我母親。因為我母親買任何首飾一定會告訴孟小冬的，甚至會給孟小冬也留一份。

孟小冬跟我母親比起來，就是非常機靈，她平時說話很有耐心的，她的上海話講得很好。台上唱戲和平時說話是不一樣的，唱戲需要不同的嗓門，有高有低的了，跟平時說話完全不是一回事，孟小冬在家裏講話慢慢的、軟軟的，特別是講上海話的時候。我母親就不同，就一直不會說上海話，她出生在河北安次，就是現在的廊坊，是典型的北方人，講的是地道的北方話，上海話對她來說很難懂，她一輩子也沒學會上海話。我問我母親，我父親說話時，你聽得明白嗎？因為我父親講話帶有很重的浦東音，是浦東上海話，浦東可不是現在的浦東，那時是很偏僻的鄉下，我父親講的浦東上海話很不好懂的。所以，我母親說，我說我的，我父親說我父親的，各講各的話。而孟小冬就可以輕鬆地用上海話與我父親交流，還經常講些笑話，討我父親的歡喜。

孟小冬後來到了台灣，與已經在那裏安家的我的母親，她們這兩個金蘭姐妹相互依靠，還有義子、義女和杜家其他子女陪伴在周圍，親朋好友們也偶爾探望，也不孤獨。孟小冬在台灣的生活，沒有了當時在香港的不安定，也避開了喧囂的塵世，平靜恬淡，過着隱居式的生活。定期到法華寺念經誦佛，在家中設佛堂每日誦經，平日以打牌聊天消遣，偶爾也調調嗓子唱唱戲。最使她開心的是我母親和二姐，每日都會去看她、陪着她，她自己經常念叨：「她（姚玉蘭）在我這裏一坐，我就定心，她一天不來，我這日子就不知怎麼過。」據萬伯翱書中寫到我二姐的回憶說：「在台北每天必親臨東門町寓所請安，媽咪授課時，必須隨侍在側，若因事耽誤未到，老人家一定等我到現場才開課，否則當天的課程絕對取消不上。」平平安安快快樂樂度過晚年，這也是她晚年的幸福啊！

孟小冬很喜好我，我每次去探望她，臨走時，她都要家裏的傭人去同慶樓買些特製的叉子火燒帶着，她知道我喜歡吃這一口。

不擅交往，北方飲食口味

孟小冬與我母親在性格上是兩條路子。孟小冬喜歡老派，喜歡老派的衣着飲食、生活習慣和禮節行為。她不太與新派的人，包括崇洋派的人，還有電影時尚界的人來往。我們每年過年的時候，都要去給我母親和孟小冬拜年，我們兄弟姐妹、還有我們的子女們，也就是兒孫輩們，都要給她們磕頭行禮拜年，磕頭以後，她們一定是會給紅包的，這是老的禮節。這個老禮兒，到了台灣，我母親還是堅持着。在台灣，有的演員拜我母親為師的時候，行磕頭禮，我母親一定是會給紅包的，這個規矩好像成了台灣戲曲界人人皆知的事情了。我母親與孟小冬不同，她與電影界的人也比較熟，像李麗華、童月娟和我母親都很熟悉。

那個時候我們家裏吃的東西，多數是北方的習慣，很少有南方的口味。抗戰時，沒有糧食，家裏米吃得很少，麵食吃得多。所以，從小我們就愛吃麵、吃餃子，反而米飯吃得很少。過去上海有個習慣，現在也是，吃麵不是吃飯，麵不是主食，是點心，吃米才是吃飯。我們吃餃子是不吃菜的，就是吃餃子，北方就這樣吃，南方要有菜的。像我大哥吃餃子，當餃子是一份菜，不是主食，我們吃餃子是主食，比方講，年三十晚上吃餃子。明天生日了，今天暖壽，吃餃子，明天吃長壽麵。

孟小冬是在北京長大的，喜歡吃餃子，完全是北方的飲食習慣。很多書裏講孟小冬喜歡用牛奶泡點心吃，很洋派的特點，但是我從來就沒有看見過孟小冬喝牛奶泡點心吃，現在有些書和文章講得太離譜了。孟小冬可能受我父親的影響，也喜歡吃蛋炒飯，我猜測，她也有討我父親開心、迎合我父親的口味的意思。所以她的飲食口味也有一點南方人的特點，但我覺得主要是北方人的特點，北方人的口味為主。

孟小冬很歡喜東來順、同慶樓、都一處，喜歡吃烤鴨。台灣能吃到的北方的食物比較多，而且做得好，這點香港就不能夠比，因為台灣的很多老兵，都是北方去的，帶了很多北方的吃法，很地道的，還有老北京的灌腸、醬肉，同慶樓的叉子火燒，別的地方吃不到。所以，她晚年在台灣很開心。

我父親在的時候，杜家的年夜飯是要吃米飯，是按照我父親的習慣。後來，到了台灣，就是按照我母親的北方習慣，吃餃子了。

我喜歡吃老北京的小吃，是受我兩位母親的影響。我第一次去北京，朱學範在仿膳請我吃飯，我就要吃豌豆黃、驢打滾，就是宮廷裏的點心。我之前沒去過北京，但我母親和孟小冬她們常講北京的豌豆黃、驢打滾好吃，她們都歡喜吃這些地道的北京宮廷小吃。後來我再去北京，有朋友請我吃飯，我馬上就想到這些，就說吃豌豆黃、驢打滾的。

現在，我們就無所謂了，沒什麼年夜飯的了，離開台灣，這些東西慢慢地淡下去了、沒有了，很多傳統是在飲食裏體現出來的。

會書法畫畫都是胡吹

台灣的二姐談孟小冬，就有得談了，因為她一直跟着孟小冬的，從小她就在北京。章子怡應該去見見二姐，聽二姐講講孟小冬，她在《梅蘭芳》電影裏演孟小冬，也就是演了個皮毛吧。孟小冬，一代名伶，哪能就這麼容易學的呢！

梅家、孟小冬，跟杜家，這裏面的關係非常微妙。孟小冬離開梅蘭芳，跟了我父親，梅蘭芳也沒說什麼，他一直很敬重我父親，到上海總會來杜家的，兩次大規模的演出，梅蘭芳都來了，而且唱了大軸。這種關係是非常微妙的，梅蘭芳的一棟房子給了孟小冬，孟小冬賣掉了，結果要不到錢，去找我母親，我母親託吳家元幫助辦好的。我們家在北京的事，多數是吳家元去辦的，他在北京認識很多人，黑白兩道的人認識很多。吳家元來幫忙辦理這件事的時候，他人是在上海的，而這件事情發生在北京，可想而知吳家元的活動能力是多強。孟小冬給我母親寫信，很有意思的，信裏孟小冬說，吳家元有私拿的壞毛病，提醒我母親賣房子的金條一根都不能少！她怕吳家元這位老千暗裏吃掉呢。我母親離開大陸的時候，很多信件都燒掉了，唯獨留下孟小冬寫給她的信，這封信現在存在我這兒了。

吳家元與杜家真是老關係啊！不要小看了這位吳家元，在上海是很出名的。這個老千，不僅是賭桌上的老千，在社會上，黑白兩道都能混得如魚得水。抗戰勝利後，吳家元和他太太三天兩頭待在我們家裏面，打牌、聊天、聽戲。我父親和我的兩位母親都很信任他，他在北京、天津都有很多關係，我父親就是通過他與北方軍閥官僚們打交道，我母親們的一些事情，也是通過他解決的。我記得有一次，我還很小的時候，我父親和我母親一起吃飯，吳家元的太太作陪，吳家夫妻在杜家上上下下都吃得開，大家都喜歡他。一方面是因為他會來事兒，八面玲瓏；另一方面，他手頭很寬，逢年過節，給所有的下人派錢，大家都喜歡他。

張大千在上海辦畫展，也請吳家元出來幫忙，幫助請了很多上海的名人來捧場。大千先生很會做事，他送給了我父親兩張畫，上款寫月笙先生。畫就掛在畫展的大廳最醒目的地方，來的人都可以看到，大千先生就是要人們知道，我父親也喜歡大千先生的作品，這樣來吸引別的人來觀賞、購買他的畫。

扯遠了，吳家元在杜家很重要，回過頭來還是說說孟小冬，這裏要更正一個錯誤的說法。萬伯翱在《孟小冬：氍毹上的塵夢》裏說孟小冬喜歡寫毛筆字，常常臨《孟法師碑》，還刊登出孟小冬寫字的照片，這是不對的。孟小冬根本就不寫毛筆字，更談不上臨帖和書法了。她寫給我母親的信是用鋼筆寫的，不是毛筆，她寫的字沒那麼好。有些信，不一定是她自己寫，有的時候是叫人代筆，那個時候代筆很正常，我父親就是讓秘書代筆。甚至還有的書裏面講到孟小冬不僅會寫字，還會畫畫，這似乎是吹牛了。為什麼說孟小冬學的碑是孟法師呢？孟法師碑是很冷門的碑。也許是因為她姓孟，就強把她與孟法師碑附會上了，這個完全是瞎說。人們總願意把自己喜歡的人物和事情誇大美化、添光添彩，因為人們的願望總是這樣的，把好的東西、熱愛的東西，說得更好。這可以理解，但還是要有一定的事實依據，不能夠過分。如果有說她畫的幾筆蘭花什麼的，很可能是別人代筆的。如果她真的可以畫畫的話，和張大千在一道，就可以讓張大千題款、題字了嗎？這是個很現實的問題。在一九四一年《立言畫刊》的〈名伶訪問記——孟小冬〉裏面寫道，「尤喜書畫，自己對書法亦頗有研究，每喜收藏名人之手筆。」這些都是吹捧之詞了。「文姬歸漢」那幅字絕對不是她自己寫的。我手裏的那封信是孟小冬親筆寫給我母親的，裏面有很多白字，有不會寫的字就畫個圈兒，讓我母親猜，我母親文化程度也不高，哪裏猜得出來？這能是臨孟法師碑帖、吟詩作畫的人的做法嗎？這種說孟小冬會書法、畫畫，甚至篆刻等等的說法，在社會上很普遍，很多的書籍文章都這麼講，甚至還有人把別人的照片，說成是孟小冬的明星照，就是那張穿着裙子在飛機前面照相，說是民國美人之一的照片，簡直就是胡扯！

我父親遺囑裏有杜美娟，孟小冬的遺囑裏沒有

有一本關於孟小冬的書裏面講到，孟小冬與梅蘭芳結婚後，一次意外小產了，後來她去醫院做婦科檢查，醫生對她說，她不能懷孕生育。這個事情有可能，因為她領養了

個女兒，杜美娟，美娟比我大姐小一歲。

美娟的情況，我們知道的不多，至於她是什麼時候領養的，我們都不曉得，我們從來不提這種事的，像大哥領養的事，從來不提，不敢提的。美娟開始住在北京，後來到上海了，在上海我們常常會見面，我叫她「玉姐」，再後來跟着我們都去了香港，在香港認識了個男朋友，華裔美籍人。但是孟小冬堅決反對，她是個很老派的人，根據自己的經歷，出於愛護的角度，一方面擔心女兒上當受騙，另一方面，她也可能不喜歡美娟找的男朋友，母女倆為這事吵得很厲害，甚至鬧翻了，美娟最後離開香港，去關島結的婚，結婚的時候，孟小冬和我們當然都不在場了。她先生是中情局的人，她加入了美國國籍，她先生過世了後，她就回到了洛杉磯，以後就沒消息了。

美娟到了香港以後，正式成為杜家的人，我父親的遺囑裏面寫了她是杜家的人，分到了遺產。她也是按照杜家的輩分排的，美如、美霞、美娟的「美」字輩兒，應該是孟小冬進入杜家以後，排的美字輩兒。

杜家的事情很複雜，孟小冬過世，她沒有留下明確的遺囑。是陸京士打理的這些事情，他沒有把杜美娟列入遺產分配人的名單裏，我、大姐、二姐、大哥、大嫂都有，但是沒有美娟的那份。

陸京士當然知道我父親的遺囑裏有美娟的份，這種地方，陸京士就做得不對，他不應該這樣做。也可能是孟小冬過世之前，跟陸京士交代過的，因為美娟結婚的事情，孟小冬母女鬧得很不開心，美娟就走了。但我懷疑這種說法有問題，因為孟小冬死得非常突然。那是不是孟小冬有什麼特別交代呢？是不是還有其他原因呢？我們就不知道了。

結果，我把我的繼承的那份財產轉給了美娟。分遺產的時候，我在香港，我太太專門去台北辦的這件事情，我讓我太太把我的那份給了美娟。那時候，美娟在沖繩，她專門到台北來的，我太太見到了美娟，把我的那份給了她，有現金和一些孟小冬的東西，還有一幅張大千的畫，孟小冬有很多張大千的畫。那個時候，一個人大概分到二千美金現鈔，那個時候二千美金也不少了。那就說明她過世的時候還是蠻有錢的，不算那些字畫珠寶什麼的。

孟小冬的首飾，《冬皇故物》裏面的是很少一部分，實際上真不止這些。那個時候的首飾，不是這一個、兩個戒指，藍寶紅寶都是一包一包，沒鑲過的。孟小冬有的時候，看到我母親的首飾，她喜歡就拿了去，有些首飾是我母親預備留給大姐的，孟小冬喜歡就拿走了。所以，大姐跟孟小冬有矛盾，就是因為首飾的問題。

另有一件事，本是孟小冬將張大千送的六條屏荷花圖給了我，後來陸京士來跟我談，說是大哥要留個念想兒，硬要我讓給大哥，最後是大哥拿走了，沒多久，他就賣給別人了。這次，也沒有分給美娟財產，這就不好了。有些事情，陸京士做得不公道了。

我點紅披麻戴孝，沒有和我父親葬在一起

孟小冬去世的時候，我在香港專門趕回台灣奔喪，為我的庶母孟小冬披麻戴孝，我現在還有孟小冬下葬時的照片。

孟小冬大殮時，問題很多，她的女兒美娟不在，一切的事情都是我和大哥操辦的。大哥不肯捧這個牌位，因為大哥說，他有他的母親前樓太太沈月英。後來，陸京士和他談判的，你要什麼東西都給你，牌位你要捧，要披麻戴孝！因為我是養子的身份，照片是我捧，要披麻戴孝，但是我母親在，按規矩是不能夠披麻戴孝。這個事情，請教了很多人、很多老先生，結果有位老先生出了個主意說，你點紅，在麻上面點紅。一般情況，麻上面不能夠見紅的，點紅的意思就是還有長輩在。磕頭的時候，我給我母親先磕頭，還得解釋「我戴孝了，我在點紅」，然後再給孟小冬遺照磕頭。這樣做，我的生母、庶母兩方面都可以照顧到了，也合了規矩。這是老法、老規矩！大哥的披麻戴孝就不需要點紅了，因為前樓太太已經過世了。

所以，出殯的時候，杜家處理得很好，大殮的過程也很好，給公眾、社會一個很好的印象，認為杜家後人識大體，講禮儀。這是表面上這樣的，背裏我們做了很多事情、很多工作的，主要的是她女兒不在，要家裏男的出來。杜家的這種事情很煩的，因為是大家族，你想想有五房太太呢！

還有一件事，孟小冬去世後，停在醫院裏，當時家裏人都忙着分財產等後事，是我太太把孟小冬的靈魂引回家的，那叫回煞。人死以後，停在醫院裏面的太平間，家裏人要點香帶她回來，這是老規矩。孟小冬去世的時候，就是我太太把她帶回家的。我太太到太平間去看，看了以後就燒香，跟她講你跟我一起回家吧！一路走，一路說着，過橋、走隧道，都要提醒她，實際上是她的魂兒，說：我們現在過橋了啊！我們現在過隧道了啊！就這樣，她就會跟着我太太的引導，回到家裏。到家了以後，我太太請她坐在她平時常常坐的位置，沙發上，然後我太太就點了一根煙，她喜歡抽的那個牌子的香煙，就放在煙灰缸上面，因為孟小冬抽香煙。這個煙一直燒到尾，煙灰沒掉下來。普通的香煙，煙灰一長就掉下來了，但她的這支香煙的煙灰一直沒有掉，說明她回來了、回到家裏，還抽了她喜好的香煙了！這是些老規矩，現在的人都不懂了。我太太很懂這些老規矩，平時過年過節的祭祖、祭奠故人，都是我太太張羅着這些禮節。

孟小冬去世後，她沒有和我父親葬在一起，葬在了她自己早就選定的佛家墓地，在另外地方。我父親的靈櫬移到台北，安厝在杜家陵園，幾年以後正式下葬。孟小冬在臨終前，沒有提出要與我父親在一起安葬在杜家陵園，她很早就給自己選好了墓地，一個佛教寺廟附近的墓地，二〇一八年，二姐去世後，與孟小冬葬在一起。再後來，我的生母過世，與我父親在一起葬在了杜家陵園。杜家的陵園裏就是我父親和母親，大哥什麼的都沒有進去，大哥後來葬在美國。

關於孟小冬的墓地，其實她在來台灣的時候，就決定以後葬在佛家墓地。由於她虔誠的信佛，特別是到了晚年，更加深信不疑，早已決定葬在佛教墓地。所以，她就讓陸京士私下裏秘密物色墓地，她就慢慢地選、慢慢地挑，直到去世前兩個月，才確定了台北縣樹林鎮山佳佛教公墓選了一塊墓地，現在的名字是新北市樹林區淨律寺的佛教公墓，她請人設計墓園型式，設計師做了兩次圖樣，她都不滿意，直到她突然病重，也就是五月二十四日，她對第三次的修改才滿意，而第二天，二十五日，她就住院了，二十六日晚十一點五十分，孟小冬就去世了。

孟小冬的墓修得很好，張大千親自寫的「杜母孟太夫人墓」墓碑，這個墓碑寫得真好啊！有一些人，特別是遊客，到墳地裏去參觀，竟然有人在墓碑上拓字。第一點是因為張大千寫的，第二點那是孟小冬的墓碑，我父親的墓碑也有人拓，我父親的碑是書法家陳含光寫的，我覺得我父親的那個碑寫得更好。在故去人的墓地裏這樣做，那是很不敬的，這是規矩，現在的人什麼規矩都不講了。

圖輯二

【姚玉蘭】

姚玉蘭與家人

右　姚玉蘭準備乘船去香港
左一　年輕姚玉蘭
左二　姚玉蘭父親姚長海靈堂，女婿杜月笙題挽聯

右　抗戰期間，姚玉蘭從香港扮作回鄉婦人逃到重慶，到達重慶後，再做妝扮拍照留念死裏逃生

左　姚玉蘭與杜維善

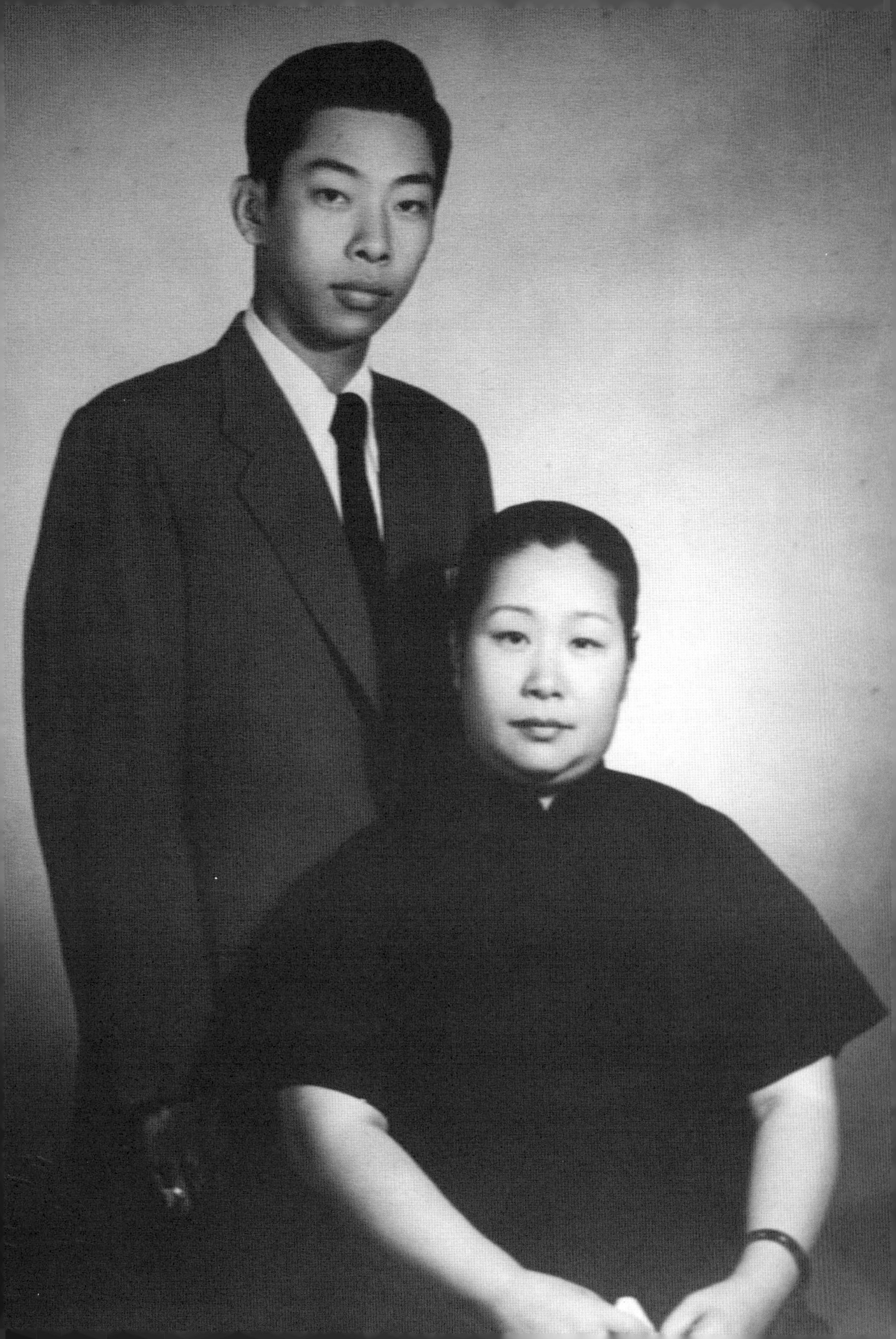

上　杜維善與母親在香港的合影

下　杜維善第一次從澳洲回香港探親，在嚴欣淇家中與母親姚玉蘭、大姐杜美如合影

上　姚玉蘭與杜美如（左）、杜美娟（右）合影

下　姚玉蘭與兩個女兒女婿合影，左一起蒯松茂（大女婿）、杜美如、杜美霞、金元吉（二女婿）

姚玉蘭、孟小冬與杜維善、杜美如合影

前排左起：金廷蓀、姚玉蘭、錢太太、顧嘉棠大太太；後排左起：陸京士、陸京士太太、杜美霞、金元吉、顧嘉棠二太太、杜美如

右上　姚玉蘭在台灣與女兒朋友合影：前排左起杜美如、陸京士、姚玉蘭、三老闆（顧嘉棠大太太）、錢太太；二排左起五老闆（顧嘉棠二太太）、鄭彥英（大嫂）；第三排左起杜美霞、金元吉

右下　姚玉蘭、陳幗英（右三）、杜維新（右二），後排左三嚴欣淇，與恒社會員在上海合影

左　為金廷蓀（姚玉蘭左側居中長者，杜美霞的公公）祝壽合影

上　　左起姚玉蘭、金廷蓀、錢永銘等
下　　為金廷蓀祝壽時攝，杜維藩（前排右二）、杜維善（前排右三）

1968年恒社旅台人員春節團拜合影，贈送姚玉蘭留念，杜維藩和杜維善也有參加

右　姚玉蘭與香港演員及台灣政要合影，左起洪蘭友、鄭彥棻、洪蘭友太太、金素琴、焦鴻英、姚玉蘭、李麗華、不知名、嚴峻、趙磊

左上　王祖銘（右一）為姚玉蘭祝壽合影

左下　恒社在台北聚會，這所日本老式房子就是陸京士當初為杜月笙準備來台灣的住所，後來姚玉蘭去台灣也沒有住這個房子

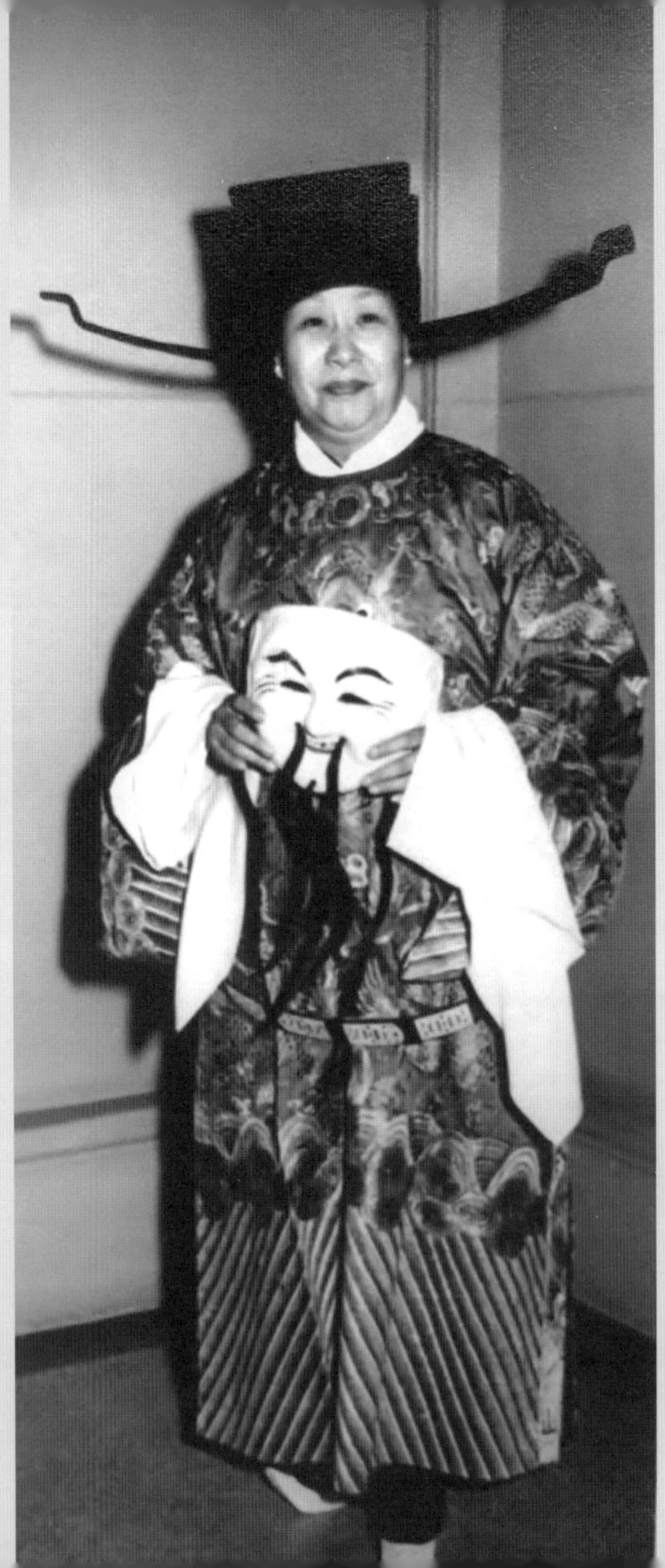

右　姚玉蘭身穿財神甲官服 通常在過年過節喜慶日子時穿，名為「跳甲官」
左上　姚玉蘭在台北家中教授年輕演員學戲 後面的陽台門就是回煞時出嘩啦嘩啦響
左下　姚玉蘭與香港影星李麗華

右　姚玉蘭（中）在台北自家門口與童月娟（左一）、李麗華（左二）、章遏雲（右二）

左上　台灣演員蔣光超（右一）看望姚玉蘭

左下　姚玉蘭與王叔銘（後排左四）、空軍大鵬劇團部分人員合影

上　杜維善 1981 年代表母親姚玉蘭領取國劇（京劇）大獎，左為陸京士，中間陳立夫

下　杜維善領取國劇（京劇）大獎

上　為盧燕母親李桂芬（前左）八十大壽，姚玉蘭等參加祝壽宴，後立者由右至左：白玉薇、顧正秋、梁秀娟（選自《盧母李太夫人八十壽冊》）

下　李桂芬早年在上海黃金大戲院演出：李桂芬（右一）、梅葆玥（右三）、言慧珠（右四）、梅葆玖（右五）、梅蘭芳（右六）（同上）

上　送給姚玉蘭的盧燕家庭合影，中間長者為盧燕母親李桂芬，後排左側為盧燕

下　2014 年 10 月，杜維善與盧燕在溫哥華國際機場相隔幾十年後的匆匆會面，本書作者與二老合影

姚玉蘭在士林官邸慶祝蔣氏夫婦生日

大合照，右三為蔣夫人宋美齡，右四為蔣介石，左一為姚玉蘭，右二為陳誠

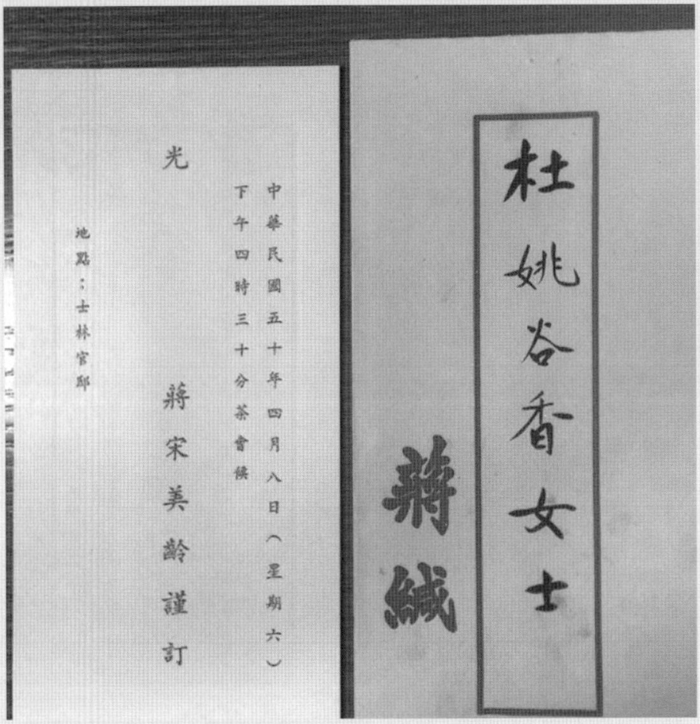
杜姚谷香女士
蔣緘
中華民國五十年四月八日（星期六）
下午四時三十分茶會候
光
蔣宋美齡謹訂
地點：士林官邸

右上　蔣宋美齡邀請杜夫人姚玉蘭赴士林官邸宴會邀請函

右下　姚玉蘭與其他太太合影

左　左起關頌聲太太、姚玉蘭、洪蘭友太太、盛太太（盛宣懷兒媳婦）

大富貴

右　蔣介石和宋美齡在欣賞演出 左一座者為洪蘭友太太
左　姚玉蘭演唱

右上　姚玉蘭與杜維善義母盛太太合影
右下　姚玉蘭與關頌聲太太（右一）等合影
左　　大合照，右二為姚玉蘭

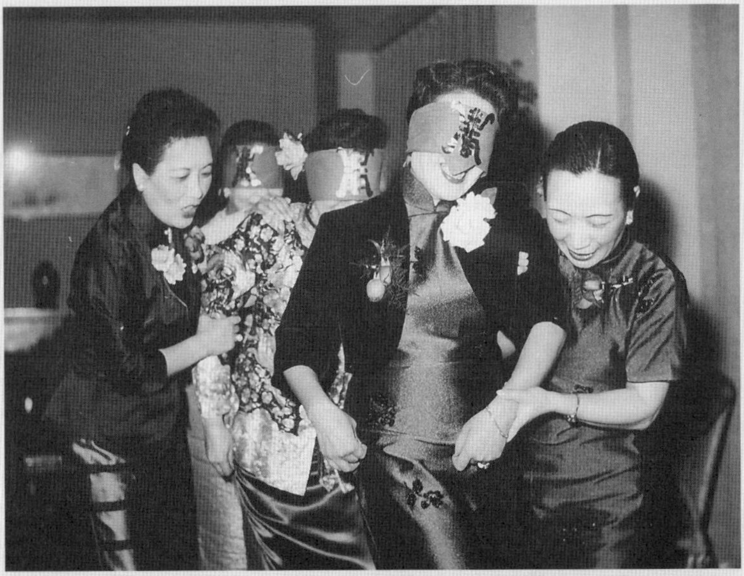

上　太太們被遮着眼睛進入，左一為蔣夫人宋美齡
下　宋美齡遮目吹蠟燭（跟上圖是不同時期的活動）

上　蔣介石夫婦一起切生日蛋糕
下　蔣夫人拆開生日賀禮

上　蔣夫人拿出意外的生日賀禮（癢癢撓）
左上　蔣介石夫婦開心大笑
左下　蔣介石夫婦選擇戲曲膠盤

宋美齡與大家合影　二排右一為姚玉蘭

與蔣介石夫婦在士林官邸合影，前排右起六、七為蔣介石夫婦、右五宋靄齡、右三姚玉蘭，中間長鬚者李石曾，二排右一王叔銘

上　蔣中正宋美齡夫婦惠贈姚谷香（姚玉蘭）紀念

下　宋美齡送給姚玉蘭的玉照

【孟小冬】

孟小冬與杜月笙在上海合影

右上　孟小冬宮中旗裝照（杜維善先生收藏底片）
右下　孟小冬在北平梅蘭芳購置給她的四合院中
左上　孟小冬與杜月笙在香港
左下　孟小冬與孫養農合影

右　抗戰勝利後，孟小冬與尹德貞（章士釗太太）
在上海姚玉蘭住處合影
左　孟小冬與姚玉蘭、章遏雲合影

上　1967年孟小冬遷居台北，姚玉蘭、陸京士舉行歡迎宴

下　孟小冬與愛犬攝於家中佛堂（杜美霞舊藏照片）

上　孟小冬與張大千在畫前合影

下　1963年孟小冬在香港與張大千清唱余派名戲《一捧雪》，與大千最小的外孫女蕭蓮合影（選自《拾得珍寶：張大千長女心瑞藏品集》

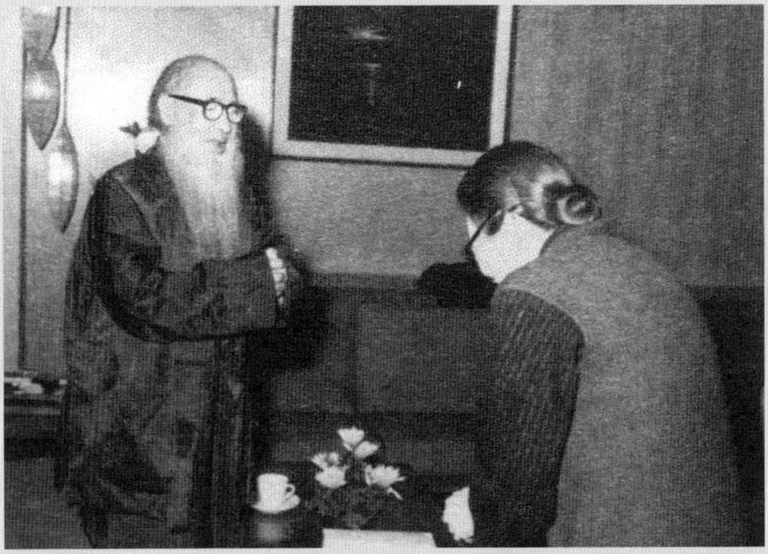

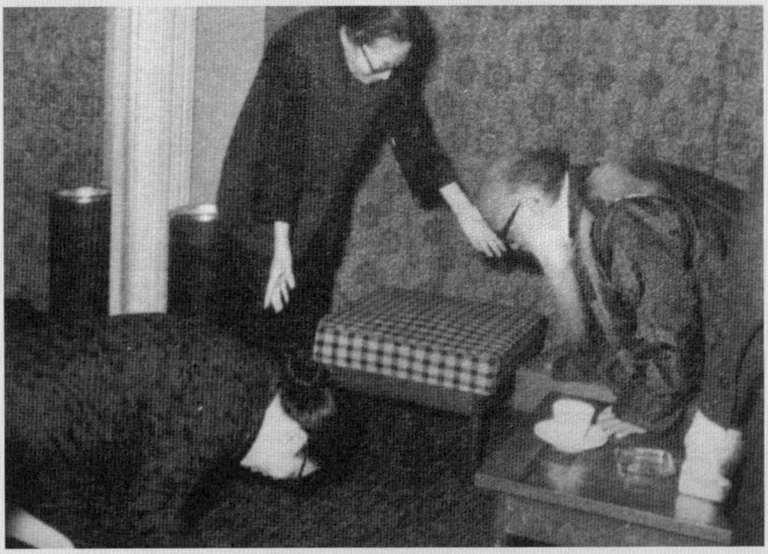

右上　孟小冬與張大千互致禮
右下　孟小冬義女杜美霞向張大千行叩首禮
左　　孟小冬病逝報道

央日報

余派傳人孟小冬

前上海聞人杜月笙的夫人，平劇名伶孟小冬女士，不幸於廿六日晚因肺氣腫及心臟病併發而去世，消息傳來，戲劇界及孟女士生前友好，均深爲哀悼。

·梨園世家·

孟小冬的家庭堪稱梨園世家，祖父孟七唱武淨，父親孟鴻羣是文武老生，昆仲五人鴻羣最幼，鴻茂、鴻壽皆爲文丑，鴻芳乃係文武丑。五人中造詣較深，享有盛名的則爲孟鴻茂，一齣「拾黃金」南腔北調，噱頭百出；鴻榮即「小孟七」，工老生和武生，民初曾飲譽上海。當時另有一以「孟小帆」藝名唱武生的，則爲鴻茂之子，也就是孟小冬的堂弟。孟小冬於十二歲時即在江蘇無錫新世界登台，後又到上海乾坤大劇場演唱，與名角張少泉、粉菊花、韓金奎、小三麻子等同台登場，深受廣大觀衆愛戴。

民國十四年，孟小冬那時才十九歲，離上海去北平深造，先拜陳秀華女士爲師，十三年後，再拜余叔岩爲師。被譽稱老生泰斗的余叔岩，收徒甚嚴，要求的條件幾近苛刻，像當時已享盛名的生角譚富英，他尚認爲「此子不可教也」，余叔岩只收過兩個徒弟，一爲李少春，再就是孟小冬。孟小冬是於民國廿七年十一月廿一日向余氏叩頭，行拜師禮，李少春則早她三天。

孟小冬具有其他伶人所莫及的優秀條件：天賦高，領悟力強，最難得的是她五音齊備，加以她年幼時已具有底工，於是在余氏傳授之下，對任何戲都能得心應手。余叔岩最講究咬字與行腔使調，他對戲詞中每一個字，無論是唱還是念，都不能有絲毫錯誤，更何況余叔岩向徒弟說戲，也只有精神較佳或興趣到時才進行，所以也只有孟小冬有這種耐心，始終從師習藝，經過五年的苦學苦練，才承受到余氏的真傳。

·不忘師恩·

孟小冬曾唱「洪羊洞」、「搜孤救孤」、「四郎探母」、「罵曹」、「武家坡」等戲，不但唱做俱佳，深得余叔岩之神韻，而且扮像秀雅絕倫，實爲菊壇不可多得

戲若有百分之百的把握，絕不能輕率演出。」所以孟小冬的拿手戲並不多，可是一經演出，必定轟動一時。孟小冬對她的師傳極爲尊敬，且事師甚孝，後來余叔岩病重，她日夜侍候湯藥，其情勝於父母，當時社會上對孟小冬的這份情誼都極爲稱讚。後來余叔岩去世，她仍始終不忘師恩。抗戰勝利後，孟小冬與上海聞人杜月笙結婚，她從此自梨園息影，不再登台獻唱，如今她與世長辭，余派嫡傳的腔調，也成爲今世的絕響了。

圖爲孟小冬於五十六年自港來臺會見記者時留影。（本報資料組）

余叔岩傳人 孟小冬病逝

余派劇藝從此傳缽無人

【本報訊】杜月笙夫人孟小冬，廿六日晚上十時四十五分，因肺氣腫及心臟病併發症，病逝臺北中心診所，享年七十歲。她生前的親朋友好已定下月八日下午二時，假市立殯儀館景行廳舉行公祭，即出殯葬於佛教公墓。

日再拜余叔岩爲師，第一齣戲學的是「洪羊洞」。

三十四年九月，孟小冬和程硯秋在中廣北平電台播出「武家坡」，慶祝抗戰勝利，當時爲菊壇一大盛事。

民國卅二年，余叔岩病重前，孟小冬曾

平劇界的大損失。

包緝庭說，孟小冬在舞台上的扮相，與前些日子在大陸去世的另一國劇名伶譚富英十分相似。她於嫁給杜月笙後，便發誓不再唱戲，所以三十年來未再見她公開登台。

杜月笙逝世後，孟

十年前不堪左派分子的騷擾，便返臺定居，在臺北的日子，她一直過著深居簡出的生活，與外界甚少接觸。

由於她沒有傳授子弟，余派的劇藝傳缽無人，她的逝世，是平劇界的一大損失。

用羽田機場，但是不是同一天，也不是同樣的鐘點。

運輸省希望，一旦新的成田機場全天作業，即保持全天候的出入境和海關服務。在羽田機場，把這些服務限於白天才有，主要是因爲華航和日本亞洲航空公司（屬於日航所有）。

華航目前東京與臺北之間每週有二十二次飛行，其中十四次是在夜間。另外，有五次飛往夏威夷和美國西海岸的夜間飛行要在羽田機場停靠。

勒想親睹我國故宮博物院珍藏的心願，還了三年。

昨天，他終於如願以償，在故宮博物院院長蔣復璁和葉公超陪同下，參觀了宋、元、明、清等朝的瓷器，和成化瓷特展、銅器特展，及商朝大墓的兩座大理石雕「梟」和「石虎」。

大衞·洛克斐勒在觀賞時，他表示自己喜歡形式簡單，圖案不複雜的藝術品，尤其偏愛立體感的雕塑，故宮珍藏的這兩件殷商大理石雕，正是

【孟小冬葬禮】

右　杜維善手捧孟小冬遺照

左上　學生朋友祭拜

左下　陸京士獻花圈，左側穿西裝者是李猷

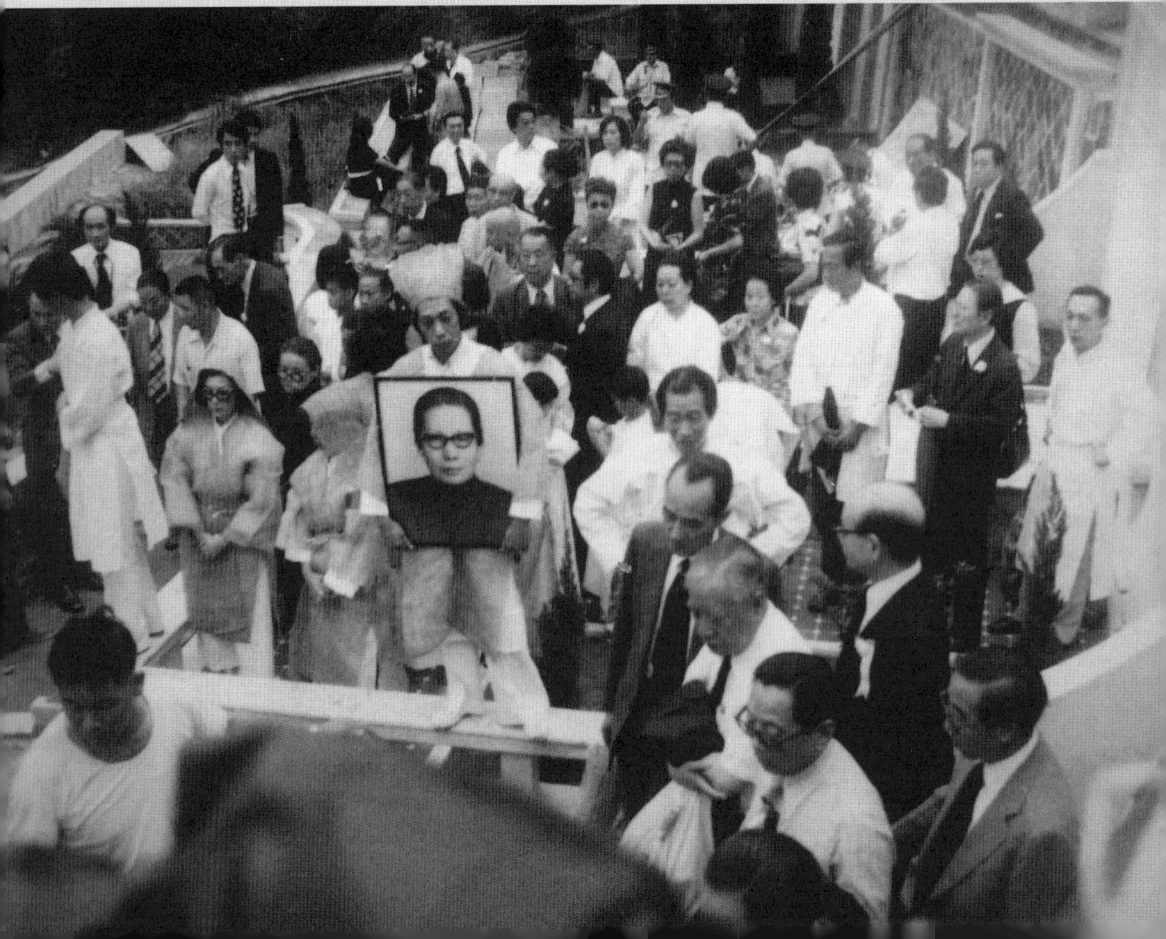

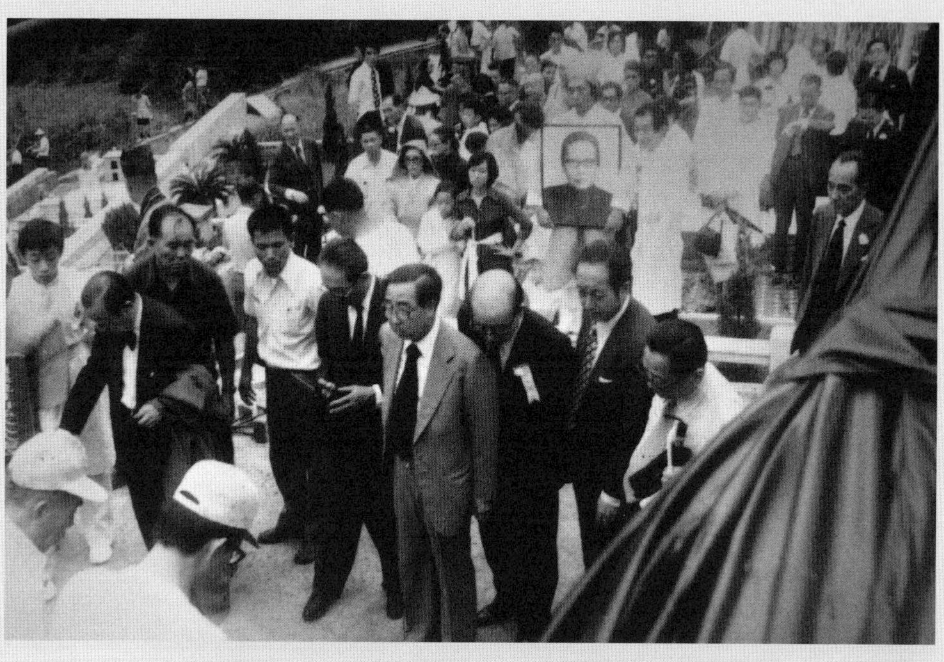

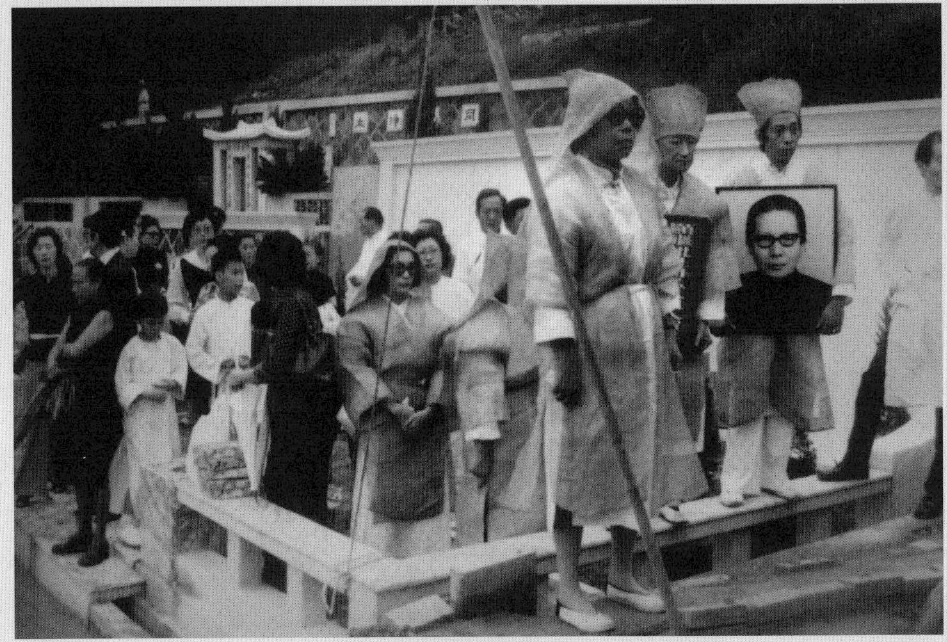

上　前排左起杜美霞、杜維藩（捧排位）、杜維善（捧遺照）

下　孟小冬的棺槨放入墓穴

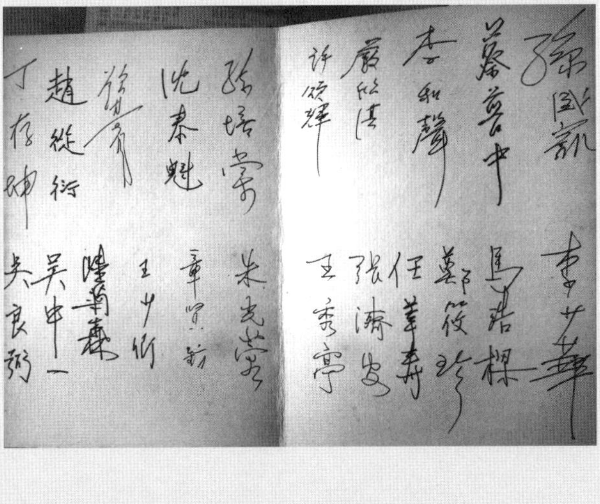

上　孟小冬香港追悼會簽名冊

下　孟小冬香港追悼會簽名冊部分名單

下篇

古錢幣鄉梓情

思古樓主杜維善

杜維善在書房欣賞錢幣

一　《思古樓記》與我的一生

我的書房「思古樓」

我書房的名字叫思古樓，是我私塾先生陳微明老師給我起的，他給我寫了一篇《思古樓記》，還配了「思古樓圖」。很有意思，這個《思古樓記》是在我十五歲的時候寫的，裏面的內容好像是對我未來人生的預測，而且預測的很多大的方面，我以後人生實際走過的道路裏得到了證實，下面就是《思古樓記》：

丁亥（一九四七年）八月，吾友蔡君子玉謂余曰杜月笙之子維善僅十五齡，性醇謹，喜購置古書字畫，欲求一師講古文辭，吾已推薦君其勿辭。月笙先生以義俠名天下，而頗敬重儒士，昔於李芳宸將軍所見之，意其子亦必魁傑人也。明日維善來執致關聘，循循有規矩，云彼於嵩山路賃屋三間，讀書其中。余至其家，庭院甚廣大，有辛夷二株，高出樓屋，花時可想見其盛也。樓中度經史子集四部，書無慮數千卷，皆今人所棄者。維善及其姊日從余聽講一小時，維善有李氏同居，必備佳食餉余，有敬師之誠。一日請余名其樓，余以為維善喜讀古人之書，與今世學子異好尚，架上所列未必能盡觀也，然其意趣殊為可嘉矣。尤不能不入學以蘄進取，安知其將來不能博學而成名乎。孟堅之賦有發思古之幽情語，即以思古名其樓，為書一橫額張之壁間，吾望其發思古之幽情，於暇日取所藏經史讀之，不徒為陳設示雅觀而已。今又請蒼虬兄為繪思古樓圖，欲余作記書其上，遂書此以勖之。

那是抗戰勝利後，我們全家重新回到了上海，我請陳老師給我書房起個名字，陳老師就寫了一篇富有桐城學派簡約風格的《思古樓記》，還請他的哥哥陳蒼虬配了一幅畫。陳蒼虬是張勛復辟時的兵部侍郎，是個武將，但是畫畫得很好，現在沒有人曉得陳蒼虬，沒有聽說誰有他的畫，只有我的思古樓圖流傳下來。這幅圖、文恰到好處，配合得很巧妙。這幅《思古樓圖記》裝裱好之後，不管是在香港還是在溫哥華，我都會掛在我的書房裏。當時陳蒼虬恰好從北京到上海，我的庶母孟小冬請他們吃飯了，席間陳老師還表演了一套陳氏拳法助興。

陳老師寫好《思古樓記》，我就是把它當做讀一篇文章一樣的，因為那個時候看，不曉得後來的事情，這篇文章的學問很大了！不是說遣詞造句的學問，而是對人的觀察預測。陳老師寫《思古樓記》是一九四七年，七十多年前寫的，現在看來，他說的很多話，現在都對上了，老先生有他獨到的眼光。如果說我現在有點兒名氣，不是因為有錢有勢，也不是繼承家風而成名，而是因為我的收藏、研究，可能就是陳老師說的「博學而成名乎」！

陳老先生是湖北人，我的另一個私塾先生蔡子玉也是湖北人，陳老師就是蔡子玉老師介紹來的。蔡子玉先生教我寫字，他跟我們家裏是親戚關係，但我不知道是什麼親戚。

陳老師吃素，有點俠客的味道。一次，陳老師和一個姓王的先生在北京吃飯，那位姓王的先生會一種特別的功夫，在吃飯中間，王先生出去了一會兒，回來以後，手裏拿着一張樹葉包着一個熊掌，鮮血還在滴下來，王先生說他剛剛去了趟東北長白山的森林，打了一隻熊，把熊掌拿回來了，很神奇的。正好在座有一位先生懂得樹木植物，他後來說包熊掌的樹葉，只有東北的長白山有。還有一次，我陪陳老師去拜訪一位黃老先生，他的徒弟說師傅在睡覺呢，於是我們一直守在門口。等黃老先生睡醒出來的時候，看到他走路一瘸一拐的，他說他去了趟黃山，在那裏不小心摔了一跤。可是，這位黃老先生一直在房間裏睡覺，他在房間裏睡覺，怎麼去的黃山呢？很神奇！陳老師就喜歡這些神奇的事情，他的扶箕也很神奇，我後面會講到。

回過頭來說我們讀書的事兒。我們在看書的時候，陳老師靜坐在那裏，眯着眼，好像是在睡覺，誰偷懶，他都看得到，就用戒尺打偷懶學生的手，陳老先生教了我們有一兩年。他的字寫得很好，是學習董其昌的，文章也好，簡單明瞭，是桐城派的風格。他教我古文，讓我讀《史記》，也讀《歸有光文集》，歸有光是桐城派的鼻祖。陳老師的文章寫得很好，他的學生弟子們集資出了本集子《雙桐一桂軒續稿》，是他自己文章的彙集，我和二姐都出了錢的，我們是他的學生！陳蒼虬的畫也是學習董其昌的，他們當時在上海住在一道。

「思古樓」這個名字我很喜歡，我一生在各處居住的書房，都用「思古樓」這個名字，我還刻有一枚「思古樓藏錢」圖章，用於錢幣的收藏。

小時候接觸了很多鴻儒遺老

我小的時候，就喜歡經史子集的老書。在我父親那一部分裏談到，還是在上海的時候，父親獎勵給我一套《四庫叢刊》，就擺在我書房的書架上，《思古樓記》裏面也寫到了。我書架上有很多經典書籍，還有一些很珍貴的古籍善本，不過這些書解放後都遺散了，有些可能拿到了上海圖書館。我的書有幾本蓋了人名章，蓋的是「慕潛」章。那個時候，我父親的學生有人常常送書，有一部書我印象最深，是大開本的線裝書，一函宋版的《武經七書》，鬼谷子、孫子、尉僚子等七個人，那部書做得非常考究，我記得裏面印有很多圖章，應該是收藏家的圖章。抗戰的時候，我們逃往重慶，家裏的書太多了，當時都沒有帶走。我那個時候就有個習慣，歡喜買書，而且買老書，我常常去福州路舊書店買書，這個習慣跟我的私塾先生和家裏來往的朋友有關。

我小的時候，我們家會有像蔡子玉那樣的老先生們常常來，他們有些是我母親方面的朋友，有些是我父親的朋友，有些是我庶母孟小冬的朋友，這些人中大多數是遺老，包括蔡子玉、陳蒼虬，這些老先生都是很有學問的人，還有位陳病樹，湖北人，他總是和陳老先生在一起，都是要好的朋友，他總是教訓我。我母親的朋友中也有一些遺老，我是在年輕時唱戲認識他們的，有幾位貝勒爺，他們喜歡聽我母親唱戲。那時，母親常常會到他們的府上去唱。所以，我的兩位母親和我父親，交往的很多人中是遺老和有學問的人，我覺得我潛移默化地受到了他們的影響。應了那句老話，談笑皆鴻儒，往來無白丁！現在，這些人都沒有了，一段時代過去了。當時那些場景啊、人物的，在我腦子裏很清晰。

如果將來我有一個花園和小樓，我還會用思古樓的名字，再把這幅畫和字刻在裏面的牆壁上，思古樓記和思古樓畫，我們就可以在那裏聊天、發思古幽情了！

章士釗教我臨《麻姑山仙壇記》帖

過去的私塾先生都很有學問，傳道授業解惑，有三位老先生對我的影響比較大，蔡子玉、陳微明和章士釗老先生，這三位先生對我的影響還不太一樣。私塾老師蔡子玉主要教我寫字，正式的抓筆寫字是蔡先生教我的，他講這個字寫得好不好，要把它掛起來看，不是放在桌面上看，掛起來看，這個字癱、還是不癱，來判斷字寫得好與不好。這個字寫得不好，就站不住、就倒了。蔡老師還專門到著名的毛筆店，幫助我訂製了毛筆，我一直使用。陳微明老師除了教我文辭、古文，也會講到宗教，還有做人，什麼都講。

對我影響最深的是章士釗先生，因為我跟章行老的時間最長。抗戰時，我們逃難到重慶，我在重慶待了兩年，一直住在汪山，汪山的房子是個老房子，不是什麼特別的房子，我父親和行老住在一層，我們和章可住在二層。兩年多的時間，我與章行老和章夫人、章可一家住在一起，天天在一起，我常常給章行老研磨，練習寫字。我為什麼要練習寫字呢？是我到了重慶以後，在當地的佑佑小學上學，熊式輝的兩個兒子熊元俊和熊元俠也在那個學校讀書，我們是同學。他們的字寫得很好，我的老師就鼓勵我寫字，爭取寫得比他們的更好。所以，我就向行老請教學習寫字。章行老告訴我最簡單的方法就是「永」字八筆怎麼寫法，讓我臨顏魯公的《麻姑山仙壇記》，而這個《麻姑山仙壇記》

帖子是清代大收藏家戴熙、戴文節舊藏的影印本，戴熙又稱「南齋舊史」，所以，我就自稱為「北齋舊史」，是與戴熙有關，這個事情我會在「金石情緣」裏詳細敘述。我的字寫好後，章行老看了後批改，他就講，我寫的字「型」已經很好了，現在缺的就是「神」。所以，我認為，寫字，神是寫不出來的，是讀帖，要看，看得多了，就能把神看出來、體會到了。我還珍藏着幾張我臨的麻姑帖，行老給我的批改。有一張行老批改的文字是「大字較去年已大有進步，結體用筆俱臻上乘，鍥而不捨，定能追蹤南園，可喜之至」。我到了香港繼續習字，行老看見以後繼續批改「成就已非譚三可及，前途何可限量」。行老在這兩幅批改文字中，提到的「南園」就是書法家陳南園，「譚三」就是譚延闓。行老的話很多是鼓勵鞭策我的。行老告訴我，寫字要靠中鋒，中鋒把握好了，字就寫得很漂亮。我喜歡寫的字是草字頭，比方講，蘭花的蘭，繁體字「蘭」，草字頭，很難寫，但是，能夠寫出很漂亮的字。我有一次突發奇想，在恍惚之間，就寫了一個「夢」字，草字頭。寫完後，我仔細端詳，覺得這個夢字寫得很有當時的感覺。後來再寫這個字，就沒有了那個味道了，很奇怪的。

章行老夫婦可能很喜歡我吧！行老給我起了個名字，叫「顥」，所以，我有另一個名字就是杜顥。後來章行老又不喜歡，把「顥」字改成了「煜」字。可是我不喜歡「煜」，喜歡「顥」，也許與李煜有關吧。我有幾個圖章是「杜煜」。我和行老的兒子章可很好，常常在一起玩。章可很喜歡畫畫，特別擅長臨摹張大千的畫作，幾乎可以亂真，章可給杜家二樓太太畫過一幅仿敦煌風格的「觀音像」，模仿得非常像。

章行老一家與杜家是世交，行老和夫人在杜家的地位很高。後來，章行老去世後，章太太特別送給我一方行老常用的硯台，硯台上刻有「孤桐用硯」四個字。我一直珍藏着，隨着我在不同的城市，始終擺放在我的書桌上。一九九九年，在我六十六歲時，我專門寫了跋，並請香港著名金石大家茅大容先生篆刻在硯台側面，作為紀念，跋曰：「章夫人贈余行嚴世伯常用之硯，今已二十四載矣，戊寅秋杜維善記時年六十有六。大容刻。」以此來作為紀念。

陳微明、蔡子玉還有陳蒼虬、陳病樹老先生都是傳統的中國學者，章行老是研究西學的，研究邏輯法律的，但行老對中國文化研究得也很深，我受他們的影響很大。我現在的收藏研究內容，有中國的、也有外國的，研究方法有中國傳統的、也有西方現代的，可能跟老先生們的影響有關係吧。

二 抵押房子買半兩

這股「神經病」勁收藏錢幣，百枚半兩祝大壽

我在澳洲學習工作了十年以後，回到台灣工作。大概在三十二歲那年，在我工作的附近有一家做四川菜的小飯館，我每天中午都要到那裏要一份客飯，一菜一湯、一碗米飯。有一天中午吃完飯後，我就走到了餐館上面的一個小古董店，看到一枚五銖錢，店主叫唐書新，我問他：「這枚五銖錢是東漢的還是西漢的？」他說：「我分不出，你慢慢研究就知道了。」於是，我就買了一枚回去。從此開始，我就與古錢幣結下了半個多世紀的「錢緣」。

我曾經將我新買的房子抵押了二十萬塊錢，為的是買兩枚「半兩」錢，由此在錢幣界裏得了一個「神經病」的稱呼，這在台灣和後來大陸收藏界都是耳熟能詳的事。當年，我還是錢幣收藏圈子裏的新手，在錢幣大家孫家驥先生的引薦下，認識了當時台灣著名

的收藏家李東園先生，我們尊稱他為東老，先是從東老那兒買到十五枚五銖錢，後來對東老收藏的半兩錢，也產生了強烈的興趣，就試探地說：「我要兩枚大的半兩，你開個價吧，看我有沒有這個能力。」

「你既然是研究用的，我也不能多要，二十萬吧。」李東園說。

「東老，我是您的小輩，您怎麼好意思開這樣的天價？」我當時很是吃驚地問。因為前不久我剛剛用了三十萬塊錢買了一棟房子，手裏根本沒有閑錢的。這兩枚「半兩」可是大半個房子的錢啊！回到台北，我想了一夜，太喜歡那兩枚大半兩了。最後還是下定決心，把房子抵押出去，一定要買到那兩枚心儀的半兩錢。

「你怎麼又來了，我不想賣了。」我去找到李東園，他不客氣地說。「東老，您是不是在給我開玩笑，我把房子都押出去了。」

李東園看到我急的直跺腳，認識到敢把自己房子抵押出去買「半兩」的年輕人，看來是真的喜歡收藏，他就說：「我是和你開個玩笑。」最後李東園只按一萬五千元一枚的價格收了我的錢，當時的我真是欣喜若狂，捧着這兩枚半兩就回家了。說來也真很奇怪，幾十年來，我看的半兩不下五、六萬枚，但是沒有找到和它接近的，而且這兩枚錢的品相特別。我現在想想，贖房子還錢的時候，雖然辛苦，但還是很值得的。

台灣錢幣收藏圈子裏的人很快就都知道了這個事情。我記得在抵押房子買了李東園半兩的第二天，我把幾個朋友叫來，給他們看這兩枚半兩錢，有一個人就對我說：「你真是神經病啊？我給你找一串去。」這個人是在台北的「中央信託局」工作，叫嚴啓文。我這樣做，他們都沒想到。因為當時李東園的那兩枚錢，要價是十幾萬。我那個時候還年輕，胡公魯、蔡養吾，還有孫家驥，這些人都是收藏錢的老一輩，當時在台灣都是很有名的，他們當時也很年輕，大家在一起吃飯，講得大家笑死了，現在這些人都過去了。

那個時候，台灣收錢跟現在收錢不一樣，講錢本身的事情，不大講價錢的，價錢只是個數字，而錢幣收藏本身的故事更有意思。比方講，現在誰誰在拍賣場花了幾十萬買了一枚錢，連買家的名字都記不住，可能也有人說那真是神經病呢！但是我這個「神經病」的故事，聽一遍就記住了。李東園是來自大陸天津的收藏家，他認為「你們是台灣本地的！」言外之意是台灣能有什麼好的收藏呢！他覺得自己的地位比我們高，愛倚老賣老，他講：「我收錢的時候，你們在哪裏？」這個的確是，像李東園這些人，因為三四十年代的時候，天津的很多東西是從宮裏出來的，天津的古玩市場很有名。所以，在台灣，李東園收藏的錢幣是最好的，但他傲慢的態度得罪了所有台灣年輕一輩的收藏家。他的半兩也只不過是這兩個，五銖全部給我拿下來了，我拿五銖是拿西漢的郡國五銖。這個故事，上海的著名老報人鄭重，他是徐鑄成的學生，鄭重在他寫的我的傳記裏面也詳細地記載了，有意思的是，徐鑄成為我父親寫了傳記，他的學生鄭重給我寫了傳記，或許是一種緣分吧！

我六十歲時，朋友們給我做了一個長長的手卷。手卷一共有一百枚我親手拓的半兩錢，有上海博物館的馬承源館長、汪慶正副館長的題詞，還有其他人的題詞，有些專家不一定搞半兩五銖研究的，但都是錢幣收藏家，現在很多人都不在了。這一百個錢還收藏在我這裏沒有流散出，有人想要我的手卷和這一百個錢，我是不會給的，這一百個錢裏面，許多是有特別意義的錢，裏面就有李東園的那兩個半兩錢。

後來，我有一次回到台灣，又見到老朋友嚴啓文，他還是指着我的鼻子笑罵，你真是神經病！把房子押出去，買那枚錢，笑死人了。這也是年輕人收藏的一個特點，就是真喜歡的話，不惜賣房子，也要買到自己中意的東西。我就是靠這股神經病的執著勁兒研究半兩五銖的，同樣研究絲路錢幣也是一樣，沒有這股勁就不行。我收藏的絲路上的古國錢幣，涉及到多種語言，英語、法語、古波斯文、佉盧文、梵文。佉盧文只有錢幣、佛經和石刻上面有，梵文多數在古代印度錢幣上出現，還有薩珊錢幣上的文字是古代的波斯文。我的一個法國朋友佛朗索瓦·蒂埃里（Francois Thierry），他是法國國家圖書館的副館長，是專門研究東方和中國錢幣的專家，我們第一次見面，談到他開始涉及半兩錢，我就給他指出存在的問題，他回去繼續研究，一年後我們再見面，他不僅能區分出戰國半兩和西漢半兩，還能看出真假來，我覺得他能成功，也有這樣的執著勁，所以我們才能夠成為好朋友，我們在學術上一直有來往。

假的，就是假的，沒有那個味道

我錢幣收藏和研究的方法是外國式的，我借鑒我的專業，地質分析的方法進行對比研究，就是用地層對比的方法，錢跟錢對比，錢上字體的對比，形狀重量的對比，找到彼此的關係。比方講，半兩錢，重量從二十克，一下子跌到八克，這是為什麼？是誰開始把大錢變成小錢的？

我在大陸認識很多做假錢的人，他們拿這些仿做出來的錢給我看，問我好不好，就是要用我的眼睛來檢驗，我看出來是假的，他們賣出去就有問題；我看不出來，絕對賣得出去。他們仿得太厲害了，幾乎可以亂真，做假水平很高，而且漂亮得不得了，都是極美品。他們擺明跟我講這個錢是他們做的，仔細講了怎麼做法，就是拿真錢來改造。比方講，真錢上面有個缺點，他們給補上去，補得十全十美。這個怎麼能看得出來呢！所以，有的時候我看錢太美了，我就懷疑了，有些錢不可能這麼好。

但是，假的就是假的。比方講，他們拿了個半兩錢給我看，那個半兩簡直是好得不得了，什麼都做得好，我跟他們講，就是一樣你們學不會，半兩、五銖和開元通寶，裏面的精神氣、那種味道，你們是做不出來的。半兩五銖，拿在手裏一看，就有一種氣魄、有一種感覺，你仿做不出來。假的，就是假的，沒有那個味道。

【三 我的錢都保值增值到了上博】

從一九九一年夏開始，我陸續分了幾批，把我畢生的陸上絲綢之路古國錢幣捐獻給故鄉上海博物館，包括了歷史上絲綢之路各個古國重要的金、銀和銅幣，總計四千多枚，其中金幣五百多枚，這是國內關於這個領域裏最完善、最豐富的收藏，豐富了上海博物館關於絲綢之路古國錢幣，使之一躍成為國內最權威的收藏。我為此專門撰寫了《絲綢之路古國錢幣》小冊子，還召集組織了「絲綢之路文化研究國際研討會」，國內外知名的絲綢之路錢幣和文化研究的學者紛紛到場，帶來了國內外最新研究成果，使上海博物館的絲路錢幣收藏和研究，一下子躍升到國際一流水平，為此，上海市政府頒發給了我「白玉蘭榮譽獎」。

杜月笙的兒子不會搞這個研究的

在我的收藏捐獻給上博時，我太太開玩笑地說：「我拼命地掙錢，他玩命地買錢，說是可以保值增值，現在都增給上博了！」

我們家族與上博有淵源，我太太的父親譚敬先生，在五十年代，曾經給上博捐贈了一批瓷器、青銅器和書畫，有很多是非常好的精品；老的上博辦公樓就是我父親原來的中匯銀行大廈；我和上博取得聯繫，是因為學術研究問題，當時我看見上博的錢嶼發表了一篇關於薩珊王朝錢幣的文章，就到上博去找他，我對這篇文章問了一些問題，他沒有答出來。我就問，你們上博誰是管錢幣的，他講是汪慶正副館長管錢幣，他就介紹我認識汪館長。

汪館長起先有點兒懷疑，看不出我這個人是否懂錢幣。那個時候我大概才四十來歲，而且他曉得我的家庭背景。汪館長認為杜月笙的兒子不會搞這個東西的，也不會想到我會做這個學問的，而且是最難研究的部分。後來，汪館長問我怎麼進行研究的，我講第一，就是因為這個領域沒有人涉及，所以我來研究；第二，就是最難的，因為難，所以才值得研究的。如果不難，大家都研究，研究文章已經發表過了，那還研究什麼呀？當時汪館長把上海主要的錢幣專家都請來開會討論，我拿拓片給他們看，問他們的看法，有些他們也講不出來。當時他們問了一些問題，有半兩錢也有其他錢幣，主要是圍繞半兩、五銖和開元。

我們開完會以後，汪館長講我今天開眼界了。他告訴我太太說，起先以為是別人替杜先生捉刀呢，後來發現他肚子裏是真有東西的。汪館長是看到了我的收藏和研究之後，才說我的半兩「富甲天下」！他在我的《半兩考》序裏面寫道：「杜維善先生數十年致力於絲綢之路古國貨幣、半兩、五銖及開元通寶的收藏和研究，於絲路貨幣及開元通寶均已有專著出版。維善先生收藏『半兩』富甲天下。」在鄭重先生寫我的文章中，記錄了汪館長對我的評述：「他實是一位有魄力、有眼光、勇於探索、精於鑒別的錢幣收藏家，對薩珊王朝金銀幣，收藏之宏富，品種之齊全，研究之精到，已駸駸乎凌駕於全世界同類私人收藏家之上。現為世界私人收藏之首位。」我覺得汪館長有溢美之詞，不過我和上博還真是有緣分。

上博，就是緣分；台北故宮，不認識杜先生

前面說到跟上博的淵源，我第一次到上博時，對館長開玩笑地說，我是來收租金的。館長回答說，杜先生一定是會對上博有所貢獻的，這是我們的緣分啊！

有很多國外的收藏家研究者，晚年的時候，喜歡把自己的收藏或者捐獻，或者以一種什麼形式，轉讓給博物館，象徵性地收點錢，這是一種很好的風氣。國外收藏家的想法和我們的想法不一樣，有些人認為我的收藏好，應該賣掉，讓別人也有機會來收，做進一步的研究，也有道理。比方講，有種錢只有兩三枚，都在我手裏收藏，我賣出去了，兩三個人買得去，就可以研究了，他們是這個觀點。如果他們想要把他們收藏的東

西能夠有序地流傳下去，那就要看他們將來是否捐給博物館了，像巴黎的國家圖書館藏的那些錢幣，都是別人捐的。歐洲的很多博物館，比如說大英博物館，有很多東西是捐的，或者象徵性的賣給博物館。我想說的是，國外人收藏研究的習慣和國內人的不同。

我捐獻的時候，我的朋友講，你是神經病，這麼好的錢，你捐獻給了上海博物館。像這批絲綢之路的錢幣，現在不得了！上博已經把最有價值、最有意義的成吉思汗金幣列為最珍貴的館藏珍品之一，其他伊利汗和幾個大汗的金幣，像旭烈兀、阿巴哈的錢幣，在裏面都有，當時我把蒙古四大汗國的錢幣都收全了。錢幣上有成吉思汗四個字是極少的，上海博物館的那枚就是「公正的偉大的成吉思汗大汗」，只有金幣寫他的名字，銀幣沒有寫名字，銀幣只是「大汗」「偉大的公正的大汗」，用阿拉伯文刻寫的。這批金幣是在阿富汗、印度邊境發現的，當時出土了大約一百枚，這一百多枚是挑出來的品相好的留了下來，另外的二三百枚品相不好的，全部化掉，做成了金磚，所以這一枚是很珍貴的。現在的錢幣市場貴得不得了，我記得當時我收這枚錢幣時是花了四萬塊錢美元，是從紐約的收藏家手裏買到的，那次是買錢最厲害的一次。

當時台北故宮是位女館長，她和她的同事專門去上博，看了這批絲綢之路錢幣，她對上海博物館的人說，杜先生怎麼不捐給我們呢？上博的人說：你不認識杜先生！這話好像是馬館長或者汪副館長講的，這回答是很巧妙的呀！說明並不是杜先生有所取捨，只給上博，不給台灣，好像有所偏向。說這話蠻有水平的，與我父親刀切豆腐兩面光的信念有異曲同工之妙。

我不是很喜歡出風頭的人，是很低調的，所以台灣的故宮博物院，北京的國家博物館、首都博物館等，只聽說我有錢幣收藏和研究，具體並不清楚細節。上海博物館的馬承源館長和汪慶正副館長到香港我家裏時，見過我的絲路錢幣收藏，才知道我也收藏絲路錢幣。我捐獻給上海的這批絲路的錢幣，是希望推動絲路錢幣研究的，希望供更多的愛好者研究使用，絲路錢幣的收藏和研究太冷門，像中國錢幣，國內還有人或者博物館有收藏和研究，但是絲路的錢幣，幾乎沒有人收藏和研究。如果研究者能夠看到這些收藏，就可以推動了絲路錢幣的深入研究。

買絲路金幣一毛錢都沒有，用了三分之一買房子的錢

我收絲綢之路錢幣是從香港開始的，很多是從美國錢幣收藏研究家威廉姆·華頓（William B. Warden. JR）先生那裏買的，他曾經是東方錢幣研究會北美區的秘書長。我這些年收集絲路錢幣，基本上是與北美的錢幣商、學者和國際上的其他研究者來往。比方講，華頓先生是很專業的，大概是一九八五年，我研究中亞土庫曼斯坦地區七河流域的錢幣，華頓把這類錢幣寄到香港，我當時還住在香港，剛剛開始收絲路的錢，華頓先生還附了一封信，講到德國教授的看法，華頓不同意教授的觀點，他把古錢幣和他的意

見一並給我，讓我自己再研究。美國舊金山的斯蒂文（Stephen Album）是個著名的錢幣商，我認識他的時候，同時認識了思科德．西門氏（Scott Semans），我們交往有三十多年了。斯蒂文是錢幣商，也是學者，寫了很多書，他與華頓一起，每年我們在舊金山附近的長灘一起聚會。通常，斯蒂文如果見到他喜歡的錢，就留下來研究研究，等研究完以後，再賣掉。華頓不一樣，他要的錢就留下來，不要的就賣出去，其實不是賣，實際上他是在朋友同行聚會時「讓」出去，不是像公司那樣拍賣出去，就是在長灘聚會時，把他要出手的錢拿出來，讓大家看、選購。

這裏有很多故事。有一次，我看華頓先生帶來的那些金幣，是貴霜帝國和嚈噠的金幣，看後我就放進我的袋子裏。華頓說，為什麼放在你的袋子裏了？我們還沒談好呢！我說，現在我們談吧。他跟我談價錢，我跟他說，我現在一毛錢都付不出來，我們先把價錢談好，以後分期付款給你。後來，我用了一年才付完，大約十幾萬美元。其實我把金幣放在自己的口袋裏，就不預備還給他了，先來個「落袋為安」再說價錢的事。我們倆太熟了，認識多少年了啊！那是他去世以前的第五次見面。普通的做生意的人是不肯的，因為資金要周轉的。他剛剛從別人那裏拿來，他曉得我一定要，就帶來給我看了，問題就是在價錢上。華頓當時是全美國最好的錢幣商，他主要收絲路的錢，而且他是個學者。他的很多東西我都留起來了，包括他給我寫的信。他的每一封信裏都講到錢，涉及到錢幣研究方面的問題，講到他的看法和意見，所以我都留了起來。他住在美國東岸，我不大去東岸，沒有去過他家裏，我們都是在洛杉磯聚會時見面。他喜歡吃中國菜，我告訴他不要吃得太多。他叫一份宮保雞丁，他跟我說，這盤東西是我的，你不要吃，他一個人把一盤宮保雞丁自己全吃掉，還要加飯和其他東西，我跟他說你吃得太多了。我剛剛離開洛杉磯，他就突然去世了，大概是突發的心肌梗塞，一下子就過去了。第二天他們打電話告訴我他沒有了，五十歲左右，很可惜！如果他在，我還可以買到很多好東西呢。他不在，就差得很遠。我的很多珍貴的絲路錢幣，是從他那裏買的。

哈金．哈未弟（Hakim Hamidi）是研究絲路和印度錢幣的權威，懂阿拉伯文、佉盧文和梵文。他原本是在阿富汗大使館任職，退休後喜好收藏研究絲路錢幣。我們有個規矩，第一天一定在他家裏吃飯，他太太燒菜。第二天，在隔壁的中國餐館裏吃中國菜。在洛杉磯的交流活動，主要是絲路的錢幣，中國錢幣很少。他們講絲路錢幣，在習慣觀念上講，就是講一個國家的錢幣，例如薩珊、貴霜。這是一批專門收藏研究絲路錢幣的專家，他們都有不同的身份，比方講，偌德（Rhode）是專門收藏研究尼泊爾錢幣的，是學者、收藏家；華頓是學者、收藏家、錢幣商。他們的收藏中如果有多餘的，就列出個清單，轉讓給其他收藏家，不是純粹的商人行為。哈金是錢幣商、收藏家和學者。

我收藏的陸上和海上絲路古國錢幣，是按照國際收藏的標準。我開始收藏絲路錢幣的時候，大陸對絲路錢幣的收藏和研究很少，但在國際上已經開始很多年了，比中國成熟得多。當時我收藏的這批陸上絲路錢幣，是集合了國際上絲路錢幣商、研究者長期收藏和研究的成果，上海博物館需要徵集這批陸上絲路的錢幣，就是這個原因。上海博物館還為此特別組織召開了國際研討會，由此上博在絲路錢幣的收藏上與國際水平迅速接近了。

我的海上絲路古國錢幣，多數是從西雅圖的西門氏那裏買來的。他是從印尼、馬拉西亞打撈的沉船裏，沒有中間倒手，直接整麻袋整麻袋買過來的。我們有幾十年的交情了，我從裏面挑出我最需要的、也是最好的，所以說，我的海絲錢幣可以成完整的體系，而且這些錢幣的來歷都很清晰，不會有假，因為現在造假的東西太多了。

海上絲路古國錢幣製造不僅落後，而且還晚。我從前是陸上、海上絲路錢幣一道收的，當時，華頓先生就講有些錢是與海上絲路有關係的，我就陸上、海上絲路錢幣一起收了，我每年買錢幣的錢大概要花十幾萬美元，十幾萬是個什麼概念呢？當時，溫哥華的房子價格也就是這樣的，三十萬是最多的了。所以，我是拿了三分之一的房錢買錢幣了。最厲害的就是華頓那次，我都付不出來了，我分期付的款，全部給我拿掉了，貴霜、嚈噠金幣，好像我買了十多枚，現在都在上博了。上博很重視我那枚成吉思汗金幣，擺在了最醒目的位置，供大家研究欣賞，那枚金幣放在那裏，參觀的人走過來，看看說，挺好！挺漂亮！然後就走了，僅此而已。那些研究內容、那些收藏故事趣事，就沒有人知道了，這些金幣以外的精神收藏就慢慢地斷了！所以，我想起華頓先生專門寫給我的那句話，就是：「收集和研究是形成主要收藏的關鍵。」再加一點，那就是收藏家的精神境界和傳奇故事，這也是一種傳奇和遺產（Legend and Legacy）。

收集和研究是形成收藏的主要關鍵

我以為錢幣的收藏與研究，需要這種持之以恆、薪火相傳和嚴謹的治學精神。在我的錢幣收藏研究中，有幾個特別重要的人，對我的影響很大，他們的言行，或許對同行們有所啓發。九十年代，在捐獻絲綢之路古國錢幣的同時，我在《絲綢之路古國錢幣》一書的扉頁上，引用了美國錢幣收藏研究家威廉姆華頓先生專門寫給我的一句話：「收集和研究是形成主要收藏的關鍵。」（Collecting with Research is the Key to Forming a Major Collection），落款是：William B. Warden. Jr. New Hope. Pa，說得非常準確啊！在我的收藏和研究中，有很多方面是學習他的研究方法，他的這句話對我的收藏和研究影響很大。一九八六年時，我的收藏到了一定的程度，已經成了一個體系；但是，要再進一步，就很難了。有些錢是收不到了，另外有一些不知要不要收，華頓先生給我提了很多中肯的建議。

我收藏的錢幣都有很清晰的傳承，這是收藏的好傳統。像法國國家圖書館裏的錢幣，每一枚錢幣的來歷，誰藏的、賣多少錢、轉給了誰，這些他們都有查閱記錄，保證每一枚錢幣都有清晰的傳承。我手裏保留了很多當年收藏大家的錢幣，像張壽平、胡公魯、孫家驥、李東園很多收藏，基本上都在我這裏，像蔡養吾，因為生意失敗了，沒辦法，把很多收藏都賣掉了；張壽平的那些宋錢也賣掉了，但是，張教授的半兩五銖都在我這裏，胡公魯的半兩五銖也都在我這裏，李東園好的半兩五銖也在我這裏。這就不同於一般的收藏錢幣了，是把一個人的興衰、傳承、愛好都保存了下來，形成了一種流傳有序的收藏文化。

現在中國的收藏風氣不好，太商業化了。比方講，中國的收藏家不給別人看自己的收藏，博物館之間收藏的東西，都是互相封鎖的，沒有熟人根本無法看到。我在上海博物館，他們從庫裏拿了兩麻袋半兩給我看，我挑出了一些，做了拓片，我講，這麼好的錢都放在麻袋裏，太可惜了！他們講實在太多了，庫房裏很多的錢，一般都沒人看過，從拿進來就放在那裏，一直堆到現在。

我看到，國內最好的郡國五銖，很漂亮，可是現在不值錢，沒人要這些東西。我覺得中國的收藏不能搞得太商業化，這個東西畢竟是戰國後期的半兩錢，西漢留下來的五銖，它不會再生、不會再有，雖然出土挖掘的也多了起來，但那也是有限的。那個時代永遠不會再有了，同樣，那個時代的東西也不會再有了。幾千年來，留傳下來的就這些了，少一枚，就永遠少了一枚，不會再增加了。所以它本身的價值，應該是愈來愈高的。比如說，隨便拿出一枚半兩錢，都比加拿大的歷史長，這不僅僅是一枚錢了，這裏面有歷史、有收藏的故事和歷史，這是很厚重的，因為有了這些，所以這枚錢就更有意思了，收藏的價值和魅力就在這裏。不是簡單地說，愈貴重的愈好，主要是對研究有幫助的，要能說出很多故事來。比方講，那枚錢幣成吉思汗金幣，或者穆薩銀幣，在絲路錢幣書籍裏，佐證補白過了歷史文獻的不足，那就像是在法庭做過證據的一樣，就有特殊的價值。

還有，就是已故的上海博物館汪慶正副館長，很值得後人尊重。我在《貴霜帝國之錢幣》一書扉頁上，特別寫到了「謹以此書紀念絲路古國錢幣研究的領導者上海博物館汪慶正館長（一九三一至二〇〇五）並致以深深的懷念」，因為這本書是在他的建議下寫成的，他是一位卓越而有見解的專家，他不希望把展櫃中的錢幣只看作一種藝術裝飾品，認為該如何去研究這些錢幣並達到國際水平才是關鍵。汪館長的見解與華頓先生的話有異曲同工之妙。還有一個人，就是已故阿富汗錢幣學家哈金先生，我每次到舊金山參加年會，他都親自到飛機場來接我，第一天晚上一定是在哈金先生家裏吃飯。在《貴霜帝國錢幣》這本書的序言中，我引用了哈金的話：「任何錢幣愛好者，當他說他對某某錢幣有多深的了解，實際上是他對某某錢幣不了解的開始，而你了解一種錢幣一定會發表你的觀點，在研究中當你的觀點遭到別人否定時，你只有兩條路可以走，一是你受不了人家對你的否定而放棄你的愛好與研究，另一條路是去探討，尋求為什麼人家否定我的觀點，從而作更深入的研究。」這些令後來者學習欽佩的中外古錢幣收藏研究界大家，為古錢幣收藏與研究樹立了學術基準，真正值得錢幣收藏和研究者們傳遞發揚光大！

【四 不盡的錢緣】

古錢幣的「味道」

古錢的味道，包括書法和在錢幣上的佈局，古錢的材質、做法和工藝，最重要的是古錢拿在手裏的感覺，那種自在內涵、難於言表的感覺。比方講，「半兩」錢的那種神韻氣魄，仿出來的錢，不自然的，沒有氣勢，看着就彆扭。這種感覺要看得多才曉得，看得少不行。戰國時期的秦半兩，拿在手裏就有一種特別的力量吸引着你，那個霸氣，透過錢幣、書法、造型凸顯出來。我收藏研究的古錢一些是遊牧民族的，絲路上貴霜帝國的古錢也是遊牧民族的，但半兩錢的味道和遊牧民族的不一樣，半兩的霸氣是皇帝的霸氣，帝王的霸氣，秦獻公、秦孝公多有霸氣啊！又比方講，宋徽宗的大觀、崇寧通寶，那就不能用霸氣來形容，要用秀美來品味。而仿製的大觀、崇寧通寶，就沒有辦法仿出那種秀美的味道，有可能仿出來的比真品更漂亮，但就是沒有真品的那種味道，古錢的味道是仿製不出來的。

我覺得大遼天慶錢的書法最好，有點粗獷，是學瘦金體沒有學好，又帶着粗獷的味道，是遊牧民族的錢，所以這個錢就漂亮，這枚錢不是流通錢，是紀念幣。大遼天慶和「天慶」的其他遼錢不一樣，「天慶」是正式的流通小錢，書法與流通的「天慶」錢不一樣，大遼天慶是大錢，大遼天慶正式的錢我沒有看見過，只是看過拓片，這個錢很美。我沒有大遼天慶錢，這個錢少得不得了，只有中國歷史博物館有，可能就這麼一枚。

不是你的總是擦肩而過

收藏錢幣是講緣份的。我最近下了購買錢幣的訂單，總共二十五枚咸豐重寶、通寶，其中的二十四枚是陪襯，我最想要的一枚咸豐重寶，寶泉局，當十，鐵錢加錫，那二十四枚錢我在估價的基礎上提高了很多，甚至翻倍的價錢，結果爭的人很多，我都沒有買到，反而我最想要的這枚鐵錢，價格不高，也沒有人爭，很容易就買到了，所以我特別高興。這枚鐵錢多漂亮啊！品相超美，而且是「珍」字寶，普通的咸豐錢不是「珍」寶，只有鐵錢是「珍」寶，比較少，這枚錢應該就沒有流通過，看來這枚錢真的與我有緣。

就像我以前買錢一樣，真正需要的錢，即使當時買不到，以後總歸會是你的，而且價格不一定很高，這可能就是錢緣吧！是你的，總歸是你的；不是你的，總是擦肩而過。我與錢幣收藏研究大家丁福保先生也有錢緣，那是我十幾歲的時候，萬墨林告訴我說，丁福寶有一筆錢要賣出。丁福寶是萬墨林的學生，曾經拜萬墨林為師父，是低一輩的。那個時候，我才十幾歲，完全不懂錢，但這件事給我的印象很深。

最近我收到兩枚錢，很有意思。我收到一包錢，他們也沒有寫內容和標籤，是一個錢幣商朋友告訴我，他手邊有一些中亞埃利美（Elymais）古國的錢，他也分不清楚，我說那就都給我吧，所以，他也沒有分類、寫標籤，就放在一包裏寄給了我。這些錢都是埃利美的錢幣，其中有兩枚錢，是我想要但一直找不到，但非常重要，也非常珍貴，因為資料很少，很多專家都對這兩枚錢搞不清楚，研究不明白。我收到的這兩枚錢，品相非常好，是我之前一直在尋找的錢，因為一直都找不到，所以我就放棄了，也不再尋找了。現在，突然在這一包的錢裏邊發現了這兩枚錢，估計那個錢幣商也不知道這兩枚錢。這兩枚錢很重要，是我研究體系中的最後的兩枚，這兩枚錢無意中突然從天而降，喜從天來，一下子使我的埃利美錢幣體系最終完成。我已經不抱希望的錢來了，這是個好兆頭，不再找的錢，突然送上門來，可能是我的錢緣不盡吧！

【五 錢幣與精神】

人要有種精神支撐

錢，夠用就可以了。比方講，我買汽車，第一是為了代步，要坐得舒服，並不需要速度，不管這個車子是不是名牌，最主要的是坐在裏面舒服不舒服；第二就是價錢。所以，我的那部凱德拉克，給了我女婿，我嫌它太大，我買了部小車子。凱德拉克究竟是凱德拉克，是部車子，我的小車子，我不叫它車子，我叫它騾子，就是能走而已，坐着也還可以。我女婿是外國人，美國人，他收藏車子，他們家裏兩個人有七部車子。我跟他講，把這部車子給你，他不相信，後來，我打電話給我女兒講，你們來拿這部車子吧，因為我要買新車子了。他們住在西雅圖，就到我家來了，開着凱迪拉克回到西雅圖，他們的鄰居都在等着看這部車子，以為他在吹牛，認為哪裏會有這種事情？我的那部凱德拉克很新的，跟新車子一樣，大家看到車子後，說我也希望有這樣的老丈人！他玩車子、收藏車子，就和我收藏錢幣一樣是有癮的。

就錢幣而言，我的錢幣研究體系中的錢，我基本都有，可以說我是最有「錢」的人了。錢，這個東西，夠用就可以了！我今天想到美國買幾個古錢，隨時開一張支票就行，夠了！錢多，不一定是好事，有的時候會迷失一些東西，比如精神。

人，總歸要有一種精神支撐着你。我收藏的錢，就是我重要支撐的一部分。比方像你喜歡寫作，每天都要寫東西，突然之間什麼都不寫了，就不對了。人家跟你講，你沒興趣，也不想聽，也不想寫，那就是在變，就有問題了。我喜歡錢幣，收藏研究了這麼多年，有很多樂趣，我是自得其樂啊！我太太喜歡看武打小說，也是自得其樂！互不干擾。這些都是好事，這就是精神支撐。就像別人說我「兩癡」、「神經病」，說明我的注意力是非常集中的，精神達到了癡迷的程度，做什麼事情都可以做成。

這裏最重要的就是精神，這個精神不能散。因為你寫東西，精神是集中的，看錢幣也是精神集中的。不想看了，不想寫了，不想去做了，精神就散掉了。精神散了話，那真的就麻煩了，嚴重一點，就是你要走了。

我最重要的就是這個書房，我的收藏和研究，還有精神，都在這裏。一個人最可怕是精神上沒有什麼追求了，這是死亡的徵兆！比方講，喜歡錢幣，做些錢幣的收集、研究和交流的事情；如果不收集、不研究，也不交流錢幣了，那實際上就沒有了追求，沒有精神上的寄託，說難聽話是走向了死亡。

現在的風氣不好，不講精神講表面

現在國內，有很多不好的風氣，分散了注意力，沒有辦法讓人集中精神。比方講，有點名氣的人一定要穿名牌、帶名表、開名車，通過這些來顯示自己的身份，我是最反對這些的。在那樣的環境裏生活，大家都這樣攀比，你要是沒有，就好像你的身份就很寒酸，我是最反對這種風氣的。我從來不帶什麼名牌手錶，我的這個手錶是最便宜的，最貴的，我都有，什麼 Rolex，WIC，金的，我不帶的，我不喜歡帶。

過去老上海，就是我父親我母親的時候，那時的人們很重視儀表衣着，不需要有名牌，就是要穿得整齊。我父親常常是長袍馬褂布鞋的，從來不戴任何戒指什麼的首飾。

現在社會上只看表面，看臉面長得怎麼樣，中國和國外都如此。我看有些人的面相感覺都一樣、很不好，我認為有些年輕女孩子，很多是做的整容、整形什麼的，臉做的、胸做過的，有的做得很像，就像姐妹倆一樣，都是按照一個模子做的。台灣在大陸文革的時期，做美容整形做得很厲害，台灣就有一批女孩子做過整容，看上去就像姐妹倆一樣。其實，外國人也做，尤其是好萊塢演員做得更多，洋人做整容，不但做臉、做胸，還做屁股。白人的屁股沒有黑人的高，所以她們也做屁股。從前，五十年前，歐洲和美國還沒有這個風氣，就是最近幾十年。

我認為，天然的才是最漂亮的。我在台灣的時候，大部分時間是在山裏探礦開礦，台灣的山胞，當地的少數民族，阿美族，還有其他族裔。她們漂亮，是天生的混血，不是其他族裔混血，是跟荷蘭人混血。在早期荷蘭佔領的時候，與荷蘭人混血，有歐洲人的血緣。她們的眼睛很深，凹進去的，很漂亮。而且很奇怪，有的是黃頭髮、綠眼睛、藍眼睛，我都看見過。我在台東很深的山裏面，不是旅遊景點，我們住在山胞的家裏，他們是好幾代人混血了。他們現在看起來是馬來人種，皮膚是黑的，但是，輪廓，一半是西方人的輪廓，像眼睛啊，很漂亮。他們不下山的，一輩子在山裏面。而且他們講話，我們沒辦法溝通，語言不一樣，你講馬來話，他們聽得懂，因為山胞講的話，很接近馬來話，他們是波利尼西亞人種。

扯遠了，再回來說我收藏的圖章吧！

六 思古樓主的金石情緣

我前面講過，思古樓是我最喜歡的書房名字，我的所有書房都用思古樓這個名字。連錢幣上的圖章，都是思古樓藏錢。老先生的意思是「發思古之幽情」，我有一枚閑章就是「發思古之幽情」。我喜歡收藏圖章，我的各種各樣的圖章和閑章有幾十枚，每一枚都有一個有趣的故事。

從「慕潛」到「六舟前身」

我的第一枚圖章是「慕潛」，羨慕陶潛、陶淵明。這個印章是頓立夫刻的，我幾乎就沒用過，那是幾十年前的事情了。我喜歡陶淵明的《桃花源記》，就喜歡清靜、離世，羨慕桃花源世界。從前在台灣、香港和大陸，我就不喜歡應酬，喜歡有禪意的清淨世界。我現在在溫哥華，靜靜地待下來。其實，我的腦子裏可不平靜，一直在思考、研究我的收藏。

我有個「六舟前身」圖章。為什麼叫「六舟」呢？很有意思，我母親在生我前的一個晚上做了一個夢，她到廟裏面去上香，上完香後她數廟裏的羅漢，只有十七個，少一個。後來生了我，好像我的前世就是羅漢，我就是羅漢轉世一樣！很巧的，我很敬重金石僧人六舟和尚，所以，我就請人刻了枚「六舟前身」的圖章，是請溫哥華的陳風子篆刻的。六舟是位僧人，出家人又稱為上人，是清代戴熙的好朋友，他們倆都有一個共同的喜好，就是歡喜收藏古錢。六舟上人收藏錢幣，在古錢界裏很有名的，但是知道他的人並不多。你講戴熙，誰都知道。但是他的朋友六舟，一般的人不曉得。

我見過印有「六舟手拓」的錢幣拓本，拓的就是他收藏的錢幣，有他的圖章「六舟手拓」，表明是他的收藏。有一次，上海寄來一本雜誌，講大收藏家張碧寒的事情。我認識張碧寒和他的兒子，他的兒子叫張士超，我們小的時候在一起，我好多年沒有看見他了，他們把張碧寒收藏的東西，全部捐到當地博物館。有一天，張士超託人給我送來一本古錢的拓本，是他父親的收藏，原是張廷濟的收藏拓片，張廷濟是清中晚期的金石學家、書法家，浙江嘉興人，張碧寒的祖上是大收藏家。這裏面就有六舟親手拓的錢幣，有他的拓片，也有他的圖章。那就是說明是他的收藏，通過圖章就可以辨別出一些古錢拓譜的收藏人和年代，這是古錢幣彌補歷史記載不足和斷代的重要內容。我拿到了這本拓本，就轉送給了上海博物館。

兩癡、北齋舊史和三醜

台灣和大陸古錢幣收藏界都知道我的「神經病」的稱號。我收藏了近半個世紀的「半兩」錢，也出版了幾本專著，上海博物館汪慶正副館長稱我是「半兩富甲天下」。那時候我癡迷於「半兩、五銖」，所以自稱「兩癡」。當時，我想用這個名刻一枚圖章，就在上海找到陳巨來老先生，陳老已經七十多歲了，不肯刻圖章了。我岳父譚敬說，你買打火機送給他，他喜歡收藏打火機。於是我回到香港，一下子買了不曉得多少個打火機給他，他開心得不得了，就答應給我刻了。後來，陳巨老還給我刻了不少圖章，有「北齋舊史」、「北齋手拓」圖章，我有好幾方圖章都是他刻的，我的那對雞血石圖章也是他刻的。

我用得最多的就是「北齋舊史」這枚印章，這枚圖章的名字與戴熙有關係。戴熙曾經在杭州做官，杭州知府，喜歡收藏錢幣，後來不做官了，自稱「井東居士」。他從前的書房叫南齋，隱退後，就叫「南齋舊史」。因為我曾在台灣做過官，做到委任九等權十，代理所長，副部長級待遇。辭官後，大部分時間用在錢幣的收藏和研究上，就起名「北齋舊史」，早年台灣藏家孫家驥特別欣賞這個別號。「北齋舊史」這枚圖章，我很早就用了，有很多方這枚字樣的圖章。第一枚「北齋」圖章是乙酉年，一九四五年，台灣林柏松刻的。我這裏的「北齋」，沒有地理概念的南北的意思，就是比照戴熙的「南齋舊史」，所以叫北齋。

說起「北齋」來，還有一個小小的誤會。我的法國朋友法國國家圖書館副館長蒂埃里，他是專門從事中國古錢幣研究，特別是對半兩錢有興趣，他知道我收藏半兩錢，就四處打聽，他看到我的「北齋舊史」的名字，誤以為我是日本人，就去日本打聽尋找，當然是找不到了。後來我們終於見了面，他拿了一篇研究半兩錢的文章讓我看，我說你不懂半兩，不能區分真品和贋品，如何做研究啊？他回去後，下了大工夫研究半兩的真偽，後來出了本專著，成為著名的專家了。

我的每一枚圖章都有一個小故事，我用得最多的是「北齋舊史」，第二個是「三醜」。我刻「三醜」印有個典故。宋代周邦彥做了個《六醜》，六醜是個詞牌，凡是詞牌都是為了唱歌用的，就像《摸魚兒》一樣。宋徽宗聽了以後，覺得這個曲音漂亮得不得了，宋徽宗問這個曲子是誰寫的，旁邊的人就跟他講這是周邦彥寫的。宋徽宗讓把周邦彥叫來，問：這個歌你為什麼叫它六醜？周邦彥回覆說，六醜的意思就是六種音，我寫出的詞是六種音，要翻成歌、變成歌是很難的。一首詞寫出來是一回事，要唱出來是另一回事，要把它變成歌，這個很難。為什麼叫六醜呢？周邦彥用了高陽氏的兒子這個典故。因為歷史傳說中的人物高陽氏有六個兒子，都是非常有學問的人，但是都是長得很醜，所以叫六醜。宋徽宗聽到周邦彥的解釋，認為很好，六醜的音很漂亮，歌也很美。填詞，就是在詞牌的格式下，填進去詞，但是，要把詞變成歌，唱出來就很難了，因為唱出來的音律有中呂調兒，黃中調兒，什麼調兒、什麼調兒的。過去，文人們聚在一起，喝酒填詞，填好詞後，旁邊站着的歌女就唱出來。那些歌女也很厲害，也很有學問，她們把填好的詞，變成歌，唱出來。《六醜》這個詞牌留下的詞還有，但是很少。遼金和宋朝的人都歡喜《六醜》這個詞牌。

我的三醜，指的是半兩、五銖、開元錢，是最漂亮的錢，也是三種最難斷代的錢幣，所以我叫它們「三醜」，我也是借用了六醜這個典故，看着很漂亮，但收藏和研究起來很難。

金石美德不常有

我最早的兩個圖章是在上海刻的。那是在解放前，頓立夫刻的，他是中華人民共和國國印「中華人民共和國中央人民政府」首任印鑒的製作者。中國書法家協會會員，西泠印社社員，西泠印社創始人之一王福庵的徒弟。他替我刻過「杜煜之印」，這個章我很少用，基本上不用，因為我不喜歡這個名字，雖然這個名字是由章行老起的。這枚印章，我一直保存着。

後來，我回上海時，我的岳父譚敬找了幾個名家幫我刻章。陳巨老幫我刻的鳥蟲書「杜氏吉金」。徐雲朩、或者寫成徐雲叔刻的「思古樓」，也是鳥蟲書，我最喜歡鳥蟲書，因為我喜歡這個圖章，所以收藏到好的錢，就用這個圖章加印。有的是在拓片上用的印章，有的是在錢幣的說明上加蓋的圖章，我的每一枚錢都有一個說明，會用圖章鈐印。我差不多每個錢上都有圖章，而且這個圖章我是分等級的。例如，我的閑章中有一枚「如是我聞」，用意在我聽到別人對研究錢的高見而給了我啓示，所以拙著中用此章。我最好的錢用「杜氏吉金」。「杜氏吉金」印章我有好幾枚，同樣一個名字，有好幾個人刻過，已故的上海博物館馬承源館長也給我刻過「杜氏吉金」。

我有些圖章是很普通的石材，例如前面提到的「三醜」，是上海博物館孫慰祖給我刻的，他刻得很好，我的很多圖章是他給我刻的。這個三醜的圖章，我在溫哥華找了一個朋友刻，先刻了一個圖章。我看了後，不喜歡，沒有用。結果我把這個圖章寄到上海去了，請上海博物館孫慰祖重新刻，我跟他講，你把這個磨掉，重新刻，他不肯磨。他在給我的回信中說：「舊刻不忍磨去，重找一石另刻呈，乞維善先生前輩正，孫慰祖。」他不願意因為他出名，而把別人磨滅掉，他尊重被人的創作和勞動，他於是另外找了塊石材給我刻的「三醜」。我還保留着原來的那個印章，新刻的和原來刻的，都是「三醜」圖章。但我覺得孫慰祖的那個刻得好，最重要的是他的不忍磨滅別人勞動成果的美德，這就是「金石美德」，現在有這樣金石美德的人不多啦！

七 半兩五銖　心存故土

半兩五銖巧天工，秦皇漢武今猶見

一九八三年春節，我到北京專程拜訪著名京劇評論家許姬傳先生。許姬老曾經多年擔任梅蘭芳文字秘書，是杜家的老朋友，與我的庶母孟小冬很熟。闊別近三十年的老朋友相見，重敘舊事，興致所及，許姬老提出玩老派文人遊戲：對對子，他要我先出下聯，他對上聯。我的腦字裏首先出現的就是半兩錢，於是提筆寫出「見二年牘方知半兩非始秦」；許姬老沉吟片刻，對出上聯「藏元狩泉賈囊五銖珍宣漢」，字句工整，意蘊深刻。二十二個字的對聯，精闢地概括了我一生收藏研究半兩和五銖。許姬老興致很高，從他珍藏的老紙中，挑選出一張上好的乾隆年間宣紙，揮毫書就這副對聯。

這副對聯有很多有趣的故事。陳微明老師當年就認為我喜歡「購置古書字畫」。我第一次買了一枚五銖錢，是三十出頭，開始迷上了古錢，後來抵押了房子買兩枚半兩錢，達到了對半兩、五銖收藏「神經病」的地步。我借鑒我的地質專業的分析方法，融會貫通到錢幣的研究，掌握了對中國古錢幣的分型、分式、斷代的系統化的研究，撰寫了《五銖圖考》和《半兩考》，改變了傳統研究中對半兩錢的認識。

傳統研究根據《史記》記載，認為半兩錢始於秦始皇。我不這樣看，我認為在戰國時期的秦國就已經開始使用「半兩」，秦獻公七年「初行為市」，這些半兩錢最早出現在秦獻公七年（公元前三七八年），或更早。到了秦孝公十八年（公元前三四四年），商鞅頒定度量衡器標準，方孔圓錢成了定制，以後各朝代一直沿用這個型式到清朝末年廢止，在貨幣史上具有特殊的意義。

我認為更為有力的佐證是考古發掘出土的實物，其中最重要的是一九五四年四川巴縣冬筍壩戰國墓群的發掘，以及一九七九年四川青川郝家坪戰國墓的發掘，證明最早的半兩錢，始於戰國時期的秦國，而不是統一後秦始皇時的秦。郝家坪戰國墓中出土了七枚半兩錢，同時墓中還出土了秦武王二年的木牘。由此，斷定半兩錢不是始於秦始皇，而是戰國的秦獻公，這就是我與許姬傳對對子的下半句「見二年牘方知半兩非始秦」的緣由。

而許姬老對的上聯，就是講的五銖錢。五銖行用了七百三十九年，五銖錢的基本形制、錢文符號，在西漢武帝元狩五年，公元前一一八年，確定的形制，到元鼎四年，公元前一一三年，這期間五銖錢的變化，影響到後來各朝代的五銖，即使在隋朝所鑄的五銖錢也沒有脫離這個範圍。因此，後期各朝的五銖在形制、淵源上都可以追溯到元狩五年的形制。在考古發掘中，二〇〇三年出土的西漢宣帝「本始五年十一月壬申造」陶範，可以糾正史籍記載中，有關宣帝本始年號只有四年沒有五年的說法。所以說，對於行用了七百三十九年的五銖錢，西漢武帝元狩年頒佈的律令和考古出土漢宣帝陶範，是研究五銖錢最根本的要點所在。這就是許姬老上聯的「藏元狩泉匱囊五銖珍宣漢」的由來。這一副對聯，對的很巧妙恰當，高度概括了半兩、五銖收藏研究中的最關鍵點。

這個對子，現在就掛在我的書房：

藏元狩泉匱囊五銖珍宣漢，
見二年牘方知半兩非始秦。

故事到此，並沒有結束，對聯側面，還有張壽平教授的《摸魚兒》。

世事無常，舊家門第，深情暫寄紙墨初乾處

台灣錢幣收藏家張壽平，在他收藏和事業最低谷的時候，通過我的幫助，度過了難關。為此，張壽平專門寫了一首《摸魚兒》送給我表示感謝，這首詞是這樣寫的：

更誰誇，舊家門第，翩然江海來去，南都一擲黃金盡，囊取青蚨無數，蓬瀛住，漫回首，彌天風雨無歸路，臨泉自語，嘆流傳無常，水中萍梗，前世是飛絮。神州事，漢帝秦皇曾誤，重關明月如古，今人又發咸陽墓，幽恨歌弦能訴，錯已鑄，知多少，五銖半兩埋塵土，雄圖何苦，且去拓新錢，深情暫寄，紙墨初乾處。

下款是：杜維善與余同癖銖兩錢，又同有身世之感賦，故作長歌贈之。縵盦張壽平同客香江。

張壽平，號縵盦，一九二三年出生於江蘇無錫，自十餘歲時，與父母居住在上海，就開始填詞作詩，並與當代文人大家時有詩詞書信往來，一九四二至一九四四年間，受呂思勉啓蒙，就讀南京中央大學習國文學，從龍榆生、錢仲聯、呂貞白治詞章之學，求學時期即已對硯台與舊版線裝書開始研究。後來留學德國，畢業後，在台灣政治大學擔任教師二十多年。張教授差不多和我同時，也就是上世紀六十年代開始收藏古錢幣。

一次，張壽平從胡公魯處收得一枚新疆紅錢，那時的新疆紅錢非常之少，張壽平興奮得一晚沒睡，得意忘形地一隻腳穿一種襪子，還專門為此錢做了一首《詠紅錢》：

官家抵死欲開疆，塞草黃時鬢亦蒼；

不及鑄錢三萬貫，胡兒都買漢衣裳。
墨痕楚楚夢魂馳，瀛海流沙識所持；
此物能通天下意，小儒更莫界華夷。

張壽平把這枚錢做成拓片，分送給他的錢友，胡公魯給他起了個綽號「張瘋子」。也是靠着這種對古錢幣的癡迷，張壽平的收藏達到了頂峰，他的新疆紅錢，在當時的台灣是數一數二的，西藏銀幣更是台灣第一，五銖半兩也有相當水平。但是，就像他自己說的那樣，「此物能通天下意，小儒更莫界華夷」。這成於斯、毀於斯的「物」，把他推上了收藏的巔峰，也同樣讓他墜入了深谷。

張壽平本來是政治大學的窮教授，做生意發了財之後，馬上買大房子，自己有大辦公室，有汽車，我去台北經常到他家吃飯，一進家門，就是一個大屏風，大概有二米高，一點五米寬，鑲嵌着一張整幅的敦煌壁畫，是從香港買了運去的，家裏設施都很講究，一個窮教授突然之間變到這個地步，我心中認為這是他的煞氣，不是什麼好兆頭。

果然不久，張壽平打電話要我到台北有要事面談。我到了台北，才得知張壽平的生意失敗了，所有的家當統統賣了，連新疆紅錢也沒剩下，只有半兩、五銖保留了下來，他知道我正在收集研究半兩五銖，執意要讓給我，只要了市場價格的一半價錢。我跟他說：「你還有什麼困難，如果有需要我幫忙的地方，我一定盡力。」張壽平說：「我必須離開台灣，你想辦法把我弄到香港去。」這是張壽平最困難的時候，我設法把他接到香港，同時把那批半兩五銖錢拿到香港，原封不動保存着，直到今天，沒有一枚流失。

後來有一天，張壽平來我家喝酒，喝到盡興時，張壽平讓我定個詞牌，要寫一首詞送給我。我說：《摸魚兒》，我喜歡這個詞牌。過了幾天，張壽平帶着他新填的《摸魚兒》來我家說：這是我一生寫得最好的一首詞，送給你。這是他在最艱難的時候填的詞，的確寫盡了張壽平百感交集的五味人生，從得意到失意的全過程，滲透了人生的無常，命運的多舛和婉轉回腸的情義。在他出版的《中國歷代錢幣題識》中，把這首詞放在了扉頁上。

後來，我把北京許姬傳書寫的對聯，帶回香港，我馬上請來張壽平，讓他用我自己珍藏的明代老墨，將《摸魚兒》書寫在對聯的另一側面。這上好的古紙古墨，極佳的詩詞對聯，可謂是妙趣橫生，珠聯璧合，記錄了一代戲曲家、收藏家和文人墨客的傳世情誼。

忠貞氣節：問世間，情為何物

我雖然出身於上海的舊式豪門，但是我接受的是中國傳統的古文教育和西方現代地質專業訓練，所以，更多的是體現了傳統和現代、中國和西方結合的知識份子的特點。在收藏和研究之餘，我喜歡摘抄古典詞牌《摸魚兒》。我有一幅立軸，以宋徽宗的瘦金體書寫金代詞人元好問的《摸魚兒》，又叫「雁丘詞」，大家都知道這是一首愛情詞，但我覺得還有更深一層的認識，不妨轉錄如下：

序：乙丑歲赴并州，道逢捕雁者云：「今獲一雁，殺之矣。其脫網者悲鳴不能去，竟自投於地而死。」予因買得之，葬之汾水之上，壘石為識，號曰雁丘。元好問：

問世間（又恨人間），情是何物，直教生死相許？天南地北雙飛客，老翅幾回寒暑。歡樂趣，離別苦，就中更有癡兒女。君應有語：渺萬里層雲，千山暮雪，只影為誰去？橫汾路，寂寞當年簫鼓，荒煙依舊平楚。招魂楚些何嗟及，山鬼暗啼風雨。天也妒，未信與，鶯兒燕子俱黃土。千秋萬古，為留待騷人，狂歌痛飲，來訪雁丘處。

這首《雁丘詞》，曾被評為中國十大古典愛情詩詞之一，在早期金庸《神雕俠侶》中的主人公李莫愁，反覆吟誦「問世間，情為何物」經典名句。然而，我卻認為這首詞不僅僅是歌頌愛情的，更是表明亡國舊恨的詞，就像李煜的《虞美人．春花秋月何時了》一樣，只是元好問的《摸魚兒》更豪邁悲壯些，李煜的《虞美人》則是婉轉淒美些。

元好問，字裕之，號遺山。生於金章宗明昌元年（一一九〇），金宣宗興定三年中

（一二一九）進士。金哀宗天興初，入翰林知制誥，金亡不仕。這個「金亡不仕」，表現了舊時飽學儒士「亡國不仕」的氣節。所以，這首「雁丘詞」，以雙飛的大雁相伴相隨、不離不棄、誓死不從為隱喻，表面看是象徵忠貞不屈的愛情，內裏是透着忠臣不仕二主的民族氣節。我喜歡雁丘詞，與其說是對愛情的忠貞，不如說是對氣節的崇敬。

鄉梓故土：蓮根有絲多少，蓮心知為誰苦

說起古詩詞，我還喜歡一首與雁丘詞齊名的雙渠怨，寫出了一種境界、一種情結：

序：泰和中，大名民家小兒女，有以私情不如意赴水者，官為蹤跡之，無見也。其後踏藕者得二屍水中，衣服仍可驗，其事乃白。是歲，此坡荷花開無不並蒂者。

問蓮根，有絲多少，蓮心知為誰苦。雙花脈脈嬌相向，只是舊家兒女。天已許，甚不教，白頭生死鴛鴦浦，夕陽無語。算謝客煙中，湘妃江上，未是斷腸處。　香奩夢，好在靈芝瑞露。人間俯仰今古。海枯石爛情緣在，幽恨不埋黃土。相思樹，流年度，無端又被西風誤。蘭舟少住。怕載酒重來，紅衣半落，狼藉臥風雨。

寫得多好啊！我喜歡裏面的那種說不出來的「問蓮根，有絲多少，蓮心知為誰苦」的情節。我已經是八十多歲的人了，就像當年我父親故去時一樣，內心總有那麼一種鄉土情節吧！上海的作家鄭重，為了寫我的收藏與研究，多次採訪我，我在給他的信中說：「我始終認為一個好的錢幣收藏，不在於它的金錢價值，往往你有再多的『錢』，並不能買到一個好的收藏，任何一個收藏如果目的是炫耀個人的財富，那他沒有學術價值，構成一個好的收藏要具備兩點：一、有系統性，可以作深入的研究，以填補歷史上的空白，糾正過去對古幣的錯誤看法：二、對中國的古錢要有正確觀念，不管一枚是否值一元或值一萬，要知道所有在中國本土出土的古錢都是國家的財產，將來都應該回到中國去。像我現在雖然身在異域，但心存故土，我認為我的收藏將來應該原封不動回歸祖國，一方面物歸原主，另一方面也可以讓後人利用我的收藏對我錯誤的地方作糾正研究。」

上海是我的故鄉，當初的上海博物館還在位於河南中路的舊址，上博所在的大樓就是我父親一手創辦的中匯銀行大廈，換言之，一九四九年前這棟大樓是杜家當年的私產，這不能不說是一種緣分啊！在我陸續捐獻給上博的絲路錢幣中，有很多不僅是國內的孤品真品，有些也是目前世界上比較稀少的，很多都是我寫書和手稿中使用的例證實物。我也曾經把我父親的印章、證件、衣服等遺物，捐贈給上海市歷史博物館保留。

我覺得這些珍貴的絲路古錢幣，以及我父親的遺物，最好的歸宿是回到故鄉的博物館吧！這種故土情節，或許與我對人生的禪修和對佛教思想的研究有關係吧。

八 喜歡佛經大智慧、修禪養靜心

喜歡佛經的大智慧，相信緣分

我現在也不信任何教，但喜歡讀佛經。我很喜歡佛經裏面的很多名詞偈語和思辨理論，有的佛教思想是要體會的，比方講，諸法皆空，這個「空」和「法」字都很難解釋，要體會。什麼叫法，什麼叫空，法是一切，「相」是表現，而且法和相最後都是空的，不生不滅。《金剛經》裏說：「須菩提：說法者，無法可說，是名說法！」人們只能去領悟、參透，無法可說！

我喜歡密宗，也喜歡禪宗。禪宗跟密宗不太一樣，密宗講修行，不一定是苦修，是有儀式的修，有一定規矩的修法，跟普通的修法不一樣，密宗的理論很難理解。密宗主要是咒，整個就是咒。禪宗裏面也有咒，但很少。比方講，禪宗的心經裏面就有咒，最後也是咒，結束語是用咒來結束的。咒語不同於偈語，偈語是可以解釋的；咒是不能夠解釋的。咒很多，大悲咒是最普遍的。密宗最大的經典是《大日經》，密宗完全是藏傳佛教，是比較原始的佛教；禪宗是漢傳佛教，有很多中原文化漢文化的東西在裏面了。中國人把佛教的許多方面世俗化了，最典型的就是「酒肉穿腸過，佛祖心中留！」

任何事情都是講緣分的，我與佛教與喇嘛有緣。青海的扎布倫寺有位活佛，我曾經在一本書裏看到這個活佛的照片，就覺得很奇怪，好像我在什麼地方看見過這位活佛，我內心中感覺到跟他很熟悉，認識他。其實，我不可能見過他，我一直想去扎布倫寺，但沒去成，也沒去過西藏。幾十年前，我在香港與紅教的教主見過面，那次有很多喇嘛都來了，其中有一個喇嘛與我談得很好，他跟我什麼問題都談，我欣賞他的觀點，他們喇嘛之間的看法也不完全一樣。後來我來到溫哥華後，在電腦上查出來他的地址，他現在離溫哥華不遠的美國奧瑞根（Origen）山裏的一個寺廟裏修行。都過去幾十年了，我在美國找到了他，而且還離溫哥華很近的美國的一個州，這真是緣分啊！

說到緣分，二姐也很有緣。抗戰時，大姐二姐一直在上海，只有大哥陪我父母去了香港，我跟六哥維寧、弟弟維嵩一起逃難去重慶的。後來二姐去了北京，一直和孟小冬住在一道，日本人打來了，孟小冬和二姐都跑到拈花寺避難。在拈花寺，二姐那個時候年齡也不大，天天和拈花寺裏的一個小和尚打打鬧鬧地玩。後來二姐到了台灣，一次偶然的機會，在台灣的寺廟又碰見了那個和尚，就是從前在拈花寺跟她追着打着玩的小和尚，多麼巧啊！那時候二姐也就是十歲左右。日本人來的時候，他們在北京見過面，幾十年後，那個小和尚到了台灣，二姐與他又見了面，不能說不是緣分啊！

茫茫人海，他鄉遇故知，這一定是緣分！我和上師就有緣。

上師給我灌頂，改變了我的生意和對死亡的看法

密宗講修行打坐，打坐的時候要觀想。觀想一個字，比方講「阿」字、「吽」字，要想這個字，還要想「相」。密宗的打坐跟禪宗的打坐完全不一樣，密宗的打坐不是意念集中，禪宗的打坐就是你閉上眼睛意念集中，密宗要觀想你的本尊。

密宗受戒的時候是要灌頂。我是由紅教的上師給我灌頂的，灌完頂，告訴你要修什麼法。醍醐灌頂，醍醐是個儀式，灌頂是個行為。醍醐就是拿淨瓶倒水，倒在你的頭上灌頂，頂，就是頭。密宗的灌頂一定要由上師來做，上師自己本身就是蓮花身，普通人不能夠做的。灌頂一定要本人在，不是簡單的摸一下頭頂，密宗的灌頂有很多儀式，是複雜的儀式。只要有第一個灌頂，瓶灌頂就好，這是第一步灌頂。瓶灌頂後，上師要跟你講，你要念什麼咒，會告訴你的本尊是哪一位，上師講你的前身是什麼，要看怎麼修行了。比方講，你的前身是觀世音，觀世音就是你的本尊，你的修法就是觀世音的修法；如果你的前世不是觀世音，是文殊菩薩，那你就要修文殊菩薩的法，這個就有很大的差別。瓶灌頂有個規定，灌了頂以後，咒要念完多少遍，再來做第二次的灌頂，不是

一年兩年的事情，是好多年的事情，我做過很多次灌頂。這些全是密宗的，中國中原佛教沒有這些東西，禪宗沒有這些。

我見過一位上師，五六十歲了，是個活佛，就是那次我計劃陪三哥去拜見，但是三哥沒有緣分拜見敦珠寧波車上師。上師開始是在西藏，後來到了印度，又轉到香港的寺廟裏，我們去見他。我進到屋子裏，坐在那裏，他看了看我，就給我起了一個西藏的名字，西藏宗教裏的名字，是藏語。我們不是直接講話的，他講藏語，我聽不懂，有個翻譯在旁邊翻譯。然後，上師對我說不要殺生！說完話，他就出去了。我就是很奇怪，本來那個時候，我們正準備做農場生意，養牛開屠宰場什麼的，他怎麼曉得的呢？我根本沒有告訴他我的事情，再說，密宗是可以吃肉的，是不吃素的、吃葷的。那天很多人都去見了上師，我問了別人，上師每個人都看一看，講的話是不一樣的。他這句話，沒有跟別人講，只是跟我說了。上師的話，寧可信其有，不可信其無，聽了上師的這句話以後，我就放棄做農場生意了。

這種事情，跟我的老先生有關係，有一定的淵源。陳微明老師也修密宗，抗戰以後，他當時在上海帶我去見過最出名的貢嘎上師，那時候我年紀很小了，十五六歲吧。那貢嘎是活佛，貢嘎是呼圖克圖，呼圖克圖在藏語裏是上師的意思。

我覺得，我是非常有佛緣的，比如說，我對待死亡、疾病什麼的，還有對金錢地位的態度，與我修密宗有很大的關係，所以我會有這樣的看法和做法。

十萬遍百字明與扶箕（乩），心靈可以對流

咒語，我念的是百字明，金剛薩埵本咒，要念十萬遍。每個佛都有他自己的咒，密宗裏的咒，就是要帶你到一個很高的境界裏面，念到十萬遍就可以到這個境界。金剛薩埵咒是藏語，就是百字明，一百個字，是很大的咒，等於教給你一樣東西，就是這一百個字，一遍一遍地念，念到後來就可以背出來了，我已經念過了十萬遍了。這是第一個階段，還有下一個階段，一步步的要往上走，最終是達到成佛的境界！

密宗最神奇的是可以與鬼魂交流，進行心靈溝通、心性對流。我的老師陳微明就會扶箕（乩），他是修密宗的，通過扶箕，與他過世的兒子進行溝通，他經歷的很多事情是有些奇怪的。他經常扶箕，跟他死去的兒子講話。扶箕，也叫扶乩。有一次，他在房間裏面扶箕，他兒子不來，他就沒有扶下去了。過了幾個鐘頭，他再做，他兒子來了。老先生就問，我剛剛扶箕時，你為什麼不來？他兒子講，今天早上，某某人來，你送他出去了，我就跟你一道出去了，出去以後我到別的地方去了，所以你扶箕找不到我。那天早上真的有人來，陳老先生送出去的。扶箕與占卜不同，占卜是用烏龜殼子。還有一種，用一個類似於漏洞的東西，流在沙子上，顯示出字或者圖案來。扶箕是很有講究的，一定要有對象，沒對象不能夠扶箕，因為如果扶箕扶得不好，就會扶到別的鬼身上了。就是用一個蘿，裏面放米，轉這個蘿，這樣子轉，上面就有字出來。如果你扶箕的

時候，旁邊有個朋友在，就扶不出來，有別人在就根本扶不出來。像陳老先生的扶箕，一定是把另外一個世界的靈魂喚醒了，然後與他交流，其實就是接觸，把需要溝通的意思，顯現在文字或者圖案上。這種扶箕，實際上是一種心靈的溝通。

這個扶箕是密宗的一種。有一個口訣，這個口訣我不曉得，請他來，就是扶箕對象來，有個儀式。密宗裏有很多咒語，密宗的每一樣東西，就有一個咒語。所以，要用咒語才能把逝去的人召過來，與他交流。我不會扶箕，如果會扶箕，我就可以和我父親、我母親、我弟弟之間交流了。

放焰口，也是與靈魂溝通。焰口裏面有召鬼的，還有送鬼的，而且焰口裏面的咒很多。先要講你自己淨身的咒，然後要講破地獄咒，就是破了地獄，他們才能聽到你的咒，然後就是召請，把他們召過來。請和尚來做焰口、法事，各個寺廟的儀式和過程是一樣的，只是念法不一樣，一定是先念淨身，然後是破地獄，召請。否則，他們請不來的。

法力高不高，是與你的信念有關，你相信不相信很重要。相信，就有法力；不相信，就沒有法力。我相信得愈真誠，就能調動愈強的內心力量，法力也就愈大。因為，你相信得多，會有儀相出來，儀相出來，就是別人不曉得的東西，而你自己看得見。那扶箕出來的字和圖案，也可以理解為是一種儀相。儀相，不一定是只在扶箕上面出現的了，有的時候，你在想什麼，它就表現出什麼來。常說的一句話是相由心生，這個相是佛教裏的相，不一定是儀相的相，佛教裏面講，有相跟無相，都是無相。法，本來無法，無法可說。佛教講空，「色不異空，空不異色；色即是空，空即是色。」就是這個道理。佛經講因果，「欲知過去因，只看現在果；欲知未來果，只看現在因。」

【九 不盡的禪意】

Zen：有「禪味」的花園和俗世的花園

我有個心願，將來如果造房子，要造個日本式的花園，我很想在我院子裏造一個日本花園。我很喜歡去日本，但不是到大都市去，要到小地方去。大都市就是看歷史、博物館，小地方看傳統和習俗。去日本要住下，要住日本式的房子，要有一個典型的日本花園，有日本式的房間，在一個獨立的房子，門都拉得開，可以看到外面的花園，然後在裏面打坐，那是很靜的事情。我在東京，看過幾個人的家裏，好得很！家裏和花園都好，花園的佈置，一看就是專家佈置的，不是普通人佈置的。從前，我想把書房前面的這一塊地方做成日式花園，但是我不能開個門或者窗戶，坐在這裏看。可以想像一下，在我的書房思古樓前，造一個日本花園，一定很有意境！

日本花園有 Zen，就是禪的味道，這是從中國傳過去的。英文的「Zen」是從中文翻譯過去的，源於中國漢傳佛教禪宗，日本也有藏傳佛教密宗。日本花園也是從中國花園演變過去的，受到中國禪宗的影響很大，日本人把它修好，把禪的味道放進去。日本花園的禪味，就是靜，靜到可以反觀內心，通過打坐，很靜的自我，自我領悟。打坐，就是什麼都不想，就是一個「靜」字，安靜的靜，在安靜的環境之下打坐，怎麼理解是靜呢？打個比方說，靜就是在凌晨四點，聽和尚們念經，念《楞嚴經》或者《大悲咒》，跟着敲打木魚的節奏，隨着悠揚的木魚聲，帶你進入到一種靜的狀態，這時候就是最靜的時候，靜到可以觀到自己的心。我的老朋友張壽平教授信佛，他曾經說過，在打坐時，播放《楞嚴經》和《大悲咒》的錄音帶，就可以隨着念經的聲音，進入靜的狀態：禪定。所以，日本的建築跟禪有關係，就是這樣子的，從屋子裏一下子就可以看到花園，就是很靜。

還有日本花園，在沙子上畫了一圈一圈的線條，當中有一塊石頭，這個就代表佛教的須彌山，周圍有一圈一圈、一條一條的，代表人生的各種波折。不是隨便畫的幾個圈圈，那個圈圈啊、石頭啊，學問可大了。好的日本花園多數是在廟裏，沒有那麼多的人。廟裏的花園是個很特別的地方，很講究境界。和尚打坐時，面對着花園，他們在鋪滿白沙子的地方，用耙子耙出一個個的圈兒，中間是一塊石頭，這代表了佛家的最高境界須彌山。白色的沙子，代表純淨、歸隱，那一個個的圈圈，暗示着人生的曲折，最後通過修行，達到最高的境界。如果把耙子反過來，就可以把那些圈圈抹平，這是什麼意思呢？這就是說，人生有生老病死四大苦難，變幻無常，最後都成為「空」，這應了佛經裏的話：「到頭一夢，萬境皆空！」人們通過反觀內心，來領悟人生。這是一種超現實的境界，完全是佛教的東西。禪宗就是自我，自我了解，出家人修煉成正果的這種禪境，就是《金剛經》所說的最高的境界：「無法可說，是名說法」的境界。

在日本花園這樣靜的地方打坐，而且要住在那裏，就是要進入自我，當然這取決於你要怎麼樣的自我。日本花園一般都不大，裏面有小橋流水，有不同顏色的青苔，在裏面要慢慢地走，慢慢地品味、感覺，最好是下雨天去，有霧，大晴天不太好，花園不大，但感覺很特別，一進去就覺得很舒服，這是第一點。如果你跑到日本花園裏，看看說這個日本花園好漂亮，就完了，再深一層的，就不研究了，你跟他講，這個花園是自我的，他就聽不懂了，自我是需要體會觀想的。要靜靜地坐在那裏，打坐、反觀，是很有味道的。在幽靜的環境裏打坐，觀想，尋找自我，這是日本花園最重要的內容，這就是日本花園最吸引人的地方

中國的花園，我不喜歡，因為不靜，沒有那種禪味。中國的私家花園，像蘇州花園，缺少一種幽靜的感覺，缺少日本花園的那種味道。花園裏的景，很多是「假」的，比如說假山；而日本花園也有假山，但是看不出來，比如日本花園的橋，簡單明瞭，就是一塊板兒，沒有中國花園的九曲迴廊。日本花園很重視整體佈局，橋啊水啊，以靜為主，有回味、有禪意，很雅很靜，在那裏打坐，一點煩惱都沒有。

中國的私家花園俗氣得很，這裏的俗氣，就是沒有味道，確切地說是沒有禪味。

中國的花園缺少回味，缺少禪的境界。具體來說，中國花園體現現世塵世，所以很世俗氣，很「浮」，沒有境界，這和中國傳統文化有關。中國人追求的四大喜事都脫不了塵世：洞房花燭夜，金榜題名時，久旱逢甘霖，他鄉遇故知。比如，讀書就是為了求得功名、當官發財，一旦實現了，就衣錦還鄉，回到老家造個園子，顯示自己的「名利雙收」，在園子裏吃喝玩樂，甚至嫖賭，塵世享樂的東西很多。而日本花園本身就是在寺廟裏，白色的沙子，代表了佛家的「四念處」，重修行「養心」，代表了四個不同的宇宙境界：觀身不淨，觀受是苦；觀心無常，觀法無我。

在這樣的花園裏打坐，觀想人生苦海，修行後到達無我境界，擺脫輪回，修成正果，成羅漢、成菩薩、成佛。

總之，日本花園的最大特點就是靜，靜就可以進入禪，就有回味；日本花園的須彌山，就類似於唐卡中的壇城，是修行的最高境界，靜，才能修心，才能修行脫離輪回，終成正果，就是「解了諸法，如幻如焰，如水中月」。

中國功夫的境界，日本人用心射箭

在中國的武俠小說裏，比方講，現在很流行的金庸的武俠系列裏，常常可以看到武林高手習武時，談論手中有劍和心中有劍的關係。在張藝謀的電影《英雄》中，秦始皇還概括為劍道的三重境界：「第一重是手中有劍，心中亦有劍；第二重是手中無劍，心中有劍；第三重是手中無劍，心中亦無劍。」

那些都是武俠小說裏說的，是作者想像出來的各種武俠人物。手裏拿一根筷子，就可以當做武器，在金庸的小說裏有很多的。這在以前是可以的，這一定要練氣功、練內功的，沒有內功就是胡砍亂砍了。有一個外國人向李小龍學習武功，學成以後，這個外國人說中國的武功就是禪的力量，心的力量，比手中有劍更厲害。這實際上一種意念意志，是指那些有內功氣功，可以發出特別能量的人。兩個練過功夫的人打鬥，比的不僅僅是刀劍，比的是內功意志。這在以前是可以的，以前的人單純，練內功、練氣功也好，一定要單純，才能練成內功、氣功高手。那種練功的狀態就是心靜下來的狀態，以靜制動，這就是是修「禪」的境界！你看打太極拳，就要靜下心來。如果打太極時，心裏總想家裏的門關好了沒有，今天中午吃什麼，明天怎麼賺錢，後天想着什麼的，肯定啥都練不成。一定要靜下心來，才能打好拳。

修禪，就是要把心靜下來的；練功夫，也是一種修禪！日本豐臣秀吉時期的一個武士，叫宮本武藏，擅長劍術，打了很多的仗，後來成了出名的劍術專家，寫了很多武俠的書。宮本武藏跟佐佐木比劍法，就是用禪。他用禪時，還有一點，就是看環境，根據周圍的環境，決定他的打法，他就是背着太陽與佐佐木比劍法。宮本背着太陽，不是武俠小說裏講的要吸取太陽的能量，他背對太陽，對面的人就是面對太陽，陽光照進對手的眼睛裏面，就看不準劍的方向，心就亂了，結果對手心亂的時候必然出錯，宮本武藏殺掉佐佐木，因為佐佐木的心不靜。就是通過技術表示禪，禪的味道很重。

現代的日本人練習刀劍和射箭，就採用了這種靜下心來的方法，就是修禪的方法。我在日本的時候，日本的弓箭協會會長，是個八十多歲的老先生，他送給我一張弓，我一直保存着，這張弓有一人多高。他教我射箭，他說射箭不是用弓、用眼，而是用「心」。現在的日本人射箭，是繼承了武士道的這種習武的傳統，就是調動心的力量。

會長是教我用「心」射箭，他告訴我，在平常的鍛煉射箭的時候，根本不考慮這個弓跟箭，要考慮你心裏面想着這個靶子，用心來瞄準靶子。日本的弓道來源於中國，《禮記》有很多記載關於這些儀式的內容，但是後來失傳了。傳到日本後，他們稍微改一改，形成了他們的射箭的弓道，程序化、儀式化，嚴格遵守。他們不是拿起弓來就射，不是的，要有一定的步法、規矩，怎麼樣拉弓、怎麼樣射箭，都有相應的步驟，這個步驟就表現出了禪的味道。但是，日本人在射箭上的境界，與中國武林高手的「心中有劍，而手中無劍」的境界不是一回事。

再說日本的茶道與中國人的喝茶不同，現在日本人是講究茶道，中國人是日常的喝茶；一個是具有某種宗教儀式感，一個就是日常解渴實用。茶道肯定是中國傳過去的，但是中國人後來把飲茶當做日常生活中的一部分，重視茶的色香味，世俗實用化了；而日本重視儀式規矩，並不在乎茶的味道了，更加儀式化了。中國很早以前也是這麼複雜儀式性的，以後就沒有了。中國人現在喝茶很俗氣、不講究，把它當做喝茶了，成為飯後或者待客的一個實用工具；日本人是把它當做一種儀式，一個很高雅的茶道了。這裏說的俗氣和高雅，可以這樣理解，我們中國人把喝茶當做日常生活中內容了，日本人把喝茶當做一種具有宗教意識的儀式。當然，日本的茶道是在很正式、嚴肅的場合才用，普通老百姓日常喝茶也沒那麼講究了，就是解渴而已，和我們中國人一樣。

日本人把喝茶作為茶道，把射箭當做一種儀式。有些事情，要有一種儀式、規矩，才能有更深的意義。有些事情很奇怪，日本的一些東西，是從中國學的，但是在日本就保留完善得很好，甚至形成了一個體系，反而我們自己卻不注重，甚至失傳了，到最後，好像成了他們發明的東西了。比如說茶道、弓道。

有一本書《武藝中的禪》，一個外國人寫的，關於禪與武功的關係，這個作者是個記者，練了二十五年的功夫，曾經跟李小龍學過武功，也跟韓國、日本的武師學習過，他說洋人理解禪是理解不了的，也搞不清楚那麼複雜的理論，他用他自己的理解，在師傅指導下練習武術的過程中，理解的禪，都是實際的動作或者很具體的形式，來說明複雜的禪。這個作者也用過這種方法，用「心」的力量來調動身體裏所有的能量，來指揮自己的肢體和武器。

這裏的很多觀點，可以用禪來解釋，比如說日本武士，射箭的最高境界是用心，用心來觀想。這個修「禪」的過程是很難做到的，必須要不斷地練習，日本人就是用射箭來練習，日本射箭的規矩很大的，他們的弓箭和刀劍的練習，都是禪。也可以這樣理解：中國的水墨畫，要想達到很高的境界，就要有禪味；好的中國詩詞，要有回味，我們通常說的有味道；那麼，日本的武師，武藝要達到很高的境界，是不是也要有很高的禪意？有沒有禪，是決定能不能進入更高境界的關鍵！我特別喜歡蘇軾、蘇東坡的一首小詩，有很深的禪意：

若云琴上有琴聲，放在匣中何不鳴；
若云聲在指頭上，何不於君指上聽。

修禪就是心靜如水，觀自在

中原的佛教主要是禪宗。禪，就是靜，沒有動作，靜到內心，靜下來。修行就是把心定下來、靜下來，把意念集中在心上。我在醫院做完手術，傷口疼痛時，我就想收藏的錢，就是把心定下來，把心定在錢幣上，就可以轉移疼痛，與修行時把心定在我的本尊，道理上應該是一樣的，就是想的內容不同而已。這也不是一般人可以做得到的，心就像一隻猴子一樣，總是跳來跳去的，不定的。第一，你心裏面不定，你要想很多事情，這是一定的；第二，這個聲音，四周的聲音很雜，都會影響心定。心平浪靜的，一切都是空的，心裏面就很靜。世間的事情，亂七八糟多少啊！你今天想做這個，明天想做那個，後天又怎麼樣，這都是世間的事。出世以後這些事情就沒有了，和尚是出世，他們什麼不想！真的和尚就是講修行，現在一些所謂的和尚，只是掛着個和尚的名義，腦子裏想的是世間的事，俗氣得很，跟我一樣，想的跟我都一樣了，那就是凡人世間的俗事了。

禪宗不像密宗有本尊，禪宗就沒有本尊，就是你打坐就可以了，什麼都不想，你要想就不是打坐了。就是一個「靜」字，安靜的靜，在安靜的環境之下打坐。禪宗的慧能和神秀對佛教理解的不同，簡單地說，就是大乘、小乘佛教的區別，一個是做佛，救濟中國世界；一個是做菩薩，菩薩就是本身，是自救解脫！成佛，就是普度眾生，那是大乘，小乘是自身解脫。但無論是成佛還是菩薩，歸根結底都是「諸法空相，不生不滅」。

《心經》就是講一切都是空的，怎麼樣的空法，是你自己去想。《心經》裏講的就是一個人的本身「色、聲、香、味，觸、法」。《心經》，就是玄奘高度濃縮出佛教的經典核心，把般若波羅密多經一百多卷的大經，濃縮成幾百個字，字數並不多，但是很難讀懂，很深，是最精華的，你能夠看懂《心經》，那就有禪的根底了，但是很少人有看得懂的，我也看不懂《心經》。所以玄奘，後來基本上是成佛了，他能夠理解其中的奧秘，這個奧秘是普通人沒有辦法理解領會的。「色不異空，空不異色，色即是空，空即是色」。

這個色，不是女色的色。這個色是一切，是宇宙裏的一切，就是色，宇宙裏面的一切都是空的，一句話：「觀自在菩薩，行深般若波羅蜜多時，照見五蘊皆空。」

十　我的簡單經歷，為人不張揚

我是一九三三年出生的，我的身份證和護照上寫的是一九三四年出生。大概是因為要去香港，我在辦護照申報時寫錯了，不知為什麼寫小了一歲。我的生日是陰曆十月二十九，那一年的陽曆是十二月十六日。而在我的身份證、護照上寫的是陰曆一九三四年十月二十九日。

當了一個晚上的兵，吃了兩個饅頭

杜家的子女中，除了我五哥維翰在黃埔軍校當過兵，我也當過兵。那一年我是三十一歲，應該是一九六五年前後，在台灣服兵役，確切地說，只服了一個晚上的兵役，就讓他們趕了回來。為什麼呢？因為我年齡過了。那一晚上的經歷，我倒開心得很呢！那個時候服兵役是件很光榮的事情，要抽籤才能參加，服兵役的人要戴大紅花、放鞭炮歡送的，不像現在。

我那個時候抽到了服兵役籤，剛好要出國，不能去服兵役，就請王寵惠做保人，保我出國讀書，我就出國學習去了，沒有服役。後來，我從國外學習完，回到了台灣，跟我母親講，趕緊找彭孟緝將軍，他是台北警備司令部司令，把我弄到桃園去，馬上去補這個兵役，這是件很光榮的事。我記得那天晚上，到軍營裏吃晚飯，那頓晚飯非常好吃，有肉、有魚、有菜、有排骨湯，饅頭，三菜一湯，我吃了兩個饅頭。第二天一大早，隊伍集合，就叫到我的名字，讓我出列，然後回家，因為我超齡了，不過那也算是當過兵了。後來我母親笑談說，人家不要你！那個時候已經沒有戰事了，金門炮戰已經過去了。

說到金門炮戰，那個時候日本的軍事專家幫助台灣。那場炮戰，不是只嚇唬嚇唬的，死了一些人。幾十萬發炮彈，打在金門這麼個小島。島上老百姓家裏都有地下防空室，一有炮擊警報，老百姓就躲進地下室。金門炮戰，現在最有名的就是當年炮彈殼做的刀。從前，他們還給了我一塊炮彈皮，很多人用彈皮打成家裏用的切菜刀，那個鋼很好，很好用！在台灣可能還買得到八二三炮戰的彈殼做的刀，我的那把彈殼刀是他們送給我的，當做紀念品的。

金門炮戰的彈殼，做成切菜刀，還很搶手，這也是讓人哭笑不得的事情啊！

澳洲十年半工半讀

我去澳洲留學，在雪梨——也有翻譯為悉尼——工程學院學習。我剛去的時候，一句英文都不會講，住在一位傳教士家裏，天天和他們練習英文，大概練習了兩年多。我住的地方離中國城不遠，常常到中國城去吃中餐。不過，我大多數時候都是吃西式飯菜，所以我很習慣吃西餐。後來我去讀地質工程專業，我的教授非常好，他建議我一邊讀書，一邊實習工作。他介紹我到一個礦區，澳大利亞碎山（Broken Hill）去工作，那個礦區離雪梨很遠，在很偏僻的地方，坐火車要一天一夜的路程。我住在一個礦工家裏，那個礦工是我教授的好朋友。週末的時候，他們常常去打獵，打野鴨子，每次都可以打十幾隻、二十幾隻，帶回來我們吃。有的時候，礦上的工頭兒還會叫上我去撈小龍蝦，那個小龍蝦和上海的小龍蝦不一樣，個頭很大，非常好吃。我在雪梨，有的時候去雪梨海邊，那裏的石頭底下有很多鮑魚，當地人不吃這些東西，我就去海邊石頭下面抓幾隻鮑魚，回來煮着吃。我不管是住在傳教士家裏，還是礦工家裏，都是講英文，那個時候沒有，或者很少有中國人，我的英文就是那時候學習掌握的。

我去澳洲學習地質是我自己的選擇，在澳洲，加上我開始去學習語言、讀書和工作，一共是十年。我是半年在學校讀書，半年在礦上做事情，然後再回學校繼續學習，讀半年書，再去礦區工作半年，就這樣，我四年的課程讀了八年，完成了我的學位，同時也積累了很多工作經驗。在礦山的工作，我可以看到、接觸到很多礦石標本，很多東西是書本上沒有的，或者是沒有實物那麼直觀真切，這種學習方法對我很有幫助。邊學習、邊工作，很苦啊！不過，那個時候不覺得苦，因為喜歡這個工作。

這種邊學習邊工作實習的方法是我教授建議的，他是洋人，他跟我講你最好去實習，他說四年時間，你學不到什麼東西，你讀完四年，不可能馬上做事，不會有人僱你。但是，一邊學習、一邊工作，積累經驗，你半年裏面做的事情和你學的東西有關係。如果沒有教授推薦，那個公司是不收中國學生的，我的教授，人很好，他的這種教學方法和觀念也很好。

不事二君

我是在職業發展到高峰的時候，主動退了下來。中國有句成語「樹大招風」，一個人到達最高峰的時候是不肯退的，這是人的天性。如果在輝煌時退下來，人們反而會惦記着你，這就是我的價值觀，也是做人的基本道理。還有，我主動退下了，各種福利待遇都保留，如果是被辭掉，就都沒有了。

我在台灣的「經濟部」職位做得也蠻高的，到了「副部長」職級了，但是我退出來後，就開始收藏研究做學問。當時我辭職的時候，很多人不理解，覺得我的仕途無量，福利待遇那麼好，怎麼能放棄呢？但是，我自己心裏明白，我很不習慣，甚至是厭惡工作單位裏面，不同派系的明爭暗鬥和爾虞我詐。這裏有不同學校畢業的人的爭鬥，比方講，石油工程專科學校和台灣大學畢業生之間的矛盾；最嚴重的是「大陸」派和「本地」派的爭鬥，我在苗栗的石油公司工作和調到台北的工作，都有這個問題。在石油公司工作的時候，周圍的主要同事和上級領導，多數是大陸來的「玉門」派，就是在當時著名的玉門油田工作過的人。台灣老一輩的地質人員，從地質工程師到處長，大多都是玉門派的，台灣當地的人很難有機會發展。我從石油公司調到台北的礦業研究所，從基層的六級一直努力升到九級，這是委任最高級了，而且還權十，就是拿十級的工資。研究所的所長很賞識我，重要的文件都要經過我的手，別人叫我「杜副主任」。所裏的物資採購方案，也要報到我這裏審批。有一次他們報上來一套精密儀器設備的採購方案，我查詢了其他相關公司的報價，發現低於方案裏的報價，這裏面一定有問題，我就沒有批准採購方案，這就得罪了一些人，因為我斷了人家的「財路」啊！後來所長到了退休年齡，要退下來，所長的位子空了出來，誰來當這個所長呢？就成了明爭暗鬥的焦點。所裏有個副所長，一直希望得到所長那個職位，這就容易產生矛盾了。我進呢，就得罪了副所長；不進呢，我又不願意在那個副所長手下工作，後來乾脆就辭職不幹了。當時我的頂頭上司、「經濟部」部長找我談了兩次話，他不能理解我為什麼辭職，我又不能直說，談了兩次，他還不明白，當然也就不同意了。直到最後，我說了重話：「我不事二君！」他看到我是鐵了心，才最後簽字同意我辭職。

世事就是這樣的，我又不是一個政客，再往上走，又能怎麼樣呢？要適可而止。該退的時候，自己要知道、要明白，老話講人貴有自知之明。現在在這個世界上，最難的是你不知道要在什麼時候退出來！賺了錢發達了，有了錢你還想賺，那就要出事情了。這種事情可以看得到，但是不容易做得到，有時大家能明白這個道理，但是做卻做不到。權啊、錢啊！都是身外之物，拿不走、帶不去的，眼睛一閉，什麼都沒有了！何必爭來爭去呢？就像我前面說到佛經裏面講的道理「色即是空，空即是色」，世間萬物到頭來，都是一個「空」字。

收藏成癖，從寶石到糧票

大家都知道我收藏古錢幣，但很少人知道，我還喜歡收藏礦石和糧票。我在台灣的地質部門工作時，在台東發現了台灣藍寶石的礦脈。這種寶石很奇特，在常溫下是一種天藍色，在太陽光下會改變顏色，變成白色，如果把它放在冰箱裏，又恢復成了藍色，很漂亮。我也收藏岩石，各種礦石標本。改革開放初期，我在參觀北京的中國地質博物館時，看到展出標本中，缺少台灣的礦產，就把我自己多年收藏的台灣礦產標本，無償捐獻給中國地質博物館，當時也沒有什麼證書一類的文件，也沒有宣傳，所以此事幾乎沒有人知道。上海有個錢幣收藏研究專家叫朱卓鵬，他也喜歡收藏石頭，他和他兒子朱聖弢一起寫的《新疆紅錢》，我也收藏新疆紅錢，我看過他們的書，他們的收藏和研究都很不錯。

我還收藏糧票，收得很好。我很早就收集糧票了，是在香港開始的。糧票，台灣沒有，其他國家也沒有，全世界沒有幾個國家有大陸那樣多的糧票，所以一些外國人也有收集。糧票很好看，花花綠綠的，我收集了很多大陸的糧票。

那是一個偶然的事情，讓我開始了糧票的收集。應該是一九八二年，我有一次坐飛機，從北京回香港，飛機飛到貴陽，出現故障，停了下來，所有的乘客就我一個人是華僑，而且他們規定，我不能和普通老百姓住在一起，他們安排我和飛機師住在一起，吃飯的時候，他們問我要糧票，我講什麼糧票？我沒有，別人說我是華僑、香港人，那時候香港人算華僑的，結果就特別關照，另外給我準備的飯菜，我和飛機師一道吃的，東西還很好吃！最後也沒要我的糧票，我也沒有，我付了幾塊錢，那個時候，有錢沒有糧票也不行的。我記得是冷天，貴陽那個地方，簡直是沒辦法住的，當時真是很落後的，房間裏面點蠟燭，沒有燈，他們講，不是沒有電，是為了省電，所以用蠟燭。

我去上海和朋友們講幫我收糧票，有多少收多少。國內有一個收糧票很出名的人，有一次來洛陽看我，他問杜先生您收糧票吧？我講是的，我就缺一個縣的糧票。他問哪裏？我講四川青川縣的糧票我沒有。他講，沒聽說嘛？我說你慢慢找，如果找到，給我弄一套。結果，他給我找到了，但是以前他不曉得有青川的糧票，不可思議。當時老百姓過日子，有糧票、麵票、米票、油票、肉票、豆腐票，真是不容易！我對青川特別有感情，因為青川墓葬出土了秦武王二年的木牘，證實半兩錢始自戰國時期，所以對青川的糧票有特別的感情。我總歸要收一樣東西，不收什麼，好像每天過日子很空虛一樣的。

不高調、不應酬，自在、尊重他人

前不久，溫哥華有一個畫家來看望我，他自己編一本雜誌，專門介紹傑出的華人藝術家。他要出一期專刊，只寫我一個人。我問他：你要寫什麼？你們是畫家，你們可以把你們的畫放上去，我不是畫家，我沒有東西放呀！他說您考慮考慮，我們希望給您出個特輯，我沒有答應他。這一類的事情我是不要做的，我不像一些人那麼高調，我向來做事情很低調的。

我最不喜歡應酬。不喜歡的人，乾脆就不來往，不喜歡的事，就不做。有朋友來，最簡單的事，就是互相請吃飯，那是很麻煩的，為什麼呢？你請我吃飯，我有很多東西是不吃的，到時候主人覺得很不開心。我請你吃飯，是你喜歡吃的東西，我未必喜歡吃。乾脆，你們去吃你們的，我吃我的，我覺得這樣最好。再說，我也跑不動了，我很討厭場面上的敷衍應酬，更不喜歡隨便的指手畫腳、品頭論足。

大陸的很多語言是不同於台灣的，有些詞彙是大陸特有的，在台灣很少用。台灣還是保留了很多中國傳統文化，傳統文化中的很多東西，比如忠孝仁愛、禮義廉恥、誠仁取義，其實是真正尊重人的。比方講，評價這兩個字是大陸用得很多的詞兒，台灣多數是用檢討，不用評價。為什麼呢？因為你憑什麼去說別人，有什麼資格去評論、評價別人？評價別人是要有資格的，一般情況下是不可以去評價別人的。書可以評價，出了一本新書，有人評價，寫得怎麼樣，這可以；不要隨便去評價一個人，沒有一個人有資格評另外一個人。還有一點，就像一個畫家的畫，他的畫要什麼人來評價呢？他的畫要另一個專業的畫家來評，有水平的人來評價。比方講，收古錢吧，如果一個人評價說我的錢不好，就要說出專業的理由來。所以，我說書可以評價，但人不能隨便評價，什麼人可以有資格評價毛主席、蔣介石呢？現在沒有幾個人有這個資格，當然，嚴肅的學術研究是另一回事，我指的是社會上、網絡報章裏面，總有些人喜歡指手畫腳、說三道四的，這是很不好的習慣。在國外，一般情況下，很少有對一個人指名道姓、品頭論足的批評，除了政治上的人物。如果有這樣的評論，他可以告你，講你誹謗。

簞食瓢飲，好酒待朋友

正中的上海菜、廣東菜，我不愛吃，但我喜歡川菜辣的。從前吃辣的比現在厲害，三十多歲回到台灣以後，吃辣子吃得最厲害。我吃白飯，要拌辣醬吃，再來個麻婆豆腐。台灣的川菜好得不得了，因為有很多退伍軍人是四川人。有一個川菜館子，叫青城川菜館，那個老闆跟我很好，我差不多每天去吃，麻婆豆腐，蒜泥拌肉，就是吃這幾樣菜，還有連鍋湯，這是最好的湯，就是豬骨頭、蘿蔔一起燉，別的菜我不要吃。前面說到的電影明星洪波也常來，我們常常一道在青城川菜館裏喝酒聊天。洪波也常常到我們家裏來，喝掉我家裏存放的酒，洪波跑到我們家裏，看到我母親也叫孃孃，說：「我來喝酒了，孃孃！」我母親說：「你自己去拿吧！」我跟他說，你要喝酒，到我們家裏來，隨便你拿，要喝多少喝多少，但是我家裏一樣東西沒有，毒，你要吸毒，我沒辦法。洪波真是戲演得好，京戲也唱得好，就是喝酒吸毒，最後就在餐館樓上跳下去，自殺死了，很可惜啊！台灣、香港有一些老藝人，也是坎坷一生的。

兌現朋友李菁的約定

北京《三聯讀書週刊》的李菁，等了很久才採訪到我。李菁很有意思，當時，她從北京給我打電話，我給她回話，她沒有理解我的意思，我講我到了大陸來找你，在此地溫哥華，你不要來採訪我，你在北京，我在此地，你怎麼來採訪呀？電話怎麼採訪呀？她沒有完全理解我的意思，以為我是推辭，這話是很容易理解為推託之詞的，但她沒想到我是認真的。後來隔了一年多，我到了北京，給她打電話，主動說起這件事，約她見面，她很驚訝，然後就採訪了我。我跟她講，我答應你的，我一定會辦到。我不答應，就不答應，答應的就要做到。

我講你要採訪什麼，她講就是你過去平常的生活，我講那可以。你千萬不要採訪到我「錢」的事情，不能夠採訪我古錢收藏的事情，因為你不懂古錢！不懂，怎麼採訪呢？我答應到北京主動找她的事情，她都忘記了。後來，在她採訪稿的開篇語裏說，我沒想到，過了一年後，我都忘記了這件事了。

如果你在北京見到李菁，跟她講，她還欠我一頓餃子呢！那次採訪一起吃飯，她答應請我吃餃子。我喜歡吃北京的餃子宴，我在西安吃了兩種餡的餃子，一個是刀豆大肉，一個是魚肉餡的餃子，非常好吃。

姜文就是經過李菁介紹我們認識的。姜文是個很有個性的演員，他的戲演得很成功，也很有意思。我到北京，他講要跟我見面吃飯，他是個北方人，是典型的北方漢子的特點，但有海派的風格，喜歡上海的老事兒。姜文拍戲，說笑話說得多，在台下就是那樣子的，就像他的那齣《讓子彈亂飛》的那個樣子。

馮小剛演我父親很像。他認識我姐姐，我講你認識錯了，你應該認識我，杜家的許多事情，我曉得的更多。我會告訴馮小剛，演我父親不應該戴墨鏡，但你演我父親是最像最成功的。

上面說的是我自己的簡單經歷和為人之道，其實，我還有一段特殊經歷，涉及到兩岸傳遞書信。

十一 鮮為人知的兩岸傳書信使

章士釗為兩岸牽線搭橋

其實，從解放以後，毛主席和蔣介石的秘密來往還是有的，有很多人從中牽線，比如說，曹聚仁，通過香港，牽線搭橋。還有章士釗、章行老，一九七三年，親自到香港，通過香港與台灣聯繫，為兩岸牽線搭橋。章行老有資格為兩岸牽線搭橋，為什麼呢？他是兩邊都能夠接受的人，因為蔣介石非常了解章行老，知道他跟毛主席的關係很好，都是湖南人，在北京大學圖書館一道工作、資助過毛主席。章行老不僅跟毛主席關係好，他跟周總理的關係也很好，他一直以民主人士身份出面，不加入共產黨，這是聰明的地方。我看到一些資料說，台灣有一次想推陳誠做「總統」，美國人想扶持陳誠，因為蔣介石不是很聽美國人的話，他反對台獨，所以就發生了台灣二二八事件。蔣介石也有意願與大陸合作，希望在他們這一代能夠解決這個歷史問題，使台灣和大陸重新和好。

章行老那次來香港，據說是毛主席想與蔣介石聯繫，通過章行老牽線。但是，章行老年齡太大了，去香港時已經九十多歲了，後來在香港病逝了，就沒有談成，兩岸的事情成為遺憾。

章行老到香港後，來過我家裏，看到我有很多書，就借了幾本，還給我寫了首詩，寫的是他跟我借書的事情，詩我找不到了，但我還記得其中兩句「假我二三冊，三冬似有餘」。不過章行老後來也沒有還借我的書，他突然生病去世了。

毛主席應該再派朱學範來

其實，毛主席還應該再派朱學範來，這裏的原因，我待會兒講。

如果朱學範來，可以和陸京士談，通過陸京士再轉告蔣介石。朱學範與陸京士是我父親最信賴的兩個學生，在抗戰時是患難弟兄。後來，蔣經國讓陸京士寫信給朱學範，就是我來回帶的信。陸京士在台灣時曾任國民黨中央立法委員會常務委員，陸京士可以和洪蘭友談，洪蘭友再報告蔣介石，洪蘭友是蔣介石信賴的人，曾任國民大會秘書長，另外，台灣的高層還有很多影響力很大的人可以幫得上忙，比方講，吳開先、張岳軍（張群），他們都和陸京士很熟。

蔣經國很想跟大陸溝通，我給朱學範帶了兩次信

蔣經國也很想跟大陸有溝通，通過陸京士找到朱學範與大陸聯絡。那個時候，台灣的地方主義和台獨的勢力慢慢強大起來，台灣與大陸沒有任何渠道聯絡，蔣經國叫陸京士找朱學範試探一下，讓我帶信給朱學範，信的具體內容我不知道，當時陸京士也不會對我講什麼，不可能講的，只是說讓我帶一封信給朱學範。我想開始應該只是問好吧，不會說什麼別的事，可能是先牽個線、探探路。

陸京士叫我第一次帶信給朱學範，那是一九八二年，我第二次回大陸的時候。我第一次回大陸，只是在上海，別的地方都沒有去。陸京士把信交給我，帶到北京，我把信轉交給朱學範。朱學範請我在仿膳吃飯，吃的是驢打滾、豌豆黃，當時還有楊麟也在，他是我父親的朋友楊管北的兒子。我那個時候是重要的統戰對象，所以到了上海，統戰部的張承宗部長也請我吃飯。因為張部長既是統戰部部長，又是上海文管會主任，跟上海博物館的汪慶正副館長他們在一起，當時，我也正在與上海博物館談我的絲綢之路錢幣捐贈的事情。張部長還把我岳父譚敬拉來一道吃飯，譚老也是剛剛從勞改所出來沒多長時間，從安徽回到上海。

我先後帶了兩次信，都是帶給朱學範的。朱學範有一封回信，也是我帶給陸京士的，然後陸京士再帶一封信給朱學範，都是我帶來帶去的。

朱學範和陸京士是最合適的。他倆的關係很熟，是師兄弟，是我父親的左膀右臂，抗戰的時候，他們一起在江浙別動隊裏，分別擔任隊長，帶隊伍打仗，是戰場上出生入死的患難之交。到了台灣以後，陸京士繼續當官，寫信的那個時候，有很高的身份，相對中立。朱學範是全國人大常委會副委員長，職位也很高的。他們兩個的關係，當然最合適的了，他們的身份地位也好，不是在行政位置上，但又是有很大影響力的位置，差不多是對等的。所以，我估計他們之間的書信來往，一定是有原因的，應該有特殊意義。

我帶了兩次信，但兩岸後來有沒有進一步聯絡溝通，我就不曉得了。因為很不湊巧，我來回帶了兩次信以後，陸京士突然生病去世了，他是一九八三年去世的。根據其他的一些資料，蔣經國去世前，還派了沈誠三次來大陸溝通聯絡，後來蔣經國身體也不好，很快過去了，他是一九八八年去世的。到了李登輝上台，那就完全是另一碼事了，他主張台獨。那個時候，中國大陸也遭遇一些事情，估計也沒有精力、沒時間顧及這事。

要不然歷史要改寫了！好在我登上了長城

有些事情的成功，需要具備條件，還要有合適的時機。本來章行老是一次很好的機會，但突然在香港去世了；朱學範、陸京士，又是一次時機，但陸京士突然不在了。兩岸統一的大事，就擦肩而過了！要不然，歷史恐怕要改寫了！至少，可能不會有李登輝、陳水扁、蔡英文的事情了。有的時候，他們來找我跟我講要做統戰啊什麼的，我笑笑心想，我做統戰的時候，你們還沒有生出來呢！我是老統戰了啊！

我為兩岸傳遞書信的事情，外面沒有人知道，大陸和台灣也沒有人知道，當時是很秘密進行的。那個時候台灣人要是知道了，可不得了，台灣的「立法院」要鬧起來了，蔣經國私通鄧小平，那還得了。其實，蔣經國與蔣介石相比，對共產黨的感情更深，他去過蘇聯，還加入過共產黨。

嗨！這就是天數啊！這麼好的機會，突然之間人都走了。毛主席、蔣介石、章士釗，還有蔣經國、陸京士、朱學範都不在了，朱學範是一九九六年去世的。還有我母親，在陸京士之前一個禮拜過世了，所以，陸京士的喪事，我們都不能夠參加。因為我母親的喪事。哎！這些人都沒了，都走了。

不過，到北京是我一直的期待，登上長城是我的心願，這個實現了！我去北京，除了送信，第一要緊的就是要去長城。我是一直想去北京，一直沒有去成，所以那次是我第一次去北京，我送完信以後，就是要去登長城，什麼頤和園、博物館啊我都沒去，連故宮我都沒去，我主要是去看長城。那個時候的長城，還比較古樸，也沒有什麼人。我喜歡歷史，研究半兩錢，對始皇帝有特別的關注，所以對長城特別嚮往，我第一次去長城的感受也很特別。我很高興，我還能夠上去、能夠在有生之年登上長城，真是高興啊！

我希望祖國能早日統一

從我內心來講，我是希望共產黨和國民黨能夠再次合作，完成中國統一的大業。如果有人問我現在是偏向共產黨呢，還是偏向國民黨呢？我講這個東西很難說，我父親當時對共產黨、國民黨，都沒有偏向，兩個方面都不得罪。所以，我也對兩個黨都不偏向。你說國民黨好吧，現在搞成了這個樣子，要真的考慮到中國的事情，就應該統一，這是歸根結底的、將來一定的趨勢。從這一點來看，蔣介石是一直堅持一個中國。共產黨也有共產黨的失誤，我認為共產黨現在應該統一台灣，我第一次回上海，見到張部長，我就說大陸應該趕快統一台灣，實在不行，就軍事統一。現在再不統一，將來統一就很困難了，要死很多人，愈早解決台灣問題愈好，現在說統一中國還有什麼第一島鏈、第二島鏈的問題，個別國家都不希望看見中國統一的版圖，他們害怕中國真的強大起來。

【十二 我看得很開，有病沒病都得走】

要開刀就開，跟我費什麼話！無膽英雄

我前不久住院開刀，是小手術，但大開刀，一個膽囊炎引發的膽囊切除，卻開刀縫了四十一針！這是我做的最大的手術了，以前我連盲腸炎都沒有開過刀。這次手術風險很大，就是說這次開刀很危險的，不僅僅是年齡的問題，因為刀口靠近肺，我肺裏面有病。醫生講：你在手術台上，很容易引起其他的併發症，萬一發生這種情況，那我沒有辦法救你，有可能就走了。所以，醫生最怕發生併發症，要我有個心理準備。我講，要開刀就開嗎！行就行，不行就算了！這個醫生非常好，他跟你講清楚了，有些醫生不跟你講，講清楚我也就放心了。醫生擔心我的呼吸、肺有問題，所以，做手術前一定要插個管子到肺裏。插管子很難受，這麼粗個管子，插在氣管裏、到肺裏真難受啊！一直要靠這個管子呼吸，第二天才拔出，拿出的時候痛得很，這次手術渾身上下插了無數個

管子。

手術中，給我做了兩次麻醉，風險蠻大的。第一次是打孔時的麻醉，打孔之後，醫生覺得不行，需要開刀，開刀時又再打麻醉藥。從抬上手術台，到送至深切病房（ICU），我一直昏迷，醒過來以後，中間所有的事情我都不知道，甚至連開刀都不曉得，也沒有疼痛的感覺。

這一次讓我徹悟，「死」就像睡了一個長覺，永遠不醒來的長覺。安樂死就是這樣的，什麼也不曉得，這是個很舒服的死法，完全沒有意識，什麼都感覺不到。生病，這個事情就是這樣，你該走就走，不該走，你想走都走不了，這是一個人的運氣，也是天數。

我的運氣還不錯，在手術台上沒有發生意外，沒有併發症。手術以後，我一點兒也不後悔。要知道，如果現在不做手術，將來再做會更痛苦。醫生一定要拿掉這個有病了的膽，否則將來會影響到我的肺，那個時候就有大麻煩了。

以前別人跟我說，拿掉膽後，這不能吃，那不能吃，肥肉更不能吃。在醫院裏，我只吃了一天的流食，第二天，醫院就拿肉給我吃。他們拿肉來，我還叫護士去問醫生，可不可以吃，她講營養師和醫生都看過可以吃。外國人根本就沒有這些顧忌，說總吃流質，營養是不夠的，他們有他們的道理。一般人認為，膽是起到分解、化解油膩食物的作用，可是我沒有了膽照吃肉，只是我不能馬上吃辣的了，有一天我吃了一點點辣的，傷口馬上就痛。看來，辣的還要等一陣子。

我的傷口長得很好。拆線以後，我覺得很奇怪，怎麼還疼？一看，發現有一根針線留在傷口上。我的傷口是用像釘書釘一樣的特別材料，把傷口「釘合」在一起，有一個「釘書釘」，一半去掉了，另一半弄斷了還在，這是醫院的護士沒有弄乾淨。但是，如果不拔出來，傷口就會發炎，總不會全部癒合，所以，我就在家裏自己用鑷子一下子拔了出來，出了一點點的血。後來，我也沒有告訴他們，何必呢？我已經弄好了，說都是多餘的，反而弄得他們不開心。

當時，我太太也很鎮定，說沒事沒事！我們是這樣的，年齡愈大就愈把很多事情看得很淡，看得很開。我現在完全恢復了，吃肉、吃辣的都沒問題了，只是有一樣不同，我現在是無膽英雄了，呵呵！

怕死，到底是怕什麼

人生病的時候，身體不舒服，心情總歸是抑鬱的，平時看不到的負面的地方，都顯現出來了，就會這也不對，那也不對，很消極，這是正常的。我現在對生病，特別是對絕症的看法，與常人是不一樣的，我根本就無所謂，要走就走。

普通人進到醫院都是害怕的。前兩年，我剛開始檢查時，很受罪。沒有病時，什麼都可以說，但真正生病後，想法和說法就大不一樣了，統統都是負面的，尤其是醫生說你有癌，就會覺得坐也不對，站也不對，在家也不對，在醫院也不對，這是一個人的常性常理。但是要看得穿，把這個事情拋開了想，人有病也要死，沒病也要死，死總歸是逃不過的，就是時間早晚。這個道理誰都明白，但能夠做到的不多、也不容易。最難做到的是你的身體有問題，但大腦卻很清醒很活躍，有的時候，很難控制住大腦，所以就很容易胡思亂想，產生負面的想法。很多人對生病，特別是癌一類的病，完全是自己嚇自己，最後被嚇死了。

我現在的感覺很坦然。話又說回來，不坦然又怎麼樣？人，沒有病，也可能走，是想不到的事情，就像意外死亡，你突然間走了，只是你自己不知道哪個具體的時間而已。但有了病，特別是絕症，那就一定知道不久就會走，是想得到、看得見的事情，是有日子的，你不必擔心，擔心也沒有用，治也治不好。當然我說的是大病、不治之症，不是頭疼腦熱的小毛病。所以，真正想明白了，心裏也就沒有什麼負擔了，就積極配合醫生治療，該怎麼樣就怎麼樣了。

我說過，死亡就是睡一個不醒的長覺。我曾經喝醉酒，那個時候喝的是白色烈酒、高度酒，一下子睡了四十八小時，就像死過一回。那個時候，根本就什麼都不曉得了。醒了之後，也沒覺得什麼，馬上就又東奔西跑繼續工作了，還繼續喝酒，無所謂。其實，死亡，就和睡覺是一樣的，就是醒不了的長覺。

我認為，怕死，這是一個很不明智的想法。宗教，有原始和現代之分，原始宗教就是講人的生與死，佛教的根本就是解決生與死的問題。這個生與死是逃避不了的，講到死，總歸是一個字：怕！沒有怕，就沒有死。我已經不怕了，不能夠怕，因為永遠逃避不了，也沒有辦法逃避。

因為，要知道人不能夠避免的事情就是生老病死。人生是哭着來的，人死是件痛苦的事情，沒有一個孩子出來不是哭着來到這個世界。就如佛教中所說的「四念處」一樣。如果說你怕房間黑，那可以開燈，亮起來，就不怕了；可是，死是沒有辦法逃避的，你遲早要走這條路，你再有本事、科學怎麼發達，你也逃不過這個死，擔心是多餘的，因為你無法控制。所以說，怕死是很不明智的想法。

我的想法跟一般人的想法不一樣，我是用佛教裏面的思想來看這些事情的。腦子裏「死」的感念，是由於內心裏對死的恐懼而產生的，就是佛教裏說的「相」，相很多，有各種的相，佛經裏面講到相，要自己去理解。「相由心生」，你心裏怎麼想的，就是什麼。就像王陽明講的，看到一個旗子在飄動，是心動而不是旗動，是你的心的作用。實際上，你怕的那個東西，不是你死了以後的那個東西，而是你活着的時候，看到聽到那麼多的「死」在腦子裏形成的那些概念。就是知道要死了，要走了，但是你又不想走。還有，你怕怎麼樣死，其實是怕死的方式。隨着你見到死的人很痛苦，甚至被槍斃、吊死，或者病死，所以你知道了很多死的概念和死的方式，儘管你沒有經歷過死，但是，由於你心裏怕死，就形成了腦子裏死的各種可怕的概念，所以你自己就被嚇死了，這個概念就是相。所以，就像《心經》裏說的「是諸法空相，不生不滅」，一切都是空的。死，還有一樣，就是你「放不下」。有很多事情，你放不下；做到放下，是很不容易的。你不要說別人，就說我自己，我還有些事情放不下。這個「放不下」，就會拖累你，就是一種苦。所以，我現在研究錢，不能夠停，一停下來就完了。比方講，這裏很多人，喜歡住House（別墅），我覺得住公寓也是蠻好的。再大的房子，你也只是睡一張床。住別墅，要打理花園、養狗，煩死了，何必呢！我以前養狗，是純種Maltese狗，名字叫「Baby」，從小就在我們家裏，總在我的書房裏陪着我，一直到十六歲走了，她走的那天，我太太看到她很痛苦，說我們帶她去醫院再看一下醫生吧，讓她走得別那麼痛苦，我就抱着她上了我太太的車，在路上她就過去了，在我懷裏過去的，我很傷心，從此我就不坐，也不開我太太的那部車子，因為我的狗是在我太太車上走的，我不願意觸景生情。我們是真的有很深的感情，她特別喜歡在我的書房，我看書寫作的時候，她就在我的身邊陪着我，一聲不響。我把她的骨灰罐放在我的書架下面，每天都還是和我在一起，總是覺得她還在這裏，這是幻覺，其實已經不在了，我的「心裏」還是沒有放下來呀！如果能放下了，事情就簡單了。

世事無常，這是一定的，不必要有恐懼感，沒有用，遲早要走的，不可怕！我跟你講你晚上睡覺可怕不可怕，就是睡着了，做夢嗎！一個人走，就是這樣子的，就是不醒了，長睡不醒。

死，是件很簡單的事情，講來講去，就是空字。這個空，不是拿文詞的那個「空」來解釋，佛教裏的空與一般的空不一樣。隨便什麼，到後來都是空，你今天有權有錢有勢，眼睛一閉走了，什麼也帶不走，是不是空啊！要看穿、看開一些，人遲早要走的。我的想法是，有了你也帶不走，即使你有了這個收藏，到最後還是要留給別人。有，怎麼樣？沒有，又怎麼樣？人，將來都是要走的！如果這麼想，就不會那麼計較，大徹大悟了。

從前，我要買一個錢，那是非要不可，如果買不到就很煩；現在，也就是最近十幾年來，我看穿了，能買到就買，買不到就買不到吧，沒什麼，無所謂了！所以，有人要賣給我中國錢，我一般都不要，除非是很特別的錢，是我想要的錢，否則，我不買。我以前買的很多中國錢，我都沒有整理，很多很多的，我買回來，隨便看看，一包就放在那裏，再沒動過。我說的整理，是要把它系統化，分析研究。冬季我做的研究比較多，夏季我坐不住，太熱不想做。冬天的雨天，特別是下雪，我喜歡雪，很適合做研究。

世事無常，要順其自然。有一次，我的醫生問我，如果我在治療過程中，心臟突然停止了跳動，那怎麼辦？是救還是不救？那個醫生很好，非常的誠實，我對他說，如果是那樣，就不要搶救了，隨它去吧！要不然，即使搶救成功了，十有八九也會留下很多後遺症，比如癱瘓，或者身體的某個部位不能動，甚至更嚴重成為植物人，這些都會給社會和家人帶來非常大的麻煩，病人也很痛苦。所以，我就跟他們說，如果我的心臟停止跳動了，你們千萬不要再搶救我了！就讓我順其自然地走吧！

想「錢」想到不疼，關公刮骨療傷

我在醫院手術後，有一個有意思的現象，如果護士不告訴我做完了手術，她不捅破這層窗戶紙，似乎就沒有發生過一樣。我從手術室裏被推出來，一直在摸這裏，肚子的右下方，怎麼會有塊東西貼在這裏呢？我問護士是怎麼回事兒？護士告訴我說，已經做完了手術。這時候，我才感覺到疼痛，知道已經做了手術。如果護士不跟我說這些話，那我還不曉得我已經做過了手術。我剛剛推出來，一切事情都不曉得，麻醉還沒有完全過去。如果護士不講，我還不曉得。換句話講，就是護士喚醒了你的意識和注意力，你就感覺到了痛，意識起了很大的作用。

控制注意力很關鍵。我前面說過，人沒病時，看到的東西是積極正面的；人生了病，特別是嚴重的病，身體難受了，總是想到看到負面消極的，心裏自然也就不舒服了，就會這也不對，那也不對的，思想最混亂，總是看到負面的因素，什麼事都是從反面來看的，與身體正常情況下完全不同。這個時候，就要盡量控制你的注意力，轉移你的想法，不要往負面去考慮，這就是難的地方。我當時在醫院，裏面很靜，可以集中注意力；特別是晚上睡覺，外面掉了一樣小東西，我都可以聽見，靜到這種地步。那種靜啊，注意力就集中了，也就不感覺到痛和不舒服了。但是，有的時候是似睡非睡、想睡又睡不着的時候，大腦的意識倏忽不定，亂七八糟，會跑到從前的地方，看到你熟悉的場景。在半夢半醒裏，從前去過一個什麼地方啊，這個地方又回來了；做過什麼事呀，這個事情又回來了。生病疼痛這是一定的，心裏和身體不舒服，普通人進到醫院都是害怕的，這是常人都有的；不過，我想開了，根本無所謂，要走就走，要不走就不走。

我是怎麼控制疼痛的呢？我的辦法就是很痛的時候，想我的錢，也就是我收藏的古錢幣，來轉移我的注意力，就感覺不到痛了。全部的心思想這些事情，過一段時間，這個痛會減下來，關鍵是你要控制住你的注意力。修行的人，比如修煉到很高境界，在鬧市中，也可以入定，好像外在的世界、喧鬧的世界不存在，他的內心的定力很強，只有自己的內心世界存在。所以說：小隱，隱於山；大隱，隱於市。

這也是一種禪境，在小說裏看到說練武功到一定的程度，就可以控制自己的痛感，沒有了疼痛的感覺了。但是，這個需要訓練、練習，如果管不住自己的注意力，開始時會轉移到別的地方，可是一會兒又轉回來了，感覺到疼痛，這就是注意力不夠強了。要做到這一點很難，這要很集中注意力，我是可以做到的。那天在我的肺裏插管子、輸送氧氣，實在很難受，呼吸不了，我想喜歡的事情，想開心的事情，來分散注意力，當時我就在想我的「錢」，想有關錢的事情，痛感就慢慢轉移了、感覺不到了。

在醫院裏面，基本上沒有什麼吵鬧的聲音，晚上啊，如果痛起來，就可以做到，白天如果人多吵鬧的話，就比較難一點。一般人痛的時候，很希望周圍有自己的家人在，說話或者什麼的，就可以分散注意力；反而，夜深人靜的，注意力就更敏感了，只能注意到自己的痛點。所以說，一般人生病的時候，最怕晚上、夜裏。但是，我不一樣，我喜歡安靜的環境，不喜歡人多。我是通過自己內心的調節，來調整自己的注意力，而不是依靠外在的因素來影響自己的注意力的。

我突然想到一個歷史故事，「關公刮骨療傷」。我猜想，關公刮骨的時候一定很疼，但他在看書，看《春秋》，在那樣疼痛的情況下，能夠看得進去書，這就是意識的作用。所以說，痛的時候，想到你最歡喜的事情，就感覺不到了，就像是不痛了。比方講，我想到我的錢幣，每一枚錢幣，每一個文字的不同，我可以做到這一點，而且很有效的。我認為，關公真的就是在看書，或者是他痛得很厲害，他一定是要把注意力轉移到《春秋》上來。看來，他的看書不是做樣子，絕對不是做樣子！進入這個境界很難的，要慢慢來，打坐修煉是一個好辦法。

我住院做手術，把注意力轉移到錢幣上，實際上就是禪法；關公的刮骨療傷，也是有禪法。所以《心經》裏面講：「故心無塵礙，故無有恐怖。」

【十三 人生似夢，珍重緣分】

人生無常，似夢非夢

我從醫院回來，一直想寫篇文章，除了古錢外，還有關於人生和生命的文章。後來想出了這四句話，概括了我的人生觀，這四句話是：「人生無常，似夢非夢；一切寂滅，諸法是空。」

這四句話的核心是「諸法是空」，體現在這個「是」字，需要去領悟、參透，似乎突然明白了、了悟了什麼。如果你不曉得諸法是空的，那就要在這個環境裏進行修行，才能夠領悟到、感受到這種「空」，這就是「是」的過程。如果用諸法皆空，就是另一回事了。諸法「皆空」，是沒有領悟到、感受到，只是接受了「空」的概念而已，就改變了這四個字的意思，好像沒有這種味道了。當你在醫院的環境裏，各種各樣的人，似夢非夢，結果一切都是寂滅的。這個境界，就好像我一直清晰地記得的一副挽聯描述的那樣：

放眼千秋，說什麼人間天上，到此都成幻境。
回頭一笑，歷多少塵寰摩劫，而今還我前身。

這是清代一個窮書生寫的挽聯，我非常喜歡。有些東西我一直掛在心上，不能放下。很多事情只有經歷了以後，才能感受、體悟得更深刻。在我的病房裏，我見到三個老人，三個人有不同的反應，我右邊的一個老頭子，他開完刀住進來的，呻吟不止；還有一位老先生九十一歲，雙腿失去功能，不能站立也不能活動，掙扎求生，萬分辛苦，但是他的頭腦很清醒，他割掉一個腎，但是恢復得很快。最有意思的是，在對面一位老太太似乎是在彌留之際，說了一晚上的話。第二天，她的女兒來看望，她跟她女兒說的話很有意思，這個老太太是個洋人，沒有東方佛教的文化背景，沒有佛家的觀念，但她的感覺有佛家的意思，她對她女兒說：「我昨天看到我父親和母親都來看我了。」「怎麼可能呢？這是你的幻想，Illusion。」她女兒回答說。「這不是幻想，我清清楚楚地看到他們來醫院看望我，我媽媽還說，不要緊的，很快會好的。」老太太說。

說到幻覺，我母親臨走的時候，也看見過很多的東西。幻覺，是一種很奇怪的感受，要感受到這種東西，是需要特別的能量，有些人感受不到，有些人可以感受到，有些人是在特別的環境下感受到的。比方講，我母親，她過世之前，在她眼前浮現了很多她以前沒見過的東西。我猜想，那個老太太可能是在彌留之際，見到了她的家人、父母，這是要走的徵兆，就像當年我父親在彌留之際時，說他見到了馬祥生、葉焯山一樣。我母親還感受到來了很多人，不認識的人，要拉着她走啊！他們要拉走她，她就和他們打架，打完後，我母親癱掉了，實際上是在掙扎。有一天，她和我太太講，說我太累了、打不動了！我太太說：完了，這是要走了。

有的時候，人的靈魂是遊離於陰陽兩界的，其實陰陽兩界之間也沒有太明顯的差別。我最奇怪的就是我上次碰到的一件事，就是兩個陰差來找我了。有一天晚上我睡到半夜，還醒着，突然感覺到腳底一股涼氣，嘩啦的一下子從腳底下往上走，我的意識很清醒，但是全身動不了，他們站在我旁邊好像要說什麼，可是沒說，又走了。我這裏有很多密宗的護法呀！但護法是不管這個的，陰差是官，護法是管不了的，護法只能管來傷害你的人。他們不是來傷害你的，他們是有公務來抓你的。這種感受是很奇怪的，中國人的漢字裏面有個詞叫作「魘」，夢魘，是一種噩夢，那是睡着以後做的噩夢。但是我沒有睡着，如果睡着了就是「夢魘」，我是有意識的，我能感覺到。西方醫學認為是一個人睡覺時，身體某個部位臨時的一種癱瘓，這是科學的說法，但那股冷氣又如何解釋呢？現代醫學其實對很多現象是解釋不了的，這個事情，我連我太太都沒有告訴。

我在醫院裏面看見過的這麼些病人的各種狀態，生病、開刀，呻吟、掙扎和幻覺，似夢非夢的，結果一切都是寂滅的，就後原來一切都歸於「空」了。我想說的就是感受人生。人生如夢，似夢非夢，我想把這四個字用毛筆寫下來。

中國人研究學問和做事多少都要摻入一些佛教的思想在裏面，或者是儒道釋的思想，在知識份子身上體現得非常明顯，只是不同時期，體現的方面不同而已。在幾十年前，應該是一九七九年，我第一次去杭州靈隱寺，就遇到一件奇怪的事情，寺廟的方丈好像認識我，叫出我的名字，我記憶裏沒有見過他。他叫出我名字不奇怪，奇怪的是他的表情，好像他從前認識我，像是老朋友相見，似曾前世因緣。後來，臨走的時候他送了一本書給我，內容是講禪的，這本書寫得非常好，而且寫得很簡單，裏面有兩句對聯非常好，至今我還記得：「禪聲悟深遠，微妙聞十方。」

到頭一夢，萬境皆空

有人說，我生病住院，不顧病痛，還可以那麼有禪意禪性。其實每個人都有佛性，但不是每個人的佛性都能發現並展示出來。一個人，最常有感覺的就是身體某個部位不舒服，就會覺得痛。我不把這當作疼痛，當你身體痛時，你覺得不痛，這就是禪。這就是佛教說的進入控制意識這樣的狀態，是一種境界吧！禪意就是境界。《金剛經》裏的「說法者，無法可說，是名說法」，這是佛家最高境界。

佛教的經典太多了，最簡單的一本經書是《心經》，有機會買本《心經》看看，那就是世上一切的一切。但是，要徹底了解《心經》，太難了。大家都在抄寫《心經》，但是很少有人解透的。能夠看懂《心經》，那就有禪的根底了。《心經》就是講一切都是空的，怎麼樣的空法，是你自己去想。《心經》裏有個「夢」字，一切就是個夢！怎麼樣才能進入這個境界呢？要進入這個境界就要修煉，要經過一個漫長的過程。就像我前面講到的，我這裏還要再強調一下，宇宙裏面的一切都是空的，這些都是想像出來的，都是從你心裏面想出來的。所以，有一句話，「到頭一夢，萬境皆空！」這個「境」就是色，多美啊！《心經》裏有這個夢字，一切就是個夢，都是你心裏面想出來的。

我們談論了這麼多我的父親、母親、兄弟姐妹們，還有杜家的舊事。這些事情的確在上個世紀初、中期，曾經轟轟烈烈耀眼輝煌過；現在，一切都成為了過去，化作煙雲。杜家的朋友、下一代，不要說別的人，就是我們家的第三代，都不曉得這些事情了。杜公館、杜氏祠堂，拆的拆、毀的毀，早已人去樓空、斷壁殘垣；聞人、大亨還是名伶，也都煙飛雲散。就像十里洋場上海灘入夜多彩繽紛的霓虹燈，在黎明到來時，一切消失得無影無蹤！

再回到香港《星島日報》的評論，說我父親「他的死，也正是這半個世紀結束的鐘聲」。晨鐘驚醒一場夢，暮鼓催來一場空。人生就是一場夢，無論輝煌還是平淡，幸運還是淒慘，到頭來，都是一場夢、一場春秋大夢。

十四　尾聲：萬法緣生，不盡思古傳奇情

這部口述歷史，從開始醞釀，到現在成稿，經歷了快十年的時間了，這期間，也發生了很多事情。二〇一八年十二月二十三日，聖誕夜前一天，我二姐美霞在台灣過世，終年八十八歲。二姐是孟小冬的義女，抗戰的時候，在北平與孟小冬在一起。後來，孟小冬搬到台灣，二姐常常陪在她身邊，有很深的感情，二姐最後與孟小冬葬在一起，新北市樹林區的淨律寺佛教墓地。二姐知道孟小冬的事情最多，只是可惜，以後就聽不到了！知道杜家事情的人，愈來愈少了啊！還有什麼可以是永遠的、長久的呢!?

還有一件事，也是二〇一八年下半年發生的，當年華格臬路的杜公館，在上海嘉定重建並對外開放。據說就是當年那位很用心的人，在杜公館拆遷的時候，用重金買下來了公館的一石一木，在嘉定的西雲樓海派文化休閒一條街上重建，成為轟動一時的旅遊景點，我沒有看過，大姐去了，還擔任了這個「杜公館的榮譽館長」。有意思的是在杜公館的銘牌上寫着：「杜公館始建於一九二〇年，原坐落於上海市黃浦區寧海西路二三六號（舊稱華格臬路），二〇〇〇年因建設延中綠地動遷中被收藏，二〇一五年移建至嘉定

西雲樓。本建築為中西合璧的近代優秀建築，原係海上聞人杜月笙生活了二十多年的私家公館」。公館門廳懸裏面，掛着那副聲名遠揚的對聯「春申門下三千客，小杜城南五尺天」，由北洋時期黎元洪政府的秘書長饒漢祥書寫，對聯重新出現，真可謂是：三千門客今何在，不盡悠情百丈天！

世間萬物，都有因緣。杜家最有名的祠堂，現在早已七零八落，不復存在，而當年章太炎書寫的〈高橋杜氏祠堂記〉，卻收入《章太炎全集》，一直會流傳下去。我最後講完了我父親、母親們和杜府的往事，回過頭來再看看〈高橋杜氏祠堂記〉的話，或許會有不一樣的理解與感悟，「古之訓言，保姓受氏，以守宗祊，世不絕祀，不可謂不朽。稱不朽者，惟立德立功立言，宜追視杜氏之先，立德莫如大司空林，立功莫如當陽侯預，立言莫如岐公佑，其取法非遠也。」古人追求的「立德、言、行」三不朽，流傳至今，仍然是很經典的論斷。我的父親像其他凡人一樣，功成名就後衣錦還鄉，修建祠堂要光宗耀祖、世代不朽，但是，祠堂已經不在了，我父親和杜家的「德言行」還在流傳。

今天，我父親、母親們都已辭世，兄弟姐妹們，也只有我和大姐健在，現在也都八九十歲了；父親周圍的親朋好友，所謂的那「三千客」，幾乎都不在了；我父親一生積累的財富和名譽，那「五尺天」，也隨人而去。雖然，杜公館重建、中匯大廈和東湖賓館還在使用，可是故人已去，能夠留下的是什麼呢？我父親和杜家周圍親朋們，這近一個世紀以來的「德言行」，是不是能夠不朽呢？恐怕這要由後人、由時間和歷史來評判了。

而收藏在上海市歷史博物館裏面我父親的遺物，上海博物館展覽我捐獻的古錢幣，還有說書評彈和各種演繹小說裏面，卻在默默地流傳着我父親和杜家親朋好友的故事，講述着那個時代風雲變幻的歷史。

那到底什麼「朽」了？什麼「不朽」呢？這背後因緣，正如佛經裏說的：

緣來則去，緣聚則散，緣起則生，緣落則滅，萬法緣生，皆係緣分。緣來天註定，緣去人自奪。

公館大廈依舊，故人不在，舊因已盡；
展覽櫃檯文物，思古幽情，再續前緣；
到頭萬景皆空，懷舊百年，傳奇不絕！

圖輯三

【杜維善】

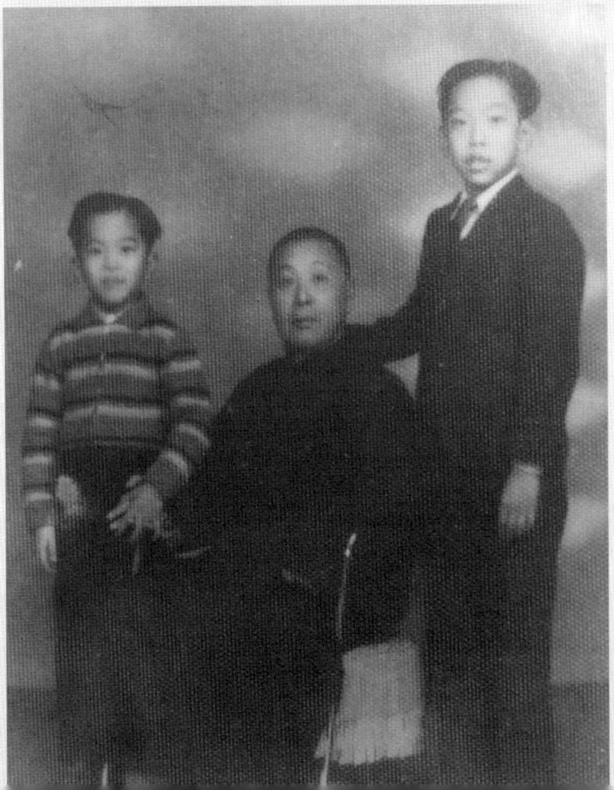

右　杜維善，十八歲左右，攝於香港

左一　杜維善與弟弟杜維嵩

左二　杜維善、杜維嵩與外公姚長海合影

右上　右起杜美如、金元吉、杜維善、杜維藩、杜美娟
右下　二十二歲左右在澳洲自己的車子前留影
左上　在澳洲與朋友合影
左下　在澳洲購買的第一輛車

右上　在澳洲咖啡店打工，與咖啡店老闆合影
右下　杜維善在澳洲的照片，專門寄給母親留念，右下角親筆書寫“To dear mom with love. Roger”
左　杜維善第一次從澳洲回來探親，與母親姚玉蘭在香港合影

右上　張大千夫婦與姚玉蘭母子：左至右：杜維善、姚玉蘭、張大千、徐雯波

右下　與梅葆玖合影

左上　杜維善譚端言結婚合影，攝於香港九龍九龍飯店

左下　杜維善太太譚端言登台演出

上　杜維善八十年代第一次回上海，與岳父譚敬（中）、五哥杜維翰在錦江飯店合影

下　2009 年本書作者董存發第一次與杜先生夫婦合影

上 2011年杜維善與女兒杜雅璉在北京雍和宮轉經筒前合影

下 上海博物館馬承源館長（左二）、汪慶正副館長（右二）宴請收藏家，中間杜維善，右一顧曉坤，左一張宗憲

上　洛陽大學聘請杜維善在洛陽講學
下　杜維善在洛陽講解古錢幣

【捐贈暨錢幣館開幕】

上　1992年9月25日上海博物館錢幣館開幕暨杜維善絲路錢幣捐贈儀式廣場氣球

下　在上海博物館中國錢幣館開館儀式上，中間白髮長者是汪慶正副館長

右上　杜維善、譚端言、劉振元、陳丕賢、彭卿雲（國家文物局副局長）

右下　上海市副市長、文物管理委員會主任劉振元前來祝賀

左上　鄧楠參加開館儀式

左下　杜維善向鄧楠介紹古絲路錢幣

上海市
兰荣誉
颁奖仪
维善、谭
丝绸之
国钱币

杜维善、谭端言捐赠丝绸之路古国

右上　上海市長頒發白玉蘭獎

右下　杜維善、譚端言觀看捐贈的絲綢之路古國錢幣展櫃

左上　新聞發佈會

左下　頒獎晚宴合影，左起陳克倫、陳燮君、杜維善、譚端言、汪慶正、顧祥虞

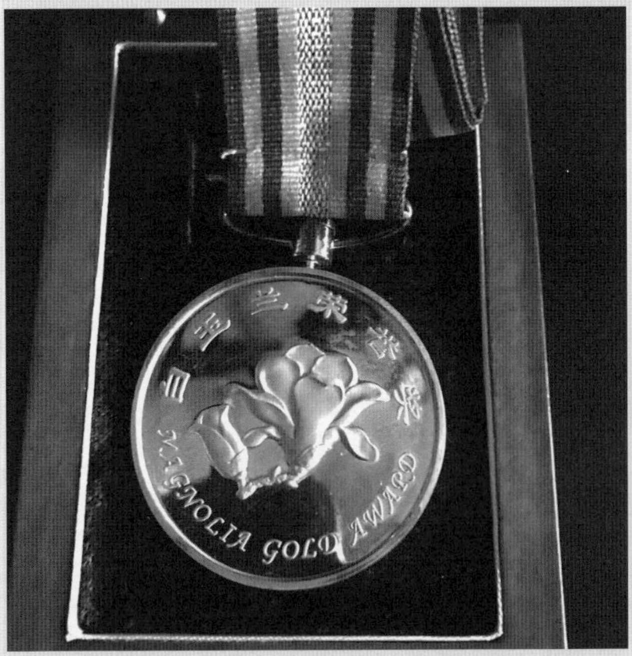
MAGNOLIA GOLD AWARD

右上　為參觀者簽名
右下　杜維善夫婦獲得的上海白玉蘭榮譽獎牌
左上　杜維善戎裝照
左下　杜維善在書房，背後是上海博物館特別顧問聘請書

孤桐用硯

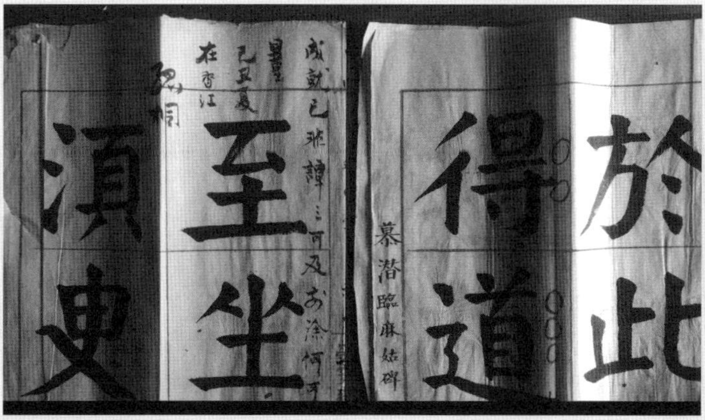

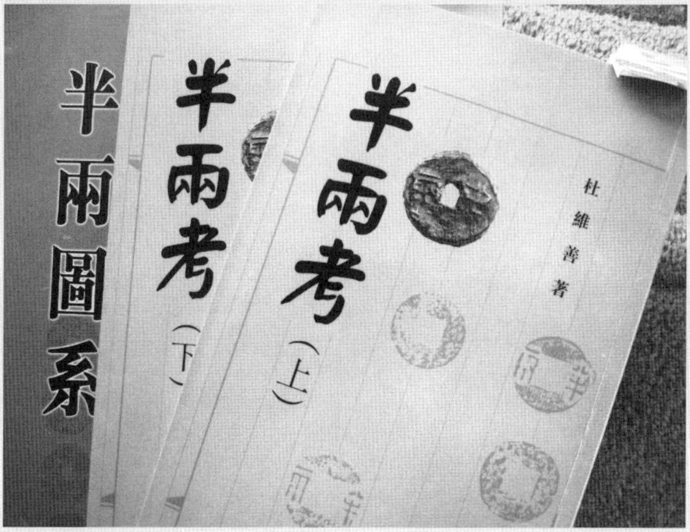

右上　杜維善在西市博物館仔細觀看錢幣
右下　章士釗夫人殷德貞贈送杜維善行老常用的硯台以作留念。杜維善題跋並請香港著名金石家茅大容篆刻，圖為「孤桐用硯」拓片
左上　慕潛（杜維善）臨麻姑碑帖，章士釗批改
左下　杜維善著《半兩圖系》及《半兩考》

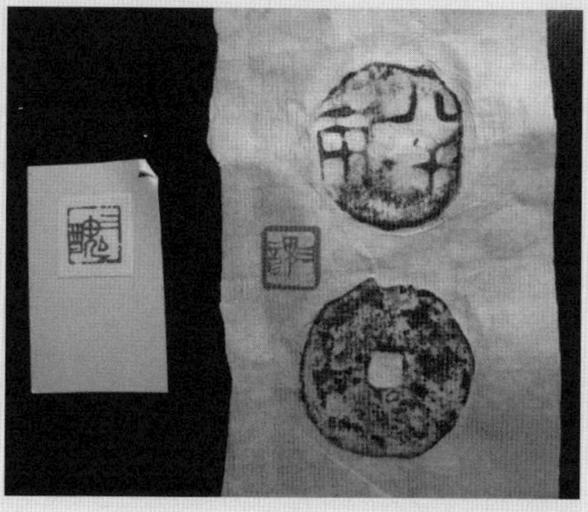

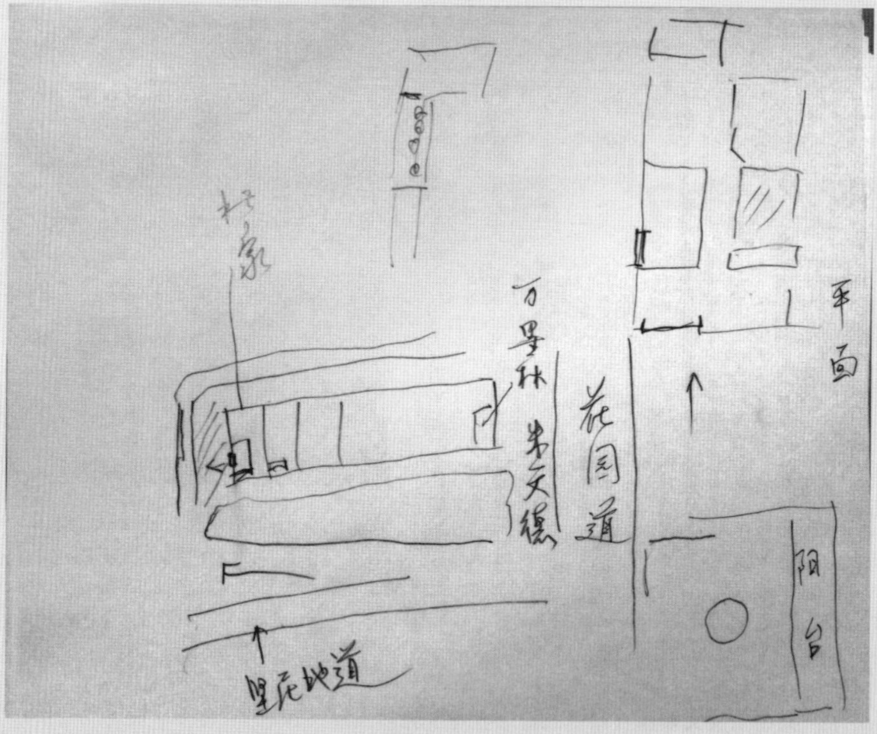

上右　杜維善製作的拓片（為購買李東園半兩錢）

上左　李東園舊藏半兩錢

下　杜維善親手繪製的杜家在香港堅尾地台十八號居住時，房子周邊地名及內部佈局圖

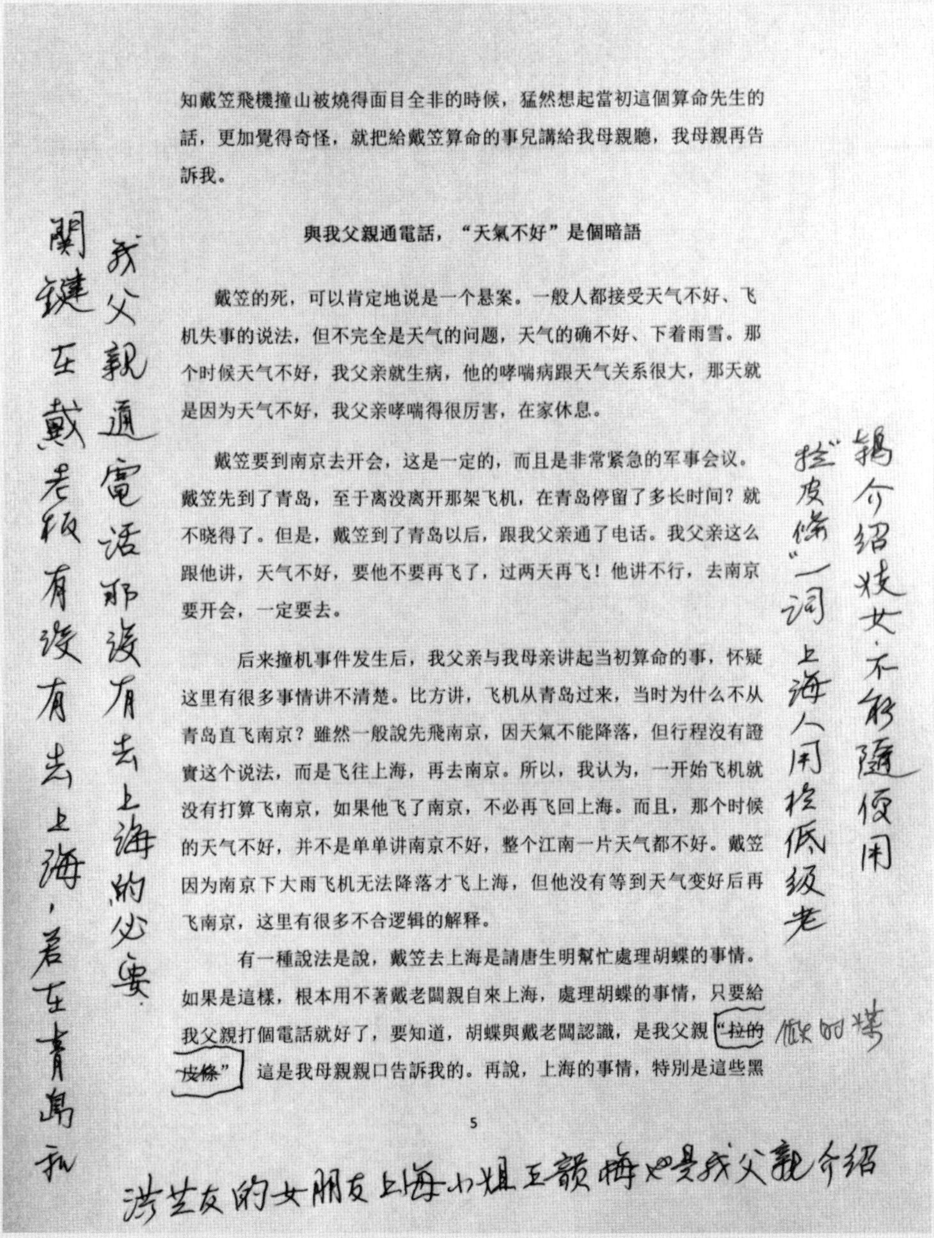

知戴笠飛機撞山被燒得面目全非的時候，猛然想起當初這個算命先生的話，更加覺得奇怪，就把給戴笠算命的事兒講給我母親聽，我母親再告訴我。

與我父親通電話，“天氣不好”是個暗語

戴笠的死，可以肯定地说是一个悬案。一般人都接受天气不好、飞机失事的说法，但不完全是天气的问题，天气的确不好、下着雨雪。那个时候天气不好，我父亲就生病，他的哮喘病跟天气关系很大，那天就是因为天气不好，我父亲哮喘得很厉害，在家休息。

戴笠要到南京去开会，这是一定的，而且是非常紧急的军事会议。戴笠先到了青岛，至于离没离开那架飞机，在青岛停留了多长时间？就不晓得了。但是，戴笠到了青岛以后，跟我父亲通了电话。我父亲这么跟他讲，天气不好，要他不要再飞了，过两天再飞！他讲不行，去南京要开会，一定要去。

后来撞机事件发生后，我父亲与我母亲讲起当初算命的事，怀疑这里有很多事情讲不清楚。比方讲，飞机从青岛过来，当时为什么不从青岛直飞南京？雖然一般說先飛南京，因天氣不能降落，但行程沒有證實这个说法，而是飞往上海，再去南京。所以，我认为，一开始飞机就没有打算飞南京，如果他飞了南京，不必再飞回上海。而且，那个时候的天气不好，并不是单单讲南京不好，整个江南一片天气都不好。戴笠因为南京下大雨飞机无法降落才飞上海，但他没有等到天气变好后再飞南京，这里有很多不合逻辑的解释。

有一種說法是說，戴笠去上海是請唐生明幫忙處理胡蝶的事情。如果是這樣，根本用不著戴老闆親自來上海，處理胡蝶的事情，只要給我父親打個電話就好了，要知道，胡蝶與戴老闆認識，是我父親“拉的皮條”這是我母親親口告訴我的。再說，上海的事情，特別是這些黑

5

關鍵在戴老板有沒有去上海，若在青島和
我父親通電話那沒有去上海的必要
鴇介紹妓女，不能隨便用
“拉皮條”一詞上海人用在低級老
做的媒
游艺友的女朋友上海小姐王韻梅也是我父親介紹

杜維善先生親筆修改的書稿草稿

思古樓記
丁亥八月吾友蔡君子玉謂余曰有杜生維善者
僅十五齡性醇厚喜購古書及古字畫欲求一師
讀古文詞吾已推薦君、其勿辭明日維善來執
贄致詞稱循循、有規矩云設於高山路寓樓三間兄
弟二人讀書其中頗清靜也余至其家庭院甚廣
大有年歲二株高出樓屋樓中庋書無慮數十
卷皆經史子集四部書也維善日從余聽講一小時
請余名其樓余以為維善年幼喜讀古人之書與
今世學子好尚不同架上之書維善未必能盡觀也然
其意趣殊為可嘉矣今者猶不能不徇時入學校
以求進取安知其將來不能博學而成名乎孟堅
之賦有發思古之幽情語余即以思古名其樓為書
一橫幅張之壁間吾望其發幽情於暇日取所藏
經史讀之不徒為陳設示雅觀而已維善請書記
兄為繪思古樓圖欲余作記書其上遂書此以為之
戊子秋八月陳微明
思古樓圖
慕陶學人雅屬
戊子秋九月
陳曾壽

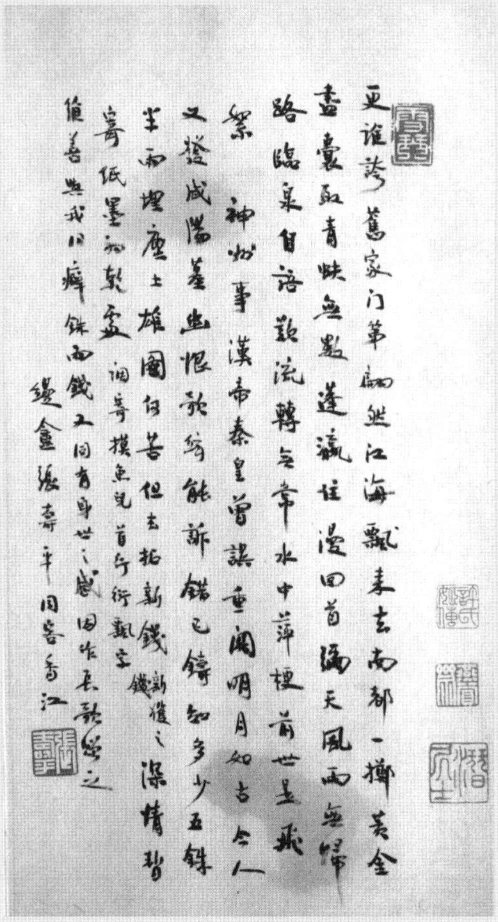

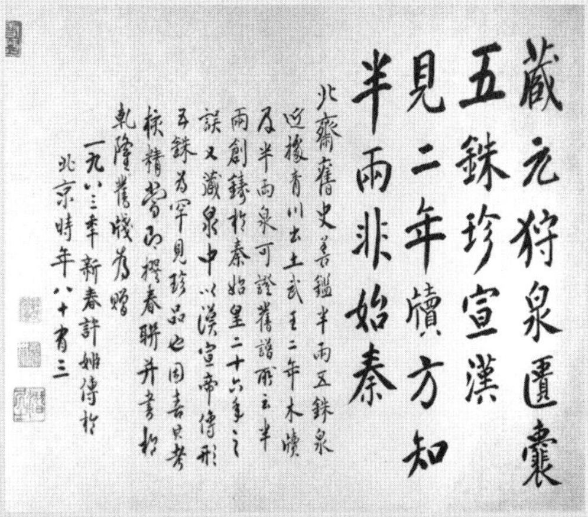

右　陳微明撰寫「思古樓記」陳蒼虯圖畫

左上　張壽平題詩《摸魚兒》

左下　許姬傳對聯

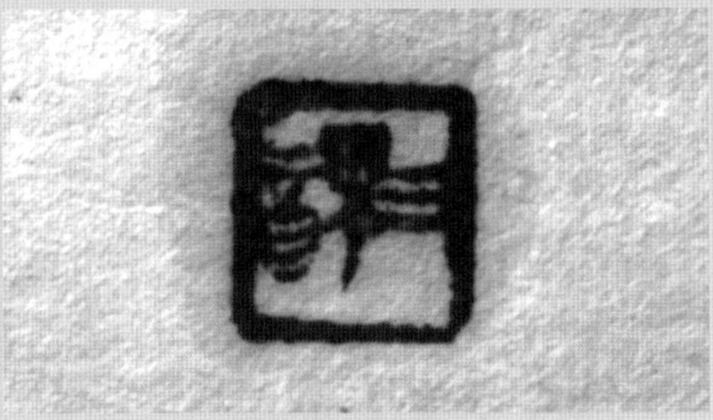

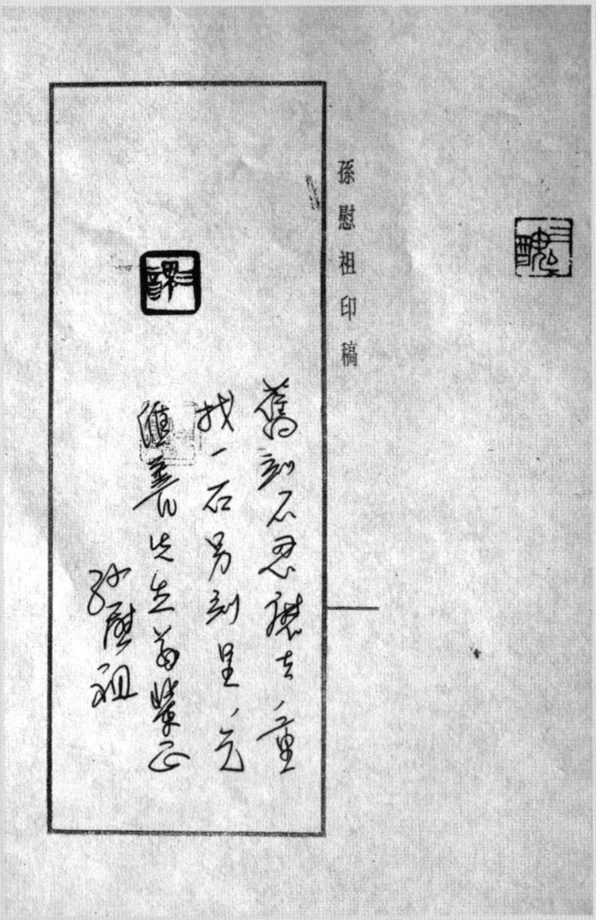

上　三醜

下　上海博物館孫慰祖不忍磨去舊刻「三醜」的說明

右列由上至下：
思古樓
杜公館收信回章
杜氏藏泉
杜顥

左列由上至下：
杜維善
杜煜之印
發思古之幽情
如是我聞

附錄

與先生最後的一百天

——懷念恩師杜維善先生

【按語】庚子二月十四，二〇二〇年三月七日上午十一時十六分，恩師杜維善先生因猝發心梗，搶救無效，平靜安詳西去。先生誕於一九三三年十二月十六日（癸酉十月廿九日），享年八十八歲；「二七」首日（三月二十日），春分酉時至戌時（下午五時至九時），親友伺服守靈，道士做法事超度；次日，二月廿八午時至未時（三月二十一日中午十二時三十分至下午二時），大殮告別，隨後火化；三月一日未時（三月二十四日下午一時），骨灰入土安葬；喪間，每逢「頭七」，佛家道家師傳做法事，超度亡靈；四月二十四日最後一「七」頭天，又稱「斷七」，七七四十九天，喪期結束。

【靈異】三月二十一日下午二時半左右，按照習俗，載着先生靈櫬的殯儀館專用靈車暫停在先生家門前，道士做法，女兒捧遺像走過先生家所有房間；三時四十左右，儀式畢，擬繼續前行，突然，汽車發動機失靈、打不着火。女兒見狀，急忙伏地扣頭行大禮，說：「爸爸！爸爸！我知道您捨不得走、放不下我們！請您放心吧！安心地走吧！一路走好！」後來，道士操作兩車搭線聯電，反覆數次，大約三時五十左右，車子終於啟動，司機一路飛速趕到火化場。這個時間段，恰好是先生三月五日發病時間（二時三十分），現場搶救後抬上救護車去醫院時間（三時五十分）。路上，中年女西人司機說從業以來從未發生過此事，不停地嘟囔，My God! My God! 先生篤信佛學，特別是密宗，曾多次受藏地大法師「灌頂」，誦念十萬遍「金剛薩埵咒」，供奉密宗護法！不能不說，先生與其父杜月笙一樣，充滿了神秘、智慧、傳奇和靈異。作者與先生立雪求教近十年，常常在迷津中，得到先生一語解惑，記錄出版了先生口述歷史。先生西去，至此，何處問西東！回顧與先生交往，領悟先生所言：世間事，皆有因緣！作者從逝前百日與先生的通信、當面請教和交流，回憶最後時光。

一・平安夜不平安

聖誕夜在醫院度過，簽署生死授權書

二〇一九年十二月二十五日，聖誕節，我發信息給杜先生：「衷心祝福您和家人聖誕快樂！身體健康！闔家幸福！吉祥如意！」

杜先生馬上回覆說：「短信來得正好，我們現在要去醫院急症看病，今天可能要住院。我發燒到攝氏三十八點四六度。」

「啊！怎麼回事兒啊？嚴重嗎？希望沒有大礙！您有什麼需要，就告訴我們，我們馬上過去。衷心地祈福您早日康復！」我趕快回覆說，後面跟了一串祈福手勢符號。

聖誕期間，女兒小寶和孩子們專程從香港來溫哥華，探望杜先生夫婦，我立刻詢問小寶，告訴她有事情馬上聯絡我。小寶回覆說好，謝謝！沒有多說什麼，我估計情況或許不是很嚴重，因為之前類似情況發生過，醫生擔心其他併發症，會留院觀察治療幾天，所以就沒有再打電話。

這些年來，我和杜先生已經很熟悉了，在一些事情上也達成默契。比如打電話，通常是如果有急事，杜先生或者杜太太會直接給我打電話或者微信；一般情況，我不主動打電話，以免打擾他們，除非是特別緊急的情況。因為杜太太和杜先生的作息時間不一樣，而且兩位老人都有哮喘，走起路來會很不方便。杜先生是個急性子，聽到電話鈴聲，就會急匆匆地趕去接，常常是抓起電話先喘息一會兒；同時，杜先生也不希望對方聽到他急迫的喘息聲。這種情況，我就遇到了兩三次，後來就跟杜先生約定：我盡量少給您打電話，您有任何事情，都隨時打給我，或者微信我；通常，我會馬上接聽或者回覆。

說明一點，杜先生習慣使用家裏的座機電話，一直不是很會使用微信電話；杜太太則不然，喜歡用微信，電話、視頻、拍照都會，我們常常通話，商議一些事情，杜太太還不時發來幾張自己拍的照片，自誇一下。杜太太告訴我說：按來按去手機上的按鍵，總歸會好的，大多數情況下，杜太太都能鼓搗好。所以通常有急事，都是杜太太給我打電話，而杜太太的作息時間是凌晨三四點睡覺，第二天下午三四點才起床。杜先生的作息時間，基本與我們一樣，只是睡得晚一些，他的睡眠不好，總要服藥睡覺。通常是我接到他的電話或者微信的時候，我知道杜太太或者杜先生醒着，方便接聽電話，那我就會馬上回過，不至於讓他們為了接電話而奔波，或者影響休息。另外，傳統節日期間，或者寒暑假，小寶和孫子們都會過來探望老人，這個時候，我很少去打擾他們。

所以，聖誕節那天接到杜先生要住院的微信後，我有些擔心，但是沒有接到杜太太和小寶的電話，杜先生也沒有回覆，我也不好追問。就這樣，這個節日我過得提心吊膽。

十二月二十七日，我實在忍不住，發微信詢問：「杜先生好，希望您身體好一些了！我和東梅想去看看您和杜太太，明天或者後天下午我們都可以，看您和杜太太的時間吧。」當天，杜先生沒有回覆。我和我太太東梅二〇〇九年就與杜先生一家熟悉。當時我們還在國內，杜先生和杜太太委託我太太曾工作的單位——中國嘉德拍賣公司拍賣一些老收藏。

第二天中午，杜先生回覆說：「你們不必客氣，謝謝！」「您好些了嗎？」我馬上問。

一個小時後，杜先生回覆說：「剛剛寫了幾個字，醫生來巡房，星期一可以回家，目前病情穩定。但隨時都會有復發，還有一定的風險。」杜先生提醒我說：「杜太太大約五點左右來，你要不要先和她聯繫？回頭見。」我馬上回覆說：「好的，我聯繫杜太太五點左右，我和東梅去醫院看您。」

我馬上與杜太太通了電話，杜太太建議我早一點到，因為病房很小，如果去的人多，會比較擁擠。我說好的，馬上回覆杜先生：「我們預計三點到可以嗎？」杜先生很快回覆「可以」。

三點左右，我們來到 Richmond 醫院。在二樓病房，杜先生老遠就看到了我們，招呼我們過去。所謂的病房，實際上是一個大一點的房間，分別用布簾隔開，一間接一間，只能放一張床大小，旁邊人說話都可以聽得一清二楚。我們站在門口，杜先生斜靠在床上，氣色好了很多。

「以後，像您有這樣的緊急情況，就隨時聯繫我，我們馬上就能過來。」我一見面就說。

「你們住得太遠，等你們過來的時候，可能就晚了。那天，是杜太太的朋友馬太太開車把我送到醫院，當時正好有空床位，醫生就把我留下來，住院觀察幾天。這樣比較好，免得跑來跑去，也容易出問題。」杜先生笑着回答。

「那您就在醫院徹底治好、養好，等病情穩定了，再回去吧。」

「不行！醫院病床很緊張，我後天、下週一就回去。」

我們聊了一個多小時，他雖然有點疲乏，但心情很好。

就是聖誕節這次住院，杜先生和醫院的醫生簽訂了授權書，如果在心臟和肺功能失去的情況下，不進行強制的緊急搶救，以免遭受更大的痛苦，杜太太也是那段時間簽了同樣的授權。所以，三月五日杜先生突發心梗，急診醫生就提出杜先生曾經簽署過的這份文件，從醫生的角度，他們需要尊重患者的權利，如果杜先生心肺功能再次失去的情況，他們就不進行強制的人為干預，這是後話了。

可曾賦雪？半夜三點我起床迎接下雪！

二〇二〇年新年過後這段時間，杜先生和杜太太身體都不好，節後，小寶讓丈夫 Raymond 帶孩子回香港上學，自己再陪伴兩位老人，推遲到一月底回香港。

一月九日晚，我問杜先生：「您今天檢查順利嗎？希望早日恢復健康！我今天特意買了陝西油潑泡麵，改天帶給您一起吃。」

一月十日中午，杜先生突然問：「可曾賦雪？」

我們住在不同的城市，杜先生在海邊平坦的列治文市（Richmond），我住在三十公里外丘陵地區的本拿比市（Burnaby）。我馬上回了三個笑臉，說：「今天我們這裏下了非常大的雪，雪下得急，一夜之間堆了約有二十厘米厚。」

杜先生平生最愛雪，他說過：「大雪白茫茫一片，多乾淨、多寂靜啊！」他喜歡雪中的寧靜，從中感受到禪意。杜先生推薦我看過很多日本有關「禪」的書籍和文章，其中有一部電影，就是日本人在大雪中做茶道禪茶的情景。今天我接到這個信息，明顯感覺到杜先生今天的心情很好，身體應該也不錯。

「您今天感覺好些吧？我們這裏有很大的雪，您那兒也下了吧，雪天很美很靜。這幾天可能雪還要大呢！」我隨手拍了一張我家後院積雪的照片，發給杜先生。

杜先生馬上回覆我：「太好了！昨天半夜三點，我起床迎接下雪。」

我立即回覆了三個大大的笑臉說：「您是愛雪之人！」很快，杜先生發來了一首詩：「一夜北風寒，萬里彤雲厚；長空雪亂飄，改盡江南舊；將來大雪來迎我，也送我回老家。」

這首詩的雪景寫得非常美，但是，我不知道作者是誰？應該是杜先生很熟悉，順口就吟出來的古詩。

我問杜先生：「『彤』字何解？我喜歡『長空雪亂飄，改盡江南舊。』有意境。」

「『彤』在此作下雪前密佈的陰雲。」杜先生說。

「後面兩句『將來大雪來迎我，也送我回老家』，不是五言了，但很自然順暢。『老家』是不是有多種含義呀？」我問道。

「後面兩句，那是我自己加的。」杜先生回覆我。

我馬上Google了一下，查到劉備三顧茅廬諸葛亮吟的詩：「一夜北風寒，萬里彤雲厚；長空雪亂飄，改盡江山舊；仰面觀太虛，疑是玉龍門；紛紛鱗甲飛，頃刻遍宇宙；騎驢過小橋，獨歎梅花瘦！」

「真美！最後一句，我喜歡，梅花瘦。」我告訴杜先生。

杜先生說：「你再查一下，這一首詩不是孔明的作品。」

我馬上又查了一下，說：「您說對了！是諸葛亮的岳父黃承彥吟的。」

杜先生說：「這一句『待入天台路，看金過小橋』，『金』字應該是『余』，待入天台路，看余過小橋，有很多詩中引用。你再查一下宋之問靈隱寺那首詩，有不同的說法。」

果然，我查到宋之問的靈隱寺：「鷲嶺鬱岧嶢，龍宮鎖寂寥。樓觀滄海日，門對浙江潮。桂子月中落，天香雲外飄。捫蘿登塔遠，刳木取泉遙。霜薄花更發，冰輕葉未凋。夙齡尚遐異，搜對滌煩囂。待入天台路，看余度石橋。」最後兩句是：「代入天台路，看余度石橋。」

杜先生說：「我喜歡『樓觀滄海日，門對浙江潮』」。

「靈隱寺與您有緣啊！」我想起了上世紀八十年代，杜先生第一次去靈隱寺，一位從未謀面，但認出杜先生的師傅，送給杜先生一本佛家書，裏面一句竭語，至今記憶猶新：「禪聲悟深遠，微妙聞十方！」

生命是二至五年，夠了！

一月十六日（週四）十三時二十二分，我們進行了長長的微信對話。

杜先生說：「一場大雪，把我的看病程序全打亂。目前，所有眼科檢查全部改期。癌症檢查結果不理想，醫生把我的病判了一個結果，在最壞的情況（下），生命是二至五年，夠了！時間不要拖太長。同時醫生說，將來我不是因癌症死亡，是氣喘的併發症。」

我非常驚訝但安慰地回覆：「癌症醫生通常是把最壞的結果告知病人，事實上，不一定是他說的那樣。目前也沒有什麼很危險的症狀，您也別擔心。我週日（十九日）下午看望您如何？」

「很好！」

「醫生的話，不能不信，也不能全信。」

「有道理！」

「您就放寬心！該做什麼就做什麼。我把您父親去西北考察的文章寫好，籌碼錢文章已經改好了，有很多事還要向您請教呢。」

「我父親西北考察賑災一文，楊先生（楊槐，西安泉友，下同）、袁林和宋捷等人都等着看，他們認為是很重要的一篇文章。籌碼錢一定要發表，是重要的文章之一。」

「好的，我打印出來帶給您。抗戰時您父親西北考察投資，受到當地耆老的歡迎，以及您父親的賑災活動，都是很重要的內容。籌碼錢需要再拍照，配上圖例會更好。」

「我替你想過，那篇籌碼錢的文章在趙曉明的雜誌發表，他的刊物水準較高。」

「好啊！能在趙館長那兒發表，當然是大好事了，謝謝您！」我最後答道。

一月十七日週五晚。杜先生問：「小董你明天來不來我家？」

我馬上回覆：「來的，我和東梅下午兩到三點之間到您家，可以嗎？好久沒有見到您了，很想念。」

「很好！我等你。」

第二天週六上午，我們首先去UBC亞洲圖書館，翻閱了民國時期的《良友畫刊》，看看有沒有杜月笙的資料和照片。中午，專程去麥當勞買了午餐，特意為杜先生買了他喜歡吃的雞柳漢堡，還多買了一份雞塊給杜太太。下午，我和東梅準時到了杜先生家裏，一邊吃漢堡包，一邊聊天。杜先生那天心情不錯，一起說了很多話。杜先生又提到癌症專家醫生給他的結論，坦然而幽默地說：「兩到五年時間，太多了！足夠了，我用不了那麼長時間。」然後，爽朗地哈哈大笑。

我和杜先生持續接觸了近十年，早已了解先生淡泊名利、看淡生死！在他看來，死，就是睡了一場大覺！「人生無常，似夢非夢」，沒什麼了不起的。所以對於杜先生豁達的生死觀，我也不覺得驚訝。

東梅看到窗台前的小桌上放着一個望遠鏡，順手拿起來看看，問杜先生您在書房裏用這望遠鏡看什麼呀？窗外是一條街區馬路，對面就是鄰居家。

杜先生笑着說：「我看有沒有漂亮的女生從門口經過啊！」

我趕忙說：「杜先生，您還真幽默！」

其實，杜先生經常用望遠鏡看天上飛的鷹啊、鳥啊，或者海鷗一類的。他喜歡站在窗前，用望遠鏡仰望天空，觀看盤旋翱翔的雄鷹。溫哥華天空的雄鷹，非常獨特，仰觀宇宙之大，俯察！品類之全，遊目騁懷！如果真有女生經過，也不需要用望遠鏡去看，就在眼前，可以近觀啊！

隨後，我們再次一起開心大笑。

二・流年不利 庚子大災

武漢「封城」之日，杜先生夫婦勸我留在溫哥華

一月二十一日，我告訴杜先生：「我已經把西北行稿子，分別發給楊先生袁林和宋捷，請他們指正並推薦。我想去您家，請您簽幾本書，帶回北京給李菁、姜文和其他朋友。」

杜先生回覆說：「你明天來，可不可以？我二時半要去看眼科醫生，剩下的時間都是你的。」

「好的！明天下午兩點前到您家。」我高興地回覆。

第二天（二十二日）下午，我陪杜先生看完了眼睛，回到家裏，一起聊天。

杜先生建議：「咱倆泡一碗麵吃吧！」我答應着，去廚房給杜先生泡了一碗杯麵，給自己做了一份牛肉麵，一起吃完。當天晚上，杜先生又微信我，問我明天下午再去一下家裏？我答應沒問題！

我是後天二十四日的航班回北京，明天二十三日，杜先生要我過去，我猜想應該有什麼重要的事情吧！次日，二十三日，國內已經是二十四日，我們得知武漢由於新冠病毒已經封城。下午三點左右，我到了杜先生家。

「你最好考慮放棄這次回國。」杜先生直截了當地說。

早在一個月前，我就安排好回國探望在老家大同的父親。計劃是二十四日中午，搭乘飛機到北京，落地當晚搭乘新開的京大高鐵去大同。現在，二十三日突然決定武漢封城。今年一開年，杜先生就曾說流年不利，庚子多災。杜先生和杜太太建議我改期，今天再次勸我晚上和家裏通個電話，商量一下，臨時改變計劃。

我回家的路上，滿腦子都在想着這件事。後來，我乾脆把車停在路邊，與山西的家裏人和老父親通電話商議，對此父親很理解。最後，決定聽從杜先生和杜太太的建議，暫時改變行程，等疫情穩定之後，再改簽回國。回到家已經晚上八時二十六分，我馬上給杜先生發了信息說：「聽從您和杜太太的建議，取消回

國行程。謝謝您的規勸，老話說，聽人勸吃飽飯！」

杜先生馬上回覆：「很好！你放棄了這次行程是對的。上海來了一幫人要請我們吃飯，結果都被杜太太推辭了。好好在家休息。看看錢、看看書，把籌碼錢和埃里美錢好好研究一下。」

次日，一月二十四日，除夕夜前夕。我和杜先生互致新年祝福！特別提到祝您「鼠年順利、庚子吉祥！祝福您健康長壽！」

然而，庚子不但不吉祥，而且大災大難！

我這幾天喘得厲害，今天比較好，很多事情要跟你談

二月八日，我問杜先生：「您十日幾點去打針？我陪您去醫院吧！」

杜先生回覆說：「星期一（十日）是下午三時半。這時間不上不下，你可以早一點來，我想問你如何拍攝籌碼錢的彩色照片。我這幾天喘得厲害，今天比較好，很多事情要跟你談。」

我說：「好的，我早點到，一點左右。」

那天，杜先生跟我談了很多，包括去年底按照杜先生要求，我專程去了上海浦東高橋；國家水下考古中心宋主任推薦的海南絲綢之路博物館，有意收購杜先生絲路錢幣的事；加拿大皇家安大略博物館留存紀念物等等，總之都是圍繞錢幣的事情。當然，還有我配合杜先生撰寫的籌碼錢文章，以及下一步研究埃里美錢如何入手的事。

二月十四日，我告訴杜先生：「我和張振龍總編（《中國錢幣界》雜誌總編）聯繫，他想讓您單獨寫一篇自我介紹的文章，可以把您父親西北行的內容放進去，但主要是您自己的內容，我們可能要重新寫一篇。」

「小董，我在想振龍要的那篇文章，倒不如把我收藏過程寫出來，介紹我最早在台灣收藏的過程，怎麼研究？和諸藏家的來往，然後在香港的收集，初期在上海的認識（錢友）和河南，新疆到西安。最後談我與西安的因緣，從我父親開始和他對西安的賑災，你看好不好，同時也介紹了當年台灣的藏家。看看袁林有什麼意見。」

「好的！我仔細琢磨一下。」

杜先生第一次主動提出要寫自己的經歷和與西安的因緣。

二月十五日，杜先生問我：「小董，你把李駿（研究南洋錢幣藏家）那篇大作給我打印出來，它裏面有一枚（籌碼錢），我看了之後居然把順序先後做了出來，設法聯繫上他。」

第二天（十六日）又說：「我這幾天要重新整理兌換表和演變、順序。錢幣專家的說法和看法有區別，和老一輩的專家有區別。但這些問題你來我家再談，因為我還沒有找到文件。」我說好的。

二月十七日，「我這幾天很不舒服，也沒有胃口，但看錢還可以。」杜先生微信我。我回覆勸慰了他。

次日（十八日），我們繼續討論籌碼錢，杜先生要我查查德化窯址與楓溪的關係，我仔細查了，並附上地圖。杜先生很高興地說：

「所以西方錢幣專家沒有在『楓溪』二字作研究，一直都以福建為鑄造地。」

「是的！這是楊槐先生提出此楓溪乃廣東楓溪，非福建楓溪。另外，告訴您一個好消息，宋捷說咱們的籌碼錢書稿，可以列入古泉文庫，擬由陝西師範大學出版社出版，出版社有一帶一路基金可以資助。籌碼錢直接用掃描儀掃描就好，不需要一個一個拍照，這樣效率高。」

「我們需要一個統一的認識，我手中西方資料不統一，各人有各人的看法，特別是在兌換的問題上。」

「是啊！兌換是最難的部分。」

「我下週二（二十五日）中午十一時到您家，下午兩點去把您的車送到車場保養維修，您方便嗎？中午咱爺倆吃泡麵。」

「很好！時間安排的妥善，特別是吃泡麵。」杜先生很滿意地說，

二月二十日，杜先生微信我說：「我這幾天氣喘發作，有時走幾步路，就上氣不接下氣。」我說：「希望疫情能夠好轉，您自己多多保重。」

二月二十一日，杜先生連續給我發了兩個很特別的表情，估計是杜太太推薦給杜先生新的表情包。接着說：「我在看你的文章，一切基本上都很好。有必要加的我也加寫上去了，現在是掃描，再加上說明便可以了。」我回答說：「太好了！」

我這幾天很不舒服，好像要走了似的

二月二十三日，下午一時五十六分，杜先生突然發來信息：「小董，你今天去哪裏？會不會在我家附近。若在，可不可以來我此地一下，若你在家那就算了。」疫情期間，一般我們都不出門，我馬上回覆說：「我在我家呢，您有事兒嗎？」

「我這幾天很不舒服，好像要走了似的。另外籌碼錢問題似乎不……」

我沒等杜先生發完，馬上就給杜先生回覆說：「我現在過去您家看望您吧，好嗎？」我又補了一句：「可能是天氣轉暖容易引起哮喘。」

杜先生回覆我：「另外籌碼錢問題似乎不是一下子就可以給你說清楚。我這幾天雖然不舒服，但仍希望修正完。」我堅持說：「我今天沒事情，過去看望您吧。」

杜先生說：「好，你來。」

我馬上出發，大概三時半不到，就到了杜先生家裏。一見面，我看杜先生的氣色不是很好，就安慰杜先生說：「您不用有太大的顧慮，就是天氣轉暖，地氣上升，肯定人就不舒服。特別是您有哮喘，就怕季節變化。」

「我還有好多事情沒有安排好，杜家的事情很複雜。」

「您也不用擔心，我知道您擔心您收藏的錢幣，反正咱們現在已經有了很多聯繫的地方，浦東高橋、陝西西安、海南絲綢之路博物館，還有加拿大皇家博物館沈辰館長，他們都非常願意接收您的收藏。所以，您不用擔心，好好休息，身體好了，再安排。」我故作輕鬆地回答。

二月二十五日一大早，我就去杜先生家裏，把他的車開到維修廠保養，車子修好後，我問杜先生：「咱們中午吃麵，還是麥當勞？」杜先生回覆我：「隨便你，你若要吃麥當勞，給我買一個雞柳漢堡，家裏方便麵不少，你決定吧。」我說：「吃麵吧。」到家後，我們一起吃泡麵。

二月二十六日，杜先生很興奮地告訴我：「昨天晚上翻書，找到一枚極重要的籌碼，面是『錢』字，背是『得水』二字，有意思的是這是廣東土話，到現在還在用。『得』是贏，『水』是錢，這就證明楊先生的考證不但準，而且還有依據。你可以告訴他，讓他解解宅家之悶。」我回覆了三個大大的笑臉，並馬上轉發給楊先生。

杜先生接着說：「你明天是不是來我家？」

「如果方便，我明天下午去看您。順便把您母親在官邸的照片再看一看，拍一些照，香港出書要用。」

「好，但是要你自己翻，我翻不動了。」

「好的，您盡量別走動。」

下午，我見到杜先生，轉達了楊先生的回覆，並把他宅家時寫的文章〈會昌開元背「藍」字考〉打印出來，帶給杜先生。在楊先生給杜先生和我回覆的信息裏，有這樣一句話：「近二百年來，每逢庚子年，便有天災人禍：一八四〇年鴉片戰爭，一九〇〇年八國聯軍，一九六〇年三年困難時期，今年伊始瘟疫突發，看來老祖宗留下的民俗文化很有道理啊！願杜老和你安好無恙。」誰知，一語成讖，庚子之災，接踵而來。

二月二十八日，我告訴杜先生找到了折欄圖的照片，作者是何遂，這是當年他父親六十大壽時，何遂送的壽禮。杜先生說不容易啊！你看上面題跋寫的是什麼，我看不清楚。我馬上請北京的專家幫助辨認手寫題款為：「月笙先生高誼照千古，芳聲接海隅。今歲戊子八月之吉，為先生獲降之朔周甲。遂幸接光儀，不辭xx，謹委xx向拜，並為頌曰：樂只君子，邦家之光。天保定爾，以莫不興。如山如阜，如陵如岡。俾爾壽而康，俾爾熾而昌，以介眉壽，xx兕觥。維南有極，萬壽無疆。何遂拜祝。」

我馬上轉給了杜先生，杜先生回覆：「這張畫兒應該沒有問題。當時，有兩張一張是折蘭，一張是卻坐，我對這兩幅畫特別有興趣。生日的第二天，我要這兩張畫，黃國棟對我說，二少爺（杜維垣）拿走啦！因為禮品都放在老公館裏，二哥就住在那裏。」

三・萬里割不斷血親

我覺得很不舒服，似乎同天氣沒有關係

三月四日傍晚五時半左右，我和杜先生約好明天下午去看醫生。杜先生告訴我說：「這幾天氣喘發作，我二十四小時用氧氣；但問題是，我覺得很不舒服，似乎與天氣沒有關係。」

「您盡量少走路，會好些吧……要不然，我明天十二點半前到您家，咱們一起吃泡面。我吃牛肉麵，我給您帶上油潑面，給您換換口味兒吧。如何？」

「用不着帶油潑面。你來吃牛肉麵，我吃杯麵便可，好主意！」

第二天中午，三月五日，農曆二月十二驚蟄。我來到加拿大後發現，中國農曆的節氣，在溫哥華也特別準。我出門前，看到草地上蚯蚓已經拱出了一小圈圈的鬆土。我兒子董洋在 Downtown 一家據說最貴的法餐館工作，週末休息，在家做了一些吞拿魚三明治醬，特意添加了酸黃瓜和洋蔥，說杜爺爺肯定喜歡這個口味，因為他知道杜先生在國外多年，喜歡西式的口味。董洋做醬的最後一道工序，是要加一些橄欖油，或者植物油，使醬變濃稠。東梅覺得少油健康，要董洋不加那麼多的油，所以做出來的醬就比較稀。我找了一個盛桂花醬的瓶子裝了一小瓶，帶給杜先生嘗嘗，如果喜歡，下次多帶些。

我大概是在十二時四十分左右到家門口。之前，杜太太告訴我，要我到了以後，給家裏打電話，不要摁門鈴，她下樓來給我開門，免得讓杜先生走來走去開門，加重哮喘。最近兩次，我都是打電話，請杜太太下樓幫我開門的。

其實，只要杜先生不走路，坐在那裏聊天兒說話，可以持續兩三個小時，興致很高。偶爾，我會小心地提醒說，您要是感覺累了，就告訴我。但每次談話，都要很長時間，都不會有問題。我跟杜先生開玩笑說，您這個前列腺癌已經將近十年了，肺癌也有八年多了，現在什麼事兒都沒有啦！就是您這個家傳的老毛病哮喘，現在成了您的大問題。不過呢，哮喘，可能多注意點兒，應該也就可以把握好。杜先生笑笑說，是啊！癌症不是大問題，哮喘倒是大問題啦。

我進書房跟杜先生打招呼說：「我今天給您帶的油潑麵和重慶小麵，都是辣的，您可以嘗一嘗，換換口味。另外，董洋給您做了吞拿魚三明治醬，您可以回頭嘗嘗，董洋猜您會喜歡加了酸黃瓜和洋蔥的口味。」

「我要嘗嘗新鮮的吞拿魚醬。」杜先生很喜歡董洋，董洋也屬雞，和杜先生一個屬相，只是相差了六十年。杜先生的電腦出了任何問題，總要讓董洋幫着解決，或者杜先生在美國買錢幣，偶爾付款不成功，會讓董洋通過Paypal來付款。我到廚房拿了兩片麵包和小勺、碟子，遞給杜先生。平時杜先生做三明治，都會把四邊的硬皮切掉。但是，今天呢，杜先生好像吃得特別仔細，用麵包的硬皮，蘸着碟子裏的醬，都給吃了。中途，杜太太在樓上打電話問要吃什麼，杜先生說吃麵包蘸吞拿魚醬呢，吃得很香。

我煮了牛肉泡麵，還特別盛了一小勺廣東辣椒醬，放在麵裏，滿滿一大碗，端進書房，坐在杜先生面前吃，各吃各的，杜先生看到我的樣子，會心一笑。

吃完飯後，杜先生把碟子一推，從抽屜裏拿出了五、六枚泰國子彈錢，每一枚子彈錢都單獨放在一個小塑膠袋裏，上面有一個小的說明題籤，按照順序從小到大排列。

杜先生說：「你注意到子彈錢的單位叫『泰』（Tai）或者『方』（Fang）了吧，這是子彈錢的重量單位。同樣，在籌碼錢上，也會經常看到『宋泰』或者『方』的字樣，這就是子彈錢和籌碼錢之間的關係，籌碼錢延續了子彈錢的度量單位。」

杜先生不等我回答，興致勃勃地接着說：「子彈錢的重量單位是『方』和『泰』，就是後來籌碼錢上面的字樣。我重新梳理了籌碼錢的斷代關係，通過子彈錢找出了彼此的淵源。這個子彈錢很小、一小顆粒，很不容易保存，也容易丟失。後來就改成了方形，或者多邊形的籌碼錢。而且，籌碼錢是瓷製的，成本也低，比鉛錫金屬的要低。一般的賭客，來到賭場，先用子彈錢兌換籌碼錢，在兌換的過程中，賭場的老闆就已經賺了。賭客再拿着籌碼錢去賭，賭完後，再用籌碼錢回來兌換子彈錢，或者有的賭客就拿着籌碼錢或者零散的籌碼錢，在賭館和賭館附近的小店、雜貨舖裏邊買東西使用。所以，籌碼錢就很容易在賭館和賭館周圍的小店、雜貨店裏邊，當做找零使用。」

杜先生歇了一口氣說：「我這幾天，有兩個重大的發現，一個是找到了籌碼錢新的斷代關係。看到李駿文章裏有一枚圓形瓷質籌碼錢，和我的那枚圓形金屬的籌碼錢，型制一樣，材質不一樣，瓷質的上面有字，我的這枚沒有字。這啟發了我，我的那一枚圓形金屬籌碼錢，應該就是圓形瓷質籌碼錢的前身，換句話說，瓷質籌碼錢是金屬籌碼錢的延伸和發展。這樣，我就可以把籌碼錢，分出早、中、晚期，這是第一個。第二個，我找到一枚正面寫有『錢』字，背面是『得水』兩個字的籌碼錢。得水是廣東話老話，『得』是贏，『水』就是錢、財的意思。現在很多老廣東人、香港人還沿用這個意思。『得水』，實際上表明與廣東的關係。另外，我還發現有的籌碼錢，背面寫有『地茂』兩個字，地茂是廣東話，原意是指那些出苦力人，蹲在地上吃飯，延伸為街邊小店的意思。所以地茂，後來就是泛指那些受到人們歡迎，特別是普通勞苦人們歡迎的在街邊吃飯的小店。溫哥華有一間小店叫『地茂』，聽說香港九龍還有這樣的地茂店。所以，這枚籌碼錢背面的『地茂』字樣，應該是指這個賭館或者小店的名字。這說明，籌碼錢跟廣東來的移民和開賭場的人有很大的關係。這是我最近的兩個最新發現，在籌碼錢的各種書裏，沒有一個人談到斷代問題，也沒有人把它們的鑄造地，以及兌換關係講清楚。所以，咱們這本籌碼錢的書出版以後，一定會受到很大的關注。」

杜先生順手把修改好的稿子遞給我說：「你拿回去，好好的琢磨修改一下，下次我們再談，就可以更明確清晰了。」

「稿子修改好以後，我們把籌碼錢用掃描儀掃描，正反兩面，作為這本書的圖錄。」我接過杜先生寫滿了字跡和表格的修改稿說。

「是啊！這本書出版以後，一定會有很大的影響。也會引起更多的人開始關注籌碼錢，推動籌碼錢的研究，是好事兒！」

隨後，杜先生看了一下錶，這個時候應該是一時四十分左右，我們大約談了一個小時。杜先生見醫生是二時十五分，一時四十五分左右，我們拿好小氧氣瓶準時出發。

我們出門前，就把小氧氣瓶像往常一樣，放在手扶推車的車筐裏，杜先生扶着車走。我說您慢慢走，

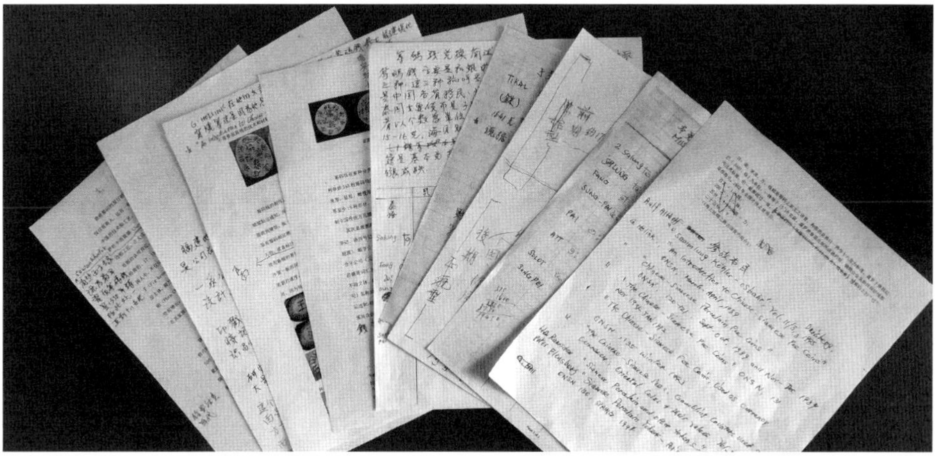

最後的籌碼錢手稿

別着急！要不帶上氧氣吧！我就在後邊跟着慢慢走，不要讓他有督促的感覺。往常杜先生走兩三步，都要歇一下、喘口氣，再接着走。今天，他好像走得很快，中間也沒怎麼歇，從書房走到後門口兒的時候，我說您在這兒先歇會兒再走吧！杜先生順勢坐在旁邊的椅子上，有些喘。我先去把車庫大門和車門都打開，回來看到杜先生去廁所。我就在他視線範圍內的地方站着，背對着他。過了一會兒，杜先生說，咱們今天不去了，我不舒服。我扶着杜先生站起來，他帶着氧氣推着車，慢慢回到書房，坐了下來。

叫杜太太下來

杜先生讓我把客廳的電話拿給他，要打給醫生解釋一下，同時讓我上樓把杜太太叫下來。我把電話拿進來放在桌子上，轉身上樓去叫杜太太。杜太太下了樓，一走進書房就看到杜先生靠在椅子上，身子往後傾，脖子一下一下地往後仰，雙腳前伸。杜太太和我看到這個狀況，非常緊張。杜太太嘴裏不停地說：「Roger！Roger！儂哪能啊？儂哪能啊？」杜太太把杜先生的氧氣調大，然後從桌子上的一瓶藥裏拿了一粒出來，放在杜先生嘴裏，說：「張嘴張嘴，吃進去。」我趕快遞過來杯子，把吸管放在杜先生嘴邊。但是，杜先生似乎沒有吸吮。杜太太讓我從衛生間拿一條毛巾來，墊在杜先生的脖子下，我把杯子蓋兒打開，慢慢地往嘴裏喂水。杜先生緊咬牙關，水流在嘴邊，杜太太大聲叫着：「Roger！Roger！張開嘴，把藥吃進去。」杜先生似乎沒有什麼反應，杜太太用力把杜先生的牙齒摳開，我們又繼續給杜先生慢慢的倒了一些水進去。杜太太說：「Roger 咽下去、咽下去。」這時，杜先生突然一下子把牙齒咬緊，杜太太條件反射地把手指抽了出來，手指頭已經被牙齒咬了一下，有血印兒了。杜太太說，儂哪能咬我啊！我看到杜先生牙齒邊還有一些藥殘留的痕跡，問杜太太，要不要再吃一片？杜太太說：不行！只能吃一片。

杜太太接着說：「Roger！Roger！我們現在去醫院看急診啊！」我說：「我背着杜先生上車，然後送到急診室。」杜太太說：「不行，你趕快打電話，叫救護車。」

我趕快撥出九一一，對方馬上應答，我趕緊報告了杜先生由於哮喘喘不過氣來，而且現在情況非常危急，請你們馬上派醫生和救護車來！杜太太在旁邊提醒說是心臟的問題，他們就會馬上派救護車來。我馬上告訴接線員，對方說不要掛掉電話，我們馬上調配。同時一直向我諮詢病人情況。當時我的腦子空蕩蕩的，嘴裏不斷重複趕快派救護車！趕快派救護車！

大約幾分鐘之後，我聽到外邊有消防車到了，接線員要我把所有的門全部敞開。高大的救護人員拎着大小設備進來，急救人員一邊打開設備，一邊問話，杜太太提早把杜先生的醫療卡給我，急救人員一進門，我遞給他們。他們摸了杜先生的脈搏，馬上決定讓杜先生躺在地下。當時杜先生斜靠在椅子上，我用手扶杜先生的胳膊，軟軟的，沒有一點兒力氣，但是杜先生的雙腿特別直、特別硬。醫護人員把杜先生扶到了地上，讓我和杜太太到書房外邊，杜太太在旁邊說小心點！小心點！

救護人員馬上進行了人工心臟起搏搶救。緊接着，救護車來了兩輛，又下來了很多醫護人員，一起對杜先生進行心臟起搏搶救。我和杜太太在外面焦急地等待着，我緊緊抓着杜太太的胳膊，我的手一直在發抖。這時候，有一個救護人員從裏面出來，我們急切地問，說還在搶救，又諮詢了杜先生的病史。搶救還在進行中，救護人員進進出出。杜太太讓我進去問問情況，我探頭尋問，有人回答說，情況不好，心跳時有時無。救護人員繼續在書房的地下不停地進行搶救，人工和機器起搏輪流使用。

馬上通知香港的女兒 急診醫生要見家人

這時，杜太太讓我把電話拿給她，她撥通了女兒小寶香港的電話說：「你爸爸狀況不好，趕快買飛機票過來！」杜太太放下電話後，對我說，你去拍幾張照片發給小寶看。我從外面的人縫中拍了幾張搶救的照片，發給了小寶。過一會兒，我還錄了一個小錄影發給了小寶。事後，我查對了拍照和錄影時間，是三月五日下午三時十四分和三時二十二分。又過了一會兒，救護人員把杜先生小心翼翼地抬上了擔架上，固定着的心臟起搏機器還在不停地工作，三時三十分左右，擔架抬出了大門，上救護車去 Richmond 急救門診。

我很快到了醫院急診搶救室，看到一個華裔社工，她告訴我杜先生正在進行搶救，急救醫生問家屬在哪裏？問我是什麼親人？我說是學生，家屬在家裏，馬上就過來。我給杜太太打電話請她盡快過來。過了一會兒，杜太太坐着輪椅車到了，我們一起守在急救室門口，這時是四時四十分左右。大約過了五分鐘，急診室的西人搶救醫生 V 先生出來說，杜先生病得很嚴重，到急診室的時候，已經沒有了呼吸和心跳，我們馬上進行了搶救，現在恢復了呼吸和心跳。但是，肺已經不能正常發揮呼吸的功能，不確定是哮喘導致，還是肺癌導致。另外，由於心跳曾經間歇停止過，造成大腦嚴重缺氧，大腦很可能受到了損傷。目前，病人依靠 Life supporter 幫助，恢復心跳和脈搏。但是，病人重新甦醒過來，像以前那樣正常走路說話可能性非常小，現在完全要靠儀器來維持生命體徵，病人承受着很大的痛苦。醫生特別強調，杜先生曾在去年十二月與醫生簽訂了授權書，說在他的心肺功能失去的時候，不要進行搶救。所以，醫院要尊重病人之前的決定，如果這期間心臟停止了跳動，將不會再進行新的心臟啟博搶救，避免病人忍受新的痛苦。

杜太太說，這個協議我知道，我也簽了。但是，我不同意你的意見，不能放棄搶救！一定要盡力維持他的生命，要等到他女兒、孫子到來，見了最後的一面，他才能放心地走。所以請你們盡力維持他的生命！孩子們從香港專程趕過來，明天中午就到，現在已經在香港機場了。V醫生說，那好！我們維持目前的現狀，繼續搶救觀察，等ICU的W醫生根據病人情況，做進一步決定和安排。

隨後，護士就讓我和杜太太進到搶救房間，守在杜先生身旁。我們看到杜先生躺在那裏，嘴裏身上插滿了各種各樣的管子，監測儀器在不停地顯示着各種指標，旁邊掛的各種液體也在滴滴答答地輸入。護士告訴了我們關注監視器上最重要的兩個指標：血壓和心跳，我看到杜先生的血壓很低，高壓大約在六十九至七十，低壓在四十七至五十左右，平均血壓在四十九左右上下波動，心跳也不穩定。

「爸爸、公公醒來、醒來！」萬里呼喚，先生眼角流淚！

五時十四分，杜太太讓我再次撥通小寶的微信視頻，對面傳來小寶的泣不成聲，不斷地呼喊着：爸爸醒來！爸爸醒來！爸爸要堅持住！要堅持住！撕心裂肺的哭泣聲，從遠在太平洋的那一邊傳過來。我把視頻，對着杜先生的眼睛。

杜太太帶着氧氣，顫顫巍巍的站在床邊，但是眼神很堅定，表情虔誠，嘴裏邊不斷地唸經祈福：「南無阿彌陀佛，菩薩保佑！南無阿彌陀佛，菩薩保佑。保佑Roger能夠挺過這一關！」還俯在杜先生耳朵說：「Roger，儂啊！平常辰光就很艮，脾氣倔，今天就要再艮一下、硬一下，挺過這一關！挺過了，就好啦啊！你一定能做得到的。如果聽到了孩子們的聲音，就眨一下眼睛。」

親人們的呼喚，杜先生似乎聽到了，右眼微微地抖動、露出一條縫隙，眼角有一點點的濕潤。杜太太抽出紙巾，說：「Roger，你聽到了我們說的話，對吧！你要堅持住！要挺住！一定要扛過來！」說着，杜太太慢慢地拭去杜先生眼角的淚痕。就這樣，我和杜太太的手機輪換使用，一直保持視頻聯絡。小寶和孩子們不停地呼喚，讓爸爸醒來！公公醒來！公公要堅持住！萬里之外至親的呼喚，始終沒有停頓；這無線電波，連接着杜先生和女兒孫子之間的血脈親情。

這期間，杜先生的血壓不斷地在變化，時而升高，時而降低，最低平均低到四十七，但是很快又回到四十八、四十九、五十、五十一，慢慢往上長。我似乎感受到了杜先生體內的那股力量，那股生存等候孩子們的力量，不斷地在抗爭，堅持等到見孩子們最後一面。

大約持續了一個多小時，急診室又送來了其他的急救病人，需要把杜先生轉移到 ICU 病房。

ICU 的主治醫師王醫生從香港來的，會講廣東話，可以與杜太太用廣東話交流。這個時候，視頻那一端的小寶，也泣不成聲地請求王醫生，盡力維持爸爸的生命。或許同是華裔，能夠理解父親最後見女兒孩子一面的心願，情真意切和同宗同俗，王醫生被感動了，說：我們努力、盡全力！盡最大的努力，爭取等着你們到來。

也許是上天有靈，杜先生聽到了孩子們的呼喚，加上醫生們的積極努力，生命體徵一點一點地恢復，血壓慢慢回復到了正常，平均六十九左右，心跳在七十五左右，比較平穩，沒有大起大落。

我們大約九時三十分左右進了 ICU 病房。杜先生躺在床上，身上又增加了更多的儀器和設備。護士解釋說，為了保持杜先生的體溫能夠略微低一點，這樣就不會讓淤血進一步損壞大腦。

我和杜太太守護在杜先生床邊，杜太太嘴裏就沒有停止唸經：南無阿彌陀佛，菩薩保佑！一遍又一遍地祈禱保佑。我站在杜先生的右邊，看着那熟悉的面孔，就像睡着了一樣，慈祥安寧，在儀器的幫助下，胸脯有規律的一起一伏。我抬頭看了看右邊的監視器，杜先生的血壓平均八十五、心跳六十五，我隨手拍了一張照片。後來，把這張照片發給了在飛機中的女婿 Raymond。由於杜先生的個子很高，我看到杜先生的兩隻腳緊緊地頂在床邊。杜太太說床邊太涼，讓我給杜先生把襪子穿上。我從包裏找出了襪子，小心翼翼地一隻一隻穿上，觸摸到杜先生的雙腳很溫熱。

又過了一些時間，郭太太也趕了過來。郭太太、杜太太是兩姐妹，在溫哥華跟杜先生來往非常多，平時這三位老人互相關照。兩位太太喜歡打麻將，郭太太有時運氣不好，杜先生就說幫助郭太太，改改運氣、調調風頭。看到這三位老人，我心裏非常不是滋味，默默走出了病房，站在門口，真心祈禱奇跡能夠發生！

夜深人靜，杜太太嘴裏還不斷的唸經保佑。我跟杜太太說，稍微吃一點兒東西，喝口水吧！墊墊肚子，從杜先生猝病以後，杜太太和我就滴水粒米未進。杜太太吃了兩塊餅乾，說味道還不錯。我也餓了，一口氣喝了一瓶子水，吃了半打餅乾。

或許是醫生的急救和 ICU 的設備起了作用，杜先生的生命體徵基本維持在正常的範圍之內，沒有太大的波動。我倒覺得是杜先生的生命力頑強，一定要堅持到小寶和孩子們的到來。

吃完餅乾，杜太太說現在情況比較穩定，咱們兩個人要保持體力，換着休息，一直要等到小寶他們來。我平時就睡覺晚，現在一點兒睡意也沒有，我陪着杜先生，你回去休息一下，明天早晨來換我。我猶豫了一會兒，最後說好，明早來換您。杜太太特別關照，開車一定要小心、慢一點！臨出門時，杜太太要我跟杜先生打聲招呼，我俯身輕聲說：「杜先生，我先回去休息一下，把手機充好電，明天早晨來接替杜太太，您一定要堅持住！堅持住！」

出了醫院大門，大約是凌晨一點，外面死一般的寂靜，路上沒有車、也沒有人，我眼睛有些小金星。我搖下車窗，把音樂聲音開得很大，心裏非常難受，大腦完全麻木了，慢慢開車，大約一個小時到了家，進門後，馬上充電，給杜太太發去了平安到達的信息。過了一會兒，我打開微信，看到了 Raymond 發來的信息，他們已經登機起飛，飛機上可以接收微信。我給 Raymond 發去了剛才拍攝的生命監視器的照片，告訴他們生命體徵基本正常，希望奇跡發生。我沖了個澡，吃了兩片安眠藥，大概二時三十分左右，迷迷糊糊的躺下了，半夢半醒。

早上，我一睜眼已經快七點，趕緊起床洗漱，吃了些東西，就趕往醫院。到了醫院八點多一點，我進到病房，杜太太還是守在杜先生旁邊，我說您回家休息一下，我來陪着杜先生。杜太太說不了，一點兒也不困，回家我一個人，也沒有辦法睡覺。我說，那您到門口的房間裏休息一下吧！杜太太說，不行，裏邊太冷了，容易感冒。杜太太堅持不走，這樣我和杜太太上午一直陪着杜先生。

杜太太告訴我，昨晚後半夜，ICU的護士換了一個中國小姑娘，把杜先生的詳細情況解釋給杜太太。杜先生是由於心臟暫時停止跳動，大腦供血不足，缺血造成腦中風，大腦受到了很大的損害。現在主要是靠儀器維持生命體徵。

小寶他們的飛機應該是十一時三十分落地，他們行李多，會打車直接到家裏，杜太太讓我去家裏，接他們到醫院。

滿頭大汗，呆呆地坐在門口台階上，頓悟！

我開車到了杜先生家裏，看到郵箱裏有兩封信，其中有一封是癌症中心給捐款人贈送的禮品，鼻子一酸，眼淚立馬流了下來。我把所有的房間的燈都關了，唯獨把杜先生書房的燈一直開着。我坐在門口的沙發上，總感覺到杜先生還是坐在書房的椅子上，遠遠的望着我。我坐了一會兒，拿了燈泡，繞到後邊，進入佛堂。看着佛堂裏供奉先人的佛龕，心想，希望佛堂不會再增加了一張新照片。我換下不亮的燈泡後，偌大的房子空空一人，心裏邊非常難受，走出大門，坐在門口台階上，雙手抱着頭。不知是緊張，還是一下子放鬆下來，我滿頭大汗，望着門口的草地，突然感覺到一個人的生命，原來只是可以看到起點，有終點但是不知是何時。現在，我看到了終點，生命從起點到終點，就在那裏，清清楚楚。突然領悟到先生常說的「人生如夢，似夢非夢」生命的短暫，內心受到到巨大的震撼甚至恐懼，我不敢繼續想下去，扭頭轉向另外方向，默默地坐在台階上，雖然太陽很溫暖，可是初春的寒風還是冷颼颼的，打了個冷顫，依然不想進到屋裏，繼續坐在台階上。

這時阿秀（杜先生家的幫工）來了，我說你做一點吃的吧！小寶他們飛了十幾個小時，或許要墊補一下。阿秀說昨天專門熬了粥，還加了乾貝和豬肉在裏面，都是杜先生最喜歡吃的，杜先生還說要吃油條，所以昨天也專門去買了油條。現在，杜先生粥和油條都吃不了。我聽到阿秀說的話，淚水一下子就控制不住了，趕緊轉身離開。過了一會兒，阿秀說粥熱好了，給我盛了一大碗放在桌子上。說實話，我已經沒有飢餓感了，但是必須要保持體力。我三口兩口喝了，看着阿秀端上來的油條，我側過臉躲開，心裏不是滋味，眼淚刷地流了出來。我默默地夾了一小塊兒，放到嘴裏，心裏說杜先生我替您吃下這塊兒油條吧！希望您能好過來，回家吃油條喝粥！

很快，小寶他們到了，放下行李，簡單洗漱了一下，換好衣服，就一起去了醫院。他們從香港來，比較注意防範新冠肺炎，我們都戴上了口罩。到醫院後，小寶進到房間，緊緊地握着杜先生的手，貼着耳邊，繼續呼喚着：「爸爸，您醒來！醒來啊！」哭得特別傷心，雙手撫摸着杜先生的左手，時不時地把杜先生的頭髮慢慢捋順，用紙巾輕輕擦拭眼角。孩子們也逐一上前，握着公公的手，不停地呼喊着：「公公、公公，你回來啊！我給您做XO醬，我跟你一起讀書！」小孫子情緒特別激動，嘴裏邊一直喊着公公，一直還說不可能！不可能！無法接受這個現實。

執子之手，與子偕老！

杜太太在床的這一邊，輕輕撫摸着杜先生的右手，喃喃地說：「這隻手寫了多少字啊！Roger啊！你太自私啦，你不能自己就走啊，不管我們啦！你太不禮貌了，你也不理我們啦！」小寶在另一邊，緊緊地握着杜先生的左手，哭喊着。

我看到杜太太說這些話的時候，眼睛是紅腫的，小寶早已泣不成聲。一對恩愛幾十年的老夫老妻，和割不斷的父女情深，在人生的盡頭，依然是那樣留戀不捨。這一幕深深地刻在我的腦海裏，永世難忘：執子之手，與子偕老！手澤之情，永世難忘！

過了一會兒，王醫生和兩位護士戴着口罩和防護服進到房間。他按照慣例，先詢問小寶他們是否得過病？是否從疫區來？在確認沒有問題的情況之下，向家屬解釋了杜先生目前的狀況。為了更加清晰的說明，王醫生還在牆上的小黑板上，畫了一幅大腦的結構圖，解釋杜先生由於心臟驟停，大腦供血不足，受到嚴重的傷害，現在要進一步確認腦傷害的部分有多大範圍。昨天所採取的措施，就是控制傷害範圍不

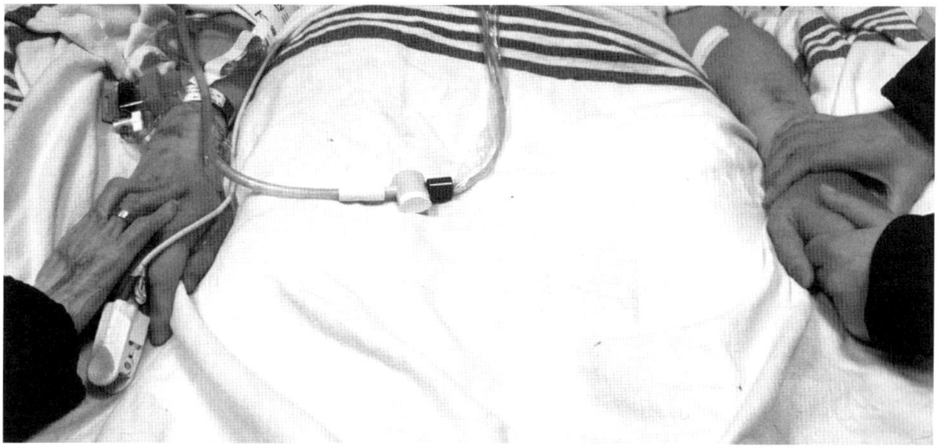

執子之手　情澤永憶

要擴大，明天早晨再做一次CT，最後確認大腦損壞程度。

下午三時左右，杜太太讓我趕緊回家送藥。這裏還有一個小插曲，當天早晨，我走得匆忙，想把頭疼藥帶上，我有偏頭痛老毛病，隨手就把桌子上的一瓶藥拿走放在車上。中午把小寶他們送到醫院，我想吃止疼藥，突然發現，這瓶藥和我以前的不一樣，而且沒有開封。我再仔細一看，原來是我太太的高血壓藥。她今天上午打電話，說頭暈，找不到降壓藥，問我是不是拿了？當時我的腦子都沒有想，第一個反應就說沒有。我說下午四時半你正好去見家庭醫生，到時再開一點兒藥吧！到中午時，我才發現犯了這個錯誤，匆忙之中，把她的降壓藥誤當成了我的頭疼藥。三點左右的時候，杜太太讓我回去把藥帶給東梅。

晚上在家，我心情非常難受，倒了一杯紅酒，剛喝了幾口，就覺得天旋地轉，這兩天心裏憋着的傷心悲痛勁兒，一下子湧了上來。我跟東梅說，咱們來溫哥華十年，我和杜先生聊天請教學習了十年；現在，杜先生如果突然走了，我以後去找誰去呢？如果沒有杜先生，我在這裏的十年會怎麼過？我不知道，很茫然。這時候，董洋下樓，看到我的傷心樣子也來安慰我。我跟董洋說，杜爺爺還惦記着你呢！還給你預定了肉粽子。杜爺爺特別喜歡你做的三明治吞拿魚醬。杜爺爺的最後一頓飯，是吃你做的吞拿魚醬。杜爺爺還說「讓你把醬做得的再濃一些、更稠一些」，但是，現在杜爺爺躺在醫院了，董洋聽了流出了眼淚。

董洋今天下班回家後，把家裏的蘋果做成蘋果派，烘烤出了新鮮的蘋果派。我們一進門，他就跟我說：杜爺爺好了以後，我給他做蘋果派吃！

晚上，我含着淚水給杜太太、小寶和 Raymond，發了一個微信，說事情發生這麼突然，就像一場夢！我們中午還在一起吃飯，一起聊天。那天，杜先生興致特別高，心情特別好。怎麼一轉眼，就躺在了 ICU 的病床上，我簡直不敢相信，也難以接受這個事實，我多麼希望奇跡出現，我和杜先生還有那麼多的書稿和事情沒有做好呢！

晚上睡覺的時候，我頭痛得厲害，又吃了兩片止疼藥和睡覺藥，才勉強迷糊着。半夜裏，覺得嗓子不舒服，癢癢的，咳嗽把自己震醒了，也把東梅吵醒了。就這樣，迷迷糊糊，大約到了凌晨，一下子醒了，我抓起手機一看時間是五時四十五分，我看看信息、沒有動靜，又躺下想再睡一會兒，可是腦子裏充滿了這兩天發生的一切，亂糟糟的，我再次覺得嗓子奇癢，忍不住咳嗽了幾聲，覺得有點不對勁兒。但是已經顧不了那麼多了，我想一定要再好好的休息一下，就這樣迷迷糊糊一直到天亮。

第二天早上（七日）七時二十分，突然手機響了，我抓起手機，是杜太太打來的說：醫生通知杜先生的狀況不好，要我們馬上趕到醫院，我們已經在醫院的路上了。我說：我馬上就來！我把東梅叫醒，穿了衣服，簡單吃了點兒東西，讓董洋趕快把蘋果派加熱一下，帶着直奔醫院了。

到了醫院 ICU 病房，杜先生的生命體徵已經變化，血壓一點一點地降低，心跳也在減緩。我和東梅分別到杜先生身邊，扶着杜先生的手說：「杜先生，我們來看您了！您要挺住啊！董洋說謝謝您給他的肉粽子，等您身體恢復後，他給您做更多的好吃的。昨天他下班後，特意做了蘋果派。今天早晨，又加熱了一下，現在還熱着呢，我給您帶過來了！」杜太太說：你們兩個跟杜先生最後照一張像吧。就這樣，永遠地留下了我們和杜先生的最後紀念。

大約九時半左右，王醫生進來，跟家屬說明了杜先生目前的狀況，已經沒有回天之術，生命體徵在繼續衰減。王醫生建議家屬考慮，為了減輕杜先生的痛苦，可以一步一步地減少儀器和維持生命體徵的液體，讓病人平和舒適的慢慢離去。醫生特別強調說：不要着急，慢慢考慮，不急不急！聽到這些話，所有的人都非常悲痛。過了不久，郭太太也到了，跟杜先生告別。杜太太、小寶、Raymond 以及郭太太，都明白杜先生的具體病況。儘管依依不捨，但還是要考慮醫生的建議。最後，杜太太和小寶同意醫生建議，減少痛苦。

莊重安詳平靜離去

大約十時半左右，護士進來，在與家人確認後，一點一點停止藥液和營養液，並給杜先生注射了三支嗎啡，這是為了降低病人的痛苦，讓病人順順當當平平安安地離去。

就在這個時候，我突然看到杜先生的左右手，幾乎同時從小腹部位，慢慢向上面的胸口部位收攏，呈現出一種非常安祥莊重自然的狀態。護士解釋說，這是人體肌肉的作用。我更願意理解為，杜先生要保持一種優雅從容坦然高貴的姿態，走向那個未知的世界。

大約又過了一刻鐘左右，護士又進來，徵得同意，進行了其他的操作。大約在十一點多一點兒，護士再進來，最後撤除了呼吸機，停止了氧氣供給，並關閉了血壓、心臟和其他監控系統。大約過了一刻鐘，兩位護士進來，通知家屬，外面的總監控儀器顯示十一時十六分時，杜先生已經平和地離去。一位護士按照規範的操作流程，仔細檢查了杜先生的左右瞳孔，並用聽診器測聽心臟跳動情況。隨後，另外一位護士按照同樣的操作流程，進行了確認，最後告訴家屬，病人已經離去，瞳孔放大，沒有了心跳，這時是十一時二十一分。

就這樣，按照 ICU 總監視器的顯示、醫生護士確定，三月七日上午十一時十六分，杜先生在所有家人親友的陪護下，雙手合攏在胸前，心臟最後停止跳動，平靜和緩安詳地離去。

杜太太和小寶、Raymond、天照、天耀、郭太太，還有我和東梅，靜靜的佇立在杜先生身旁，陪伴着、目送着杜先生慢慢的離去。杜太太雙手緊握杜先生的右手，小寶握着左手，依依不捨。杜太太嘴裏鎮定地說着：「Roger！不要急，不要急，慢慢走，慢慢走，一路走好啊！」

房間裏的空氣已經凝結，我可以聽到我的心跳，但是我聽不到杜先生的聲音，看不到杜先生的心跳！所有的人都屏住呼吸，默默不語，似乎要把這一刻凝固定格一樣。

大約過了一個多小時，我們收拾好杜先生所有的東西，每個人最後在杜先生耳邊輕輕地道別，祝他一路走好！我貼近杜先生耳邊說：「杜先生！您到那邊好好的去和家人團聚吧！您安心地走吧，把杜太太、郭太太和小寶的病統統帶走，把好的運氣留給我們，留給您國內那麼多惦記着您的好朋友，還有我、東梅和董洋，我替他們謝謝您啦！您一路走好啊！託夢給我啊！」

後來，杜先生的魂魄還真的來看我們，也顯過靈！

三月七日下午回到家，覺得渾身不舒服。杜太太叮囑我，要盡快通知杜先生國內的朋友。我吃過藥以後，把這幾天紛亂突發的各種雜念事情，盡量不去想，希望大腦能夠靜下來，思考杜先生的訃告。我從來沒有寫過這樣的文體，上網查了一些資料，也沒有頭緒。也許是藥效作用，我出了一頭汗，反覆斟酌措辭，一遍一遍地寫草稿，東梅幫我參謀，憑着與杜先生多年的推心置腹，真實而樸素地寫好訃告，發給杜太太審定，杜太太確認可以發了，附錄如下：

告杜君維善先生之好友

三月五日下午約兩時半，杜君維善先生，因哮喘猝發心梗，隨即救護醫療人員上門急救，恢復心跳，立即送往列治文醫院急救門診、ICU繼續搶救，維持生命體徵。

其時，夫人杜譚氏與學生董存發陪護；次日中午，女兒杜雅璉及女婿攜兩位孫兒從香港趕來，與親友床前陪伴先生走完最後一程。

先生於溫哥華時間：二零二零年三月七日上午十一時十六分，平靜安詳駕鶴西去，享年八十八歲。家人親友悲痛不捨，衷心祝福先生一路走好，在天堂那邊與父母團聚！

杜太太囑咐存發專此報告先生之諸位好友相互轉告

唁電飛來，寄哀思！

由於微信設置，一次只能發選九個朋友，所以我只能一組一組的選發。很快，手機回覆的鈴聲不斷。我知道大家得到這個驚詫的噩耗，都不相信，要和我來核實。但是，我必須全部發完。突然，微信電話響了，王樾打來，婉轉而急迫地說：「聽別的朋友說，杜先生不在了，是真的嗎？」我說：「是的！我還沒有發到你，王姓W的排序靠後，所以還沒有來得及發。」王樾是杜先生在上博的學生，跟隨杜先生學習和整理展覽絲路錢幣。我掛了電話，忍着淚水，集中精力，盡快發出。就這樣，陸續發了將近兩個小時，才把我所知道、認識的杜先生的朋友發完。訃告發出去以後，有西安的、上海的、北京的，全國各地的朋友，紛紛回覆，有確認信息的，多數是痛惜、安慰的內容。西安、上海和北京幾個特別的朋友打來電話，詢問後事安排，上海澎湃新聞的記者諮詢下一步安排，我都回答說目前還沒有具體時間表。

很快，海內外的唁電、慰問函，雪花一樣紛紛而來，有個人名義的、有單位名義的，多數是個人名義的。我逐一把收到的唁電、慰問函，分別轉發給杜太太、小寶和Raymond，並且準備打印出來，一些朋友希望出殯時，能夠為杜先生獻上花圈，最後送一程。

唁電摘編（不分先後）

・國家文物局水下文化遺產保護中心：

「半個世紀以來，專心致力於古代絲綢之路錢幣的收藏與研究，著作等身，成績顯著。堪稱楷模。」「先生雖耄耋之年，但家國情懷依舊，近年為其收藏之海上絲綢之路古錢幣擬捐贈國內，曾與我中心磋商，令我們甚為感動」——宋建忠主任。

• 加拿大皇家安大略博物館：「杜先生與我和我所任職的博物館緣分深厚，也是我後輩的榮幸和機緣。」「杜先生的後半生在加拿大度過，在加拿大為保存和發揚中華文化而獻出畢生精力。」「如果能夠將先生的文化精髓在加拿大作為文化遺產永久保留，也是我輩願意盡心盡力的。」——沈辰博士、副館長。

• 上海博物館：「杜維善先生，先後多次向上海博物館捐贈絲路古幣，使上博得以建設出絲綢之路古代國家錢幣的展示專室，也使上博成為國內首家擁有成體系異域文物收藏的博物館，杜先生的善舉文化意義重大、社會影響深遠。」——楊志剛館長。

• 上海市文史研究館：「數年前，為保存近現代珍貴史料，先生欣然接受我館主持的口述歷史叢書編撰工作，編撰成果先在我館與中央文史研究館共同主辦的《世紀》雜誌連載，去年又以《杜維善口述歷史》面世，讚譽不絕。今先生遽然逝世，實為國際錢幣界的巨大損失，我館也痛失一位德高望重的文友。」——沈飛德副館長。

• 上海市歷史博物館：「斯人已往，手澤長存。」「化私為公，情繫鄉梓的高尚品質」將與世長存。

• 上海浦東歷史研究中心：「今先生遽然西歸道山，於我國收藏界失去一位大家，於我浦東則失去一位老鄉親。」——柴志光主任。

• 上海市浦東新區高橋鎮人民政府：杜維善先生「晚年亦心繫桑梓，寄殷殷之託，家鄉父老甚為感念。」

- 中國錢幣學會：「杜維善先生在錢幣收藏與研究，尤其絲綢之路錢幣的收藏與研究方面成績卓著，斐聲泉界，於泉學研究貢獻甚鉅。杜維善先生身在海外，心念祖國，向國內博物館捐贈大量珍貴藏品，愛國之心昭然天地。」—周衛榮館長。
- 陝西省錢幣學會：「先生絲綢之路錢幣的收藏與研究，獨樹一幟，開國人全面系統研究中亞古幣之先河。先生心繫祖國，慷慨捐贈大量珍貴藏品之義舉，有口皆碑，亦為國民了解絲路歷史開啟了一扇明窗。」
- 西安錢幣博物館、西安錢幣學會：「杜先生生前人雖在海外，卻心繫祖國，具有赤誠的愛國心。」
- 河南錢幣博物館：「杜先生畢生從事錢幣研究事業，收藏著述皆豐，並將用心血收藏的絲綢之路錢幣珍品捐獻給國家，業界同仁無不敬仰。」于倩。
- 寧夏回族自治區考古研究所：「臨紙為悲，萬里寄哀。哲人雖逝，風範長存。」羅豐所長（原）、教授。
- 絲路錢幣沙龍：「杜老做人，一貫低調，施恩而從不圖報，默默耕耘而不追求名利。杜老的道德、泉識，崇貫泉界，萬人景仰。」
- 盧燕（Lisa Yan Lu）：「我這兩天一直想着他打過幾次電話？電話，我想我們這有靈犀相通，我想他的時候，他也會想到我，我也會想到他！」
- 潘翎（Lynn Pan）：「I am so sorry to hear this. May I offer my condolences to his family? It must be a terrible loss to you too, and I send you my deepest sympathy.」
- 顧媚（Carrie Mei Koo）：「得悉杜

先生仙逝，請代向杜家人慰問。節哀順變！」

- 戴志強：「杜維善先生是學者型的錢幣收藏大家，對於當代錢幣學的研究，其功甚偉。」「維善先生從普通錢幣入手，做深一層次的剖析，以學術活動的實踐，來推進當代錢幣學的學科建設，這便是他和一般錢幣收藏家的區別。」
- 林梅村：「海上世家一生維善，忠孝報國千古永存」
- 路增遠：「禪聲悟深遠 微妙聞十方」
- 袁林等：杜先生「生前多次強調西安為自己的第二故鄉，如果二〇二〇年身體允許，將先回故鄉上海，再回第二故鄉西安，與泉友歡聚。」先生的逝世「於泉界失去了一位領袖，於我輩則失去了一位良師益友。」袁林、宋捷、林文君、師小群、孫岩、張吉保、楊槐，黨順民
- 王樾：「從先生那裏學到的不僅僅是知識，還有更多的做人做事的道理，對我的成長幫助，永遠銘感於懷。」

終於病倒了！感冒？新冠肺炎？

第二天週日（八日），杜太太打電話叮囑我多喝水、多吃維他命C，告訴我下週一，就是九號中午十二點去殯儀館談事，找老先生算日子安排後事。問我要不要去？我說：要去！可是到了星期天晚上，我咳嗽愈來愈重，而且有一點點低燒（三十七點三度），渾身無力酸痛，我給杜太太、小寶和**Raymond**發了信息，說為了安全慎重起見，明天我就不去了，有什麼事情電話裏聯繫吧！家裏有老人孩子，特殊時期要特別注意防範，他們建議我好好休息，杜太太也特別打來電話，要我在家好好休息，暫時不要過去，放心養病吧！**Raymond**和小寶會安排好喪事的。

這幾天，加拿大確診病例愈來愈嚴重，空氣中彌漫着疫情的緊張。我不由自主地擔心，千萬不要染上

那討厭的 Virus。I don't know!

九日傍晚，杜太太打電話告訴我，按照老禮兒，請專門人員選定了日子，讓我詳細記下來：三月二十日，陰曆春分，下午五時至九時親人陪護守夜；二十一日，陰曆二月二十八，下午十二時半至二時，大殮告別，隨後火化；三月二十四日，陰曆三月初一未時，下午一時入土安葬。具體計劃：明天，也就是三月十日，陰曆二月十七，殯儀館把杜先生的遺體從醫院接到殯儀館，家裏設靈堂，為杜先生點香，親人引導杜先生回家。本週五，三月十三日是頭七；以後依次的每個週五，是二七、三七、四七……一直到七七，四月二十四日，最後一「七」，七七四十九天，期間，家裏都要上香、祭奠。逢每個頭七的時候，請法師或者道士做法事。由於疫情嚴重，佛家廟裏的師傅都不願意出來念經做法事，所以只能請到道教的道士來家裏做。我逐一記錄下來，這些老禮兒，只有杜太太知道了。

三月九日晚上，杜太太發來照片，家裏已經把杜先生書房，座椅後面的書格子，改為祭拜的靈堂，迎接杜先生回家。十一日，迎杜先生靈回家，以杜太

家中書房思古樓迎靈紀念龕

太、小寶、女婿Raymond和孫兒的名義，給杜先生燒了紙錢。我跟杜太太講，請替我和東梅、董洋上一注香吧！

菩薩誕日，先生靈歸思古樓

三月十二日，這一天是菩薩誕生，良辰吉日，做法事超度，很有意義，菩薩保佑。杜太太說：「那個做法事的師傅是上海人，他的師傅在香港和孟奶奶（孟小冬）認識，他在溫哥華的靈嚴寺修行，和杜先生也是有緣，今天特別為杜先生做法。」世界真小，人間天國都有朋友，杜先生肯定不寂寞。以後的「三七」到「七七」的五個「七」日子裏，都在靈嚴寺裏做法事超度。

我看到杜先生的生辰，再次查了萬年曆，癸酉十月廿九日，公曆是一九三三年十二月十六日，我的生日（一九六四年十二月十六日）與杜先生是同月同日，只是比我早三十一年。我把這個巧合告訴杜太太，她很高興地說：「真是緣分，上天註定。你和杜先生陽曆日子，同月同日。」

三月十三日，週五，頭七，天氣特別好，白雲朵朵，風和日麗，我和東梅說，杜先生真是有福氣，這幾天多難得的好天氣啊！傍晚，我們家的前後院突然飛來了上百隻烏鴉。我家緊鄰湖邊，以前只是看到一群群烏鴉，或者大雁從頭上飛過，唧唧喳喳地飛向遠方；可是，今天這群烏鴉，在前院的草地上蹦來蹦去、唧唧喳喳，叫個不停，把我新種的鬱金香頭也從地裏啄了出來；我到後院，看到樹上和草地上，至少有幾十隻烏鴉，把樹枝壓得晃來晃去的，過了幾分鐘，呼啦啦地飛向了西北方向。

烏鴉，老北京叫「老鴰兒」，老舍的小說裏經常出現，據說是靈鳥；但是我接受的教育，「烏鴉嘴」顯然不是好意。在加拿大，有一種類似烏鴉的大鳥，學名是Raven，也譯為「渡鴉」，這是原住民的神鳥，在哥倫比亞大學的人類學博物館裏，有一個巨大的雕像，題目是「The Raven and the First Men——渡鴉與人類的誕生」。在原住民觀念裏，渡鴉，也可以理解為大烏鴉，是神靈，有着美麗的傳說。我就按照老舍先生和原住民的理解吧，烏鴉是靈鳥，是杜先生派來的靈鳥來看我了。接下來發生的事情，似乎證明了這一點。

晚上，與杜太太商議國內朋友為送花圈的事情，我發了幾組不同的顏色圖案，請杜太太選定鮮花花色時，杜太太說：選「白色和紅色，因為杜先生已有八十多歲（享年八十八歲），可以用紅色」。我說，在我們老家，像杜先生這樣高壽，而且沒有受一點兒痛苦，安靜平和地走了，真是好福氣，是「喜喪」啊！杜先生在杜家的公子中算是長壽的、有福氣！我按照杜太太的意見，以白色為主，點綴三分之一紅色玫瑰，背襯綠植。

賦雪樓供奉先生

三月十四日，陽光暖融融的，我和東梅出門散步，走到社區公園的小山坡上。感冒剛剛好，體力還沒有完全恢復，順勢坐在山坡草地上，看到不遠處，一朵朵的小白花，爭芳吐艷，我低頭仔細看，原來是蒲公英，與往常看到黃色的蒲公英不同，花朵很小，白色花瓣，外圈點綴着暗紅色，這是杜太太希望的顏色。我們在草地上摘了一些小花瓣，折了幾節松柏

賦雪樓迎接先生回靈紀念龕

枝，掐了兩三朵水仙，幾朵紫色野花瓣，找了兩個德化白瓷小杯子，分別插上松柏枝小白花，中間點綴水仙和紫花，兩個杯子上分別寫有「自在」和「禪心」。說來慚愧，十年相隨，竟然沒有一張杜老印出來的照片，只好從電腦裏選出杜先生在書房的照片，素色鑲金邊、紫紅色相框，在杜先生給我書房起名為「賦雪樓」（出典於《龍文鞭影》「嘉賓賦雪，聖主吟虹」），在書架上闢出一格，背景都是杜先生寫的書籍和口述歷史，照片供奉在紫框鑲金邊相框裏，兩側為「自在」與「禪心」插花杯，我望着慈祥的杜先生，內心充滿了感恩之情，拍了幾張照片給杜太太和小寶，杜太太很快回覆說：「杜先生去看過了你們設的紀念龕，杜先生很喜歡！」哦！杜先生會經常來我家，看望我們！我長長出了口氣，仰望天空！我知道，杜先生就在那裏，遠遠地望着我們！

春分守靈，花圈輓聯寄哀思

三月二十日，陰曆二月廿七春分，酉時至戌時，就是下午五時至晚上九時，因為杜先生屬雞，對應酉

弔唁靈堂

時，家人親友，伺服守靈，殯儀館在Richmond。我和東梅到達殯儀館，只有家人，大家都帶着口罩。我們先向杜先生遺像遺體三鞠躬，並奉上香，走到杜先生身邊，默默地注視着杜先生，再次三鞠躬，然後輕聲告訴杜先生：國內機構和老朋友，在得知噩耗之後，馬上紛紛發了唁電，我都一一發給了杜太太和小寶、Raymond，今天我都打印出來帶了過來。由於疫情，他們無法到來，獻上花圈輓聯，寄託哀思懷念。

由於疫情愈來愈嚴重，杜太太叮囑喪事從簡，本地的一些朋友不建議到場，以花圈花環寄託哀思，當天總計五十多幅擺放在弔唁大廳，分列陳列在杜先生

女兒杜雅璉一家敬送輓聯花圈

最醒目的杜太太敬送心形花圈

遺體的左右，最靠近的是家人，隨後是親友，國內機構的花圈排在左側，好友花圈在右側，莊嚴肅穆而不失典雅。所有的花圈花環，都是鮮花製作、綠植陪襯，莊嚴肅穆高貴典雅。

杜太太的花圈最特別，緊靠在杜先生右側身旁，用淡黃色鮮花，綴滿成一個大大的心形圖案，輓聯上寫道：「夫妻情深，常在心間 愛妻譚端言泣輓」；左側是女兒一家的花圈，輓聯寫道：「親愛的父親，難忘手澤，永憶天倫 愛女杜雅璉、愛婿程偉文率子程天照、程天耀泣叩」；居住在台灣的杜先生大姐一家，送來輓聯花圈，寫道：「親愛的弟弟 手足情深，永遠懷念 姐杜美如、姐夫蒯松茂 率子 蒯文瑞 孫 蒯振禾 蒯振美」。郭太太一家和其他親友送來花圈花環，寄託哀思。

國內的朋友和單位機關，委託我請溫哥華花店做的花圈，分別製作了三種不同的花牌、花環，特別是那兩個巨大的花環，白、紅、黃色花朵，綴滿一圈，特別肅穆而高雅。當天下午，二十七幅全部送到殯儀館現場。

單位送的花牌有（排名不分先後）：上海博物

館、上海市文史研究館、上海市歷史博物館、上海市浦東歷史研究中心、上海市浦東新區高橋鎮人民政府、中國嘉德國際拍賣有限公司、加拿大皇家安大略博物館、陝西省錢幣學會、絲綢之路錢幣沙龍、古泉文庫、絲綢之路錢幣學會（澳門）；上海博物館好友（周亞、馬今洪、孫慰祖、許勇翔、王樾、羅豐、李肖）、西安錢幣界生前好友（袁林、宋捷、林文君、師小群、孫岩、張吉保、楊槐、黨順民、王泰初）。

個人送的花牌有（排名不分先後）：上海博物館楊志剛、「海上世家一生維善 忠孝報國千古永存 林梅村 敬輓」、上博陳克倫夫婦、錢幣學家戴志強、同鄉晚輩沈飛德，王永生、李洪、于倩、黨順民、趙曉明等。

我和西安的楊槐先生，為杜先生寫了特別輓聯，我的輓聯是：

思古樓主亦師亦父繼家風譽雨癡，

十年授業從來一語破迷津；

賦雪門生崇學崇孝尚義節尋泉趣，

一朝生死自此何處問西東！

楊先生的輓聯是：

思古樓內凝煉新思想，用錢幣錢緣錢事諸多插曲抒發赤子情懷；

羸簃室外撒播泉文化，以昨日今日明日累世大作填補歷史空白。

我跟隨杜先生近十年，杜門立雪，獲益匪淺；一朝生死，何人求教？我特別寫了這副長長的輓聯，寄託情思，杜太太說寫得很好！讓我打印出來放在杜先生身邊，一起火化，帶到天國陪伴杜先生。杜先生的老朋友西安楊槐先生，發來他專門為杜先生撰寫的輓聯，囑我打印出來，掛在了西安生前好友的花圈上。我知道，杜先生與楊槐先生在學術研究上頗投緣，相互尊重。我徵得杜太太同意，把楊槐先生的輓聯也一併帶給陪伴杜先生在天國。相信在天堂，杜先生依然可以與我們一起聊天、探討錢幣。

送「思古樓」冥品，三代寺廟道士做道場

殯儀館老闆是華裔，有一些設施是按照中國傳統習俗安排的。在弔唁大廳的左側，有個小房間，裏面有一個巨大的壁爐，可以供家人弔唁者焚燒紙錢和紙質冥品。從頭期以後，杜太太、小寶和家人每天就在杜先生讀書寫作和休息的書房思古樓，折疊製作冥品，糊紙人兒。我把打印出來所有的唁電，帶給杜太太一一過目，我在杜先生身旁，轉達了發來唁電單位和朋友的哀思懷念，最後焚燒帶給杜先生慢慢看，讓他知道我們永遠懷念他。杜太太還特別讓我和東梅，把特別製作的杜先生最喜歡的思古樓紙質書房，以及金山銀山、金橋銀橋祭典冥品，分別虔誠地放在了壁爐裏，帶給杜先生。

三位道士着鮮艷的道袍，手持道家法器，準備做法事。杜先生曾經告訴我他父親去世時，佛家道家師傅都來做過法事。當時，我沒有感性認識。現在，我親眼看到了，還是為杜先生所做，是不是杜先生冥冥之中，要我親身感受一下嘛！據殯儀館的負責人Sam介紹，這是大溫地區最好的道士，做了一場非常專業複雜的道場，三位道士嘴裏振振有詞地說着，不知道是粵語還是專門的道教術語，連唱帶說，還配有銅鑔，聽不明白。我猜想，大概應該是為逝者驅災辟邪開道祝福祈禱之類的吧！儀式進行了大約一個半小時。

經過杜太太同意，我特別代表陝西錢幣界和學會的生前好友，以及上海博物館的老朋友們，包括學生王樾，分別為杜先生上香三鞠躬，並在杜先生身旁告知，今天的伺服守靈就暫告一段落。

三月二十一日，陰曆二月二十八，午時至未時，就是十二時至下午二時，大殮告別，然後火化。中午十一時半左右，董洋自己開車先到殯儀館，我和東梅隨後趕到。董洋拜見了杜太太、杜小姐，然後，在杜先生遺像遺體前三鞠躬上香，走到杜先生身旁，肅穆致敬。昨晚，董洋特意做了稠一些的吞拿魚三明治醬，因為杜爺爺猝病之前的午飯，就是吃董洋做的吞拿魚醬，杜爺爺說有點稀，下次再做稠一些。董洋今天專門帶來新做的、按照杜爺爺要求的吞拿魚醬。杜太太說，今晚守靈之後，要為杜先生準備七種他平時最喜歡的吃的供品，晚上十一點到凌晨，杜先生要回

我們夫婦与杜太太在弔唁廳

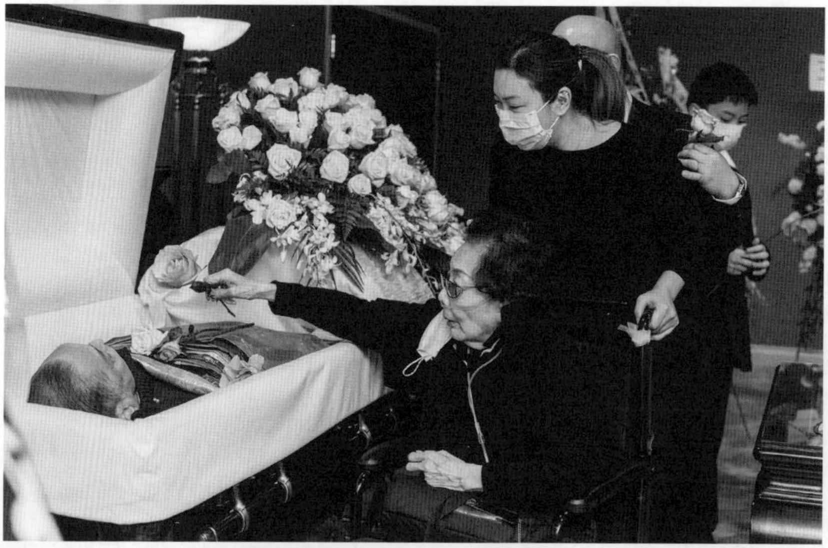

鮮花簇擁　杜太太（坐輪椅）、杜雅璉（站立）最後泣別

家吃。所以把吞拿魚醬也作為供品之一，今晚供奉給杜先生。

道士今天繼續做道場，進行了一個多小時。杜太太曾經讓我在告別儀式上講講杜先生事情，我專門準備了杜先生的生平稿子，特別是在錢幣收藏研究方面的特殊貢獻，並請楊槐先生修正。由於時間緊張，來不及宣讀。最後是所有的家人和親友瞻仰杜先生遺容，與杜先生告別送行。大家紛紛從花圈上選出自己最喜歡的一朵鮮花。我從我們送的花圈上摘出兩朵玫瑰，一朵紅色，一朵白色，把我和楊槐為杜先生撰寫的輓聯，小心翼翼地捲成卷兒，黑卡子卡住，卡子上別一朵白色絨花，分別用一支玫瑰穿過輓聯卷兒。我默默地走到杜先生身旁，把鮮花和輓聯，輕輕放在杜先生身旁，告訴杜先生，這是我和楊先生最後送您的輓聯，請您一路走好啊！我們永遠懷念您！

殯儀館工作人員在杜先生遺體前鞠躬，恭敬細緻地合棺，只聽杜太太哭聲說：Roger 啊！Roger 啊！全場所有人員哭聲一片，這時，殯儀館悲痛的氛圍達到了極點，我和所有人一樣，悲痛欲絕，淚水早已模糊了視線，踉踉蹌蹌地走到杜太太和家人面前鞠躬，

向親人最後鞠躬告別

泣不成聲！

顯靈：捨不得走

小寶雙手捧着杜先生的遺像，走在前邊，靈櫬緊隨其後，大家依次跟在後面，緩緩走出弔唁大廳。門口停了三輛殯儀館專用靈車，我注意到黑色的車身前面，標着金光閃閃的銘牌：凱迪拉克，這是杜先生最喜歡的車型，也是他父親最喜歡的車型。杜先生以前有一輛凱迪拉克，後來送了別人，自己買了一個大眾高爾夫小車。杜先生開玩笑的說，凱迪拉克那是車、汽車！我的這個高爾夫，只是代步而已，是騾子、能走路的騾子！今天，杜先生再次坐上他最心愛的凱迪拉克。

靈櫬抬進靈車，杜太太和家人搭乘另外兩輛凱迪拉克，駛出殯儀館。**Raymond** 開着高爾夫，跟在靈車後面，我緊隨其後。靈車車隊出了殯儀館，一直向南走，要帶着杜先生在家周圍走過，最後回家。載有靈櫬的凱迪拉克，停在了每次我來看望杜先生時停車的位置。我把車停好之後下車，看了下錶是二時三十五分，這正是十五天前，三月五日下午，杜先生猝發心梗的時間。道士在家門口焚香，小寶捧着遺像，走過家裏的每一個房間，嘴裏要不斷說着這是哪個房間，走到靈車前，對着靈櫬三鞠躬，上車準備出發。

我在車上等了一會兒，沒有動靜。又過了五六分鐘，還是沒有動靜，所有的車都着着火兒，載有杜先生靈櫬的凱迪拉克靈車卻沒有動靜。又過了一陣子，看到司機下車手裏拿着手機，表情緊張，連比帶劃地打電話。司機是一位中年優雅的洋人女士，我不明白是怎麼回事兒，趕快熄火下車走過去。原來，凱迪拉克靈櫬車打不着火，Sam 上車反覆轉動鑰匙，怎麼也打不着火，發動機沒反應。道士把自己的車開到了靈櫬車前邊，把兩輛車前蓋子打開，連接電池搭線，凱迪拉克車的打火器絲絲作響，像是痛苦地呻吟，反覆試了幾次，就是打不着！這時，小寶突然失聲大哭，把遺像交給身邊的大兒子，匍匐在地，對着杜先生的靈櫬，行虔誠的磕頭大禮說：「爸爸！爸爸！我知道您捨不得走，捨不得我們！您現在不想走，不想丟下我們！」

就這樣，前面的 Sam 不斷地嘗試着發動車輛，旁邊的司機緊張地打着電話，小寶在車後靈櫬前，不斷地給爸爸虔誠禱告。我當時站在旁邊，驚呆了！搶拍了一張照片。我猛然意識到是杜先生顯靈了！我趕緊對杜先生靈櫬不斷鞠躬，嘴裏念叨：杜先生！杜先生！

也許，真是杜先生顯靈了！經過 Sam 的不斷的努力、最重要的是小寶的虔誠祈禱，那個被杜先生稱之為「汽車」的凱迪拉克超級豪華靈車，終於打着火了。大家趕緊上車，我跑到杜太太車邊，告訴杜太太是杜先生顯靈了，捨不得走！杜太太兩眼噙滿了淚水，默默地注視着靈車，嘴裏叫着：「Roger! Roger!」我趕緊上車啟動，順手看了下錶，三時五十分，這個點兒，正是十五天前杜先生搶救後抬上救護車，開往醫院急診室。這個時間段，恰恰是杜先生猝發心梗，現場搶救送往醫院的時間段，也正是今天杜先生靈櫬最後在家停留，凱迪拉克打不着的時間段。事後，我再次核實了微信上的時間記錄。

凱迪拉克靈櫬車打不着火

小寶面向父親的靈櫬行跪拜禮　祈求父親放心走吧

洋人女司機趕緊上車出發，不敢耽擱，一路狂奔，終於到達 Surrey 的火葬場。

火葬場按照疫情期間要求，只允許六個人進入。之前，杜太太告訴我，杜太太、小寶一家共五個人，加上我六個人，最後送別杜先生。我們六人隨着靈櫬，進到告別室，道士在側面的小桌上，擺上遺照，供奉三個蘋果，中間放了一個小香台，我們每人給杜先生行磕頭大禮最後送別。

大門徐徐打開，對面是一座焚燒爐。工作人員只允許一人進入，杜太太示意小寶進去。小寶在工作人員的指導下，按下開關按鈕十秒鐘。我們站在離她近五米遠的地方，小寶早已經泣不成聲，我看到紅色的火光，映照在小寶的臉上，小寶失聲大哭。杜太太喊道：「Roger！Roger！一路走好！一路走好！」我也大聲說：「杜先生！您一路走好啊！」大家都分別向杜先生做了最後的道別。

在院外，道士在旁邊的一個鐵桶裏燒了一些冥品，我走過去，用旁邊的木棍兒，把殘餘的冥品挑了挑，充分燃燒。道士要所有的人邁過一個火盆兒，火盆上燒着冥品，我扶着杜太太走下輪椅，邁過火盆，大家一一邁過。所有儀式都完成，骨灰二十四日將會送到墓地。

杜太太、小寶、郭太太等家人都上了隨行的凱迪拉克，我發現那輛豪華特製的凱迪拉克靈車不見了，我問Sam，他也是第一次遇到這樣不可思議的事情。

小寶坐在靈車的前排，她告訴我，司機一路上不由自主嘟囔歎氣說：「My God! My God! 我從事這個行業，從來從來沒有發生這樣的事情，真是太不可思議了！」殯儀館的工作人員見過很多場面，估計這樣的事情，恐怕也是頭一回遇到。

第二天（二十二日）一大早，我看到新聞：BC省首席衛生官二十一日宣佈：從明日起，停止一切不必要的個人服務，包括餐館堂食、美容美髮、美甲紋身等等服務，禁止一切聚會。我把這個信息發給杜太太和小寶，說杜先生真有福氣！我們二十四日是戶外安葬，是自家人的事兒，不屬於聚會。小寶回覆我說：「是啊！今天Richman下雨了。」我說：「老天爺有靈，也為杜先生流淚送行。」

四・地球關閉，天光乍現

三月中下旬，新冠肺炎已經在全球蔓延。據報道，三月十一日，加拿大總理夫人出現低燒，隨後確診感染，總理特魯多、夫人蘇菲和三個孩子隔離；十八日，BC省宣佈進入緊急狀態；二十三日，全球確診超過三十三萬例，死亡人數超過一萬四千人；二十五日，英國王儲查爾斯確診，哈佛大學校長夫婦染病；二十七日，英國首相約翰遜確診。截止三月底，全球約二百多個國家發現病毒感染者，歐洲全部淪陷，美國、加拿大進入爆發期，全球感染達六十八萬例子，死亡人數三萬人。為了對付肆虐的病毒，各個國家強制停止外出旅行和各種不必要的交流，封城、關閉邊境，乃至封國，全球「Shut Down」，地球關閉、世界停擺。

就在這期間，三月二十四日下午，杜先生入土安葬，遠離紛繁的俗世，進入天國與家人團聚，安享平靜的極樂世界！

入土安葬法事

入土安葬，法事超度！

二十四日清晨，本拿比還在下雨，墓園在本拿比。上午十一時左右，雨停了，但是仍然烏雲密佈。我們驅車來到了海景紀念墓園，墓園非常大，也沒有多少人。現場有兩個帳篷，一個是在杜先生的墓穴上方遮擋風雨；另一個是在旁邊一片小小的空草地上，鋪了一些綠色的地毯。帳篷中間，陳設一個長方形的小桌子，上面擺着杜先生的遺像和貢品，一隻雞、三個蘋果，還有今天專門買的麥當勞雞柳漢堡和咖啡，這些吃食，都是杜先生的最愛。道士把蠟燭點着，過了一會兒，Raymond 催促說，抓緊抓緊，馬上就要到了時辰！

Raymond 和小寶把杜先生的骨灰恭敬地捧了過來，骨灰放在一個直徑大約十五厘米、高二十五厘米的瓜皮綠的玉罐子裏。罐子左右側，對稱鐫刻着金色蓮花，正面刻滿金色的《般若波羅蜜多心經》，頂端的蓋子正中央，用透明材質做成多個小鑽石，組成一個佛家大大的「卍」吉祥符號，周圍飾以蓮花瓣狀花紋，外面鐫刻一圈小卍符，法論、蓮花、祥雲組成外

小寶與 Raymond 悉心包裹骨灰罐

金緞玉質骨灰罐

圈圖案，簇擁着「卍」符。淡淡的綠色，晶瑩剔透，襯着金色的佛經，莊重吉祥而不失高貴雅緻。佛學是杜先生的喜愛，相信一定會護佑先生的。

小寶取了一個金黃色的緞毯子，上面滿繡佛經、吉語和宗教符號，文字分別用漢語和不認識的語言（估計是藏語）書寫。**Raymond** 讓小寶把金色的緞毯鋪展成正方形，把玉質骨灰罐放在正中央，金色底襯一點綠，非常醒目，然後抓住對角線兩頭，繫了一個扣，又抓住另外的對角線，穿過第一個結兒的中間縫隙，重新打結，就這樣結穿結、結套結，像個連心寶塔結，最後是一個大大的蝴蝶結，非常結實，可以很方便地拎着。我驚訝地問 Raymond，你怎麼知道這種打結方法？他說他看到書裏和電視裏邊講過，過去江湖上人士都是這麼打法。他還反覆練習過多次，所以今天打結打得又精緻、又漂亮，非常緊實，便於手拎。**Raymond** 小心翼翼地雙手捧着包好的罐子，放到了小桌子正中間，準備做法事。

Raymond 還告訴我，昨天他已經安排墓園工作人員，提前把重達一噸重的鋼筋混凝土石板、石棺，用起重設備放進墓穴。同時，提前把杜先生的衣冠鞋子，還有杜先生最喜歡的小狗 Baby 的骨灰，以及我配合杜先生一起完成的口述歷史書籍、筆紙等常用之物，分放在三個盒子裏，預先放到了墓穴的水泥板下面。這樣，就可以陪伴杜先生的骨灰，一起長眠安息！

貴人出門招風雨，天光乍現

未時一整點，儀式準時開始。道士穿上綴八卦圖案的正式道袍，焚好一大束香，請杜太太開始，每人向杜先生的遺像和骨灰三鞠躬上香。然後，道士開始做法事。

剛剛開始幾分鐘，天上突然稀稀拉拉的又下起了雨。道士招呼我們趕緊把小供桌抬到帳篷裏邊，以免淋濕，請杜太太抱着杜先生遺像，我看照片和相框上已經有一些雨點兒，就拿出紙巾慢慢的拭去相框相片上的水跡。

道士繼續做法事，持續了有四十多分鐘結束。巧了，就在這時雨停了，西北方天空，露出了一小片藍天，大朵白雲的頂尖上像是點了一盞燈，雪白晶亮，特別醒目但不刺眼，應該是後面的太陽照射，而其他方向，依然是黑壓壓一片。

法事畢，家人捧着骨灰，緩緩地走到了墓穴邊，交給了墓園的工作人員，小心翼翼地放在指定的位置，大約是在墓穴上半部分的三分之一處居中，道士走上前，核實了擺放的位置，並請杜太太和家人確認，撒了一些黃紙在骨灰罐子周圍。隨後，家人親友，每人手持一枝淡粉色和白色康乃馨，三鞠躬，把花投進棺中。旁邊停着一台輪胎式吊車，鏟車，緩緩地沿着鋪好木板的路開了過來，用吊車把放在一邊的混凝土石棺蓋子，吊起緩緩地蓋在墓穴正面。後邊的另外一輛運土車，把一車比較細膩的砂土，蓋在了石板上面。開始的那個吊車，後面裝有一大鏟子，裏面盛着看似比較肥沃的腐殖土，蓋在了沙土之上。最後，用機器把土推平壓實。另外的工作人員，把準備好的草卷兒，鋪在了地面上，完美對接，沒有一點縫隙，非常平整。草地上面放着一個臨時的小銘牌，寫着：**ROGER WAI SAN DOO 1934-2020, ALL LOVING MEMORY**。這個杜先生的出生日期，應該是根據身份證上的時間，一九三四年，而杜先生的實際出生是一九三三年。道士焚好一大束香，小寶行跪拜大禮上香，每一個人對着草地上的銘牌三鞠躬，緩緩走進，把香插在草地上。草卷兒非常的密實，根連着根，莖連着莖，碧綠茁壯的葉子，細細的香棍兒，必須慢慢的一隻一隻插到草地上。杜先生病發突然，墓園暫時沒有墓碑，家人已經訂製，由於疫情，可能會拖一些時間。最後，**Raymond** 點燃了一支香煙，插在銘牌旁邊。我突然想起杜先生以前抽煙，抽了幾十年的煙，在確診肺癌之後戒了。我說：**Raymond**，你想得還真周到！他淡淡地說：現在就隨便抽吧！沒有問題，不會咳嗽，也不會喘了！

安息長眠、不寂寞

最後，我們依依惜別杜先生。杜太太告訴我說，在杜先生墓地的正前方、南邊，是郭先生的墓地，也就是郭太太的丈夫；在墓地的後邊，是杜太太的乾媽，所以杜先生在這裏不寂寞，有很多親人陪着他。我看到在杜先生墓地周圍，很多都是華人墓碑，而且多是廣東潮汕四邑一代，早年來的老華僑，這個墓園看來安葬了很多老華僑，華人在一起交流方便、不寂寞。

我記得杜先生曾經告訴我，他並不喜歡葬在溫哥華，因為他的很多朋友都在中國，葬在這裏會很寂寞的、很冷清的，朋友們也不是很方便來看他。可現實是，不葬在這裏，又能葬在哪兒呢？好在，墓地周圍有不少老朋友，墓園離我家不遠，我會常常來看望，依舊與杜先生聊天說話！

儀式全部結束後，我走近道士聊了聊。道士年紀大概四十五歲左右，留着幾寸長的山羊鬍鬚。他告訴我，他姓廖，一家三代人，爺爺、父親和他都在廟裏邊修行。二十日守靈那天，三個道士做法事，其中就有他的父親，人稱「廖伯」，想來在華人圈子裏應該是小有名氣的。他父親和他都繼承了家傳，修道做法。他自己做了十幾年，他父親做了二十多年，他爺爺做了一輩子。我又問了兩個問題，一是二十一日靈車在杜先生家門口，突然打不着火，最後是這個道士幫忙把車啟動。我問他，以前見過這樣的事情沒有？他說沒有見過，從來沒有見過。我問怎麼解釋？道士說，杜先生不想離開這個家，捨不得家人。我問的第二個問題是，今大您做的法事是什麼內容？他說，今天是要請這裏的土地神，還有四方的神仙，報告他們杜先生來啦，請各路神仙們關照好杜先生！我想起來儀式最後結束前，道士讓家人在一個鐵桶裏燒紙錢。小寶從一個大大的袋子裏邊，取出了疊成的金條銀元寶，一個一個放在鐵桶裏燒。最後把幾個單獨的大紙袋子，上面寫着：先父杜公維善府君冥中收用，落款是陽上女兒、女婿和孫兒名字，也有落款杜太太的。Raymond告訴我，這個錢袋子不用打開，直接投到鐵桶裏燒。前邊的那些零散的金條銀元寶，是送給周圍的鄰居，告訴他們杜先生來啦！有什麼事情請他們多多關照！所以，要給他們帶點見面禮。後面幾個整袋子的錢是帶給杜先生的，讓他在那邊手頭花。這些元寶和袋子，都是這些天，杜太太、小寶、Raymond和家人，在杜先生書房裏，一個一個折疊出來的。

杜太太跟我說，能夠在海外溫哥華舉行這樣傳統方式的儀式，請到了佛家道教的師傅們，為杜先生做法事，真是好福氣！今天入土安葬儀式的時候，天上下了小雨，在廣東習俗裏「貴人出門招風雨」，杜先生是貴人啊！他走在我之前，我能夠幫他安排這些事情，因為這些老法老禮，家裏面只有我懂、我知道，所以杜先生也是很幸運的。這裏的風水很好，在一個緩緩的丘陵斜坡上，面南背北，南邊擁抱一條大河：菲沙河，卑詩省的母親河；北邊背靠大山，近處是本拿比山，再往北就是雞松山、獅門山和西門山，是溫哥華地區著名的滑雪場。這些大山山頂終年積雪，特別是冬季，非常漂亮，銀白色的山頂，在陽光照射下熠熠發光，是最美的城市景觀。海景紀念墓園，就在這美麗景色和好山好水環境中環抱着，杜先生離去病毒肆虐的塵世，入土為安、長眠安息，在天國與家人團聚！

先生生前最喜歡佛家經典，崇尚那神秘的世界，「到頭一夢，萬景皆空！」最喜愛的清代一位書生寫的輓聯：

放眼千秋，說什麼人間天上，到此都成幻境；

回頭一笑，歷多少塵寰劫，而今還我前身。

先生已去，然而他的收藏研究和捐贈的古錢，特別是他的高尚品德，必將流芳後世，眾人仰懷！

全部儀式結束以後，大概二時十五分左右。我長長地出了口氣，抬頭仰望天空，看到西北方從烏雲深處，露出來了很大一塊藍天和白雲。我想天國的大門已經打開了，相信杜先生一定能夠平平安安、順順利利的進入天國，與父母親人盡享天堂之樂。

彩霞滿天　魂歸天國

二十四日傍晚，天上的雲陸續散去；日落時分，天空的幾條雲帶，就像一條條潔白的哈達；初春落日餘暉是金色的，映照在天空的雲帶上和雪山頂上，鑲了一道道金邊，熠熠生輝，霞光普照大地，抹去一切陰暗不快，傳遞出神聖而美麗，一種至高無上而又神秘安詳的感覺！

我想那裏就是傳說中的天國吧！杜先生在那裏一定幸福！

二十五日，按照杜太太的安排，我草擬了答謝函，發給喪事期間所有關心的朋友，特別是發來唁電、送花圈的海內外朋友。杜先生的喪事，暫告一段落，隨後，我集中精力，回憶撰寫這期間有關杜先生美好回憶，準備即將到來的清明節時，祭奠杜先生。

致　謝　函

尊敬的各位好友：

大家好！

先夫杜公維善府君，因哮喘猝發心梗，經醫院搶救無效，於三月七日（庚子年二月十四）上午十一時十六分，平靜安詳西去，享年八十八歲，當晚即函告海內外親友。

時下，疫情愈來愈嚴重，後事安排，一切從簡，現將喪事儀式告知如下：

春分酉時戌時（三月二十日下午五時至九時），家人親友靈堂伺服守夜；次日午時至未時（二十一日十二時半至二時），大殮告別，隨後火化；三月二十四日未時（下午一時），骨灰入土，安葬在本拿比海景紀念墓園安息長眠！（Ocean View Burial Park, 4000 Imperial St. Burnaby B.C. Canada）

三月十三日頭七和以上儀式，均由當地佛家、道家師傅們，舉行法事超度；以後各個「七」，亦由師傅在寺廟裏念經做法事，祈禱靈魂早日平安進入天堂，與父母團聚。

喪事期間，海內外有關機構和好友紛紛發來唁電慰問，並委託訂製花圈輓聯，送至靈堂表示悼念與哀思；有很多朋友撰寫文章紀念和回憶，表達無盡的思念。

對於諸位友好的真摯情誼，我和女兒及家人非常感激，深表謝意！相信夫君的在天之靈，一定可以知曉並得到慰藉！

願菩薩保佑大家平安健康！

杜譚端言率女兒杜雅璉女婿孫兒拜謝

並請董存發轉致

二〇二〇年三月二十五日於溫哥華

四月三日，清明節前一天，杜先生「四七」頭天，我和我太太手捧鮮花，來到墓園，輕輕地告訴先生：籌碼錢的稿子已經按照您的意見修改完畢，準備掃描配圖出版；香港中華書局已經把口述歷史文字和圖片排版好，黎耀強副總編同意我把最後與您通信聊天的內容，整理出來作為附錄；西安的好友袁林宋捷等要舉行一個小型追思會，我會網絡視頻參加；上海博物館將於四月十日，在館內舉辦內部追思會，館裏主要領導都會參加。老朋友們都惦記着您吶！您不會寂寞的！

杜先生千古！長眠安息吧！我們永遠懷念您！

學生董存發敬書於
溫哥華賦雪樓
二〇二〇年四月三日清明時節

（衷心感謝杜太太、杜雅璉對本文的審閱和提出的寶貴意見，清明掃墓，以此文懷念恩師杜先生）

主要參考書目

Krisadaolarn, Ronachai and Vasilijs Mihailovs, *Siamese Coins: From Funan to the Fifth Reign*. Bangkok: River Books Co., Ltd, 2012.

Martin, Brian G. *The Shanghai Green Gang Politics and Organized Crime, 1919-1937*, Berkeley: University of California Press, 1996.

Pan Ling, *Old Shanghai: Gangsters in Paradise*, Hong Kong, Heinemann Asia, 1984.

Ramsden, H. A., *Siamese Porcelain and Other Tokens*. Yokohama: Jun Kobayahawa Co., 1911.

丁秉鐩：《孟小冬與言高譚馬》。濟南：山東人民出版社，2009年。

上海博物館編：《上海博物館藏絲綢之路古代國家錢幣》。上海：上海書畫出版社，2006年。

上海博物館編：《絲綢之路古代國家錢幣暨絲綢之路國際學術研討會論文集》。上海：上海書畫出版社，2011年。

中國人民政治協商會議上海市委員會文史資料工作委員會編：《舊上海的幫會》。上海：上海人民出版社，1986年。

《冬皇故物》。北京：北京銀座國際拍賣有限公司，2014年。
包穎、張士傑、胡震亞：《青洪幫秘史》。香港：中原社，1994年。
宋常鐵：《上海往事：杜月笙與孟小冬》。武漢：華中科技大學出版社，2014年。
李菁：《活在別人的歷史裏》。北京：文匯出版社，2010年。
《杜月笙先生六秩壽言集》。上海：1947年。
杜維善：《絲綢之路古代國家錢幣》。上海：上海卡特印刷有限公司，1992年。
杜維善：《半兩考》（上下冊）。上海：上海書畫出版社，2000年。
杜維善：《海上絲綢之路各國貨幣簡介》（手稿）。
杜鏞纂修：《杜氏家祠落成紀念冊》（上下冊）。上海：1931年。
孟小冬女士國劇獎學金基金會編：《孟小冬女士一一〇年誕辰紀念冊》。台北：孟小冬女士國劇獎學金基金會，2017年。
恒社同人編：《杜月笙先生紀念集初集》。台北：恒社，1952年。
胡敘五：《上海大亨杜月笙》。台北：秀威信息科技股份有限公司，2013年。
唐德剛：《史學與紅學》。桂林：廣西師範大學出版社，2015年。
孫養農：《談余叔岩》，台北：秀威信息科技股份有限公司，2013年。
徐錦文：《京劇冬皇孟小冬》。長沙：湖南師範大學出版社，2011年。
徐鑄成：《杜月笙正傳 哈同外傳》：北京：三聯書店，2009年。

張學良口述，唐德剛撰寫：《張學良口述歷史》。北京：中國檔案出版社，2007年。
章君穀著、陸京士校訂：《杜月笙傳》。台北：傳記文學出版社，2008年。
陳定山：《春申舊聞》《春申舊聞續》《春申續聞》。北京：海豚出版社，2015年。
傅高義（Ezra F. Vogel）著，馮克利譯：《鄧小平時代》。香港：中文大學出版社，2012年。
黃天才：《張大千的後半生》。台北：義之堂文化出版事業有限公司，2013年。
廉外風：《上海大亨杜月笙續集》。台北：秀威信息科技股份有限公司，2013年。
楊威：《杜月笙外傳》。台北：大華出版社，1968年。
漢娜·帕庫拉（Hannah Pakula）著：《宋美齡外傳》。香港：春秋雜誌社，1962年。
漢喬伊（Joe Hyams）著，鄭振煌譯：《武藝中的禪》。台北：慧炬出版社，1990年再版。
劉聯珂：《中國幫會史》。上海：上海人民出版社，2009年。
慶祝杜月笙先生六秩壽辰籌備委員會編：《杜月笙先生大事記》。上海：慶祝杜月笙先生六秩壽辰籌備委員會，1947年。
蔡登山：《重看民國人物：從張愛玲到杜月笙》。北京：中華書局，2015年。
鄭重：《海上收藏世家》。上海：上海書店，2003年。
《盧母李太夫人八十壽冊》。美國羅安琪國劇社，1980年。
蘇智良：陳麗菲：《近代上海黑社會》。北京：商務印書館，2004年。

後記：從思古情到賦雪意

《我的父親杜月笙暨杜府舊事——杜維善口述歷史》（以下簡稱口述歷史）終於定稿，自二〇〇九年第一次見到杜維善夫婦（以下簡稱杜先生、杜太太），到現在已經八個多年頭了。在這個過程中，雖然很辛苦，但也樂在其中。定期當面拜訪杜先生，就像小學生做作業一樣，把上一次的記錄整理稿交上，求教不明白之處，聆聽記錄新的內容，還需查閱其他資料佐證、對照。如此反覆，雖然單調，但扎扎實實，日積月累，集腋成裘。

以杜月笙、孟小冬為題材的傳奇故事、逸聞趣事，歷來都是電影電視經久不衰的主題，更不必說網絡時代，各種新媒體批量黏貼複製、網絡群發。雖然有些是歷史事實、論述正確的；但是，很多是以訛傳訛、博人眼球。而杜先生的口述歷史則是杜家唯一健在的公子遵從「親見、親聞、親為」的原則，忠實地講述並記錄了其父、其母、兄弟姐妹，在那個特殊時期、特定環境、特定區域的特別故事，杜先生對全部書稿逐字逐句修改審定，書中的照片九成半以上都是杜先生的珍藏，而且是第一次對外發佈，其準確性、可信度毋庸置疑。讀者通過閱讀杜先生口述的歷史事實和傳奇故事，穿越時空，親臨聞名遐邇的十里洋場不夜城，再現杜家在舊上海灘的風光，了解那一代人的平凡與傑出，寂寞與輝煌，功過與是非。

我與杜先生的緣分

我最早認識杜先生夫婦，是在二〇〇九年冬季。那一年，溫哥華是暖冬，我們從冰天雪地的北京登機，在溫暖如春的溫哥華國際機場落地。機場裏，小橋流水和原住民裝飾，恍惚是走在了大自然的叢林裏；機場外，燦爛的陽光照在臉上，暖融融、濕潤潤的；最驚奇的是，遠處聳立着白皚皚的雪山，而近處滿地的綠草格外搶眼，我試着用手抓了抓，是真的！真的草！我對我的幼稚行為，也感到好笑。

然而，見到杜先生夫婦，的確是讓我如沐春風。之前，我的朋友沈辰博士曾有過提示；然而，第一次見面，我還是被杜先生他那酷似其父的外貌驚到了。在我的記憶深處，怎麼也離不開海上聞人杜月笙的形象，那些傳說的故事，深深地影響了我。而眼前的杜先生，身材修長，着中式夾襖，面帶微笑，卻有一絲絲威嚴，儼然是一位和藹的學者。杜太太出身名門，衣着典雅端莊，略施粉黛，一切都恰到好處，儼然就是三四十年代上海灘大家閨秀的再現。

隨着與杜先生往來增多，我深深地感受到，他沒有絲毫幫會老大的公子哥兒氣息，反而是一位溫文爾雅、思維敏捷的學者。直覺告訴我，我與這位忘年的學者一定有緣。我是八十年代初在復旦大學本科學習歷史，工作後進修金融，獲得MBA碩士學位。後者是我職業時間最長、物質積累階段，這能讓我安心寫作，粗茶淡飯，不必掛慮稻粱；前者卻是我的志趣所在。所以，在異國他鄉，我謝絕了金融界的美差，決然地坐冷板凳爬格子，執著自己的樂趣。二〇一〇年夏季，我們全家移居溫哥華。從此，我就有更多機會拜訪杜先生，慢慢形成了規律，每隔一兩週就一定去一次杜先生家，聽他講老上海的故事和他的古錢幣收藏。就這樣，我們漸漸地成了忘年之交。一次偶然的機會，我得知杜先生的生日公曆是一九三三年十二月十六日，真是太巧了！我的生日也是十二月十六日，只是晚了三十一年，這就是緣分吧！

格物致知，禪意不盡

聽杜先生講古今中外的故事，很是愜意；然而，要嚴肅地記錄整理杜先生的口述歷史，可就不是那麼簡單了。杜先生的記憶力非常好，知識十分淵博，談話中，他不經意就引出古今中外的名人行家和詩詞典故，我常常是一頭霧水。杜先生就告訴我說，別着急！先把心定下來，才可以開始做事。就這樣，我開始寫毛筆字，把浮躁的心平靜下來，系統地閱讀了杜先生推薦的有關那個時代的各種書籍文獻，了解背景知識和歷史人物，以及坊間各種對他父母和家族的真真假假、似是而非的說法，逐漸地可以理解並記錄杜先生講的杜家在那個特殊年代發生的舊事。

杜先生從小就接受傳統的私塾教育，經史子集的傳統文化，根植在他的骨子裏，而幾十年西方科學的教育和職業歷練，深深地影響了他的事業和學術生涯。杜先生收藏和研究古今中外錢幣，包括絲綢之路古國錢幣。在中國古錢幣研究上，無論是半兩錢，還是五銖錢、開元錢，他盡可能地收集到每一種版別，積累盡可能充分的實物資料，然後對每一枚錢幣都做認真的測量、稱重、斷代、特徵描述，書寫好每一個標籤；同時，借鑒最新考古發掘資料，運用西方地質學研究方法，進行科學地分類、排比、對照的扎實考證研究。所以，他研究撰寫出來的文章書籍，資料豐富，說服力強。這種格物致知的治學態度，部分是來源於乾嘉學派，但又超越了傳統的局限，借鑒了西學的優勢。持續多年的訪談，使我切膚感受到，他不僅能夠立足於豐富扎實的史料基礎，同時，能夠游刃有餘地上升到很高的境界，在尊重歷史事實的基礎上，恰到好處地發表自己的看法，甚至是穿越時空，意猶未盡。杜先生的這種方法，我以為是對於他父親這樣一個傳奇歷史人物描述的最好方法。其實，格物致知是中國傳統的治學方法，我們這一代人似乎已經陌生了，我們太多地強調「以論帶史」，甚至是為了證明某個既定的觀點理論，而剪裁歷史事實，偏離了老一輩學者「板凳要坐十年冷」的治學原則。杜先生的治學之道，讓我對傳統文化中「格物、致知、誠意、正心、修身、齊家、治國、平天下」的精髓有了更深的理解。

對佛教和佛學，杜先生有持久的修行和深入的研究。他接受了密宗上師施與的十幾次灌頂，誦讀了十萬次金剛薩埵本咒。佛學的思想和境界也體現在他的口述歷史之中。本書起始於杜氏祠堂，借用古人立德、立言、立行的「三不朽」，敘述了海上聞人、一代名伶和思古樓主的「德言行」。讀者在這本口述歷史中，不僅處處可以看到這樣的親歷、親見、親聞的鮮活的故事，還有智慧和禪意，甚至略有神秘的傳奇的深邃意境。比如，他的老師與逝去親人「扶箕」的心靈交流，「趕屍」、「回煞」的逸聞趣事，對死亡和靈魂的獨到見解。更有意思的是杜先生住院手術後，禪思冥想他的古「錢」而不知「痛」感，猶如現實版的關公「手捧春秋而刮骨療傷」。

然而，在杜先生眼裏，無論是當年風光一時的杜氏祠堂落成，還是海上聞人、一代名伶的風采，甚至是古錢幣學家的名譽，都是過眼浮雲，灰飛煙滅，留下來的只有茶餘飯後的談資、評彈裏的琴聲和說書人的餘音，就像他最喜歡的那句偈語「禪聲悟深遠，微妙聞十方」餘音嫋嫋，有味道而不絕如縷！到了幾近鮐背之年的杜先生，在他的眼裏，人生似夢，所謂的德言行的三不朽，似有似無，「到頭一夢，萬境皆空！」

三人行，我必師

這本口述歷史能夠最後殺青，得益於親朋好友的眾人添柴。在這個過度放大貨幣衡量的物質崇拜時代，從故紙堆裏搜尋舊事、印刷成冊，留下真實歷史和傳奇故事，不能不說是一種稀缺且高尚的行為，我不可忘懷心存感恩的人很多。

首先要感謝杜先生夫婦。十年一劍，付出心血最多、貢獻最大的當然是杜維善先生夫婦！每次採訪都會是兩三個小時，持續多年。每次我來之前，杜先生就親自準備好茶，提前泡好茶頭，這樣我來了以後，就可以直接斟水飲茶了。杜先生年過八旬，但是記憶力非常好，有的時候，他看我不明白，就反覆解釋，甚至找出多年前珍藏的資料給我參考。訪談結束，離開杜先生家，無論天氣如何，他一定要站在家門口，目送我的車子離開他的視線，最後揮手道別，這麼多年來，從未間斷，他說，這是禮節，表示對別人的尊重。採訪時，杜太太也時常會出現，往往為我們準備些茶點，偶爾也會參與進來聊上一會兒。杜太太年輕的時候喜愛唱京戲，可以「一趕三」，也就是一個人先後客串三個角色，很不簡單。杜太太喜歡讀書，只看武打俠客的書，網絡上流行的《鬼吹燈》、《藏地密碼》，還有其他鬼怪神秘的網絡小說，統統喜歡。口述歷史中的戲曲、武功與禪的境界部分，杜太太提出不少獨到的見解。有的時候，杜太太身體好，就做一大鍋茶葉蛋犒勞我們，那是地道的老上海茶葉蛋的味道。我八十年代在上海讀書，晚自習結束後，學校旁邊弄堂裏挑擔子叫賣的茶葉蛋就是這個味道。

沈辰博士，現任加拿大皇家安大略博物館副館長，他是我大學同學的研究生同學。我二〇一〇年去多倫多辦公室拜訪他的時候，他就告訴我他與杜先生有緣。他博士畢業第一次到博物館工作時，就來溫哥華杜先生家裏登門拜訪。二十多年後，沈博士已經在加國取得了學術和事業的大成。沈博士從書架上抽出杜先生的各種專著，讓我到了溫哥華一定要登門拜訪杜先生，杜先生的老故事和豐富的收藏，都非常值得我訪談請教，由此，萌發了我做杜先生口述歷史的想法。

沈飛德最終促成這個想法的實現。他是我的大學同學，現任上海市文史研究館副館長、《世紀》雜誌主編。二〇一四年回國，在與大學同學聚會時，他告訴我上海文史館成立了口述歷史研究中心，主要採訪記錄文史館的老先生們，作為歷史檔案的補充。在沈飛德的熱心幫助下，杜先生的口述歷史列入上海文史館的口述歷史系列叢書之中。沈飛德是浦東人，他跟其他浦東年長些的人一樣，似乎與杜月笙有着特殊的鄉情，他年輕時每次在杜氏祠堂前面走過，總會有一種想要探究這個神秘祠堂的想法，這是後來他親口告訴我的。

還要特別感謝上海市文史研究館館員、口述歷史研究中心主任姜義華、熊月之兩位先生，姜教授是我大學讀書時的任課老師，他的課是我和同學們搶註的熱門課。姜老師和熊先生審定了本書主要的思路和立意。還有出版社的完顏紹元先生對書稿審讀提出非常寶貴的修改意見；《世紀》雜誌的朋友們，特別是責任編輯周崢嶸，耐心校勘，並及時反饋讀者的意見。《世紀》雜誌的連載，「溫哥華樂活網」的轉載，以及我的朋友在朋友圈裏的慷慨傳播，擴大了影響，推廣了本書。我特別要說的是我太太閆東梅，我們是大學同學，她主修瓷器鑒定與研究，是汪慶正先生的第一位女碩士學生，一直從事藝術品鑒定與拍賣工作，職業造就了她萬裏挑一的慧眼，書稿的每一章、一節，她都是第一位讀者和修改人，任何細微的瑕疵都難逃她的法眼。書稿殺青時，她也長長地舒了一口氣。完成這個項目，歷時多年，數易其稿，很多關心幫助過的讀者和朋友，恕不羅列，在此深致謝意！

書稿的最後一頁終於翻過去了，腦海裏揮之不去的是那些故事和傳奇，猶如杜先生思古樓序中的「思古之幽情」。我特別喜歡杜先生的書房名曰「思古樓」，有心請杜先生為我的陋室書房也起個雅號。一次杜先生來到我家，看到窗外深秋的紅葉落在綠綠的草地上，籠罩薄薄晨霧，隨口說出「庭院靜，樹無鳥，滿地落葉待人掃」，就叫出典於《龍文鞭影》的「賦雪樓」的「嘉賓賦雪，聖祖吟虹」吧！杜先生特別喜歡雪天的空寂，落葉白雪埋浮塵，萬物寂寥空茫然啊！這真是應了蘇軾的境界：「人生到處知何似，應似飛鴻踏雪泥。泥上偶然留指爪，鴻飛那復計東西。老僧已死成新塔，壞壁無由見舊題。往日崎嶇還記否，路長人困蹇驢嘶。」

人生，就是一場修行。我上海讀書時種下的情結，在溫哥華與杜先生夫婦成為忘年之交，搊出上海灘陳年往事，聊賦惆悵；冥冥之中，是偶然還是必然，是歷史還是傳奇，其中的因緣，誰又能說得清呢！這正是：

思古樓裏敘舊事，賦雪樓畔記悠長；
雪泥片爪誰人識，空谷幽蘭風清揚。

董存發
二〇一九年六月二十五日於溫哥華賦雪樓

補記：傳奇不朽，希望常在！

二〇二〇年仲夏，本書繁體版終於上架，真誠感謝中華書局（香港）有限公司的專家和編輯們，不僅僅是因為在香港、大陸乃至全球最危難時期，更是因為杜先生生前最為看重中華書局的繁體版本，如同浴火鳳凰，是對杜先生在天之靈的最好祭奠！

二〇一九年七月，上海書店出版社作為上海市文史館口述歷史叢書之一，出版了《杜維善口述歷史》。杜先生鄉梓情重，新書發佈時，本打算親赴故土，無奈身體欠佳未能成行，故在特製「思古樓圖」書箋上親手簽名鈐章，回饋讀者好友。

感謝上海書店出版社和文史館，為了港台海外讀者，襄助香港繁體字版。我聯絡了廣東僑聯任職的司芳，她是我的大同老鄉，又是復旦歷史系師妹；司芳很熱心，積極推薦給她的同學廣西教育出版社石立民社長，以石社長在業內口碑和專業背書，終獲中華書局（香港）有限公司的垂愛。我對石社長說：立民師弟，真誠感謝舉薦！我張冠李戴地把石社長認為是我的另一位仗義「師弟」，豈不知石社長乃曼妙「師妹」也！大大的「糗事」跌眼鏡，成為日後師兄妹間的笑談。不過，我的兩位小師妹們，仗義與才華一點不讓鬚眉！

再說巧事。中華書局（香港）有限公司趙東曉董事總經理是中國人民大學高材生，九十年代初，我曾經就讀人大吳曉求教授的在職金融研究生（班），也是校友！趙總介紹我認識侯明總編輯和黎耀強副總編輯，都是業內著名專家；我也得知中華書局正在出版有異於傳統方式的歷史叢書，與這本口述歷史恰好吻合。有了這樣巧事連綿的好緣分，以及這麼多熱心專家的支持幫助，本書的中文繁體字版很快啟動。

其時，香港正處於突如其來的社會動蕩中，我從加拿大郵局寄出的出版合約「鴻雁」，數月之久「飛」得無影無蹤。我心急煩躁，杜先生勸慰說：好事需多磨，因緣要等待。直到後來，我回到北京，請香港朋友帶紙本合約面交趙總。

這些插曲，應了杜先生的話：這就是緣分！是你的，總歸是你的！杜先生說過上海和香港的新聞出版界，與其父和他本人都有割不斷的淵緣。在他看來，中華書局的繁體豎排，賞心悅目、愛不釋手；何況，其父母的親朋好友，多數是在港台海外，更希望以繁體版書形式講述杜家舊事。所以，杜先生對於黎耀強副總編推薦的繁體豎版圖文分冊的建議，讚賞有加，親自找出幾百幅珍藏的老照片補充。這裏要特別感謝上海浦東歷史研究中心的柴志光主任與同事、浦東高橋的朋友們，以及上海市博物館的專家，補充的珍貴資料和照片。

繁體字版增加的另一項重要內容是，我配合杜先生嚴肅考辨論證了其父臨終遺囑偽造過程，實地探尋香港杜公館舊址，以及杜月笙西北考察投資等等重要史實，增加新內容，顛覆傳統觀點。

杜先生曾多次與我暢想重歸故里，訪老友敘舊情；然庚子多難，先生猝然西去，終成憾事！欣慰的是他生前看到上海的簡體書籍，確定了香港繁體字版範例和內容。我和杜太太商定，繁體書出版後，擇吉日帶給杜先生，讓他在那邊慢慢看！

杜先生與香港有緣，我跟杜先生有緣，還有那麼多的師門、校友、同行、共好，不盡的因緣，必然結出善果！先生雖然仙逝，天地陰陽割不斷這忘年的師生情，以及這前世、今生的再生緣，心存感恩與希望，續前緣、祈福報。杜先生的墓園離我家較近，我常常去探望，在墓邊種上了先生喜愛的花簇，坐在草地上跟先生聊天，若有朋友自遠方來，亦同去找杜先生絮叨絮叨。

第一個清明節，看望杜先生，報告繁體書稿進展。時值後晌，驅車出墓園，昔日熱鬧的街坊，似可羅雀，偶爾穿過的三兩路人，面戴口罩，手拉手地往前走：Life is still going forward，whatever happening! 生活繼續前行，無論西東！我打開收音機，全球藝術家募捐雲演出「Stay Home, Keep Hope！」正在進行。雖然，全球疫情危機四伏，大洋彼此劍拔弩張；然而，希望之心永在，兩岸三地終歸和諧共處，任何風雨雷電，總會散去。社會精英和人類的共識，一定能夠摒棄意識形態的不同，探索和平多贏的歸宿，就像大自然那樣：山川與河流共處，森林與沙漠同在，海洋與礁石為伴，天離不開地，地不能沒有天！

我腦海裏突然跳出杜老先生臨終遺言：大家有希望！聯想到杜先生常說：生命無

常，人生如戲，但希望永存！人類雖然常患集體失憶，而曲終人散，遊戲暫停，累累的傷痕和裊裊的遺訓，或許能讓還在戲中的高級靈長人類，從悠悠思古情、綿綿希望心中，得到些許點撥，或者領悟點什麼吧！這時，電波裏傳出了激揚的歌曲：傳奇不朽：

Legends never die

When the world is calling you Can you hear them screaming out your name?

Legends never die

They become a part of you

They never lose hope when everything's cold and the fighting's near It's deep in their bones, they'll ride into smoke when the fire is fierce No, pick yourself up, 'cause Legends never die

是的！傳奇不朽、希望常在、英雄永生，薪火相傳！

董存發敬書於

溫哥華賦雪樓

二〇二〇年六月十四日杜先生百日祭

我的父親杜月笙暨杜府舊事

——杜維善口述歷史——

杜維善 口述
董存發 撰稿

責任編輯 黎耀強
裝幀設計 霍明志
排　　版 肖　霞
印　　務 劉漢舉

出版
中華書局（香港）有限公司
香港北角英皇道四九九號北角工業大廈一樓 B
電話：（852）2137 2338　傳真：（852）2713 8202
電子郵件：info@chunghwabook.com.hk
網址：http://www.chunghwabook.com.hk

發行
香港聯合書刊物流有限公司
香港新界荃灣德士古道 220 至 248 號
荃灣工業中心 16 樓
電話：（852）2150 2100　傳真：（852）2407 3062
電子郵件：info@suplogistics.com.hk

印刷
美雅印刷製本有限公司
香港觀塘榮業街六號海濱工業大廈四樓 A 室

版次
2020 年 6 月初版
2024 年 11 月第 5 次印刷

規格
16 開（230mm × 170mm）

ISBN
978-988-8675-30-2